卓越法律人才培养计划系列教材

案例合同法学

丁春燕　李正华　编著

WUHAN UNIVERSITY PRESS
武汉大学出版社

图书在版编目(CIP)数据

案例合同法学/丁春燕,李正华编著.—武汉:武汉大学出版社,2021.3(2024.10 重印)
卓越法律人才培养计划系列教材
ISBN 978-7-307-22156-7

Ⅰ.案… Ⅱ.①丁… ②李… Ⅲ.合同法—案例—中国—教材 Ⅳ.D923.65

中国版本图书馆 CIP 数据核字(2021)第 038059 号

责任编辑:胡 荣　　责任校对:李孟潇　　版式设计:马 佳

出版发行:**武汉大学出版社**　(430072 武昌 珞珈山)
(电子邮箱:cbs22@ whu.edu.cn 网址:www.wdp. com.cn)
印刷:湖北云景数字印刷有限公司
开本:787×1092 1/16　印张:19　字数:451 千字　插页:1
版次:2021 年 3 月第 1 版　2024 年 10 月第 4 次印刷
ISBN 978-7-307-22156-7　定价:49.00 元

总　序

作为初入法律之门的大学法学本专科学生，往往首先是通过精简版的教科书或者是大部头的教科书，按照教材的体系化结构，从理论基础或总则的原理原则开始了法律人漫长、艰辛和略显枯燥的学习生涯。诸多的法哲学原理、法理学知识和法原则的阐释，对一个法律人走向专业化和精英化不可或缺，但对初入法学殿堂的学子来说，往往是如坠云雾之中，理解起来却有相当难度，往往要等到进入大学高年级或工作之后再蓦然回首，才渐入会通之境。法科学生较长时期的理解迷茫也构成了法学教学的隐含之痛和改革动力，不同类型的案例指导书籍应运而生，在欣喜之余，也发现案例与教材基本知识体系的对应存在不足之处，我们的编写试图部分改变这种情况，力图与教材、教学同步而行，取得教学效果和知识体系的双重改观。作为现代大学法学教学基础的教科书或教材浓缩了特定法领域的基本知识体系，使学生能在较短的期限内获得法律专业化和职业化的必备能力，但事无尽美，教科书也因此抽掉了法原理、原则和规则得以形成的鲜活血液，造成了初学者的疏离感和畏惧感，一定程度上影响了学习的兴趣和理解的深度。如果能够有选择性地适度还原某些法原理、原则和规则的生成过程或关键节点、实践形态和社会功用等，那么抽象的理论就被注入了现实的活水，法学的学习就在理论和现实两个场域中及时切换，交相辉映，共同服务于认识、理解、掌握和运用法律的全过程。任何再高大上的理论必须落地于国家和公民的生活中，才会显现出熠熠生辉的生命力，对法学学生而言，就会变成学生的专业能力和适应能力。正因如此，我们结合初窥法学学生的实际，编写了该案例教材系列，以期帮助学生在法学学习道路上早入佳境。

奥地利法学家埃利希曾说，法发展的重心不在立法，不在法学，也不在司法判决，而在社会本身。霍姆斯大法官说，法律的生命不在于逻辑而在于经验。作为社会科学王国中极具经世致用属性的法学，理论学习和研究是重要的，但其目的还是在于实践中的运用。能够了解法律的生成过程、发展演变、规范形成和理论形态是一个法科学生最完整的知识谱系。由于现有的教育体制、教学体系的限制，加之几千年来逐步发展形成的庞大的法学知识体系，只能采取通过系统地讲授法学一般理论来构筑法科学生的知识体系和思维模式，但也因如此，实践的时间被大大压缩，要在课堂上或仅仅通过教材掌握连篇累牍的法哲学原理、部门法理论、原则和规范，显然存在巨大难度，特别是对缺乏生活经历和法律鲜活素材的学生而言更是如此。从人的理解规律来看，具体的生活经验是理解的前提，从具象到抽象是思维的普遍规律，尤其对于一般性的法律原则和规则而言。这也可以通过学生对更具有具体生活体验和感知的民法、刑法更感兴趣而反映出来。没有经历就难以感知，或感知不到位，即使移情也需要有近似的经验感知。我国目前法学教育主要以理论教学为主的现状在可预见的时期内很难有大的改变，也不必有大的改变。毕竟，系统的理论学习依然是最主要的，但面对缺乏充分实践锻炼的现实造成理论理解的困难和理论与实践的脱节，为了避免某个法律问题的研究过多地停留在纸面上，流于抽象的推理演说，缺乏实证分析的支持，折中的办法是通过典型案例架起理论与实践的桥梁，编织理解与适用的纽带。尽管还是难以尽美，但由于针对具体理论，必将有助于概念、原理、原则乃至不同规则的准确把握和如何适用的深入理解。理想的目标"虽不能至，然心向往之"。通过案例这种间接经验的感知和有针对性的解析，弥补了教科书具体阐释之不足。

基于上述理由，我们围绕教材中的重点内容，有针对性地配备了一些案例，较为详细地解读法学的原理、原则和规则背后及适用中的鲜活样态。透过这些真实的案例，让学生感悟到法律发展的曲折过程，感知社会文明进步过程中许多"小人物"和"大人物"所经历的痛苦和挣扎，所作出的牺牲和贡献。借用鲁迅先生所言："人类的血战前行的历史，正如煤的形成，当时用大量的木材，结果却只是一小块。"① 同样，法治的发展也是通过大量的有影响与无影响的案件与事件，最终凝结成为数不多的法的原理、原则和规则。无论是普通公民之间的鸡零狗碎的纠纷，还是惊世骇俗的风云事件及案件，在公法、私法和社会法等不同领域中都曾经掀起波澜。法治之发展历程可谓筚路蓝缕，对于法治后发之中国，尤其如此。通过案例学习，不仅有助于对法原理、原则和规则准确领悟和深入领会，也是表达对法治道路上曾经不屈不挠抗争的志士仁人的敬慕之情。重温案件当事人那曾经被不公正和冤屈裹挟的时光，在不堪回首的追思中，法治进步带来的和平、安逸、秩序和公平等公共福利的感恩油然而生，更能激励起我们对正义和公平的坚守，对法治发展的信心和为之奋斗的坚定毅力和不懈努力。

从法律发展的历程上讲，法律是由具体的个案发展成的抽象规则，通过一个个生动、具体和生活化的法律形象，法律在不断进行着自我"进化"，这种演化的成果在带给我们积极东西的同时，也失去了一些鲜活的东西。法律的抽象化、规则化、体系化和职业化，使得法学的教学更加标准化、专业化、系统化和理论化，但也让法学的学习陷于概念的解析、抽象原则和规则的逻辑推理与有序排列的"象牙塔"困局，使学生感觉法律和法学远离自身的生活世界，从而影响对法律和法学的认知与对法律人使命的体认。为此，我们试图通过不同法律关系领域的案例，部分还原法律原则或规范的形成过程、关键节点或作用的机理，给框架性和抽象性的法原则及法规则注入鲜活的血肉，使其骨肉丰满，给教材的体系化和理论化为主的内容添加个案性、具体生活场景性的法律生活素材。在这些案件中，上自国家最高权力机关或最高领导人，下至社会底层的普通公民；有富可敌国的名商巨贾，也有穷困潦倒的三教九流，他（她）们都为了一个共同的目标——寻求法律的公断和正义的伸张——走到一起，进行名誉或利益等的博弈。透过案件，让学生感觉到抽象

① 转引自陈静编著：《鲁迅的彷徨与呐喊》，东方出版社 2006 年版，第 178 页。

的法律原则和规则的前世今生，感知每一项法律原则和规则背后曾经有多少不堪回首的悲情往事和不屈抗争；感知法律在具体使用过程中面临的价值冲突和艰难选择；感知法律如何驯服曾经不可一世的庞大的国家这一“利维坦”，如何为一文不名的升斗小民伸张正义；感知诸如“正义之剑永不入鞘”等法律的至理名言，在法官、检察官和其他法律职业人士及社会正义感的公民的合力下不断变成生活现实、形成社会共识的过程。

著名的案例总是引发许多学者和法律实务界人士的关注和不断诠释，我们选取的案例，也有一些是在学习和借鉴了这些优秀成果的基础上编辑而成。在此，谨向这些学者和专家表达诚挚的谢意！由于水平和时间的限制，书中的错误和疏漏之处在所难免，恳请广大读者批评指正。

陈焱光

2019年4月8日

编写说明

合同法学作为民法学的重要部门法学，是法学本科学生的重要专业选修课之一。然而现已出版的教材，要么是纯粹理论化的《合同法学》，要么就是论证合同纠纷案件判决结果正确性的《合同法案例选编》，学生对深奥的合同法理论难以消化，对现实的合同纠纷之处理也缺乏应有之认识，因此学生在学习合同法时经常会面对着理论阐述、案例分析、法条解释这三种类型的图书犯难。合同法学的课程教学和学习，既离不开对相应的合同法理论之阐释，也不能背离现有的合同法律制度，更脱离不了合同纠纷案件处理之法条适用。因此，以合同法学领域所涉及的问题为导向，从具体案（事）例来导入，按照“提出问题、分析问题、解决问题”的思路推进，通过案例来增加学生对合同关系的兴趣和感性认识，最终使学生能够较好地理解和把握合同法的基本知识点，或许是合同法教材编写以及教学需要思考的问题。

2020 年 5 月 28 日，第十三届全国人民代表大会第三次会议表决通过了《中华人民共和国民法典》，并于 2021 年 1 月 1 日起施行。该法典被称为“社会生活的百科全书”，是中华人民共和国第一部以法典命名的法律，在法律体系中居于基础性地位，也是市场经济的基本法。《中华人民共和国民法典》合同编分为通则、典型合同、准合同三个分编，共计 526 条，占法典条文总数的 40%以上，在法典中具有举足轻重的地位。《中华人民共和国合同法》在《中华人民共和国民法典》实施后被废止，因此以《中华人民共和国合同法》为依据所编写的合同法教科书显然已经不能适应社会发展的需要。

本书以《中华人民共和国民法典》为依据，根据选修课 18 周教学时数的安排，设 18 章，每一章都有以下六大部分的内容：(1)“本章引言”，根据本章的主要内容提出问题；(2)“本章重点”，突出本章需要掌握的重要知识点；(3)“导入案例”，举出与本节相关的合同法理论、合同制度、具体的法律规定有关的典型案（事）例；(4)“简要评述”，对案（事）例作出简要的点评和引导学生对相关问题之思考；(5)“法条依据”，针对案（事）例所涉的问题，给出对应性法条之内容；(6)“理论讲授”，有针对性、简明扼要地讲授本节的主要合同法理论；(7)“本章小结”，总结和回顾本章的主要内容，以便学生能从整体上把握住关键的知识点；(8)“课后练习”，学生通过做练习题以便于复习和巩固所学之内容。

本书既不同于传统的强调理论体系之纯理论阐述的合同法教材，也区别于单纯地就事论事的合同纠纷案判决结果正确性论证之案例分析，更与简单的法条解释不同，而是将典型的案（事）例嵌入到相应的合同法理论和知识点之中，通过案例和事例来引导学生对合同法理论的掌握，理解合同法的相关制度，正确运用合同法的条款，从而培养学生解决合同纠纷之实际能力。

本书编写的特点主要体现在以下几个方面：第一，正。本书的编撰，坚持正确的政治导向，以马克思主义法学理论为指针，体现新时代中国特色社会主义理论。第二，新。以《中华人民共和国民法典》为法条依据，体现合同法理论的研究成果，紧扣时代脉搏，反映符合中国国情的合同法理论与实践。第三，实。本书根据合同实务工作之需要，全书给出 78 个案例（60 个导入案例、18 个课后练习案例），且在相关理论阐述部分所给出的案（事）例或举例说明有 540 多处，以帮助学生对合同法原理之理解。第四，简。深入浅出地讲授合同法理，突出重点、难点问题，避免陷入纷繁复杂的学理之争中。

基于以上的考虑，在武汉大学出版社胡荣编辑的鼎力帮助下，著者编写了本教材。出于对相关合同纠纷案（事）例当事人隐私或商业秘密保护之考虑，所涉之主体，均采用了诸如甲、乙、丙、丁，A、B、C、D，张三、李四、王五等称谓；案件来源以注释的方式给出了裁判文书的案号。对所引用相关学者之观点，以页下注的方式标注，在此表示衷心的感谢！

本书编著者：丁春燕（武汉大学法学博士、澳大利亚麦考瑞大学哲学博士，中国农业科学院农业信息研究所博士后）负责全书的统稿；李正华（中南财经政法大学法学博士，中山大学法学院民商法学专业硕士研究生导师，广州新华学院法学院院长、教授）负责全书的撰写。

本书得以顺利出版，特别感谢武汉大学出版社以及胡荣编辑！

因编著者的视角和水平所限，本书存在的不足与错误还请读者批评指正！

编著者

2020 年 10 月

目　　录

第一章　合同法的基本理论

【本章引言】合同法作为民商法的重要法律制度，全国人民代表大会曾根据社会发展的需要制定了有关合同的不同法律，《中华人民共和国民法典》（以下简称《民法典》）的颁布实施废止了原来的《中华人民共和国合同法》（以下简称《合同法》）。尽管《民法典》第三编规定了“合同”，但作为合同法律制度，其所依据的合同法原理并没有大的改变。了解合同立法的进程以及合同法的原则、合同的分类，对把握合同法律制度具有重要的意义。

【本章重点】合同立法；民法典“合同”；合同法的原则；合同的分类。

第一节　合 同 立 法

【导入案例】

案例 1-1

不同法律规定适用诉讼时效纠纷案①

原告某物业管理公司于 2018 年 5 月 3 日起诉被告某公司欠付物业管理费 42 532.56元及滞纳金16 360.38元。被告称依照《民法通则》两年的诉讼时效之规定，2015 年 4 月份至 2018 年 3 月份应交未交的物业管理费已经超过了诉讼时效，不应支持。法院审理后认为，《民法通则》规定的诉讼时效为两年，《民法总则》规定的诉讼时效为三年，但《民法总则》从 2017 年 10 月 1 日开始实施。因此，2015 年 4 月份开始应付未付的物业管理费，在 2017 年 10 月 1 日实施《民法总则》之前应适用两年的诉讼时效的规定，之后适用三年的诉讼时效的规定。对于已经超过诉讼时效的部分物业管理费，因被告提出诉讼时效的抗辩而不予支持。法院判决：被告支付 2015 年 10 月至 2018 年 3 月份的物业管理费35 443.8元、滞纳金3 801元。

【简要评述】中国的社会主义法制建设在不断完善，新的法律颁布和实施，原有的一些法律可能会被废止。因此，在过渡时期内的合同关系之处理，涉及适用旧法还是适用新法的问题。其实，《民法典》与《合同法》关于合同的有关规定，总的制度没有改变，只

① 四川省彭州市人民法院〔2018〕川 0182 民初 2083 号《民事判决书》。

是某些具体的规定发生了变化。因此，“把握大同与小异”① 并根据新法适用的规则②处理就可较好地解决时间跨度所带来的问题。

【法条依据】《民法总则》第 206 条规定：“本法自 2017 年 10 月 1 日起施行。”

《民法典》第 1260 条规定：“本法自 2021 年 1 月 1 日起施行。《中华人民共和国婚姻法》、《中华人民共和国继承法》、《中华人民共和国民法通则》、《中华人民共和国收养法》、《中华人民共和国担保法》、《中华人民共和国合同法》、《中华人民共和国物权法》、《中华人民共和国侵权责任法》、《中华人民共和国民法总则》同时废止。”

【理论讲授】

一、我国的合同立法

合同法，是指调整合同关系的法律规范之总称。广义的合同法，是指调整合同关系的所有的法律规范；狭义的合同法，过去指《中华人民共和国合同法》的相应规范，现指《民法典》中第三编“合同”的相应规范。

我国的合同立法形成于特定的历史条件下，必然带有当时的历史烙印。

在计划经济时期，农村集体经济组织实行“一平二调”③，城镇中由供销社来落实经济计划中人们日常生活的消费需要，国营企业之间的原材料以及产品的供需都以计划由相关行业主管机关和地方政府进行了切实有效的安排，国营企业的经营和供需由上级主管部门决定，当依计划确定的供需关系出现问题时由主管部门协调即可解决，因此也就无须合同法来调整。

1978 年 12 月 18 日至 22 日，中国共产党第十一届中央委员会第三次全体会议在北京举行，确定了把全党的工作重点转移到社会主义现代化建设上来，随后进行了一系列的经济体制改革。

为了适应改革开放的需要，1984 年 1 月 23 日国务院发布并于同日施行了《工矿产品购销合同条例》和《农副产品购销合同条例》，用以调整国内单位之间的工矿产品和农副产品购销合同关系。这两个条例作为法规经过一段时间的实施，在调整工矿产品和农副产品购销合同关系方面取得了较好的成效，但其法律阶位较低。

为了更好地适应国内经济体制改革的需要，促进和保护经济合同关系的发展，1981

---

① 沈四宝．把握大同与小异——涉外经济合同法适用新合同法的基本原则［J］．国际贸易，1999（5）：8.

② 参照《最高人民法院关于适用〈中华人民共和国合同法〉若干问题的解释》，新法实施以后成立的合同发生纠纷起诉到人民法院的，适用新法的规定；新法实施以前成立的合同发生纠纷起诉到人民法院的，适用当时的法律规定，当时没有法律规定的，可以适用新法的有关规定。合同成立于新法实施之前，但合同约定的履行期限跨越合同法实施之日或者履行期限在合同法实施之后，因履行合同发生的纠纷，适用相关的规定。

③ “一平”是指在人民公社范围内把贫富拉平，实行平均分配；“二调”是指对生产队的生产资料、劳动力、产品以及其他财产无代价地上调。“一平二调”是特殊社会背景下出现的一种特殊分配方式。

年 12 月 13 日第五届全国人民代表大会第四次会议通过了《中华人民共和国经济合同法》，用以调整国内经济活动主体之间的经济合同关系。随着对外开放力度的加大，1985 年 3 月 21 日第六届全国人民代表大会常务委员会第十次会议通过了《中华人民共和国涉外经济合同法》，用以调整涉外的经济合同关系。此后，1987 年 6 月 23 日第六届全国人民代表大会常务委员会第二十一次会议通过了《中华人民共和国技术合同法》，用以调整技术合同关系。至此，由国内经济合同法、涉外经济合同法、技术合同法所构成的我国合同法律制度建设基本完成，无论是国内还是涉外的有形货物流转的经济合同关系，又或者是无形的技术转让、合作的合同关系，都有法可依。

但是，随着改革开放的不断深入和扩大，社会经济的不断发展，上述三部合同法的调整范围以及规定不能完全适应国际贸易的需要，根据发展社会主义市场经济的要求，迫切需要制定一部统一的合同法。① 于是，中华人民共和国第九届全国人民代表大会第二次会议于 1999 年 3 月 15 日通过了《中华人民共和国合同法》（以下简称《合同法》），该法于 1999 年 10 月 1 日起施行，全文共计 23 章 428 条。《合同法》为保护合同关系主体的权利，促进合同关系的健康发展起到了重要的作用。

编纂民法典是党的十八届四中全会确定的一项重大政治任务和立法任务，是以习近平同志为核心的党中央作出的重大法治建设部署。编纂民法典，就是通过对我国现行的民事法律制度规范进行系统整合、编订纂修，形成一部适应新时代中国特色社会主义发展要求，符合我国国情和实际，体例科学、结构严谨、规范合理、内容完整并协调一致的法典。这是一项系统的、重大的立法工程。② 2020 年 5 月 28 日，第十三届全国人民代表大会第三次会议表决通过了《中华人民共和国民法典》，自 2021 年 1 月 1 日起施行。该法典被称为“社会生活的百科全书”，是新中国第一部以法典命名的法律，在法律体系中居于基础性地位，也是市场经济的基本法。《民法典》共 7 编 1260 条，各编依次为总则、物权、合同、人格权、婚姻家庭、继承、侵权责任，以及附则。

需要处理好不断出台的新法律与原有的法律之间的关系，而当事人也应了解新旧法律之间的衔接关系以及具体的适用。例如，甲公司（供方）与乙公司（需方）于 2019 年 12 月 20 日签订了一份价格为8 000万元的某种特定工矿产品的购销合同，约定 2020 年 12 月 20 日、2021 年 11 月 20 日分两批交货；违约方须向对方支付合同总额 30%的违约金。受新型冠状病毒性疫情的影响，该工矿产品的市场价格发生了较大的升幅。于是，供方与需方进行了协商，但未能达成共识。甲公司担心，如按合同约定交货会造成自己较大的亏损；如果违约又需承担支付巨额违约金的责任。甲公司的法定代表人了解到 2020 年 5 月 28 日全国人民代表大会通过的《中华人民共和国民法典》中有关于“情势变更”的规定；但合同签订和第一批货物交付的时间却在该法典 2021 年 1 月 1 日开始实施之前，其不知道届时如果发生纠纷应该适用《合同法》还是适用《民法典》。

---

① 顾昂然．关于《中华人民共和国合同法（草案）》的说明［EB/OL］.［2020-08-08］. 全国人民代表大会：http：//www. npc. gov. cn/wxzl/gongbao/2000-12/06/content_5007082. htm.

② 王晨．关于《中华人民共和国新法典（草案）》的说明［EB/OL］.［2020-08-08］. 全国人民代表大会：http：//www. npc. gov. cn/npc/c30834/202005/50c0b507ad32464aba87c2ea65bea00d. shtml.

二、《民法典》对合同制度的创新与完善

（一）合同制度的创新

一是在合同制度的体例安排方面：《民法典》合同编采取通则、典型合同、准合同的体例设置，共 29 章，改变了原来《合同法》所采取总则、分则、附则共 23 章的体例设置。

二是在一般规定方面。《民法典》合同编的一般规定主要是调整范围、合同解释，合同法的原则适用民法典总则编的基本规定。

三是合同保全方面。《民法典》合同编将合同保全的代位权和撤销权从原来《合同法》中"合同的履行"一章中脱离出来独立成章，从原来 3 个条文扩展到了 8 个条文。

四是增加了"情势变更"的规定，以应对社会发展的变化，从而保护合同当事人的权益。

五是增加了 4 种典型合同。《民法典》合同编在《合同法》原有 15 种合同的基础上增加了保证合同、保理合同、物业服务合同、合伙合同，规定了 19 种典型合同。

六是增加了准合同。《民法典》将无因管理和不当得利纳入准合同的范畴。

（二）合同制度的完善

《民法典》对于合同制度的完善，主要体现在：第一，体现了关注民生，回应社会热点。诸如禁止高利放贷、便于小微企业融资、物业服务等方面都有相应之规定。第二，体现了尊重意思自治原则。合同编中不少条款遵循了合同主体"约定优先"的规则，突出了意思自治。第三，体现了承继与创新并重。合同编在合同法的基础上进行了大的修订，吸纳了相关司法解释中的精华，借鉴了两大法系的经验，更加符合我国的国情。

（三）《民法典》"合同编"的重大意义

《民法典》合同编分为通则、典型合同、准合同三个分编，共计 526 条，占民法典条文总数的 40%以上，在民法典中具有举足轻重的地位。合同编的中国特色使得合同编更加符合国情，更能回应我国市场经济发展的需求、解决中国的现实问题，也更能把握中国的时代脉搏。因此，合同编并非是《合同法》的简单"入典"，而是作为《民法典》的重要构成部分，其更能为中国的市场经济发展保驾护航，更能使民法典走到群众身边，走进群众心里。①

三、《民法典》第三编"合同"的适用

（一）调整范围

合同，是指当事人设立、变更、终止权利义务关系的协议。社会中存在着诸多的社会

---

① 王利明．民法典合同编的中国特色［N］．北京日报，2020-07-13（09）．

关系，不同的主体之间也存在着不同的权利义务，有些权利义务是通过法律规定直接产生的，而更多的则是通过当事人约定而产生，但并非是所有通过当事人约定而产生的合同关系都可纳入《民法典》合同编的调整范围。

《民法典》第 464 条规定，合同编所调整合同的范围为“合同是民事主体之间设立、变更、终止民事法律关系的协议”，而“婚姻、收养、监护等有关身份关系的协议，适用有关该身份关系的法律规定；没有规定的，可以根据其性质参照适用本编规定”。

因此，并非是所有的合同关系均可适用《民法典》合同编的规定，有关自然人身份关系的，如婚姻、收养、监护关系，以及劳动合同关系等，由专门的法律（婚姻法、收养法、劳动合同法等）加以调整。

（二）针对不同时期合同的适用

如果《合同法》与《民法典》关于合同的某些问题的规定完全一致，无论适用哪一个，只不过是法条的表述不同而已，并没有实质性的变化，这对合同当事人而言不会产生实质意义上的影响。但如果两者的规定不一致时，则适用不同的法律条款将会产生不同的实质性结果。在新法与旧法的适用问题上，一般会分别不同的情况予以处理：

第一，合同纠纷发生在新法实施前的，适用旧法。即在 2021 年 1 月 1 日以前发生的合同纠纷，在 2021 年 1 月 1 日以后尚未处理完毕的纠纷案件，仍然适用《合同法》的相关规定。

第二，合同关系发生在新法实施后的，适用新法。即在 2021 年 1 月 1 日以后所建立的合同关系，适用《民法典》合同编的相关规定。

第三，在跨度时期内的，区别对待。在 2021 年 1 月 1 日以前签订的合同，履行期限在 2021 年 1 月 1 日以后或者履行期限跨越了 2021 年 1 月 1 日前后的，合同当事人之间发生合同纠纷时，原则上应适用《合同法》；但如果《合同法》没有规定，且适用《民法典》的规定更有利于维护交易秩序和保护合同当事人权利的，则可适用《民法典》的规定。

第二节　合同法的原则

【导入案例】

案例 1-2

鼓励交易原则在纠纷解决中的适用纠纷案①

A 公司与 B 公司签订了一份合作建房的合同，合同约定：A 公司投入一定的资金，并负责前期的拆迁、办理证照等工作；B 公司分六期投入资金，如任何一期资金投入逾期超过三个月，则 A 公司有权解除合同。合同签订后，合作项目推进情况良好，B 公司也依约投入了近 1 亿元的首期资金，但因 B 公司的资金筹措方面出现了问

① 刘凯湘．鼓励交易原则在仲裁实践中的适用［J］．北京仲裁，2005（4）：73.

题，未能依约支付后续第五期的款额且超过了三个月。A公司认为已经向B公司发出了合同解除函，合同关系已经解除；但B公司不同意解除合同，且经过B公司的努力已经筹措到第五期和第六期应投入的资金，B公司愿意承担第五期逾期投入的违约责任，要求继续履行合同。

B公司后续已经筹措到了资金，可以继续履行合同，双方合作之合同目的并未落空。因此，仲裁庭可裁决B公司承担延迟支付款项的违约金（结合实际损失计算），而不宜裁决解除合同。

【简要评述】A公司主张自己是守约方，B公司未依约支付第五期的投入资金已经构成违约且超过了三个月，符合合同约定A公司可以行使合同解除权的条件，也符合相应的法律规定。但是，在双方合作关系的处理中，一方违约但未构成根本性违约（导致合同目的落空）的情况下，不应机械地适用法律和对应合同约定的条件解除合同，而应该以鼓励交易为原则、在追究违约责任的前提下力促维持合同关系及合同之履行。

【法条依据】《民法典》第562条第2款规定："当事人可以约定一方解除合同的事由。解除合同的事由发生时，解除权人可以解除合同。"

第565条第1款规定："对方对解除合同有异议的，任何一方当事人均可以请求人民法院或者仲裁机构确认解除行为的效力。"

【理论讲授】

一、合同法原则及其体现

（一）合同法原则的概念

原则，是指行事所依据的准则。原则是经过长期实践所总结出来的现象之合理化、抽象化和理论化的体现。

合同法的原则，是指用于指导人们制定合同法律制度、遵守合同法、适用合同法条文以及研究合同法律现象的基本准则。

（二）合同法原则的体现

不同的国家之法律制度，有不同的基本原则作为指导。我国的法律制度，必须坚持相应的原则，如坚持中国共产党领导原则、坚持人民主体地位原则、坚持人民民主专政原则、坚持法律面前人人平等原则、坚持依法治国和以德治国相结合原则、坚持从中国国情出发原则等。

在法律基本原则下，不同的部门法律为了贯彻落实法律的基本原则，也有其部门法的基本原则，如在《民法典》第一章"基本规定"中第4~9条就明确了平等原则、自愿原则、公平原则、诚信原则、守法与公序良俗原则、绿色原则。这些基本原则，无论是物权制度、人格权制度、合同制度、婚姻家庭制度、侵权责任制度，还是商事法律制度，均应贯彻落实。

合同法作为民法之下的二级法律部门，为贯彻落实民法的基本原则，也明确了其应有的原则，如在《合同法》第2~8条，规定了平等原则、合同自由原则、公平原则、诚实信用原则和遵纪守法原则。尽管在《民法典》合同编之中“第一分编”“第一章一般规定”中，没有原则性的条款规定，但并不意味着作为一个部门法就没有自己相应的原则。

二、合同法具体的原则

（一）合同当事人法律地位平等原则

合同当事人，无论其经济实力或股权结构是否有差异，在缔结合同关系以及行使合同权利、履行合同义务以及发生合同纠纷时所适用的法律，均一律平等。平等，并非是最终结果上的完全一样，而是指在法律地位上作为一个独立的民事主体的平等、在适用法律上的平等以及对合同权利保护的平等。例如，尽管A、B两个公司的经济实力不一样，但是它们都是独立的民事主体，在买卖合同中适用的都是相同的法律，在权利的保护上也是平等对待的。因此，买卖双方的法律地位是平等的。

（二）合同自由原则

合同自由，是指合同当事人有依法自由设置合同关系和处置合同权利的资格。合同自由包括缔约自由、选择相对人的自由、选择合同方式的自由、确定合同内容的自由、变更或解除合同的自由、明确解决纷争方式的自由等。如合同当事人经过协商，可以确定纠纷向人民法院起诉或者交由确定的仲裁机构仲裁，就体现了选择解决纷争方式之自由。

（三）合同公平原则

公平、正义是法律所追求的目标。民法是调整平等主体之间权利义务的法律，理当要体现和追求这一目标之实现，合同法也不例外。合同的洽谈、内容的确定、条款之设置，均应体现公平，不得利用强势逼迫对方，更不能通过设置的格式条款来免除自身的法定义务、剥夺对方应有的合同权利。例如，当出现合同一方受欺诈、受胁迫，或者出现显失公平时，合同法规定允许遭受不公平对待的一方可依法行使撤销权，以恢复其在合同中本应有的公平地位。

公平，并非是数量上的完全相等。在有偿合同关系中，公平往往体现为相对应之对价。在商言商，我们不能要求一个经销商将某个商品的购进单价作为零售的单价；我们也无法确定任何一个消费者在不同的商家所购买到相同的商品之价格完全等同。而且，在实践中，合同当事人违约所造成对方的损失也不完全一样，因此在违约金支付条款的约定上会有针对性地作出区别性对待的约定，但在数学计算上可能并非完全、绝对的数额对等。只要是合法的、当事人真实意思之体现且有对价，理论上和司法实践上都认为是公平的。例如，某开发商与购买商品房的小业主在《商品房买卖合同》中分别约定了逾期付款、逾期交房的违约金计算方法：逾期付款的，按照应付未付款额每日3‰计付违约金；逾期交房的，按照总购房款每日3‰计付违约金。尽管计算标准（每日3‰）是一样的，但是基数不同，最终数学计算出来的结果当然不同。只要是真实、自愿的意思表示，未损害国家利益、未侵犯他人权利、没有扰乱社会秩序和违背公序良俗，基于私权处分和意思自治，对于相关的约定就应当予以尊重，正如法谚所云“对心甘情愿者不存在不公正”。

（四）鼓励交易原则

合同当事人创设一个合同关系，往往是基于前期做了资信调查和进行多次协商以及认真考量的结果。合同关系的缔结，则意味着一方将今后合同目的之实现所带来的利益寄托于对合作方的信任和对法律之依赖，合同双方依约履行，则合同权利得到保障，合同之目的也就实现了。但是，社会的客观情况是在不断发展和变化之中的，如果一方当事人构成了违约，也符合守约方行使解除权的条件，但在违约方能够继续履行合同并承担违约责任的情况下，合同目的不会落空。因此，在司法实践中，对于一般性违约和根本性违约会予以区分，而不是机械地对应合同解除的条件来作出简单的处理。

鼓励交易原则，主要表现在以下几个方面：第一，严格控制无效合同。即在合同效力的认定上，只有在违反国家法律、法规禁止性规定的情况下，才认定合同的无效；明确区分行政管理性规定与合同无效的禁止性规定之适用。例如，根据《民法典》第 505 条“当事人超越经营范围订立的合同的效力，应当依照本法第一编第六章第三节和本编的有关规定确定，不得仅以超越经营范围确认合同无效”的规定，工商行政管理的法律、法规规定禁止超越经营范围开展经营，该规定属于行政管理性规定，公司超越经营范围所签订的合同并不当然无效。《民法典》第 8 条规定了“民事主体从事民事活动，不得违反法律，不得违背公序良俗”，第 153 条还规定了“违反法律、行政法规的强制性规定的民事法律行为无效”。第二，从宽认定合同关系的建立。对于采用非要约、承诺方式缔结的合同方式，甚至以实际行为接受了对方相应履约行为的，在发生合同关系是否成立的纷争中，依据事实认定合同关系订立。第三，鼓励补正。对于约定不明但能够通过协商补正的合同，一方当事人以约定不明为由要求认定合同无效或者解除的，鼓励当事人通过协商的方式达成一致并继续履行合同。例如，《民法典》第 510 条规定：“合同生效后，当事人就质量、价款或者报酬、履行地点等内容没有约定或者约定不明确的，可以协议补充；不能达成补充协议的，按照合同相关条款或者交易习惯确定。”又或者，纠纷处理时的客观情况已经发生了变化的，应根据现状予以判断和处理。例如，在签订合同时无权处分者以物权人的身份与他人签订物权转移的合同，当发生纠纷后、尚未作出裁判时已经取得合法之物权的，交易的对方以无权处分为由要求认定合同无效的，不予支持。第四，可变更的情况下不轻易解除合同。只要通过变更合同即可达到双方当事人的利益平衡之情况下，就不轻易解除合同。例如，《民法典》第 533 条规定了“合同成立后，合同的基础条件发生了当事人在订立合同时无法预见的、不属于商业风险的重大变化，继续履行合同对于当事人一方明显不公平的，受不利影响的当事人可以与对方重新协商；在合理期限内协商不成的，当事人可以请求人民法院或者仲裁机构变更或者解除合同”的“情势变更”条款。在具体适用中，首先要鼓励的是双方协商，其次在可变更的情况下尽量变更，只有在协商不成且确实无法变更的情况下才考虑解除。第五，严格把握解除合同的条件。除了对违约做一般性违约和根本性违约加以区分外，还要对相关的法条做全面的理解和适用。例如，合同买受人对于出售方提供不符合质量要求的供货，已经接受的，此后再以质量不符合要求主张解除合同的，不予支持。即对于《民法典》第610条“因标的物不符合质量要求，致使不能实现合同目的的，买受人可以拒绝接受标的物或者解除合同”的规定做全面、正确的理解和适用。

第三节　合同的分类

【导入案例】

案例1-3

一份合同书中的多个合同关系纠纷案①

张三（卖方）希望将自己的一套商品房出售，但不知道如何找到合适的买家，于是找到了某房地产中介公司放盘。该房地产公司的业务员在该公司的相关信息发布渠道上予以公布后，李四（买方）刚好希望在该地段购买一套商品房。于是，房地产公司的业务员促成了张三和李四的交易，最终三方（房地产中介公司作为中介方、张三作为卖方、李四作为买方）在2019年11月20日签订了一份《房地产买卖合同》，合同约定：（1）张三出售给李四的房产，是经过房地产中介公司促成的。（2）张三将位于××路××号××花园××幢××号建筑面积为120平方米的房产以500万元的价格出售给李四。（3）张三、李四分别按出售价格向房地产中介公司支付1.5%的中介服务费，该中介服务费在双方签订本《房地产买卖合同》后的三天之内支付。（4）李四除了已经支付的50万元定金外，在签订本合同之日支付首付款150万元，余款300万元在20日内由申请人向银行申请按揭贷款（如银行发放贷款不足则需在办理过户之日以现款转账支付）。（5）银行按揭贷款同意后10天内双方到房地产登记中心办理递件过户手续，中介方配合办理预约手续。（6）如任何一方延迟履约超过15天，则守约方有权解除合同，并按购房总款30%追究违约方的违约金责任。（7）因履行本合同发生的纠纷，应当协商解决，协商不成的，应向××仲裁委员会申请仲裁，该裁决是终局的。

合同签订后，买方依约办理了银行按揭贷款申请，但银行根据买方的个人信用状况及该商品房评估的价值等因素综合考量，于2019年12月2日向买方发出的《同意贷款意向书》，只同意发放贷款250万元。买方得到银行《同意贷款意向书》后通知卖方和中介公司，2019年12月20日房地产中介公司工作人员预约了房地产登记中心的递件过户的取号并通知了买卖双方。2019年12月20日，买卖双方以及房地产中介公司的工作人员到了房地产登记中心的门口，正要进去办理递件过户手续时，卖方要求买方先行支付银行按揭贷款不足的款额50万元，之后才能办理递件过户手续；但是买方则坚持依照合同约定办理完递件过户手续后再将50万元银行转账给卖方。为此，双方相持不下，房地产中介公司的工作人员费尽口舌劝解无效，最终买卖双方

---

① 中国广州仲裁委员会〔2020〕穗仲案字第××168号《裁决书》。

不欢而散。买卖双方至今未向房地产中介公司支付中介服务费。

2020年4月20日，卖方向合同约定的仲裁机构提起仲裁，要求裁决解除合同并追究买方的违约金支付责任（按交易房价30%给付违约金）；买方则提出反诉，要求仲裁委裁决解除合同，裁决卖方退还定金50万元、首期购房款150万元，并按交易房价30%追究卖方的违约金支付责任。

【简要评述】买卖双方各执一词，均指责对方构成违约且均要求解除合同。但是，在该份《房地产买卖合同》之中，只存在卖方和买方的房地产买卖合同关系，还是包含有其他的合同法律关系？仔细分析，在该《房地产买卖合同》中，有三个主体：卖方、买方、中介公司；形成了两类性质不同的三个具体的合同法律关系：（1）卖方与买方的房地产买卖关系；（2）卖方与房地产中介公司的中介服务关系；（3）买方与房地产中介公司的中介服务关系。因此，在处理具体的合同纠纷案件时，应当根据不同的合同种类，有针对性地适用法律规定予以处理。

【法条依据】《民法典》第二分编对19种典型的合同作出的规定。

【理论讲授】

一、合同的种类之划分及其意义

事物的划分标准并非是唯一的，从不同的价值评判角度，可以有不同的标准。按照不同的标准，可将合同进行不同种类的划分。不同标准所划分出来的合同，相互之间可能会发生交叉或者在某些方面的重合。例如，有些合同，比如买卖合同，其既是有名合同，同时也是双务合同，还是诺成合同、不要式合同。

采取不同标准所划分出来的合同种类各异，在法律适用以及具体问题的处理上就会有所不同。例如，房地产买卖双方的权利义务必须以买卖合同为衡量标准；而买方、卖方与房地产中介公司的中介服务之间的权利义务的处理，则应以居间服务合同和相关的法律规定为评判标准。

二、以是否有法律明确规定为标准

（一）有名（典型）合同

有名合同，又称典型合同，是指法律对其有明确的规定且赋予其一定名称的合同。《民法典》第三编“合同”的“第二分编”明确规定了买卖合同，供用电、水、气、热力合同，赠与合同，借款合同，保证合同，租赁合同，融资租赁合同，保理合同，承揽合同，建设工程合同，运输合同，技术合同，保管合同，仓储合同，委托合同，物业服务合同，行纪合同，中介合同，合伙合同共19种典型合同。

典型合同，在法律之中被赋予了专门的名称，并作出了相应的规定。因此，对于该类合同当然适用《民法典》总则以及合同的通则的相关规定，在具体问题上应直接引用该有名合同的相关条款。

（二）无名（非典型）合同

无名合同，又称非典型合同，是指在法律之中并未赋予其专门的名称，亦未作出专门规定的合同。对于该类合同的法律适用，依照《民法典》第467条“本法或者其他法律没有明文规定的合同，适用本编通则的规定，并可以参照适用本编或者其他法律最相类似合同的规定”处理。

值得注意的有三点：第一，有名合同与无名合同，并非是以合同书上是否有名称来认定，而应当以合同的实质性内容来认定。例如，合同双方当事人签署了一份《合作合同》，该《合作合同》的实质内容是一方提供仓储场所给对方存放货物使用，对方支付仓储租金。显然，这是一份仓储合同。第二，有名合同，并非是绝对、固定不变的。现时的法律只能针对目前和今后一定可预期内较为典型和出现较多的情况作出规定。世界之大，客观情况也在不断地变化着，随着今后社会发展的需要，可能会通过修订法律的方式增加有名合同。第三，无名合同，并非是无法可依。《民法典》总则部分以及合同编通则的规定，对无名合同当然适用；在相关法律规定有最相类似合同条款的情况下，也可以参照适用该规定。

三、以是否有对待给付义务为标准

（一）双务合同

双务合同，是指双方当事人互负对待给付义务的合同。例如，买卖合同就是互负对待给付义务的合同：卖方有权得到货款、有义务交付货物；买方有权得到货物、有义务支付货款。

双务合同，讲究权利义务的对等性，通常表现为双方均有一定的对价，在未依约履行义务的情况下就不可能享有合同权利。

尤其值得注意的是，只有在双务合同之中，才存在合同履行的抗辩权及其行使的问题。例如，《民法典》第525条、第526条、第527条所规定的同时履行抗辩权、先履行抗辩权以及不安抗辩权，均以“当事人互负债务”为前提。

（二）单务合同

单务合同，是指仅有一方当事人负给付义务的合同。

单务合同并非是只有合同一方有权利而没有义务或者责任，而是指一方获得对方的给付义务而无须有对等的给付义务。例如，在双方签订的《无偿借用合同》中，明确约定借用方到期必须归还所借用之物品，在借期内有妥善保管和使用的义务，借用期限届满还有归还之义务。只不过，借用方在取得该借用物品的时候，无须支付对价（租金）而已。

由于单务合同一方在未获得对等给付的情况下履行了给付义务，因此在给付义务的履行中，并不像对等给付义务的双务合同那样严苛地审视其交付的标的之质量。而且，在尚未实际履行给付义务时，一般不具有被强制履行或承担违约责任的问题。例如，张三答应李四向其无偿出借一本《合同法》的教科书一周，但后来得知自己期末考试不及格需要继续使用该教科书准备补考，因此爽约。此时，李四无权要求张三继续履行合同或者要求其承担违约责任。

四、以取得权益是否有相应代价为标准

（一）有偿合同

有偿合同，是指当事人一方享有合同规定的权益，须向对方当事人偿付相应代价的合同。如买卖、租赁、建设工程等合同，合同一方当事人需要向对方偿付相应的对价，就是有偿合同。有偿合同与双务合同在一定程度上有重合之处，但并非所有的有偿合同都是双务合同，例如，借贷合同属于有偿合同、单务合同。

（二）无偿合同

无偿合同，是指当事人一方享有合同规定的权益，无须向对方当事人偿付相应代价的合同。如赠与、借用等合同，合同一方当事人无须向对方偿付相应的对价，就可以获得相应之合同权益。

区分有偿合同与无偿合同，意义在于：第一，主体要求不同。有偿合同须主体有民事行为能力；无偿合同的受益方不限定为完全民事行为能力。第二，责任轻重不同。有偿合同的当事人责任较重，无偿合同当事人的责任较轻。第三，撤销权行使的条件不同。对于无偿赠与而导致债权人债权受害的，债权人有权直接行使撤销权；对于有偿合同，只有在出售人存在明显不合理的低价损害了债权人权利时，债权人才有权要求撤销。第四，返还义务不同。如果无权处分者处分财产，无偿获得者有返还的义务；不知道其为无权处分者且支付了合理对价的善意第三人，一般没有返还之义务。

五、以合同成立是否需要交付标的物为标准

（一）诺成合同

诺成合同，又称不要物合同，是指当事人的意思表示一致即可成立的合同。即只要有要约和承诺，即可构成一个合同关系，例如买卖合同、借款合同等，均属于诺成合同。

（二）实践合同

实践合同，又称要物合同，是指除了双方当事人的意思表示一致外，还需要交付标的物或完成其他给付才能成立的合同。例如，借用、保管、赠与等合同，除了合同当事人达成意思一致外，还需要一方交付借用之标的物、保管物品、赠与标的物才满足合同的成立要件，合同关系才成立。如果双方当事人达成了意思表示一致，但最终没有交付标的物的实践行为，因合同关系尚未成立则并不构成违约，但发生纠纷时可追究缔约过失责任。

六、以合同成立时的形式是否有法律明确限定为标准

（一）要式合同

要式合同，是指法律或当事人要求必须具备一定形式的合同。

要式合同，其合同的形式要件成为判断合同关系成立、效力的第一考虑要素。如果法律对某种合同作出了明确的规定必须采用特定形式缔结的，如当事人未采取该种形式的，则合同未生效或无效。

（二）不要式合同

不要式合同，是指法律或当事人并未要求必须采取某种特定形式的合同。

法律一般不强求合同当事人采取何种形式缔结合同，采取何种形式缔结合同关系，通常的情况下由当事人商定。如果法律未规定必须采用的形式，而合同当事人明确约定选用某种特定形式缔结合同时，则成为要式合同。

对于不要式合同，在处理纠纷时，不因合同形式而影响合同关系存在之认定。例如，双方采取口头方式缔结的合同属于不要式合同时，不因其属于口头合同而不受法律保护。

七、以时间因素在合同履行中所处的地位为标准

（一）一时性合同

一时性合同，是指只要依照合同约定完成一次性给付即可使合同内容得以实现的合同。所谓的一次性给付，是指给付标的明确，可以一次性地履行完给付义务的情形，当然也包括在明确总计付款额后的分期给付。例如，甲、乙双方签订一份《买卖合同》，约定甲向乙出售某批价格 100 万元的货物，货到三天内付款。100 万元的货物和应付款，都是确定的，无论卖方一次性交货还是分批次交货，也无论买方是一次性付清还是分期付清，总给付额是确定的，故而属于一时性合同。

（二）继续性合同

继续性合同，是指合同内容非一次性给付可完结，而是需要继续地实现的合同。由于合同的内容是根据不同时间分段地履行，故而给付额只在某一个时间段内确定，后续要经过对方履行义务才能确定另一个时间段的给付额，合同的履行总处于一个持续不断的发展过程中。例如，供用水、电、气之类的合同，供方与需方签订了一个长期供应的合同，每月结算一次，不同的时间段会产生合同当事人新的权利义务。

一时性合同，只要一次性地履行了给付义务，合同关系就终止了。而继续性合同，每一次的履行给付义务，仅完成了该时间段内的履行义务，其后续的履行义务又将产生。一次性合同的解除，可产生溯及既往的后果；但继续性合同的解除，一般不会产生溯及既往的效力。

八、以合同相互之间的依存关系为标准

（一）主合同

主合同，是指不以他种合同的存在为前提和不受其制约，能够独立存在的合同。例如，买卖合同就是可以独立存在的合同，属于主合同。

（二）从合同

从合同，又称为附属合同，是指以他种合同的存在为前提和受其制约，不能够独立存在的合同。例如，因借贷需要担保而在借贷合同之外另行签订的抵押合同，就是依附于借贷主合同的从合同。

主、从合同的划分，主要是考察两者的关联关系。主合同的效力会直接影响到从合同的效力，主合同的债务之履行也影响到从合同义务是否需要履行的问题。例如，当一个借款的主合同被认定为无效时，担保的从合同当然也被认定为无效；当借款的主合同义务履行完毕时，担保的从合同的义务亦无须再履行而自然终结。

九、以约束力所达之主体范围为标准

（一）束己合同

束己合同，是指当事人仅为自己设定权利义务，合同的效力仅限于合同当事人的合同。简而言之，就是仅约束合同当事人自身的合同。

合同具有相对性，因此债权属于相对权，即只有合同的当事人才能依据合同条款的内容向合同相对方主张权利，合同外的第三人不承担合同的义务。

（二）涉他合同

涉他合同，是指合同当事人为合同外的第三人设定合同权利，由合同外第三人取得预期的合同利益之合同。

根据合同相对性原则，合同当事人不得为合同外的第三人设置义务，但在特定情形下则可依法为合同外的第三人设定合同权利。这种为合同外的第三人设定权利，表面上似乎是突破了合同相对性的规则，但为他人设定合同权利其并未在本质上伤害到合同外第三人的权利，如果合同外第三人认为不合理则可拒绝接受，故而是被允许的。

涉他合同之中的第三人，并非是合同关系的主体，也无须在合同上签字，不承担合同义务。例如，在《生命保险合同》中，一方为投保人，相对方的保险公司作为保险人，由于投保人以自己的生命利益为投保对象，一旦发生保险理赔事由（死亡），则投保人因死亡而丧失了民事权利能力，其已经不再是民事法律关系的主体，故而也不可能再享有权利。因此，在世界各国的商业保险模式中，生命保险的投保人可在《生命保险合同》中约定第三人为该合同的受益人。

十、以效果在合同签订时是否确定为标准

（一）确定合同

确定合同，是指合同的法律效果在缔约时已经确定的合同。

这类合同缔结之时，合同当事人往往对自己应享有的权利、须承担的义务做仔细的考量，在合同中应享有的权利以及如不履行义务将要承担的责任之法律效果是确定的。例如，在买卖合同中，卖方知道自己应收到的货款额，也明确自己应当履行交货的义务，作为买方亦知道自己的权利和义务，而且双方的权利义务都是确定的。

（二）射幸合同

射幸合同，是指合同的法律效果在缔约时不能确定的合同。

对于这类合同，尽管合同当事人签订了合同，并确定了合同约定的事由发生时将会有何种法律效果，从表面上来看似乎是约定了一种确定的法律效果。但是，这种法律效果会不会发生以及何时以何种形式发生，合同当事人是无法预知和控制的。例如，在日常生活中，保险合同和购买彩票的合同都属于射幸合同。因为投保人与保险公司不知道保险事故会不会发生，也不知道何时发生；彩民与博彩公司都不知道彩民所购买的这张彩票的投注号码与将要摇出来的中奖号码是否一致。故，对于合同约定的确定的结果是否会发生，合同双方的当事人都不知道，“中”与“不中”都好像是射箭那样需要碰运气；只有开奖后，才能确定其法律效果。

对于确定合同，应运用公平合理的原则来衡量；对于射幸合同则不能以等价的角度来考量其是否公平，而只能按照约定的内容来考察条件是否成就、法律效果是否确定。

十一、以签约目的是否为当事人设定具体的合同权利为标准

（一）预约

预约，是指预先约定将来订立一定合同的协议。

预约其实就是合同的当事人，为今后某个时间或某个条件成就时确定一个合同关系的事先约定。预约本身就是一个合同，只不过这个合同未约定合同的实质性权利、义务的内容，而是一种带有意向性的东西，唯一确定的就是当今后的某个时间或者某个条件成就时，双方会正式签订合同以明确具体的合同权利义务。例如，某房地产发展商已经取得了商品房预售许可证，但该商品房还在建设当中，其预估将在六个月后完成验收并可以交房。为了尽快回笼资金，房地产发展商向社会公布了预售的消息并在其销售中心举办了预售活动。某小业主经过售楼服务人员的介绍，看中了某一套商品房，于是与房地产发展商签订了《商品房预售合同》，约定：（1）房地产发展商拟向小业主出售“××花园第×幢第×层××号”建筑面积初步估计为168平方米的商品房，对价格只作了上限性的约定。（2）小业主向房地产发展商交付10万元的定金。（3）房地产发展商保证该单元的商品房留给该小业主而不再出售给任何的第三方。（4）本合

同签订后的三个月内，房地产发展商取得商品房销售许可证后通知小业主签订正式的《商品房买卖合同》。(5) 任何一方违约，则按定金罚则（支付定金的一方违约不履行合同，无权取回定金；收取定金的一方违约不履行合同，则双倍返还定金）处理。(6) 双方发生纠纷，友好协商处理，协商不成的，提交××仲裁委员会仲裁。显然，该《商品房预售合同》就属于预约。

《民法典》第495条规定："当事人约定在将来一定期限内订立合同的认购书、订购书、预订书等，构成预约合同。当事人一方不履行预约合同约定的订立合同义务的，对方可以请求其承担预约合同的违约责任。"因此，由于预约未确定合同的权利义务，一方拒绝缔结本约的话，不能依照本约来计算和确定损失赔偿，只能依照预约中的违约条款或者按照缔约过失来处理。

（二）本约

本约，是指为了履行预约而订立的合同。

预约所约定签约的时间届满或者约定的条件成就，双方签订了本约，将取代原来的预约（或者说本约是预约的一个延续），这本是预约者签订预约所追求之目的。

但在实践中，如果仅仅签订了预约而一方拒不签订本约将如何处理，又或者是否所有的《商品房认购书》都属于预约，是值得讨论的问题。如果预约本身已经明确了交易标的、双方的权利义务关系，则其实质上就是一个可以独立的合同，只不过是在合同履行中附设了一个条件或者时间的附条件合同而已。一方违反该所谓的预约，则需要承担违约责任。例如，上述的某房地产发展商与某小业主签订的《商品房预售合同》中，明确约定了房号、面积、价格、付款方式和时间、交房时间、质量保证、违约责任、纠纷解决方式等主要权利义务的内容，则该合同名义上是预约而实质上就是本约。任何一方违约时就应当按照本约的违约来处理。

无论是预约还是本约，都是属于合同的一种，均具有法律约束力。而在实践中，可能会见到类似《意向书》《意向性协议》《初步协议》《框架协议》《战略合作协议》《合同草签稿》等名称各异的东西。判断其是预约还是本约，关键要看其是否有法律约束力以及是否有实质性的内容。如果是不具有法律约束力的，则既不是预约也不是本约。如果是有法律约束力的，其仅约定在将来某个时间或者某个条件成就时再签订正式的合同，就是属于预约；如果是有法律约束力，且合同内容具体、明确的，则属于本约。

【本章小结】

我国在不同的历史时期有过不同的合同立法。2020年5月28日通过的《民法典》于2021年1月1日开始实施，标志着我国民事法律制度进入了一个崭新的历史阶段。

不同的部门法为贯彻落实中国社会主义法律的基本原则，也有自己的基本原则，民法所确定的平等原则、自愿原则、公平原则、诚信原则、守法与公序良俗原则、绿色原则理当适用于合同法，但合同法中的合同当事人法律地位平等原则、合同自由原则、合同公平原则、鼓励交易原则，在合同立法、合同守法、合同司法中仍然有所体现。

《民法典》规定了19种典型合同，并作出了明确的法律规定，为遵守法律规定签署合同、履行合同以及解决合同纠纷提供了法条依据。而合同法学理方面根据不同标准所划分出来的不同合同，在其性质、特点、内容、纠纷表现以及法律适用等方面均有所不同。

【课后练习】

1. 名词解释

合同；合同法；合同法的原则；鼓励交易原则；典型合同；双务合同；诺成合同；要式合同；主合同；预约。

2. 简答题

（1）《民法典》合同编所调整的是哪些合同关系？（可参见本章第一节的内容）

（2）《民法典》实施前签订的合同，发生纠纷时应当如何适用法律？（可参见本章第一节的内容）

（3）如何理解鼓励交易原则？（可参见本章第二节的内容）

（4）典型合同与非典型合同的法律适用有何不同？（可参见本章第三节的内容）

3. 案例分析题

张某见到某开发商正在发布某商业住宅楼盘销售的广告，于是到售楼部了解情况，最后看中了一套商品房。经售楼工作人员的介绍和要求，张某与该房地产开发商签订了一份《商品房认购书》，并支付了诚意金10万元。按照《商品房认购书》的约定，张某需要在一个月内与开发商签订正式的《商品房买卖合同》，届时应支付首期购房款50万元，但张某资金周转紧张。于是，张某向银行申请贷款，拟借款50万元，与银行签订了《借贷合同》，同时还将自己的一辆丰田汽车设置抵押又签订了《抵押合同》。最终，张某如愿地和开发商签订了《商品房买卖合同》，支付了首期购房款50万元，并办理了住房公积金的银行按揭贷款并签订了《住房公积金贷款合同》。

问：请根据上述的情形，分析张某分别与哪些主体订立了什么种类的合同，各合同的分类属性以及特性是什么？

提示：可参见本章第三节的内容及参考《民法典》相应的规定。

第二章　合同的订立过程

【本章引言】合同作为平等主体的当事人之间设立、变更、终止民事法律关系的协议，其非自然天成。人们通常想到的是双方代表坐在一起在合同书上签字、盖章的结果，而对于合同订立的形式以及合同关系形成的过程并不十分了解。因此，当事人之间如何达成意思一致的过程、形式和效力，就值得考究。

【本章重点】合同订立的形式；要约的约束力；要约的撤回与撤销；承诺的效力；特殊缔约方式及其要求；合同的主要条款。

第一节　合同订立的形式

【导入案例】

案例 2-1

口头约定交易纠纷案①

沈某某与北京某医药公司的负责人达成口头协议，约定由沈某某向医药公司购买肠溶片若干。之后，沈某某向医药公司支付了现金7 480元，医药公司向沈某某发货 3 件并开具了保证金1 000元的收据。再后来，沈某某又支付了18 000元，但医药公司则未发货。沈某某与医药公司负责人多次交涉未果，于是沈某某向法院起诉该医药公司，要求退还货款18 000元。法院审理时，双方对已经付款18 000元的事实无争议，但对于货物的单价以及保证金1 000元所担保的事项各执一词，但却均不能提供书面的证据。沈某某称当时双方口头约定肠溶片每件 240 盒、每盒单价 9 元；医药公司负责人则说当时口头约定的是 27 元一盒。法院审理后认为，对于价格和付款的行为以及保证金，应当根据当时的情况以及日常生活常识和逻辑推理，认定7 480元和保证金是前一批货物的交易金额以及担保，该批货物已经交付完毕，故判决保证金应当退还；后一批货款18 000元因双方发生争议且未发货，应原额退还。

【简要评述】口头合同，通常就是民间所称的君子协议，如果双方依照诚实信用原

① 北京市第二中级人民法院〔2006〕二中民终 16324 号《民事判决书》。

则切实履行，本无纷争。尽管在商业活动中不少人凭借友情和信任，不太重视合同的外在形式，最终还是兑现了诺言，大有“君子一言驷马难追”之风范。但是，现实中也有不少的合同纷争因“口说无凭”而导致难以认定事实的情况出现。一旦出现纷争则而会各执一词，审理者也难以判定哪一方说的是真话还是假话。因此，尽管选用何种形式订立合同是合同当事人的自由，但应当以符合规定、有利于保护权利为前提。对于重大、非即时结清的大宗交易，最好不要选用口头方式订立合同。

【法条依据】《民法典》第469条规定：“当事人订立合同，可以采用书面形式、口头形式或者其他形式。书面形式是合同书、信件、电报、电传、传真等可以有形地表现所载内容的形式。以电子数据交换、电子邮件等方式能够有形地表现所载内容，并可以随时调取查用的数据电文，视为书面形式。”

【理论讲授】

一、合同订立的形式之概念

合同订立的形式，简称合同的形式，是指合同当事人合意的表现形式。

合同订立的形式是合同内容的外部表现，也是合同内容之载体。合同形式与合同内容，是外观与实质的关系。任何的合同，都需要以一定的外观形式予以呈现，不存在没有形式的合同内容，也不会有毫无内容之合同外观。

二、合同订立的形式种类

合同订立的形式是多种多样的，按照不同的标准可以做不同的划分。

（一）书面形式

书面形式，是指以书面文字的方式所呈现出来的合同当事人意思表示一致的合同形式。合同书、协议书、往来的信件、电报、电传、传真等，都是较为典型的书面形式。书面形式，其载体作为有形的纸张存在，人们可通过文字记载了解当事人所达成的合议，“白纸黑字”不容抵赖，而且往往会有当事人在上面签字、加盖公司印章等，因此具有较高的证据证明力。除了传统的合同书作为典型的书面形式外，以电子数据交换、电子邮件等方式能够有形地表现所承载内容，并可以随时调取查用的数据电文，也被纳入书面形式之中。

在重大的民商事活动中，以签订书面合同的形式来确定合同关系，不仅显示出隆重的仪式感，更重要的是可作为今后履行合同和解决合同纷争之依据。

（二）口头形式

口头形式，是指当事人通过口头语言为意思表示所订立的合同形式。当事人通过商谈最终确定一致的意思表示，应当信守，因而历史上就有“一诺千金”的典故。尽管口头合同也是合同的形式之一，受法律保护，但是，仅仅是双方口头协商的结果，没有其他佐证材料，一旦一方反悔或者否认，另一方要证明双方曾经达成了一致的协议就相当困难。例如，张三向李四借钱（现金支付）若干，但是没有留下借条或者签订借款合同，到了还本付息之日，李四向张三索要，张三否认借款的事实。李四向法院起诉张三，最终因缺乏证据支持而法院不予受理。又如，某公司的董事长与对方公司负责人所达成的口头协议，就是属于口头合同；在这样的交易活动中，自己一方要先安排采购原材料和生产，之后交货，最后才收取货款的非即时交易，万一市场价格变动较大，对方爽约，自己的权益就难以得到保护。因此，口头合同存有较大的风险。

实践中，对于现货交易，一手交钱一手交货并能够当场验货的即时结清之贸易，可采取口头形式。而对于货款非即时结清的合同，则不宜采用口头合同方式。

（三）要约、承诺方式

要约、承诺方式，是指合同一方当事人向对方发出要约，对方以承诺的方式表明达成意思一致的合同形式。在国际贸易中，要约、承诺方式是订立合同的主要方式。通常的做法是：要约人向受要约人发出一个要约，受要约人在承诺期限内作出有效回复，从而确定合同关系。例如，甲公司向乙公司发出了一份要约，乙公司予以承诺，则订立了合同。

（四）其他方式

合同的其他方式，是指除了书面、口头形式之外的其他表示合同当事人意思一致所订立的合同形式。例如，自动售货机上明确标识了投币或者扫码付款的方式，而且标明了某件产品（货物）或某项服务的收费标准，消费者在该自动售货机上投币或扫码付款、接受货物（服务）的行为，就意味着消费者与自动售货机的机主订立了某项交易的合同。

尽管有些合同当事人既没有签订书面的合同，也没有达成口头的协议，更不是通过自动售货机购买物品，而是在交易中以交货、收货和付款的实际行动履行了合同的，则属于其他方式（实际履行合同的方式）。例如，甲公司与乙公司签订了销售一批货物的合同，在交货时多附带了另一个带有价格标注的货物（不在合同范围之内），但是收货方恰好需要该货物，于是签收了该货物并付款。从事实行为上就可以认定，双方建立了合同范围外的货物交易合同关系。

三、合同订立的形式选择

（一）意思自治原则

法律只列出了合同订立的不同形式，具体采用哪种形式，由当事人自行协商确定，国家一般不干预。根据私权处分和意思自治的原则，在相关法律、法规没有特别要求的情况下，选用何种合同形式，由当事人自行确定。当事人明确选用某种特定合同形式的，应当符合约定的要求。

尽管是意思自治和私权处分，但不同形式之合同的法律风险不同，应加强对合同订立风险的防范。①

（二）特定情况下的国家干预

如果是需要通过政府部门依照行政职权确定的贸易活动，或者是涉及重大权利变动的交易活动，一般都会有采用书面合同形式的明确规定。例如，设立中外合资、中外合作企业的合作合同，不仅要求双方当事人的意思要表示一致，而且需要政府行政管理部门的审批，因此必须要以书面形式来表达其内容。又如，不动产交易，需要办理过户登记手续，房地产管理部门需要当事人提供书面的不动产买卖合同甚至要提交符合一定版本样式的合同。对于法律、行政法规明确规定合同形式的，当事人必须选用法定的形式。例如，《中华人民共和国城市房地产管理法》第 41 条规定："房地产转让，应当签订书面转让合同，合同中应当载明土地使用权取得的方式。"

第二节　合同的内容与条款

【导入案例】

案例 2-2

保险合同格式条款的理解纠纷案②

2017 年 11 月 2 日，河南省某汽车运输有限公司为登记在自己名下的汽车在被告××保险公司投保了保险金额为 30 万元的"通行无忧意外伤害保险"。保险条款约定，若乘客在保险期内乘坐或者驾驶交通工具遭受意外而身故的，保险人按该被保险人的意外伤害保险金额给付意外身故保险金。2018 年 5 月 10 日 1 时许，买某某乘坐投保的汽车沿××高速行驶途中与其他车辆发生追尾碰撞，造成该汽车严重损坏，无法移动。事故发生后，当地交警部门赶到现场处理事故并组织施救，买某某下车在现场施救作业区内等候。7 时许，陈某某驾驶货车途经救援现场路段时，闯入救援现场，连续冲撞该辆汽车以及其他施救车辆，造成买某某当场死亡。经认定，陈某某对该事故负全部责任，买某某不承担该事故责任。

买某某死亡后，其近亲属作为共同原告向被告提出保险理赔请求。作为保险公司的被告辩称，本案事故发生时买某某在车外等候事故救援，其死亡系由第三人交通肇事造成，其遭受意外时并不在车上，不符合保险条款的约定，不予理赔。

人民法院经审理认为，原、被告双方对保险合同的成立生效以及保险事故的发生均不持异议，双方的主要争议在于买某某意外死亡的情形是否属于"通行无忧意外伤害保险"的保险责任范围。对本案保险条款中"乘坐或者驾驶交通工具期间"的表述，不能作机械的解释和适用。买某某虽然并非是在乘坐车辆行驶过程

① 丁春燕，李正华．合同订立的风险及其防范［J］．仲裁研究，2011（1）：61.

② 宋鹏．当事人对保险合同中格式条款发生争议的解释原则［N］．人民法院报，2019-06-13（007）.

中遭受意外伤害，但交通事故发生后，因其乘坐的车辆损坏严重无法移动，需要施救，其离开车辆在施救作业区内等候，是当时保障自身安全的必要行为，整个过程应属于其乘坐交通工具期间的自然延伸。买某某意外死亡的情形属于“通行无忧意外伤害保险”的保险责任范围。因此，作为死者家属的原告要求被告支付30万元保险金于法有据，应予以支持。

【简要评述】合同条款的内容，成为合同当事人主张权利和承担义务的主要依据。作为保险公司，因长期与投保人签订合同，会有一个基本规范的合同文本，通常只要将对方单位的名称、地址、联系人等相关信息填写进去即可。但是，由于合同签订方不同，具体的要求也不完全一样，故而在合同的权利义务设定上应当不同，在合同条款的设置上也有差别。对于格式合同条款的理解上发生争议的，应当秉承诚实信用原则依法解决。

【法条依据】《民法典》第470条规定：“合同的内容由当事人约定，一般包括下列条款：（一）当事人的姓名或者名称和住所；（二）标的；（三）数量；（四）质量；（五）价款或者报酬；（六）履行期限、地点和方式；（七）违约责任；（八）解决争议的方法。”

第498条规定：“对格式条款的理解发生争议的，应当按照通常理解予以解释。对格式条款有两种以上解释的，应当作出不利于提供格式条款一方的解释。格式条款和非格式条款不一致的，应当采用非格式条款。”

【理论讲授】

一、合同内容

（一）合同内容的概念

合同内容，是指合同关系之中双方当事人的权利义务。

不同种类的合同，合同当事人的权利义务也不一样。例如，在买卖合同之中，卖方有权得到货款，有义务交付符合约定的货物；买方有权得到货物，有义务支付货款。而在租赁合同之中，出租方有权得到租金，有义务交付符合约定条件的出租物；承租方有权使用承租物，有义务支付租金。

（二）合同内容的体现

合同权利，又称合同债权，是指合同一方的当事人根据法律规定或合同约定向债务人请求给付并予以保有之权利。

合同义务，又称合同债务，是指合同一方的当事人根据法律规定或合同约定向债权人为或不为特定行为之义务。合同义务包括主给付义务和从（附随）义务。例如，承揽人依约交付定做物的义务为主给付义务，依约保密的义务为从（附随）义务。

（三）合同内容设定应遵循的原则

合同的内容在设置上应当符合合法、协商一致、公平合理的原则，合同当事人应当严格依照合同约定的内容履行义务和行使权利。只要不触犯法律禁止性规定，不损害国家利益，不侵犯他人权利，不有违公序良俗，没有扰乱社会秩序，合同当事人经与对方协商一致可自由为自己设定相应的权利义务。

在订立合同之前，合同的相关方有充分披露相关信息和告知的义务，如果未尽到告知义务而使对方形成重大误解签订合同的，当事人有权依法要求撤销之。例如，某开发商正在出售其开发的商品房，须明确告知周边环境不利因素（现状或者已经规划可知），以防止销售后引发纠纷。该周边环境不利因素，包括但不限于诸如变电站、垃圾处理站、化粪池、火化场、墓地、铁路等，这些特殊的建设项目对居民居住有一定的影响，而且还会影响到今后的二手销售。例如，周杰伦妈妈状告开发商的案件，就是因为开发商未告知周边环境不利因素而引发的。①

实践中，合同当事人拒绝履约之违约所造成对方的损失不完全一样，因此在违约金支付条款的约定上并非完全、绝对的数额对等，在合同法上所称的平等通常考究的是否有对价。例如，某公司与某程序开发商签订了一份委托开发小程序软件的合同，约定程序开发商在 3 个月内为公司设计一款能在线进行网络销售的 App 小程序，委托开发费为人民币 30 万元。如果公司未依约付款，则须除继续付款外，还须按应付未付款的 30%支付违约金；如果程序开发商未能在 3 个月内完成设计或者交付的程序达不到要求，则全额退款并依照开发费 30%支付违约金，造成损失的还需另外赔偿。从这个约定来看，开发商的违约责任远比公司要大得多、是不平等的，但仔细分析，各自的违约所造成对方的损失不一样。因此，只要是双方真实的意思表示，这样表面上“不平等”的“对价”，是合法有效的。

二、合同条款

合同条款，是指合同当事人确定双方权利义务的具体文字表达形态。合同条款通常按一定的先后逻辑顺序来呈现相应之内容，多以条、款、项、目的层次呈现。例如，第一条，或者“一”“（一）”又或者“1”“1.1”“1.1.1”“1.1.1.1”等层次结构予以体现。

应当设置哪些合同条款，各条款之间的先后顺序的排列，法律并无严格的规定，完全可由合同当事人自由协商确定。

在合同法理论上，有学者将合同条款分为法定条款（法律明确作出规定的条款）和约定条款（法律并无明文规定而由当事人自由商定的条款）；也有学者将合同条款在学理上划分为提示性条款、主要条款、普通条款。②

---

① 周杰伦妈妈状告开发商，窗外是坟场买赔钱货［DB/OL］.［2020-08-11］. 房天下：https://news.fang.com/2011-10-27/6197014_2.htm.

② 崔建远. 合同法［M］. 北京：法律出版社，2016：48.

公司法务人员通常将《民法典》第 470 条规定的八方面的合同内容称为合同的“八大要素”。在这八大方面，实践中合同当事人容易忽略（在合同中经常不加约定）违约责任和争议解决方式的条款，但这并不影响合同关系的建立和权利义务的确定以及纠纷之解决。但如果缺乏当事人或者标的，则整个合同关系就犹如无本之木、无源之水，就更不用言及具体的权利和义务了。对于数量，质量，价款或者报酬，履行期限、地点和方式等方面，如果没有约定或者约定不明，则可以通过协商确定，协商不成的依照法律规定可进行适当的补缺。

（一）当事人的姓名或者名称和住所

1. 当事人的姓名或名称

当事人，是指合同的当事人，即在合同中享有合同权利和承担合同之义务者。

根据合同的相对性原理，合同的约束力仅限于合同的当事人，因此合同的权利义务只在合同当事人之间发生（除涉他合同）。如果合同当事人错误，对今后合同的履行以及纠纷的解决都会产生重大之不良影响。例如，A 公司的代表与 B 公司的代表就某批货物购销进行了商谈并达成了一致的意见，但在合同签订时没有注意，误将 B 公司的名称打印成了 C 公司名称，且最后又使用了 C 公司的印章加盖在了合同上。后来 A 公司依约供货，但 B 公司不认可自己为合同的当事人从而拒绝付款。A 公司只好将 C 公司告上法庭，但 C 公司即将面临破产，最终 A 公司的合同债权难以得到切实有效之保障。

在贸易商谈中，首先应当查清楚对方的资信（资产和信用）状况。常言说得好，“和有实力者交往，与讲信用者缔约”。非即时结清的合同之签订，意味着将今后合同目的实现之期望放在了对方的手里。其次要使用正规的名称，且不得使用简称或者别称。自然人有姓名，还有别名、曾用名、笔名、艺名等，尽管在人格权法的角度这些都属于广义上的姓名，也受法律保护。但是，在合同签订时，必须使用其身份证上所记载的姓名。例如，对方身份证上记载的是“张志强”，不得因其个子高、大家私下都称呼其绰号为“高佬强”而在合同上使用之。而对于单位，必须使用登记在其法人营业执照上或者是事业单位法人登记证书上的正规名称，不得使用简称。例如，对方是“北京市××制药股份有限责任公司”，不得简称之为“北京××制药公司”。最后要确认真正发生合同关系的对方之主体身份。不能出现商谈的是一方，签约的是一方，而履约的则又是他方的状态。例如，张三因生产需要流动资金，经人介绍认识了某公司的某工作人员，该工作人员声称某公司可以免抵押发放贷款，于是张三跟随其到了悬挂“××资产公司”的办公室，待商谈好借款金额和还本付息方案后，对方拿出了一份合同，出借人却是“××信托股份有限责任公司”，同时还签订了一份《服务合同》。张三正在疑惑时，工作人员蛊惑其称“你不需要了解这么多，只要能得到贷款和按期还本付息就好了”。张三于是在两份合同上签了字，最后也拿到了贷款金额。但是，得到贷款的当天，“××资产公司”收取了“手续费”1 万元。之后，张三无力还款，“××信托股份有限责任公司”依照合同约定对张三提起了诉讼。张三提出对方收取了

“砍头息”①，借款额不应该是 10 万元而应该是 9 万元的抗辩。在本案纷争中，出现了两份合同，涉及两个关系：一是借贷关系，二是借贷服务关系，而且主体是不同的。

值得注意的是，根据《民法典》第 532 条的规定，合同生效后，当事人不得因姓名、名称的变更或者法定代表人、负责人、承办人的变动而不履行合同义务。亦即，合同签订后，当事人的名称变更或者法定代表人变动，不影响原来已经订立的生效合同之履行。例如，A 公司与 B 公司签订了一份合作协议，在合作协议履行中，A 公司发生了法定代表人等高层管理人员的变动，新上任的负责人以“新官不理旧账”为由不认可原法定代表人与 B 公司所签订的合同。最终，B 公司将 A 公司诉诸法院，法院判决合同继续履行。

2. 当事人的住所

住所，是指为使法律关系集中于一处而确定的自然人或法人的地址，是民事主体生活和进行民事活动的主要基地或中心场所。

《民法典》第 25 条规定：“自然人以户籍登记或者其他有效身份登记记载的居所为住所；经常居所与住所不一致的，经常居所视为住所。”第 63 条规定：“法人以其主要办事机构所在地为住所。依法需要办理法人登记的，应当将主要办事机构所在地登记为住所。”住所，直接影响到今后合同履行时的联系和诉讼管辖以及纠纷处理中的相关文书之送达问题。

如果自然人的经常居所与登记的居所不一致的，在合同中可记载其经常居所。在合同中，双方还可以特别约定联系地址和纠纷发生时，相关文件的送达地址以及收件人，并可约定如发生地址变动的应在变动后一定时间内通知对方，未经通知而对方仍按旧址发送文件资料被退回的，视为送达。例如，2015 年 7 月 25 日，重庆市某小额贷款有限公司与陈某某在线签订《网商贷贷款合同》，约定借款及相关双方权利义务。其中，合同特别约定：对于因合同争议引起的纠纷，司法机关可以通过手机短信或电子邮件等现代通信方式送达法律文书；陈某某指定接收法律文书的手机号码或电子邮箱为合同签约时输入支付宝密码的支付宝账户绑定的手机号码或电子邮箱；陈某某同意司法机关采取一种或多种送达方式送达法律文书，送达时间以上述送达方式中最先送达的为准；陈某某确认上述送达方式适用于各个司法阶段，包括但不限于一审、二审、再审、执行以及督促程序；陈某某保证送达地址准确、有效，如果提供的地址不确切，或者不及时告知变更后的地址，使法律文书无法送达或未及时送达，自行承担由此可能产生的法律后果。合同签订后，公司发放贷款，但陈某某未依约还款付息，故公司提起诉讼。法院通过 12368 诉讼服务平台，向被告陈某某支付宝账户绑定的手机号码发送应诉通知书、举证通知书、开庭传票等诉讼文书，平台系统显示发送成功。陈某

① 高利贷或地下钱庄在给借款者放贷时，先从本金里面扣除掉一部分钱作为先行支付的利息，借款人实际得到的款额少于所借本金的款额，少掉的那部分钱就被称为“砍头息”。

某无正当理由拒不到庭参加诉讼，法院依法缺席审理并作出了判决。①

（二）标的

标的，是指合同权利义务所指向之对象。

不同的合同，其标的不同。例如，货物买卖合同之标的是有形的货物；服务合同之标的是服务。作为有形物之标的，须清楚地写明名称、规格、型号。例如，华为 Mate 30 RS 保时捷版（12GB/5G 版）手机。

《民法典》第 320 条规定："主物转让的，从物随主物转让，但是当事人另有约定的除外。"如果标的物作为主物还带有从物或者其他配件的，还需注明从物。例如，家用轿车作为主物，带有与主轮胎同尺寸的备用轮胎一条以及千斤顶、扳手、螺丝刀、三角反光警示标志等应急工具。

（三）数量

数量，是指对现实生活中事物量之抽象表达。合同中权利义务的确定，通常需要通过计量单位来体现，如交易货物的件数以及款额的元为单位予以表示。一时性合同的数量要确定，继续性合同的数量在结算时也需要确定。如果数量不确定或者含混的表示，则会给履行带来困难。例如，某水果批发商与经销商签订了一份某种水果的年度供应合同，价格确定但是供货量却表述为"随量供货"。这就意味着批发商可根据自己的存货量和价格变动情况来决定最终供货的数量。数量，应当是可以计量且在有国家法定计量单位的情况下须使用国家法定的计量单位，如件、个、公斤、吨等；没有法定计量单位的，双方应在合同中约定明确。对于散装的货物，如大米等，应允许有一定合理的磅差或尾数。

（四）质量

质量，是指反映实体满足明确或隐含需要能力之特性总和。直观地看，就是事物（产品或服务）符合规定要求的程度。

不同的产品、服务，其质量要求不同，有些产品或服务已经纳入了强制性国家标准监管的范围，例如电器产品就有安全质量要求，但也有只有行业质量规范，还有的仅有企业自己制定的质量规范。《民法典》第 510 条规定："合同生效后，当事人就质量、价款或者报酬、履行地点等内容没有约定或者约定不明确的，可以协议补充；不能达成补充协议的，按照合同相关条款或者交易习惯确定。"第 511 条进一步规定："当事人就有关合同内容约定不明确，依据前条规定仍不能确定的，适用下列规定：（一）质量要求不明确的，按照强制性国家标准履行；没有强制性国家标准的，按照推荐性国家标准履行；没有推荐性国家标准的，按照行业标准履行；没有国家标准、行业标准的，按照通常标准或者符合合同目的的特定标准履行。"

① 杭州互联网法院〔2017〕浙 8601 民初 943 号《民事判决书》（最高人民法院公布的典型案例）。

在合同中，首先应约定质量标准；其次还要明确约定清楚验货（检验）的时间和标准；最后，当发生质量争议而未解决的情况下，一般不要使用或者转售货物，否则将会丧失索赔权。例如，在司法实践中，对于超过检验期未检验并已经使用或者转售货物的，购买方以质量存在问题为由提出抗辩而拒绝支付货款的，一般不予接纳。

（五）价款或者报酬

价款，是指取得标的物所应支付之代价，通常是指买卖货物时收付的款项，其中包括单价和总款额。除了货物本身的价款外，还需要考虑到货物运输、装卸、保险、报关、仓储、税费等一系列的费用由哪一方来承担的问题。特别值得注意的是，使用不同的贸易术语①，其成交价格的构成和交货条件，确定买卖双方风险、责任、费用划分等不同："上门提货"为货物净价格（不含运费）；"送货上门"意味着货物的价格含运费；"代办托运"的运费由买方承担。例如，合同约定"卖方代办铁路运输"，如无特殊的约定，则意味着卖方只不过是代理买方办理铁路运输手续而已，运输费须由买方承担。

报酬，是指付出劳务一方应获得之金钱对价或者与金钱等价之物品。对于知识产权，如注册商标或专利技术的许可使用，在许可费方面有多种计费方式，包括但不限于一次总付、分期定额支付、基础费加提成费支付等。例如，在"××吉"凉茶的注册商标许可纠纷案中，当时双方当事人签订的注册商标许可合同所约定的就是年度定额支付的计费方式。

《民法典》第 511 条规定："当事人就有关合同内容约定不明确，依据前条规定仍不能确定的，适用下列规定：……（二）价款或者报酬不明确的，按照订立合同时履行地的市场价格履行；依法应当执行政府定价或者政府指导价的，依照规定履行。"

（六）履行期限、地点和方式

履行期限，是指债务人履行债务、债权人受领给付的时间。《民法典》第 511 条第 4 项规定："履行期限不明确的，债务人可以随时履行，债权人也可以随时请求履行，但是应当给对方必要的准备时间。"

履行地点，是指债务人履行债务、债权人受领给付的地点。当事人就履行地点没有约定或者约定不明确的，可以协议补充；不能达成补充协议的，按照合同有关条款或者交易习惯确定。若根据上述方法仍无法确定的，《民法典》第 511 条第 3 项规定："履行地点不明确，给付货币的，在接受货币一方所在地履行；交付不动产的，在不动产所在地履行；其他标的，在履行义务一方所在地履行。"

履行方式，是指完成合同义务的方法。合同的履行方式主要包括运输方式、交货方式、结算方式等。履行方式由法律或者合同约定又或者根据合同的性质来确定。如果约定不明确的，当事人可以协议补充；协议不成的，可以根据合同的有关条款和交易

① 贸易术语，又称为价格术语，是在长期的贸易实践中产生的，用来表示成交价格的构成和交货条件，确定买卖双方风险、责任、费用划分等问题的专门用语。

习惯来确定；如果仍然无法确定的，根据《民法典》第511条第5项规定确定："履行方式不明确的，按照有利于实现合同目的的方式履行。"如果履行费用的负担约定不明确的，由履行义务一方负担；因债权人原因增加的履行费用，则由债权人负担。

（七）违约责任

违约责任，是指合同当事人不履行合同义务或者履行合同义务不符合法律规定或合同约定，而依法应当承担的民事责任。《民法典》第577条规定："当事人一方不履行合同义务或者履行合同义务不符合约定的，应当承担继续履行、采取补救措施或者赔偿损失等违约责任。"《民法典》第179条规定了承担民事责任的方式主要有十一种，适用于合同违约的主要有返还财产，修理、重作、更换，继续履行，赔偿损失，支付违约金。而且，承担民事责任的方式，可以单独适用，也可以合并适用。

合同中，当事人可以约定免责事由，《民法典》第585条规定："当事人可以约定一方违约时应当根据违约情况向对方支付一定数额违约金，也可以约定因违约产生的损失赔偿额的计算方法"。

（八）解决争议的方法

解决争议的方法，是指合同签订后履行完毕前所发生的合同项下的争议，交由某个机关依照特定规则处理的方法。

在合同争议解决机制多元化的社会中，争议解决的方式是多种多样的，包括但不限于双方协商、第三方调解、仲裁、诉讼等方式。但是，仲裁与诉讼是两种不同的解决方式，其法律依据也不同。故，如果在合同中明确约定选择了诉讼，则不可再进行仲裁；而一旦选择了仲裁，则不可再进行诉讼。

合同当事人可依法对管辖的法院作出约定。例如，A公司与B公司签订了《债权债务协议书》，约定了纠纷由四川省成都市高新技术产业开发区人民法院管辖。因被告未履行还本付息义务，原告向四川省成都市武侯区人民法院起诉，被告对法院管辖提出异议，但被一审法院驳回；被告向成都市中级人民法院提出上诉，二审法院裁定撤销一审裁定，确定本案由成都高新技术产业开发区人民法院管辖。①

三、格式条款及其效力

（一）格式条款及其作用

格式条款，是指合同当事人为了重复使用而预先拟定，并在订立合同时未与对方协商，甚至不容商讨、没有更改余地地确定内容之条款。

格式条款区别于合同样本或者参考格式文本。合同样本或者参考格式文本，只是起到为合同草拟者提供一个参考的范式之作用，是否采纳以及采纳哪个条款的样式和内容，完全由合同当事人协商后确定。

① 四川省成都市中级人民法院〔2019〕川01民辖终199号《民事裁定书》。

合同内容，本应通过合同当事人协商后确定。但是，由于供水、供电、供气、有线电视、通信等涉及公共事业的企业，其面对广大的消费者反复签订同类的合同，而且相关的产品（服务）、质量、价格都是统一的，不存在因人而异之情形。因此，该类企业通常会设置一些格式条款，只要将消费者的名称、地址、联系方式填写上去之后签名、盖章即可完成合同订立的手续。可见，格式条款的设置，有社会现实的需要，也可大大节省与同类诸多合同当事人的商谈时间。

（二）对设置格式条款的要求

由于格式条款是合同的一方事先拟定的，而且该一方当事人往往是处于强势地位，因此在现实中往往会出现增加自己的权利而减损对方的权利之内容，甚至有免除自身法定义务、剥夺对方应有权利之可能。通常情况下，格式条款的设置一方，还会隐匿重要的条款内容，使对方在未充分了解的情况下匆忙签字。对于涉及对方重大利益的方面，往往还会采取《补充合同》的方式更改主合同中已经商定的条款，作出对对方不利之补充的情形。因此，《民法典》第 496 条规定："采用格式条款订立合同的，提供格式条款的一方应当遵循公平原则确定当事人之间的权利和义务，并采取合理的方式提示对方注意免除或者减轻其责任等与对方有重大利害关系的条款，按照对方的要求，对该条款予以说明。提供格式条款的一方未履行提示或者说明义务，致使对方没有注意或者理解与其有重大利害关系的条款的，对方可以主张该条款不成为合同的内容。"实践中，争论较多的往往是格式条款提供方是否有履行提示和告知义务的问题。例如，在保险公司免责告知义务纠纷一案中，① 张某等四原告的近亲属郑某，于生前通过被告某人寿保险股份有限公司四川分公司运营的手机软件"平安金管家"为自身投保了人身保险。2015 年 10 月 4 日，郑某酒后驾车发生交通事故死亡。四原告作为郑某的家属要求保险公司理赔，保险公司以"酒后驾车发生交通事故死亡免赔"为由拒绝。四原告向法院起诉。法院查明："平安金管家"软件系安装在手机上的应用软件，操作者须勾选"本人已经阅读《保险条款》《生命授权》《第三方线上服务协议》，并完全理解和接收上述文件的全部内容"，而《声明条款》有详细的免责说明，其中酒后驾驶机动车辆导致交通事故引发死亡的，列入保险公司的免责范围。法院认为，四原告以被告"对免责条款没有尽到提示和明确说明义务，不能免责"的指控不能成立，故驳回了四原告的诉请。

（三）对格式条款的解释和采用

格式条款应当内容明确、具体且不应当有歧义，更不应当存在着多种解释。因此，对格式条款的理解发生争议的，应当按照通常理解予以解释；对格式条款有两种以上解释的，应当作出不利于提供格式条款一方的解释。如果存在格式条款与非格式条款的内容不一致的，应当采用非格式条款。

---

① 四川省成都市武侯区人民法院〔2016〕川 0107 民初 7738 号《民事判决书》。

（四）格式条款的效力

提供格式条款的合同一方对相关的条款作出了充分的说明并采取合理的方式提示对方，且不存在其他无效之情形，则格式条款有效。

如果有《民法典》所规定的属于无效民事行为、无效合同之情形，或者提供格式条款一方不合理地免除或者减轻其责任、加重对方责任、限制对方主要权利，又或者提供格式条款一方排除对方主要权利的，该格式条款无效。例如，经营者在格式合同中未明确规定对某项商品或服务的限制条件，且未能证明在订立合同时已将该限制条件明确告知消费者并获得消费者同意的，该限制条件对消费者不产生效力。电信服务企业在订立合同时未向消费者告知某项服务设定了有效期限限制，在合同履行中又以该项服务超过有效期限为由限制或停止为消费者服务的，构成违约，应当承担违约责任。①

第三节　要　　约

【导入案例】

案例 2-3

挂牌出让国有土地使用权公告纠纷案②

2002 年 11 月 7 日，某县的国土局在《××报》上刊登《挂牌出让公告》，载明经县人民政府批准，国土局挂牌出让开发编号为 2002-××C，面积为 25.9434 公顷，用途为混合住宅用地，土地使用权 70 年的国有土地使用权。根据公告的要求，某房地产开发公司向国土局提交了营业执照副本并交纳了竞投押金2 000万元。2002 年 11 月 20 日，房地产开发公司在国土局的挂牌地点依法参加了挂牌竞投活动，并挂出了5 000万元的竞买单。国土局于 2002 年 11 月 22 日以该开发宗地未经省国土资源厅批准为由，通知房地产开发公司对该开发宗地停止挂牌出让，拒绝与该公司订立国有土地使用权出让合同。为此，房地产开发公司认为国土局构成违约，应当继续履行合同并承担违约责任。

【简要评述】国土局未与房地产开发公司签订书面的国有土地出让合同。国土局刊登《挂牌出让公告》将国有土地使用权挂牌出让的行为，究竟是属于要约还是要约邀请，房地产开发公司参加挂牌竞投的行为属于要约还是承诺？这是双方纷争的焦点之所在。国土局挂牌出让公告如果属于要约，房地产开发公司的竞价属于承诺，则合同关系建立，国土局就应履行出让义务。国土局挂牌出让的行为如果属于要约邀请，作

① 徐州市泉山区人民法院〔2011〕泉商初 240 号《民事判决书》（最高人民法院指导案例 64 号）。

② 最高人民法院〔2003〕最高法民一终 82 号《民事判决书》。

为竞买人的房地产开发公司在竞买申请中提出报价，并按要约邀请支付保证金的行为，属于要约；双方当事人尚未形成土地使用权出让合同关系。国土局因出让公告违反法律的禁止性规定，撤销公告后，造成竞买人在缔约阶段发生信赖利益损失的，应对竞买人的实际损失承担缔约过失责任。

【法条依据】《民法典》第473条规定："要约邀请是希望他人向自己发出要约的表示。拍卖公告、招标公告、招股说明书、债券募集办法、基金招募说明书、商业广告和宣传、寄送的价目表等为要约邀请。"

【理论讲授】

一、要约及其构成要件

（一）要约的概念

要约，又称为发盘、出价、报价，是指一方当事人以缔结合同为目的，向对方当事人提出合同条件，希望对方当事人接受的意思表示。发出要约的一方称要约人，接受要约的一方称受要约人。

（二）要约的构成要件

1. 发出及接受均为特定的主体

要约，须由特定的要约人向特定的相对人（受要约人）发出。例如，A公司向B公司发出一份要约，而非向不特定的社会公众发布相关信息。

2. 有订立合同、表明经受要约人承诺即受该约束的意思表示

要约发出人在要约中应明确希望与受要约人订立合同的意思表示，而且一旦受要约人承诺则订立了合同。例如，A公司向B公司发出的要约中，明确"我方愿意与贵公司订立合同"或者通过明确的承诺期限"承诺期十天"等来表示与受要约人建立合同关系的意思表示。

3. 具备主要的合同内容

要约在内容上应当包含合同的主要内容，如标的、规格、型号、数量、质量、价格、交货时间和地点等，只要对方承诺则完全可以订立合同。通过要约、承诺订立的合同，不像当面签署书面合同那样有十分详细的合同条款，只要有合同的主要内容（标的、价格、履行时间和地点）即可。

（三）要约与其他概念的区别

1. 要约区别于通知

通知，是运用广泛的知照性公文。在行政领域，用于发布法规、规章，转发上级机关、同级机关和不相隶属机关的公文，批转下级机关的公文，要求下级机关办理某项事务等；在商事合同领域，用于合同一方告知对方某个事项的相关内容的方式。通知，除非有特别的内容和明确表示（如确认合同关系、解约通知等），否则一般不产生构成合同关系

的效力。

2. 要约区别于要约邀请

要约邀请，又称为要约引诱，是指希望产生对方关注的相关信息。要约邀请之目的在于引起对方的关注，以求今后可能产生订立合同的机会或者可能性。典型的要约邀请是商业广告，其只是发布相关的商业信息，以引起公众的关注和兴趣，希望看到该广告的人能向广告主发出要约。例如，某房地产开发商在某报纸上刊登了一则商业广告，内容为在某地有其正在开发的商业楼盘准备出售。该广告只是透露出一个正在开发的楼盘拟出售的信息以吸引广告受众者的注意，至于何时能够正式签订合同、该楼盘具体有多少套商品房，每套房屋的建筑面积（套内面积）多大、房价几何、装修情况、何时交楼等一概未予体现。因此，该广告不属于要约，而是要约邀请。但是，如果商业广告的内容清楚、确定，足以使相对人知道其对待义务时，则该广告构成要约。例如，某房地产开发商在与某小业主洽谈时提供了一份装修广告，称只要购买其该楼盘的业主，其商品房都带有每平方米1 000元的精装修，交楼时业主可“拎包入住”。最后，小业主与开发商签订了《商品房买卖合同》，合同中约定了“带精装修，可拎包入住”。但最终交楼时，小业主发现装修粗糙，根本未达到每平方米1 000元的装修标准，经过评估每平方米的装修费用仅为300元。于是，小业主提起诉讼，认为开发商构成违约；开发商抗辩称该广告属于要约邀请，不能纳入合同条款之中。最终法院认定该广告构成要约，开发商应承担相应的责任。

二、要约的效力

要约，作为订立合同的首个环节，对要约发出人和受要约人都具有相应的法律约束力。

1. 要约生效的时间

要约以对话方式发出的，采取了解主义，即受要约人了解到要约的内容开始生效；以非对话形式发出的，采取到达主义，即该要约到达受要约人时生效；采用数据电文形式发出的，以该数据进入特定系统的时间为生效时间。例如，要约人采取电话通话的形式发出的要约，以受要约人明确知道要约内容的时间为生效时间；要约人以快递书信方式发出的要约，以受要约人签收该快递的时间（如单位收发室的签收时间）为要约的生效时间；要约人以电子邮件附件方式发出的要约，以该邮件进入受要约人电子邮箱系统的时间为生效时间。

2. 对要约发出人的法律约束力

要约一旦生效，则要约发出人就要受到一定的法律约束，其不得随意撤销该要约或者另加限制条件、变更或者扩张要约的相关内容。正是因为要约一旦生效就对要约发出人具有了约束力，因此，要约发出人如果仅有某特定数量的一批货物时，其不宜同时间段内向多个受要约人发出相同之要约，否则容易造成违约之不良后果，正确的做法应该是在不同的时间段分别向不同的受要约人发出要约。例如，A 公司仅有一批某种类的货物 100 件，其分别向 B、C、D 发出了完全相同的要约，此情况下 B、C、D 在承诺期限内都有可能承诺，从而与 A 订立合同，就势必造成一物多卖的后果，这并非是说 A 公司向 B、C、D 发出的要约是无效的，只是如果 A 公司不能同时向多方供货的话，A 公司就会构成违约。

3. 对受要约人产生的承诺权利

要约生效后，受要约人就有了选择是否承诺的权利。值得注意的是，受要约人没有必须回复拒绝或者接受该要约之义务。承诺，必须是主动、明确完全接受要约的意思表示。要约人不得通过事先所设定的条件限制或者以已经明确告知的方式，强加给受要约人回复的义务，更不得以“默示推定”的方式来认定受要约人已经构成事实上认可的承诺。例如，受某种病毒性疫情的影响，A 公司的外销产品因境外公司取消订单而造成大量库存。为了解决销售的问题，A 公司将目光转向了国内，于是向外发出了若干份要约，明确表明了希望与受要约人订立合同的意思表示，而且详细列明了某种特定产品的品名、型号、规格、单价、总价、铁路运输代办托运、交货时间和地点、付款时间和方式、违约责任、争议解决方式等具体的合同内容，并注明了本要约的有效期限为受要约人收到要约后的 15 天。最后，该要约还特别声明：“收到该要约后，请在要约有效期限的 15 天内作出明确的答复。如不答复，视为贵公司要货，我方即行依约发货。”B 公司收到该要约后，未做回复。于是，A 公司在 B 公司收到要约的第 17 天即向 B 公司发货。铁轮运输部门将货物运抵 B 公司的到站后通知 B 公司收货，B 公司拒收，该批货物原路返回了 A 公司。A 公司于是向法院起诉了 B 公司。根据《民法典》第 140 条“行为人可以明示或者默示作出意思表示。沉默只有在有法律规定、当事人约定或者符合当事人之间的交易习惯时，才可以视为意思表示”的规定，在没有任何先前关系情况下的单纯沉默不构成承诺。显然，这是 A 公司的负责人对于要约究竟对谁产生法律约束力不了解的糊涂之举，也是典型的强买强卖之表现。B 公司不会因为拒绝回复而当然地与 A 公司订立了购销合同。A 公司的诉请理当会被驳回。

三、要约的撤回与撤销

（一）要约的撤回

要约的撤回，是指要约人向受要约人发出要约之后、在要约生效之前，使要约不发生法律效力的行为。

要约撤回，必须是要约已经发出，且尚未生效。在时间的界定上，通常表现为两种情况：一是受要约人尚未收到该要约，即撤回的通知先行到达受要约人，之后受要约人才收到要约；二是撤回要约的通知与要约同时到达受要约人。例如，A 公司于某日上午 9 点通过顺丰快递向 B 公司发出一份要约，A 公司的业务员下午发现国际市场上的该货物价格暴涨，如果还是按照要约所确定的价格出售会减少盈利，于是立即找到快递员要求收回该快递，但是快递员声称该快递已经发到下一转发点。A 公司的业务员便立即开车到 B 公司，在第二天早上上班时赶到 B 公司亲手交给了 B 公司的负责人一份《撤回要约的通知书》。尽管 B 公司第二天下午收到了该要约，但由于撤回要约的通知先于要约到达受要约人，故该要约被撤回。

《民法典》第 141 条规定：“行为人可以撤回意思表示。撤回意思表示的通知应当在意思表示到达相对人前或者与意思表示同时到达相对人。”发出要约是要约人的权利，撤回要约也需要尊重要约人的意思自治和私权处分。要约一旦被撤回，则视为自始至终未发出过该要约，该要约不发生效力。

（二）要约的撤销

要约的撤销，是指要约在生效后、受要约人承诺之前，要约人将该项要约取消，使要约的法律效力归于消灭的意思表示。《民法典》第476条规定："要约可以撤销，但是有下列情形之一的除外：（一）要约人以确定承诺期限或者其他形式明示要约不可撤销；（二）受要约人有理由认为要约是不可撤销的，并已经为履行合同做了合理准备工作。"第477条规定："撤销要约的意思表示以对话方式作出的，该意思表示的内容应当在受要约人作出承诺之前为受要约人所知道；撤销要约的意思表示以非对话方式作出的，应当在受要约人作出承诺之前到达受要约人。"

不符合撤销要约的条件，要约人不得撤销要约；如果要约人的撤销行为导致受要约人损失的，要约人应当承担相应的法律责任。例如，A公司向B公司发出了一个有明确承诺期限的要约，而在要约承诺期内，A公司向B公司发出了撤销该要约的通知书，但B公司明确表示不同意，且在承诺期内作出了有效的承诺。A公司拒绝履约。B公司以A公司违约为由向法院提起诉讼，最终法院认定A公司构成违约并承担违约责任。

四、要约的失效

要约的失效，是指因法定事由使已经生效的要约失去原有法律效力之状态。

《民法典》第478条规定："有下列情形之一的，要约失效：（一）要约被拒绝；（二）要约被依法撤销；（三）承诺期限届满，受要约人未作出承诺；（四）受要约人对要约的内容作出实质性变更。"此外，要约人丧失民事行为能力或者死亡的，则要约也会失效。

要约一旦失效，则要约人不再受到该要约之约束，受要约人也失去了对该要约作出承诺之权利。

第四节　承　　诺

【导入案例】

案例2-4

全国首起A股要约收购缔约过失纠纷案①

2011年4月底，A公司以21.49亿元的价格收购C上市集团100%的股份，从而A公司就持有了该上市公司44.39%的股份。按照规定，收购上市公司股权超过30%，会触发要约收购义务。为此，A公司以16.62元/股的价格，向持有上市公司剩余近56%的B股东发出《要约收购报告（摘要）》。B公司作为上市公司的股东以为A公司向其发出要约收购报告后即已双方缔约，于是从2011年5月份开始就大量

---

① 最高人民法院〔2013〕最高法民申1881号《民事裁定书》。

买入相关的股票。但在2012年8月，A公司以宏观经济不景气为由宣布从证监会撤回要约收购申请材料、结束了要约收购过程。在此前后，C股价大幅下跌，B公司选择了抛售手中的200万股C股票（抛出价8元/股，参照16.62元/股的要约收购价），损失1 637万元。

2012年9月，B公司将A公司起诉至南通市中级人民法院，以“缔约过失”为由索赔1 637万元。一审判决驳回B公司之诉请，B公司之后向江苏省高级人民法院提出上诉也被驳回，其最后向最高人民法院提起再审的申请于2014年5月亦被驳回。

【简要评述】要约发出后依法得以生效，要约人受要约之约束。但是，涉及上市公司的要约收购，有其特殊的程序和条件要求，并非是一般经济活动主体之间的“你只要向我发出了一个要约，我承诺即可订立合同”那样简单。《要约收购报告（摘要）》只是要求缔约过程的开始应以要约收购满足生效要件为前提。《要约收购报告（摘要）》不是正式要约，其生效需要证监会的无异议函。要约收购未生效，故而也谈不上承诺。至于双方在此过程中是否有过错，或者是否错误地理解相关的程序、条件和要求，则需具体分析。最终的判决结果就是：B基金公司的损失只能自己承担。

【法条依据】《民法典》第136条规定：“民事法律行为自成立时生效，但是法律另有规定或者当事人另有约定的除外。”

第478条规定：“有下列情形之一的，要约失效：（一）要约被拒绝；（二）要约被依法撤销；（三）承诺期限届满，受要约人未作出承诺；（四）受要约人对要约的内容作出实质性变更。”

第479条规定：“承诺是受要约人同意要约的意思表示。”

【理论讲授】

一、承诺及其构成要件

（一）承诺的概念

承诺，又称为接盘，是指受要约人作出的同意要约以成立合同的意思表示。作为合同法的概念，承诺对应的是要约，区别于日常生活中人们所理解的单方所作出的承诺书。

（二）承诺的构成要件

第一，必须由受要约人作出。既然要约与承诺是一对概念，而且要约人与受要约人都是特定而且是相互对应的，那么受要约人向要约人所作出的意思表示也是有所专门指向的，因此回应该要约的人也必然应该是受要约人。如果他人无论基于何种原因得知受要约人得到了一份要约，其向要约人发出的意思表示不会构成承诺。例如，A公司向B公司发出了一份要约，C公司得知信息后直接向A公司表示接受该要约的内容。由于C并非是受要约人，故C的意思表示不能构成承诺。

第二，必须向要约人作出。受要约人作出的承诺必须是回应要约人，如果其向第三方发出意思表示，则不会构成承诺。只有在要约人死亡而且无须要约人亲自履行的情况下，受要约人才可以向要约人的继承人作出承诺。

第三，承诺的内容必须与要约的内容一致。《民法典》第488条规定：“承诺的内容应当与要约的内容一致。受要约人对要约的内容作出实质性变更的，为新要约。有关合同标的、数量、质量、价款或者报酬、履行期限、履行地点和方式、违约责任和解决争议方法等的变更，是对要约内容的实质性变更。”第489条规定：“承诺对要约的内容作出非实质性变更的，除要约人及时表示反对或者要约表明承诺不得对要约的内容作出任何变更外，该承诺有效，合同的内容以承诺的内容为准。”例如，A公司向B公司发出了一个要约，称有四川雅安市汉源县出品的一等品花椒5000公斤，每公斤200元，50公斤麻包袋装，十天内发货，货到三天内付款，十天内答复有效。B公司收到该要约后觉得价格稍高，于是回函称“贵公司开价的花椒价格是否可以降低一些？”A公司回复称“价格不容商讨”。B公司在答复期内发出“麻包袋须符合食品用的国家标准GB/T 24904—2010，且内应有塑料袋。我方予以承诺”。A公司收到后未作出反对的意思表示，但B公司收到A公司的发货却只有一层麻包袋的包装而没有塑料袋的内包装。尽管包装是交易的一个条件，但是受要约人发出了非实质性内容的变更，要约人在收到承诺后未表示反对，其要约亦未表明包装为不可变更之内容，故应当以承诺的内容为准。

二、承诺的方式

（一）积极的方式

承诺应当以积极的作为之方式表现，不作为之消极沉默不构成承诺。尽管从理论上说沉默不构成承诺，但是在特殊情况下的不作为就表示了不反对甚至认可。以下情形，会构成承诺：（1）双方事先有明确的约定，要约人向受要约人发出明确的要约，受要约人收到要约后未在限定期限内提出反对意见的，视为承诺。（2）双方已经达成了某个初步的合意，且有明确的约定在特定期限内须对对方提出的修改意见提出意见，未提出的视为接受对方所提出的合同修改内容。（3）双方已经形成固定的交易习惯，一方作出表示，另一方未反对的，视为承诺。例如，A、B两公司有着长期的供销关系，以前每次确定一宗交易都要分别签订一次合同，双方都觉得比较麻烦。后来逐渐形成了一个彼此都认可的习惯做法：A公司根据生产需要，提前5天向B公司发出订单，B公司认为没有问题的，就会根据订单生产并在5天内送货上门，A公司收货后3天内支付货款。但在实际操作中也有不同，凡是B公司不能安排生产的，都会在收到订单的24小时之内回复予以拒绝。可见，A公司是要约人，B公司是受要约人，只要B公司未在24小时内予以拒绝的，即可视为承诺。

（二）实际履行的方式

承诺应当以通知的方式作出；但是，根据交易习惯或者要约表明可以通过行为作出承诺的除外。例如，A 公司向 B 公司发出一个采购某种产品、确定价格和有效期 10 天的要约，B 公司收到该要约后的第 2 天直接将货物运抵 A 公司收货的仓库。B 公司的行为就构成了承诺。

三、承诺的撤回

《民法典》第 485 条规定："承诺可以撤回。承诺的撤回适用本法第一百四十一条的规定。"第 141 条规定："行为人可以撤回意思表示。撤回意思表示的通知应当在意思表示到达相对人前或者与意思表示同时到达相对人。"

与要约相同，承诺可以撤回，但是不存在承诺的撤销问题。因为承诺一旦生效即意味着合同订立，对于已经依法成立并生效的合同，要么履约，要么解除。

四、承诺的生效

承诺应当在要约确定的期限内到达要约人，承诺达到要约人时承诺生效。《民法典》第 483 条规定："承诺生效时合同成立，但是法律另有规定或者当事人另有约定的除外。"

受要约人在承诺期限内发出承诺，按照通常情形能够及时到达要约人，但是因其他原因致使承诺到达要约人时超过承诺期限的，除要约人及时通知受要约人因承诺超过期限不接受该承诺外，该承诺有效。受要约人超过承诺期限发出承诺，或者在承诺期限内发出承诺，按照通常情形不能及时到达要约人的，为新要约；但是，要约人及时通知受要约人该承诺有效的除外。

五、要约、承诺过程中的状态

（一）正常状态下的要约、承诺

正常情况下，一方作为要约人向受要约人发出要约后，受要约人要么不做回复，要么回复要约人予以拒绝或承诺。一般情况下，受要约人通常就是承诺人。

（二）加插询价和重新发送要约邀请

受要约人收到要约后，既不拒绝也不承诺，而是向要约人发出询价函，以求要约人撤销原发出的要约而重新发出一份对受要约人更为有利的要约，如果要约人不做回应，则原发出的要约仍然有约束力。但现实中，要约人往往会有反询价的行为，诱导受要约人发出新要约。例如，A 公司向 B 公司发出一个函件，称有 100 元单价的某种货物可供 1000 件（要约）。B 公司作为受要约人向作为要约人发出"请问价格是还有可下降的空间?"（询价）A 公司回复"请问贵公司的意思是什么?"（反询价）B 公司再次回复"90 元单价，其他不变"（新要约）。A 公司回复"同意"（承诺）。

（三）新要约

受要约人收到要约后，对要约作出了实质性的变更之回复，既不是承诺也不是拒绝，而是构成了一个新要约，此时原来的受要约人就转变成了一个新要约的要约人，而原来的要约人则转变成了受要约人。而且，这样的变换还并不止一轮，可能是多轮、反复的。最终作出承诺的一方使合同订立，此时的承诺人并不一定是最初接受要约的人，但这不能理解为自己发出要约自己承诺。毕竟，在多轮的转换角色过程中，原来的角色已经发生改变。例如，A 公司向 B 公司发出一个要约，称有 100 元单价的货物可供 1000 件。B 公司作为受要约人向作为要约人的 A 公司回复“80 元单价、购买 1000 件”，这就是一个新要约。A 公司回复“95 元单价、1000 件”，这又是一个新要约。B 公司再次回复“90 元单价，其他不变”，A 公司回复“同意”。A 公司最终成为了承诺人，是对 B 公司新要约（内容为 90 元单价的货物供应 1000 件）的承诺。

（四）交错要约

交错要约，又称要约的吻合或者对应要约，是指当事人之间各自向对方发出内容相同的要约之状态。例如，A 公司向 B 公司发出一个要约，称有某特定货物 1000 件、100 元可供给 B 公司。B 公司几乎在同一时间段作为要约人也向 A 公司发送了一个要约，称需要向对方购买某特定货物 1000 件、单价 100 元。对于交叉要约，学理上有争论。① 一种观点认为这是一种偶然的巧合或者“不谋而合”，但仍然是两个主体单方的意思表示，双方并未形成合意，故不会自动构成一个合同关系，如果构成合同关系必须要有一方的承诺。而另一种观点则认为，从合同的实质内容上看完全一样，彼此互为要约人和受要约人，双方均了解对方的意思表示，尽管“不谋”但毕竟两个实质内容完全一样形成了“而合”的结果，因此，只要双方无异议，则应尊重当事人的意思表示，可以最后一方收到要约的时间确定为承诺的时间。

第五节　特殊的缔约方式

【导入案例】

案例 2-5

单一来源方式采购合同纠纷案②

2014 年 6 月 6 日，经过公开招投标方式，××职业学院与 A 家具公司签订《供货合同》一份，合同约定购买学生公寓所需的上下床、公寓床，合同总价为 518.8 万元。后学院发现 A 家具公司企业年末产值仅为 1.8 万元，因中标项目时间紧、任务重、工期短，故 A 家具公司推荐 B 办公家具制造有限公司协助完成本项目。2014 年

① 崔建远．合同法［M］．北京：法律出版社，2016：43.

② 北京市高级人民法院〔2019〕京民申 29 号《民事裁定书》。

7月29日，学院未经招投标程序作为甲方与B公司直接签订了《供货合同》，合同约定购买货物包括上下床1740件、学生公寓床1740套，总价为295.8万元；双方在后来签署的《追加学生宿舍公寓家具制作款的协议》中明确职业学院给予B公司补贴（即增加合同款额）83万元。后来，职业学院认为该合同未经招投标程序，因违法而无效，拒绝支付83万元给B公司。

【简要评述】《中华人民共和国政府采购法》（以下简称《政府采购法》）应为管理性强制性规定，涉及政府财政支付的项目，应当通过招投标的方式签订合同。但该法也规定了在特殊情况下认可政府采购可以采取单一来源方式采购，经采购人同意，中标、成交供应商可以依法采取分包方式履行合同。学院在与B公司签订涉案合同之时并未进行招投标程序，但并不因此而直接导致涉案合同无效。因此，学院主张涉案合同无效的理由均不能成立，涉案的《供货合同》和《追加学生宿舍公寓家具制作款的协议》有效，学院应支付83万元及其利息给B公司。

【法条依据】《民法典》第471条规定："当事人订立合同，可以采取要约、承诺方式或者其他方式。"第502条规定："依法成立的合同，自成立时生效，但是法律另有规定或者当事人另有约定的除外。"

《政府采购法》第26条规定："政府采购采用以下方式：（一）公开招标；（二）邀请招标；（三）竞争性谈判；（四）单一来源采购；（五）询价；（六）国务院政府采购监督管理部门认定的其他采购方式。公开招标应作为政府采购的主要采购方式。"第27条规定："采购人采购货物或者服务应当采用公开招标方式的，其具体数额标准，属于中央预算的政府采购项目，由国务院规定；属于地方预算的政府采购项目，由省、自治区、直辖市人民政府规定；因特殊情况需要采用公开招标以外的采购方式的，应当在采购活动开始前获得设区的市、自治州以上人民政府采购监督管理部门的批准。"第48条规定："经采购人同意，中标、成交供应商可以依法采取分包方式履行合同。政府采购合同分包履行的，中标、成交供应商就采购项目和分包项目向采购人负责，分包供应商就分包项目承担责任。"

《中华人民共和国招标投标法》（以下简称《招投标法》）第3条规定："在中华人民共和国境内进行下列工程建设项目包括项目的勘察、设计、施工、监理以及与工程建设有关的重要设备、材料等的采购，必须进行招标：（一）大型基础设施、公用事业等关系社会公共利益、公众安全的项目；（二）全部或者部分使用国有资金投资或者国家融资的项目；（三）使用国际组织或者外国政府贷款、援助资金的项目。前款所列项目的具体范围和规模标准，由国务院发展计划部门会同国务院有关部门制订，报国务院批准。法律或者国务院对必须进行招标的其他项目的范围有规定的，依照其规定。"

【理论讲授】

一、商谈缔约

（一）商谈缔约的界定

商谈缔约，是指合同双方当事人在商业洽谈中，对合同内容所达成一致的过程。

（二）商谈缔约方式的特点

现实生活中，合同主体都有缔约之意愿，而对于合同内容以及具体的条款，通过商业谈判的方式进行商讨、确定，最终在书面合同上签字、盖章。因为双方的签约代表会面，你一言我一语地进行讨价还价，很难绝对地划分出要约、承诺这两个明显的阶段。人们最终看到的是合同书上有双方的签字、盖章这个结果。例如，A公司的采购员甲与B公司的采购员乙，在A公司的供销部办公室就购销A公司的某个产品进行商谈：甲说："听说贵公司需要我方生产的某种型号的产品？"乙回应："是的，我今天来就是为了这个事情。"甲："你们要多少？"乙："那就看你们的价格能够优惠到什么程度了。"……最终双方代表自己的公司在合同书上签字、盖章，完成了合同订立的过程。此间，很难说谁的哪句话是要约或者承诺。如果双方明确需要签订合同书，即使双方已经就合同的全部内容达成了合意而未在合同书上签字、盖章，则不能认定合同关系已经缔结。

二、附合缔约

（一）附合缔约的界定

附合缔约，是指合同条款由一方当事人预先拟定，对方以附合的方式完全同意而订立合同的方式。

（二）附合缔约方式的特点

附合缔约，一般体现在一方事先拟定好整个合同的条款并确定合同的内容，对方只要将主体信息填写上去并签字、盖章后，就完成了合同订立的过程。由于合同内容和条款是预先所设定的，要体现出对所有相对交易方的公平、合理以及平等对待，因此对除主体外的任何条款之内容均无商讨的余地。因此，对于接受合同的另一方而言，其只有两个选择：要么全部接受整个合同的内容，签字盖章；要么拒绝接受，"用脚投票"而离开。

由于附合缔约方式往往是处于优势地位的一方事先准备好了格式条款，因此在对待格式条款的设置上，法律作出了严格的规定：一是必须要以明确的方式向对方予以提示，以确保相对人的知情权。二是在权利义务的设置上，应当公平，不得减免格式条款设定者的法定义务，也不得剥夺相对人的法定权利。三是不得出现违法、有违公序良俗以及故意损害相对人人身安全和财产安全的豁免内容。四是授予相对人撤销权。五是在有多种解释时采用通常解释，有多种通常解释的采用对格式条款提供人最不利的一种。

三、竞争缔约

（一）招投标程序

招投标程序，是指由招标人向数人或社会公众发出招标通知或公告，在诸多投标者之中选择自己最满意的投标人并与之订立合同的方式。

一般的合同法理论较多地关注一对一的自愿、平等的商洽状态下的合同缔结过程。出于私权处分和意思自治，合同一方当事人当然也可以采用一对多的招投标模式来订立合同，通过投标者的相互竞争，来选择对自己最有利的缔约者。因此，与国家、政府、公共财政支出无关的合同交易，采用单一模式的商谈缔约还是竞争缔约方式，法律没有必要作出限定。

政府采购，是指各级政府为了开展日常政务活动或为公众提供服务，在财政的监督下，以法定的方式、方法和程序，通过公开招标、公平竞争，由财政部门以直接向供应商付款的方式，从国内外市场上为政府部门或所属团体购买货物、工程和劳务的行为。政府采购的实质是市场竞争机制与财政支出管理的有机结合，其主要特点就是对政府采购行为进行法制化的管理。政府采购主要以招标采购、有限竞争性采购和竞争性谈判为主，以接受社会监督和实现公平。

政府采购的招标程序一般为：（1）采购人编制计划，报财政厅政府采购办审核；（2）采购办与招标代理机构办理委托手续，确定招标方式；（3）进行市场调查，与采购人确认采购项目后，编制招标文件；（4）发布招标公告或发出招标邀请函；（5）接受投标文件，对潜在投标人资格预审；（6）接受投标人标书；（7）在公告或邀请函中规定的时间、地点公开开标；（8）由评标委员对投标文件评标；（9）依据评标原则及程序确定中标人；（10）向中标人发送中标通知书；（11）组织中标人与采购单位签订合同；（12）进行合同履行的监督管理，解决中标人与采购单位的纠纷。

在招投标程序中，招标公告属于要约邀请，投标属于要约，中标属于承诺，中标后所签订的合同书，是合同关系的证明。

《招标投标法》规定，严禁非法进行招投标活动，常见的违法行为主要有：串标、围标、陪标、凑标、故意流标、泄露标底、化整为零、借用资质、隐瞒信息、排他条款、设置障碍、低价竞标高价签约、地方标、分标等。

（二）拍卖程序

拍卖程序，是指以公开竞价的方式，将特定的物品或财产权利转让给竞买人的买卖方式。

依法设立从事拍卖活动的企业法人（拍卖行）是拍卖人；委托拍卖人拍卖特定物品或者权利的人为委托人；参加竞购拍卖标的之人为竞买人；最终以最高应价之人为拍卖标的买受人。

无论是一般式（先由拍卖人出底价，并规定两次应价之差，然后由竞买人进项加价到无人再加价为止），还是荷兰式（先由拍卖人出最高价作为起价，若在约定时间内无人应价，即以此逐次降低价格，直至成交），都有严格的程序。拍卖程序一般经过签订委托合同——发布拍卖公告（要约邀请）——竞买（要约）——拍定（承诺）等环节。

根据《中华人民共和国拍卖法》的规定，国家行政机关依法没收的物品，充抵税款、罚款的物品和其他物品，以及人民法院依法没收的物品，充抵罚金、罚款的物品以及无法返还的追回物品，或者按照国务院规定应当委托拍卖的，由财产所在地的省、自治区、直辖市的人民政府和设区的市的人民政府指定的拍卖人进行拍卖。

人民法院在民商事案件的强制执行过程中，需要对相关物品、财产权进行拍卖的，也应当依法进行。

四、强制缔约

（一）强制缔约的概念

强制缔约，又称为强制缔约义务，是指民事主体依据法律规定，负有应相对人的请求而与其订立合同之缔约形式。

为了保障社会的正常运行，在特定情形下和在特殊领域，合同一方当事人对相对人的要约，必须作出承诺，无正当理由不得拒绝。缔约义务人在无正当理由的情况下拒绝缔约，致使对方产生损害的，应承担损害赔偿责任。

（二）强制缔约的适用范围

合同自愿是一项基本的原则，但是在特殊情况下和特定领域突破了狭义的合同自愿的原则。强制缔约通常有三大类情形：第一类是在特殊情况下的行政强制缔约。例如，为了抗击新型冠状病毒性疫情，根据疫情防控的需要而向某种特殊医疗用品的生产厂家下达了国家的订货任务，则有关民事主体必须服从。《民法典》第 494 条规定："国家根据抢险救灾、疫情防控或者其他需要下达国家订货任务、指令性任务的，有关民事主体之间应当依照有关法律、行政法规规定的权利和义务订立合同。依照法律、行政法规的规定负有发出要约义务的当事人，应当及时发出合理的要约。依照法律、行政法规的规定负有作出承诺义务的当事人，不得拒绝对方合理的订立合同要求。"第二类是诸如邮政、电信、电业、煤气、天然气、自来水、铁路、公共汽车等公用事业单位。《民法典》第 648 条第 2 款规定："向社会公众供电的供电人，不得拒绝用电人合理的订立合同要求。"第 810 条规定："从事公共运输的承运人不得拒绝旅客、托运人通常、合理的运输要求。"第三类是面向社会普通消费者提供服务或者销售商品的商家，也不得拒绝一般消费者正常合理的消费要求。例如，根据《消费者权益保护法》的规定，消费者有自主选择权和公平交易权，其有权比较和选择不同的商家并决定是否进行消费，但商家则不得对消费者实施歧视性对待。

五、事实过程缔约

（一）事实过程缔约的概念

事实过程缔约，是指不问当事人的意思，而是因一定的事实过程而成立合同关系之现状。

任何的合同关系之缔结，都体现出了合同当事人的合意，只不过是在意思表示方面，通常是可以通过类似于要约、承诺的外观来体现。但在特定情况下，客观上的事实行为在一定程度上可以推导出一种意思表示，如果没有这种意思表示则不会有导致合同缔结的之结果行为的发生。在现实社会中，已经作出了某种符合缔约合同的行为，即被视为缔结了某种特定的合同关系。因此，事实缔约行为已经成为一种普遍的社会现象。例如，乘客即使未购买车票但其事实上登上公共汽车的行为，就表明了其与运输服务者订立有偿运输合同的意思表示。

（二）确认事实过程缔约的意义

如果一方已经履行主要义务，而且对方已经接受的，此时再去考究是订立合同的形式还是缔约方式，实属不必要。双方在合同关系中的具体权利和义务，可以根据一方对外展示的条件、相关制度、规则以及法律，结合日常生活经验和生活常识，加以确定，对双方发生的纠纷也可依照合同法原理和规定予以处理。

【本章小结】

合同订立是合同关系从无到有的建立过程，应当遵从私权处分和意思自治的原则，但在特定情况下也有一些特殊性的规定。合同的内容和条款设置，应当在符合法律规定的前提下明确、具体、无争议、便于履行。合同订立一般经过要约、承诺的阶段，但也有一些订立合同的特殊方式或者要求。

【课后练习】

1. 名词解释

合同订立的形式；口头合同；书面合同；格式条款；要约；承诺；政府采购；拍卖程序。

2. 简答题

（1）合同订立的方式有哪些，各有什么特点和要求？（可参见本章第一节的内容）

（2）合同一般应包括哪些条款？（可参见本章第二节的内容）

（3）请简述要约撤销的条件。（可参见本章第三节的内容）

（4）请简述承诺的条件。（可参见本章第四节的内容）

（5）请简述缔约的方式有哪些？（可参见本章第五节的内容）

3. 案例分析题

A 公司的董事长与 B 公司的董事长进行了购销某种产品的业务洽谈，最后双方商定由 A 公司向 B 公司出售一批价值1 000万元（一台单价为 1 万元）的 0. 66mm 超薄 OLED 屏体吸附在墙上的电视机。交货时间为合同签订后 30 天内送货上门，合同签订时买家支付定金 200 万元，货到验货后 3 天内支付剩余货款，标的应符合电器国际强制标准，附有出厂质量检验标志。

问：请根据《民法典》的相关规定，分析如果需要起草合同书，还需要哪些内容？

提示：可参见本章第二节的内容及参考《民法典》第470条以及相应的规定。

第三章 合同的效力

【本章引言】 合同成立只是合同当事人达成了合意，并非成立的合同就当然有效，还需要进行是否具有法律约束力的考量。合同的效力，可以划分为有效、无效、可撤销和效力待定等几种不同的情形。

【本章重点】 合同效力与合同成立的关系；有效合同的条件；合同无效的情形；撤销的期限；效力待定合同的处理。

第一节 合同效力与合同成立的关系

【导入案例】

案例 3-1

房屋买卖合同效力的反复讼争纠纷案①

唐某与重庆某房地产公司签订房地产买卖合同，以 12 万余元的价格购买位于重庆市某单元的房屋一套，唐某在该合同上加盖了私章，但未手写签名。之后，双方办理权属登记，唐某取得了该房屋的权属证书。

2000 年 11 月 7 日，重庆市九龙坡区土地房屋权属登记中心收到唐某、程某某双方当日签订的《重庆市房地产买卖合同》和递交的《房地产交易合同登记申请表》（均加盖有双方的私章，但均无手写签名）以及《卖方申请书》（盖有唐某的私章，并有“唐×”字样的签名，诉讼中，唐某否认系其所签）和《买方申请书》。次日，唐某收到了购房款的《收条》（加盖有唐某的私章，并有“唐×”字样的签名，诉讼中，唐某否认系其所签）和唐某的婚姻状况证明材料后，办理了该房屋买卖合同登记和过户登记，程某某取得了该房屋的权属证书，该房屋已经交付给程某某占有使用，但该房屋的国有土地使用权证却依然登记在唐某的名下，未过户到程某某名下。

2003 年 4 月 17 日，唐某以其从未与程某某签订房屋买卖合同，重庆市国土资源和房屋管理局、九龙坡区房地产管理局向程某某颁发房屋所有权证的行为违法为由，向重庆市九龙坡区人民法院提起行政诉讼，请求确认填发该房屋所有权证的行政行为违法并撤销该证。案件经过一审、二审、再审，2006 年 12 月 8 日，重庆市第一中级

---

① 最高人民法院〔2012〕最高法民抗 55 号《民事判决书》。

人民法院裁定：唐某并未授权王某某代为提起行政诉讼，撤销原一、二审判决，驳回唐某的起诉。

2007 年 3 月，唐某向重庆市九龙坡区人民法院提起民事诉讼，请求确认 2000 年 11 月 7 日签订的《重庆市房地产买卖合同》无效；判令程某某将诉争房屋返还给唐某。一审、二审、再审的结果不同，唐某不服重庆市高级人民法院再审判决，向检察机关提出申诉。根据最高人民检察院的抗诉，最高人民法院启动再审程序。最高人民法院再审后认为：不论是签名或盖章，必须是真实的，才能确定是出具人的真实意思表示。程某某既未能举证证明涉案《房地产开发合同》及办理房屋过户登记的相关手续上加盖的“唐某”的印章为唐某所有，也未能就本应由唐某书写并签名的《卖方申请书》及《收条》为何由程某某之夫向某书写作出合理的解释，本案没有证据显示唐某本人有出卖涉案房屋的意思表示，也没有证据表示唐某曾委托他人办理过户房地产买卖及转移登记。因此，认定唐某与程某某之间没有就涉案房屋成立房屋买卖合同关系，涉案的《重庆市房地产买卖合同》对唐某不具有法律约束力。最高人民法院最终判决：程某某应该将其占有的涉案房屋返还给唐某。

【简要评述】作为卖方的唐某从 2003 年 4 月 17 日提起行政诉讼，到 2013 年 1 月 29 日最高人民法院作出民事再审判决的时间内，所涉案件的审级有行政诉讼的一审、二审、再审，民事诉讼也经历了一审、二审、高级人民法院再审提审、最高人民法院再审等多个、多级审理机关的审理，可谓是穷尽了所有的救济手段，案件最终尘埃落定。案件的纷争焦点无非就是合同是否成立和有效的问题。但值得思考的问题是：唐某作为出卖方，其所称没有出卖房屋的真实意思，但却提供了私章（该私章就是当初其向发展商购买房产办理过户时所使用的，且当时也只有盖章而无签名）并加盖在了合同上，还提供了房产证的原件并到交易中心办理了房产的过户手续，甚至还有实际交付案涉交易房屋的行为。

【法条依据】《民法典》第 143 条规定：“具备下列条件的民事法律行为有效：（一）行为人具有相应的民事行为能力；（二）意思表示真实；（三）不违反法律、行政法规的强制性规定，不违背公序良俗。”

第 155 条规定：“无效的或者被撤销的民事法律行为自始没有法律约束力。”

【理论讲授】

一、合同成立及其要求

（一）合同成立的概念

合同成立，是指合同的双方当事人意思表示达成了一致的结果。

合同成立的条件或者标志，是双方当事人意思表示一致，而且合同的成立仅涉及合同当事人意思表示的真实问题，而不涉及国家意志。

（二）合同成立的要求

合同成立，一般要满足三个基本的要件：一是有缔约人。在民法原理中，民事主体必须是人或者法人或者非法人组织，动物、人工智能均非民法中的“人”，因此其并非是适格之民事主体。例如，一个自然人与一动物之间是不能缔结合同关系的。尽管我们可能看到一些境外的新闻报道，称某富商生前留下一份亲笔书写并经过律师见证的遗嘱：在其死后，将全部的遗产留给其生前所养的一只宠物。可能有读者就会认为这位富商是被继承人，宠物就是继承的主体。其实不然，宠物不是民事法律关系的主体，其仅是法律保护的对象而已。二是合同当事人的意思表示一致。例如，张三要卖电脑给李四，就交易之标的、价格、履行、违约责任等主要内容达成了一致的意见，则合同成立。三是符合法律规定的形式要件。法律一般不对合同的外在形式要件作出限定性要求，因此，当不属于法律限定形式的合同范畴，当事人自愿选择的合同形式应当予以尊重。

二、合同效力及表现

（一）合同效力及其特点

合同效力，全称为合同的法律效力，是指法律赋予依法成立的合同所具有拘束当事人乃至第三人的强制力。

如果当事人所订立的合同对当事人没有约束力，或者说可以随意更改，又或者不依照合同约定履行义务而无须承担法律责任，权利人的权利就得不到实现甚至无从保障，那么这个合同的订立就没有任何的意义。一些地方的官员根本不讲诚信，以“新官不理旧账”为由，不承认上一任官员对外所签订的合同，严重侵害了合同相对方的权益。例如，2009年，某地方政府招商引资高科技项目，甲公司与该县国土局签订土地使用权出让合同并已实际占有、开发建设案涉工业用地。在甲公司积极投资建设过程中，当地政府调整了包括甲公司案涉土地在内的200余亩用地规划。案涉土地被政府单方收回并由县国土局另行高价出让，由乙公司拍得并开发房地产。甲公司的投资建设被拆除，其损失未获赔偿。甲公司于2013年1月以某管委会和某县国土局为被告提起民事诉讼，请求赔偿损失。最高人民法院最终认定被告构成违约，判决被告承担1 000多万元的损失赔偿责任。①

合同的效力，不同于合同的订立，也与合同的成立有别。合同的效力，着重于研究和考察合同成立之后，其内容是否具有约束双方当事人以及受法律保护效果的价值性评判。例如，原告经朋友介绍认识被告公司的法定代表人郝先生。郝先生告诉原告，回输干细胞不仅可以美容，还具有延缓衰老等功效，并邀请原告到细胞库参观。2018年4月5日，原告一次性向被告公司订购30份“人胎盘来源的干细胞”，每份价格3.5万元，被告公司先培养干细胞，并提供相关场所协助进行干细胞回输；原告当天即转账半数预付款52.5万元。合同签订后，被告依约如期交付了8份干细胞，但后续被告公司未能依约将干细胞回输。原告遂将被告公司诉至法院，请求判令解除双方签订的干细胞买卖合同，并

① 最高人民法院〔2017〕最高法民终340号《民事判决书》（最高人民法院公布的典型案例）。

由被告返还未使用的预付款39.75万元。一审认定合同有效；2020年8月11日下午，上海市第一中级人民法院公开开庭审理并宣判了全国首例干细胞买卖合同纠纷上诉案。二审改判涉案干细胞买卖合同无效，判决被告返还因该合同取得的剩余预付款。① 合同订立，着重考察的是合同以何种方式、经过哪些阶段之后才完成合同缔结的外观要件。合同成立，则着重考察合同订立是否走完必要的程序性条件之最终结果。可见，合同订立的着眼点在于过程，合同成立的着眼点在于程序性的结果，合同效力的着眼点在于约束力。

（二）合同效力的表现

合同效力，表现在受到的私法保护方面。根据不同的标准，可对合同效力作不同之理解。

1. 以约束力所达之主体为标准划分的合同效力

（1）对合同当事人而言的效力。合同是当事人订立的，按照合同的相对性原理分析，一个有效的合同，对合同的当事人当然具有约束力，当事人应当依照合同约定履行义务和行使权利。合同外的第三人，原则上不能加入合同中享有权利和承担义务（涉他合同作为一种例外，合同外的第三方依法可享有因本合同所带来的法益②）。

（2）对合同外相关主体而言的效力。一般情况下，合同的效力只在合同当事人之间来考量。但是，特殊情形下，则需要将合同效力做对内与对外效力的区别性划分和处理。例如，张三将从李四处借来的一台电脑以合理的价格出售给了王五。王五不知道真正的所有权人是李四，而且张三不但持有该电脑，还持有购买该电脑时的销售发票（购买人处记载为“自用”）。借用期满，李四向张三索要电脑，但是张三无法将电脑还给李四，李四最终打听到了张三与王五签订了买卖合同，于是找到王五要求返还电脑，但王五予以拒绝。可见，张三并非是所有权人，在没有获得授权的情况下其只有使用权而无权出售该电脑。显然，对于李四而言，其绝对不会承认该买卖合同是合法有效的。但是，对于王五而言，其从发票以及张三事实上占有该电脑的外观表征方面判断，当然会作出该电脑就是属于张三本人的合理认知，其以合理的价格购买了该台电脑，对于王五而言是有效的合同。无论该电脑最终是否返还给李四，可能会导致要么是李四、要么是王五受损的结果。司法实践中，一般会认定张三出售给王五的合同对王五而言是有效的，如果张三不能依约将电脑交付或者李四取回了该电脑，王五可依约向张三主张合同违约责任；但该合同对李四而言是无效的，因而李四可向王五索要该电脑或者当无法取回时得依照《民法典》第238条“侵害物权，造成权利人损害的，权利人可以依法请求损害赔偿，也可以依法请求承担其他民事责任”之规定，要求张三承担相应的民事责任。

2. 以约束力的内容为标准划分的合同效力

有效的合同，意味着具有受到法律保护的约束力之效果，合同任何一方当事人未经对

---

① 判了，首例！全国干细胞买卖案二审宣判［DB/OL］．［20200912］．新浪网：http：//news.sina.com.cn/o/2020-09-05/doc-iivhuipp2692704.shtml.

② 法益，是指法律所保护的利益。例如，投保人与保险公司签订了一份人寿保险合同，当出现保险事故而导致投保人身故后，投保人的受益人依法得以向保险公司索赔。

方同意，不得随意变更合同之内容；任何一方均需依约履行自己的义务，当违约并造成对方利益受损时，须依法承担法律责任。

（1）合同内容不得随意修改。依法成立的合同，如果内容不够明确，则需双方协商加以确定，无法达成一致意见的，依照法律规定处理。根据《民法典》第119条“依法成立的合同，对当事人具有法律约束力”之规定，如果合同的内容确定，则任何一方未经与对方协商一致，不得单方变更。因此，合同当事人在签订合同前，就应当对合同须约定的内容有明确之了解，并清楚合同具有的法律约束力，合同一旦签订，则不能轻易变更。例如，在合同纠纷案件审理中，往往有当事人声称签订合同的时候，没有认真阅读合同的条款，自己不同意承担该条款所约定的自己本应承担履约之义务，甚至单方宣布改变某个合同条款的内容。该抗辩通常是不能成立的。早在《十二铜表法》① 的第六表第1条就明确规定了经济活动中缔结契约，“其所用的法定语言就是当事人之间的法律”，因此“唯有服从人们自己为自己所规定的法律，才是自由”。②

（2）合同权利受法律保护。缔结合同是合同当事人的民事权利，依照《民法典》第3条“民事主体的人身权利、财产权利以及其他合法权益受法律保护，任何组织或者个人不得侵犯”以及第465条“依法成立的合同，受法律保护”之规定，依法成立的合同受法律保护，任何组织或者个人不得侵犯。当合同权利遭受侵犯时，可依《民法典》第120条“民事权益受到侵害的，被侵权人有权请求侵权人承担侵权责任”的规定要求法律保护。

古罗马的法谚“合意创立法律”（consensus facitius）几乎成为当时欧洲通行的原则。法国13世纪则有《博韦的习俗和惯例》以及“合同胜过法律”之说。无效的合同，则不具有法律保护的效果。例如，甲、乙两女性约定：从外购买他人精子，通过非法的生子服务机构将甲受精的卵细胞植入乙的体内进行受孕。之后，乙生产了一女婴，甲、乙双方均主张女婴为自己的孩子。最终法院认定以出生证记载的母亲为准。③

（3）违反合同义务须承担法律责任。在古罗马法中，合同作为一种不可动摇、必须履行之约定，就是“法律用以把人或集体的人结合在一起的束缚或锁链”，在《法学阶梯》之中就有“债是依国法使他人为一定给付的法锁”之说。只要是立约人当时自己所作出的承诺，按照“允诺禁反言”的规则，就要切实履行。即使是像《威尼斯商人》中夏洛克和安东尼奥之间涉及“一磅肉”那样的合同，正如莎士比亚借用剧中人物夏洛克的话语“您要是拒绝了我，那么你们的法律去见鬼吧！威尼斯城的法令等于一纸空文”④来强调“契约乃当事人为自己所设定的法律”之观点。尽管在不损害国家利益、不侵害他人权益、不违反公序良俗、不扰乱社会制度的前提下人是自由的，基于私权处分和意思

---

① 罗马于公元前451年制定的法律十表，第二年又补充二表。这就是著名的《十二表法》，后因各表系由青铜铸成，故习惯上称之为《十二铜表法》。

② 卢梭．社会契约论［M］．北京：商务印书馆，2011：26.

③ 全国首例，同性伴侣争夺抚养权，谁才是孩子妈妈？［DB/OL］．［2020-09-13］．新浪网：http：//k. sina. com. cn/article_2060420737_7acf868101900tt8u. html.

④ 莎士比亚全集（第3卷）［M］．朱生豪，译．北京：人民文学出版社，1984.

自治的原则，国家不会轻易干预私权领域的行为。但是，当一个人负有债务（合同义务）在尚未履行完毕之前，就犹如有了一道枷锁施予其身，其自由将受到一定的限制。例如，当某人对他人负有较大债务未清偿的情况下，可能会遭受权利人对其指控，如果拒绝履行生效裁判文书所确定的清偿义务，则可能会被法院强制执行，执行法官还会将其列入失信名单之中，限制其消费，必要时还可能被限制出境。随着社会的发展，"法锁"已渐渐成为抽象的概念，并逐步由财产上的责任取代了人身上的管束。

合同当事人一方不履行合同义务或履行合同义务不符合合同约定的，应当承担继续履行、采取补救措施或者赔偿损失等违约责任。法律规定合同当事人可依法寻求公法救济，并赋予生效裁判文书的强制执行效力。

三、合同效力与合同成立的相互关系

（一）合同成立的认定是合同效力判断之基础

合同成立，属于事实认定；合同效力，属于价值判断。即合同成立着重于考察合同当事人之间是否存在着合同关系的事实问题（有无），而不对其是否合法、是否合理的价值性问题作出考察。但合同效力，则是在存在有该合同之事实基础上进一步所做的价值性（好坏）判断。因此，只有合同存在这个客观的事实得到了肯定，才有价值性判断的可能。如果双方都没有成立合同关系，就不存在、也不需要进行合同是否有效的判断。例如，张三称李四向其借钱，约定借款1万元、借款期限1个月、月利息30%；但李四坚决否认其曾经向张三借过钱。此时，首先要搞清楚的就是李四究竟是否有向张三借钱。如果这个问题不搞清楚，就不可能考究借款的利息是否过高，该借款协议是否受到法律保护的问题。从认知逻辑上分析，任何的价值判断都是基于事实认定得出了肯定性结论之后才能作出的。

（二）合同效力的判断有利于确定合同当事人权利义务关系

在得出明确存在事实的结论之后，就需要进一步考察该事实的属性。双方当事人订立了合同，那么合同当事人的权利义务设定是否合法、合适，当事人可享有哪些权利、需承担哪些义务，则需做进一步深入的分析和处理。例如，2004年5月，某国有企业改制为有限责任公司，宋某为该公司的员工，其出资2万元成为公司的自然人股东。公司的章程规定，公司股权不向公司以外的任何团体和个人出售、转让。公司改制一年后，经董事会批准后可在公司内部赠与、转让和继承。持股人若辞职、调离或被辞退、解除劳动合同的，人走股留，所持股份由企业收购。2006年6月3日，宋某辞职并办理了申请退股手续向公司领取了退股金2万元。之后，宋某以公司回购违反法律规定为由起诉公司，请求法院确认其具有公司的股东资格。法院认为，作为国有企业改制下的股份构成有其特殊性，"人走股留"在公司章程中有规定，并未违反法律禁止性规定，且原告事实上已经退出了公司的股份并领取了回购款，其已经丧失了公司股东的资格，故驳回了原告的诉请。

原告不服提出二审，之后又提出再审申请，均被驳回。①

合同效力的判断，是为了确定合同当事人之间的权利义务，甚至是解决纠纷所必需的。例如，张三向李四主张还本付息，在查清李四确实向张三借款之后，就要对该借款关系进行审查，借贷是否合法、利息约定是否受保护等。

第二节　合同的生效要件

【导入案例】

案例 3-2

腾讯与"老干妈"关于广告费之争纠纷案②

据中国裁判文书网2020年6月29日发布的一则民事裁定书记载，因"老干妈"公司在腾讯网投放了上千万元的广告，但"老干妈"未按合同约定支付款项，应原告腾讯公司的请求，广东省深圳市南山区人民法院裁定：查封、冻结被告"老干妈"的运营主体公司和旗下全资子公司名下价值1 624万元的财产。6月30日下午，"老干妈"发出《声明》，称公司从未与腾讯公司或授权他人与腾讯公司就"老干妈"品牌签署《联合市场推广合作协议》，且公司从未与腾讯公司进行过任何商业合作；因事关重大已经向公安机关报案。7月1日，贵阳市公安局双龙分局发布警方通报回应腾讯公司与老干妈公司纠纷，称有不法人员为获取腾讯公司在推广活动中配套赠送的网络游戏礼包码并倒卖获利，冒充老干妈公司名义，与腾讯签订合作协议，导致被腾讯公司起诉。7月10日下午，腾讯公司在官微发布与老干妈的联合声明，称双方已厘清误解，握手言和；腾讯方面表示已向法院申请撤回财产保全申请及本案诉讼，并就合同诈骗行为已向贵阳公安报案。同时老干妈也在其微信公众号发布了相同的声明。2020年8月7日，贵州省贵阳市南明区人民检察院以合同诈骗罪依法批准逮捕冒充"老干妈"公司工作人员行骗的犯罪嫌疑人曹某、刘某某。

【简要评述】作为入选"2019中国品牌强国盛典榜样100品牌"的"老干妈"，是国内生产及销售量最大的辣椒制品生产企业。而设立于1998年11月，以互联网为基础的平台腾讯公司更是实力雄厚、名声显赫。然而，知名的腾讯公司竟然被三个人和一个伪刻的公章给骗了，这着实让人大跌眼镜。

【法条依据】《民法典》第143条规定："具备下列条件的民事法律行为有效：(一)

---

① 陕西省西安中级人民法院〔2014〕陕民二申00215号《民事裁定书》(最高人民法院指导案例第96号)。

② 冒充老干妈人员与腾讯签协议获取游戏礼包码倒卖获利，2人被批捕。冒充老干妈员工行骗，嫌疑人被批捕(附假冒老干妈诈骗腾讯案事件始末)［DB/OL］.［2020-08-08］. 贤集网：https://www.xianjichina.com/news/details_212361.html.

行为人具有相应的民事行为能力；（二）意思表示真实；（三）不违反法律、行政法规的强制性规定，不违背公序良俗。”

【理论讲授】

一、主体适格

（一）属于民事主体

民事主体，全称为民事法律关系主体，是指在民事法律关系中享有民事权利、承担民事义务的当事人。

根据《民法典》第2条“民法调整平等主体的自然人、法人和非法人组织之间的人身关系和财产关系”之规定，只有自然人、法人、非法人组织才能成为民事法律关系的主体。因此，动产、不动产等财产，自然人以外的其他动物以及人工智能，都不能成为民事法律关系之主体。例如，曾经引人关注的“猩猩自拍照”的著作权纷争，就是围绕着动物是否能够成为法律关系主体、作为著作权人而引发的；① 而人工智能“小冰”出版的诗集之著作权问题也引发了社会的热议。②

（二）具有民事行为能力

无论是自然人还是法人，又或者是非法人组织，都有一个民事权利能力和民事行为能力的问题。作为自然人，有无民事行为能力、限制民事行为能力、完全民事行为能力的划分。无民事行为能力人，其民事行为由其监护人代行；限制民事行为能力人，其超过日常生活需要的，须其监护人同意。只有完全民事行为能力人，其自身的行为在合法、体现其真实意思的情况下，才是有效的。

（三）必须是合同的当事人

享有合同权利并承担合同义务，必须是合同关系的当事人。任何人冒充他人从事订立合同的行为，非经被代理人同意，不会产生对所谓的被代理人约束的效力。如果无权利的当事人，其所签订的合同可能因主体不适格而无效。例如，甲与乙约定对未取得探矿权的矿区范围进行勘探，从而引发的工程款结算的纠纷。根据我国现有矿产资源法律、法规的规定，勘查矿产资源须经申请并取得探矿权。对于在未取得探矿权的矿区范围进行勘探的行为属于无证探矿行为，案涉勘探合同约定的外围勘探面积约12.20平方公里，明显超过国家所规定的合理采矿权扩区范围，即“采矿权扩区范围原则上限于原采矿权深部及周边零星分散且不宜单独另设采矿权的资源”，应为无效。双方当事人应根据过错大小依法

① “猩猩自拍照”版权是猩猩的还是摄影师的？终于有定论了［DB/OL］.［2020-08-08］. 腾讯网：https：//new. qq. com/omn/20180430/20180430A18V4Q. html.

② 人工智能“小冰”出版诗集《阳光失了玻璃窗》［DB/OL］.［2020-08-08］. 搜狐网：https：//www. sohu. com/a/146181710_445078.

各自承担相应责任，但勘探方的实际施工费用应予以保障。①

二、意思真实

意思真实，全称为意思表示真实，是指缔约人的表示行为与其内心效果意思相一致。如果一个人的内心意思与外在表示不一致，往往会引人误会，严重时会导致重大误解。例如，一个古董商店的老板招聘了一位新店员，出门时将进货单交给店员让其书写价格标签；该店员不了解古董的价格，在标价的时候，误将50万元的一个青花瓷标价为50元。一位过路的客商，看到标价后以为是仿品，但以自己的知识最终判定该古董应该价值不菲，见到标价仅为50元，即按50元的价格予以购买。当古董店的老板回到店里时，发现了该错误。可见，卖家因店员的错误，尽管合同已经订立且买卖已经成交，但因重大误解，可以依法撤销该合同。

合同当事人以虚假的买卖合同关系从事真实的借贷活动，则虚假买卖合同无效。例如，A公司与B公司于2011年8月16日签订案涉《成品油采购合同》，其真实目的并非购销成品油，而是通过该合同转移款额以实现借贷。法院最终根据《民法总则》第146条“行为人与相对人以虚假的意思表示实施的民事法律行为无效。以虚假的意思表示隐藏的民事法律行为的效力，依照有关法律规定处理”的规定判决该合同无效。②

三、内容合法

根据《民法典》第8条“民事主体从事民事活动，不得违反法律，不得违背公序良俗”的规定，民事主体在从事民事活动时，必须遵守法律、法规的规定，不得违背公序良俗。

合法，不仅要符合《民法典》的规定，还要符合相应的法律、法规的规定，不得与法律、法规的规定相抵触。所谓的相抵触，一般而言是指违反了有关合同效力的禁止性规定。禁止性法律规范，是指禁止人们作出一定行为，即要求人们承担一定消极的不作为义务的法律规范，表现在法律条文上，往往使用“禁止”“严禁”“不得”“不准”等词语来表述，其区别于授权性规范，其中包含“取缔规范”和“效力规范”。授权性规范通常以“可以”“有权”“享有”“具有”等词语来表达；而命令性规范（强制性规范），其规定的权利和义务十分明确，不允许人们以任何方式变更或违反。

对于因合同交易标的违法，合同无效，一般人都容易理解。例如，如非军工单位交易的武器弹药、非经特批的违禁药品交易等。

认定合同无效，必须是以违反“效力规范”为依据，不得以行政管理的“取缔规范”来认定合同无效。例如，某茶叶店的主营范围为茶叶，兼营茶具，但是该商店与某建筑工程公司签订了一份出售建筑螺纹钢材的合同。显然，该茶叶商店已经超越了经营范围，将会受到市场监管理行政部门的行政处罚。但是，不能因为该商店超越经营范围而认定该钢材买卖合同无效。

---

① 最高人民法院〔2015〕民一终268号《民事裁定书》（最高人民法院公布的典型案例）。

② 最高人民法院〔2020〕最高法民申2693号《民事裁定书》。

四、符合法定条件

一般的合同，法律并未作出专门的程序性或者外观形式要件之规定。但是，对于特定类型的合同，法律有专门规定的，必须符合相关规定，否则不生效。

对于合同当事人对于合同生效作出了明确附款如附条件或者附期限的约定，又或者对合同的形式、订约程序作出了专门、明确之约定，就应当依照约定处理。

第三节 无效合同之认定及处理

【导入案例】

案例 3-3

违反“限购令”的商品房买卖合同效力认定纠纷案①

2011 年 5 月 16 日，原告俞某某与被告某发展有限公司签订了购房意向书。因原告当时已经在宁波拥有两套住房，根据宁波市政府办公厅和建设委员会发布的限购政策，其在宁波市已经不具备再购置商品房的资格。于是原告在 6 月 24 日以其儿子的名义向被告出具《某某小区房屋购买承诺书》一份，承诺：认购被告开发的商品房一套，优惠后总房价为3 140 463元，自愿向被告交纳房屋首付款950 463元，在 7 月 25 日前保证遵守宁波市住房限购政策的有关规定，具备购买被告房屋的条件，与被告签订所认购房源的商品房买卖合同，并全面履行商品房买卖合同约定的义务，付清相关款项和办理银行按揭手续。原告向被告支付950 463元作为所认购房屋的首付款。8 月 4 日，原告以其儿子的名义与被告根据购房承诺书约定的内容签订了正式的《商品房买卖合同》，合同附件八第十一条约定：“若买受人违反宁波市住房限购政策的相关规定，本合同无效。”

原告后来不愿意继续履行合同，要求被告退款未果，于 2014 年 4 月 16 日诉至浙江省慈溪市人民法院，请求判令：1. 确认原告与被告签订的商品房买卖合同无效；2. 被告即时退还原审原告房屋预付款，并赔偿自预付款支付之日至实际退还日的利息损失；3. 由被告承担本案的诉讼费用。

一审法院经过审理，认为原告在其子不知情的情况下借用其名字签订购房承诺书和购房合同的行为属于借名购房行为，应认定原告为购房承诺书和购房合同的当事人。根据宁波市人民政府办公厅《关于进一步做好房地产调控工作的通知》（甬政办发〔2011〕38 号）第 6 条及宁波市建设委员会《关于进一步落实住房限购政策有关事项的通知》（甬建发〔2011〕31 号）第 1 条均规定：“对在本市已拥有两套及以上住房的本市户籍居民家庭……暂停在本市向其售房，违反规定购房的，不予办理房地产登记。”原告在签订购房合同时名下已有两套住房，又借用其儿子名义与被告签订商品房买卖合同，显然违反了上述政策规定。但上述规定并非法律、行政法规，且属

① 浙江省宁波市中级人民法院〔2014〕浙甬民二终 559 号《民事判决书》。

于管理性规定，而非效力性规定，违反上述规定并不必然导致合同无效。双方在购房合同附件中将买受人违反宁波市限购政策作为合同无效条件的约定，由于合同的效力系法律对当事人之间成立合同的法定评价，非依当事人约定而无效，故本案合同并不因此约定而无效。经法院释明，原告拒绝变更诉讼请求并坚持要求确认买卖合同无效，慈溪市法院判决驳回了原告要求确认合同无效的诉讼请求。

原告不服一审判决而提起上诉。二审法院经审理后认为：上诉人与被上诉人签订的《商品房买卖合同》是双方的真实意思表示，内容也不违反法律、行政法规的效力性强制性规定，不存在《中华人民共和国合同法》第 52 条规定的法定无效的情形，应认定合法有效。经原审法院释明，上诉人也不要求变更诉讼请求，原审法院据此判决驳回上诉人的诉讼请求，并无不当。最终二审维持原判结果。

【简要评述】政府的限购政策并非法律、行政法规，仅属于地方性行政机关的管理性强制规定，而非效力性强制规定。但是，双方签订的合同因违反了该政策，往往在交易中心无法成功办理产权的过户登记手续。不同的法院在不同的时期，对违反限购政策的合同之判决结果也不一致，有认定有效的，也有认定无效的，还有认定为存在履行障碍的。

【法条依据】《民法典》第 144 条规定：“无民事行为能力人实施的民事法律行为无效。”

第 146 条规定：“行为人与相对人以虚假的意思表示实施的民事法律行为无效。”

第 153 条规定：“违反法律、行政法规的强制性规定的民事法律行为无效。但是，该强制性规定不导致该民事法律行为无效的除外。违背公序良俗的民事法律行为无效。”

第 154 条规定：“行为人与相对人恶意串通，损害他人合法权益的民事法律行为无效。”

案例 3-4

“以合法形式掩盖非法目的”认定合同效力纠纷案①

2006 年 12 月 1 日，某民爆科技集团公司与某科技有限公司签订了《合作协议》，约定：民爆公司负责签订和执行产品的外贸合同和国内收购合同；依科技公司的指示代办货物出口报关、运输、出口退税、结算等手续。科技公司负责承担出口履约所需的全部费用，履行同外商之间议定的各种义务等。民爆公司收取科技公司外贸合同总金额的 0.6%作为该项目的管理费。2006 年 12 月 2 日开始，民爆公司陆续与国内生产厂商、外商签订了一系列买卖合同、出口产品收购合同，且均已履行完毕。因双方关于款项支付问题发生纠纷，科技公司向法院提起诉讼。民爆公司提出答辩，认为《合作协议》是以合法形式掩盖非法目的，应属无效。北京市中级人民法院一审认为，本案出口业务真实存在，亦不存在骗取国家出口退税之违法情形，《合作协议》有效。被告的民爆公司不服，上诉至北京市高级人民法院，二审法院认为《合作协

① 最高人民法院〔2013〕最高法民提 73 号《民事判决书》。

议》具有为不得申报办理出口退税的业务获取出口退税款的非法目的，属于“以合法形式掩盖非法目的”的无效合同，遂依据《合同法》第52条第3项认定协议无效。

科技公司不服终审判决，向最高人民法院提起再审申请，最高人民法院经审理后认为，《合作协议》中约定的贸易形式并不违反我国法律、行政法规的规定，不属于《合同法》中以合法形式掩盖非法目的的情形。本案所涉出口业务项下外贸合同实际履行且已履行完毕，并不存在没有真实货物出口而假冒出口的情形。因此，《合作协议》并非为达到骗取国家出口退税款这一非法目的而签订的合同。本案所涉《合作协议》并不存在《合同法》第52条规定的任一情形，二审法院认定《合作协议》无效，没有事实和法律依据，应予纠正。

【简要评述】合同双方当事人是否有明知法律有禁止性规定，而通过串谋的脱法行为（以迂回手段规避强行规定之行为）？当事人通过脱法行为所签订的合同是否当然无效？《合同法》第52条规定：“有下列情形之一的，合同无效：……（三）以合法形式掩盖非法目的。……”而在《民法典》中，并未将以合法形式掩盖非法目的作为合同无效的条件加以规定，取而代之的是虚假意思表示的规定。

【法条依据】《民法典》第146条规定：“行为人与相对人以虚假的意思表示实施的民事法律行为无效。以虚假的意思表示隐藏的民事法律行为的效力，依照有关法律规定处理。”

【理论讲授】

一、无效合同的概念

（一）无效合同的界定

无效合同，是指尽管合同已经成立，但欠缺有效要件，法律不认可其约定内容并不予保护的合同。

无效合同，须合同已经成立，但由于不符合法律规定的生效要件，故而不具有法律的约束力。

无效合同，是自始地、绝对地、当然地无效，任何有利害关系的人均可主张。合同无效，不因当事人的合意（双方均认为合同是有效的）而有效。

（二）无效合同与其他合同的区别

无效合同与有效合同是相对应的，两者当然有明显的区别。无效合同也区别于可撤销合同、效力待定合同。无效合同是自始地、绝对地、当然地无效，其从一开始就不具有法律约束力，不会因当事人的认识和不同对待而改变，审理机关必须主动审理和处理。可撤销合同在被撤销之前，依有效合同来对待，撤销后按无效合同处理。效力待定合同是指在待定期限内效力处于不确定状态，未被追认即无效的合同。例如，一位未满8周岁的小朋友，未经其法定监护人的同意，用自己的压岁钱购买了一台价格为3 000元的苹果牌电玩（iPad）。其家长发现后，要求商家退货。而另一位年满17周岁的中学生，于疫情期间，在家里用自己的手机上网看直播，给某直播平台的某主播反复“打赏”，共支付了3万元；家长发现后要求平台退款。前者，根据《民法典》第20条“不满八周岁的未成年人为无民事行为能力人，由其法定代理人代理实施民事法律行为”之规定，属于无效的民事行为；后者，根据《民法典》第22条“不能完全辨认自己行为的成年人为限制民事行为能力人，实施民事法律行为由其法定代理人代理或者经其法定代理人同意、追认；但是，可以独立实施纯获利益的民事法律行为或者与其智力、精神健康状况相适应的民事法律行为”之规定，则属于效力待定的行为。

二、无效合同的认定

（一）认定机构

合同是否有效，属于国家意志干预之范畴，由法律直接作出规定，不由当事人自由意志决定。任何的合同纠纷，在提请法院或者仲裁机构进行处理时，处理机关无论合同当事人是否提出合同效力的问题，首先均会对合同是否有效的问题进行审查。因此，凡涉及合同是否有效之争议，由人民法院或者合同所约定的仲裁机构来认定，其他组织或者个人，均无权对合同是否有效作出认定。

（二）认定条件

对于合同是否有效，一般会从以下四个方面来加以考量：一是合同当事人的主体是否适格，二是合同当事人的意思表示是否真实，三是合同所约定的具体内容是否合法，四是合同订立的程序是否符合要求。

三、合同无效的原因

（一）损害国家利益

无论合同当事人以任何的形式（包括但不限于以欺诈、胁迫等手段）订立合同，以损害国家利益为目的，或者实际损害到国家利益又或者有可能损害国家利益的，不问当事人的意思是否真实，该合同无效。

（二）损害集体或者他人的权利

合同双方当事人恶意串通，损害集体或者他人权益的，该合同无效。例如，甲公司欠乙公司一笔合同货款，乙公司已经起诉甲公司并在法院审理之中。甲公司担心被法院生效判决后执行会划拨其在银行的相应存款，于是甲公司的负责人与丙公司的法定代表人密谋，通过签订一份假的《借款协议》以还款的方式将仅存在银行的10万元以到期还款的方式转入丙公司的账户。不久，乙公司持生效的法院判决书申请法院强制执行，但甲公司已经无款可还，甚至甲公司还准备申请破产以逃避债务。可见，甲与丙两公司所签订的

《借款协议》就是以损害乙公司合法债权为目的之串谋性不法行为，根据《民法典》第154条“行为人与相对人恶意串通，损害他人合法权益的民事法律行为无效”之规定，该合同应被认定为无效。

（三）损害社会公共利益

由人和组织所组成的社会，秩序是必不可少的，否则人们的生命和财产安全就难以保障。社会公共利益，又被称为社会福祉，是指社会公众都享有的非独占的、为一个社会生存所必需的利益。

如果认可合同当事人利用合同在损害社会公共利益的情况下来满足和实现私利，则社会秩序将荡然无存，最终每个人的利益也将失去。因此，在追求和实现自我私利之时，必须要附设一个基本的前提——不得损害社会公共利益。例如，甲公司与乙公司签订了一份《合作开发合同》，约定共同在某地开采花岗岩碎石，以销售给建筑商。因该合作开发未取得政府相关部门颁发的采矿证，且在开采石头的过程中存在严重的破坏周边环境的行为。根据《民法典》第9条“民事主体从事民事活动，应当有利于节约资源、保护生态环境”之规定，该合同当事人的行为因严重破坏环境，故该合同应认定为无效。

（四）违背公序良俗

根据《民法典》第143条的规定，违背公序良俗的行为无效。公序良俗，不仅仅是限于道德范畴讨论的问题，在“法律道德化”和“道德法律化”的发展趋势下，法律的某些规则和道德的某些规则在逐渐融合，某些道德的评判标准也逐渐被法条所吸纳和运用。例如，被人们称为“中国公序良俗第一案”的张某某诉蒋某某遗赠纠纷案，法院以违反公序良俗为由，认定遗嘱无效，最终驳回了原告的诉请。①

又如，2015年3月29日，原告刘某与被告李某某、赵某某签订了一份《标准代孕协议》，合同约定原告负责指定精子和卵子的供应方并支付相关费用，由被告方提供且全权委托管理代孕方并获取费用、报酬。上述协议签订以后，原告通过其中国工商银行账户向两被告共支付了93 200元，且原告为代孕事宜多次出差发生交通费6 000余元。但双方签订合同以后并未按照协议约定进行“代孕”。原告诉请两被告返还款额并赔偿其他的实际损失。法院经审理后认为，双方签订的合同有违公序良俗原则，有损社会公共利益，上述《标准代孕协议》为无效合同。② 值得注意的是，代孕合同被认定无效以及处理问题，仅涉及合同双方当事人；而代孕以后出生的子女与父母的监护关系问题，则属于另一个法律关系，应依法处理。例如，全国第一起因代孕引发的监护权纠纷案③，引起人们关于代孕合同效力的讨论，进而也讨论了因为代孕所生的子女的监护权归属问题。

---

① 参见四川省泸州市纳溪区人民法院〔2001〕纳溪民初561号《民事判决书》、四川省泸州市中级人民法院〔2001〕泸民一终621号《民事判决书》。

② 河南省临颍县人民法院〔2015〕临民二初923号《民事判决书》。

③ 上海市第一中级人民法院〔2015〕沪一中少民终56号《民事判决书》。

（五）虚伪表示

虚伪表示，是指通过某种虚伪的外观形式来掩盖其真实意图的表示方式。虚伪表示可分为单方的虚伪表示和双方的虚伪表示，也可分为单一形式的虚伪表示和多外观形态之虚伪表示。

实践中，双方、多外观形态之虚伪表示更为引起人们的重视。例如，某房产的买卖双方经房产中介的促成而准备签订合同，但买卖双方从中介处了解到房产交易额会直接影响到交易契税的计算基准，于是萌发了签订“阴阳合同”以逃避税收的想法。之后，在中介人员的策划下签订了一份价格较低、给房产交易中心办理过户、缴税和存档的《商品房买卖合同》，还同时签订了一份价格真实的《商品房买卖合同》。可见，买卖双方是以交给房产交易中心的买卖合同来掩盖双方私下的那份真实意思的合同，目的在于减少应付税款额。故而，应当按照双方真实意思表示的较高价格的合同来认定和处理相关的纠纷。

（六）违法的格式条款

格式条款并非绝对不允许，只要格式条款制作一方向对方作出了充分的说明、合理之提示，且并无违背诚实信用原则，符合法律规定的，是有效的。但是，如果未做充分说明、合理提示，甚至免除了格式条款提供方的法定义务、剥夺了对方的法定权利等不平等条约，则不受法律保护。例如，某房地产开发商在其提供的一份《商品房买卖合同》的附件之中，将合同正本的某个条款（内容为：开发商对其提供的房屋的质量承担保质期为一年的责任）用非常小的字体（小六号宋体）修改为“业主一旦接受了开发商的交楼通知并收楼，则开发商不再承担该商品房的质量问题所引起的责任”。显然，这种以固定格式且又是附件的形式，甚至还使用很小的字体，未尽到合理的提示和说明，通过修改合同正文来免除自己应有的法定责任，是无效的。

（七）违反法律、法规的强制性效力规定

根据《民法典》第 143 条的规定，违反法律、行政法规的强制性规定，违背公序良俗的行为无效。

值得注意的是，合同当事人的行为或者合同内容，违反了其他法律尤其是行政管理性规定的，相关的行政机关依法可对合同的当事人依法进行处罚，但并不因为遭受或者可能遭受行政处罚而必然认定该合同无效。例如，2007 年 12 月 26 日，甲公司与乙公司签订《整体收购乙公司协议》约定，甲公司以总价款7 000万元收购乙公司及其名下的××镇××矿 100%矿权。而 2008 年 1 月 15 日，乙公司的三名个人股东作为股权出让方、甲公司作为股权受让方又签订了《股权转让协议》，约定三股东以总价1 000万元向甲公司转让其在乙公司持有的 100%的股份。协议签订后，甲公司支付了7 000万元转让款，双方已办理了 100%的股权变更为甲公司。双方均认可实际履行的转让款为《整体收购乙公司协议》所约定的7 000万元，但办理相关手续时系按照《股权转让协议》中载明的1 000万元，少缴了其余6 000万元部分的税款。此后，甲公司向云南省高级人民法院起诉，主张双方所签订的协议中存在违反国家法律规定的条款，其内容已损害了国家利益（偷逃税款），请

求确认《整体收购乙公司协议》及其相关补充协议无效；原三名个人股东连带返还甲公司7 000万元，并承担银行贷款利息及实际费用支出2 000万元。一审法院认为，甲公司与三自然人所签协议系当事人之间协商一致后自愿签订，且未违反我国法律法规的禁止性规定，应认定合法有效，遂判决驳回甲公司的诉讼请求。甲公司不服，上诉至最高人民法院。最高人民法院判决驳回上诉，维持原判。①

实践中，人们往往难以区分合同效力性规定与行政管理性规定。由于不同的行政管理机关以及不同的法律之侧重点不同，因此在法条的表述上也有所区别。但是，对于禁止性的规定，要从行为的性质以及所产生之后果等方面加以综合分析。例如，2014 年 10 月 8 日，原、被告双方签订《济宁市商品房买卖合同》，约定被告购买原告公司开发建设的某小区房屋一套，总价款为204 477元，被告已支付64 961元。但原告至今未取得商品房预售许可证。原告起诉至法院，称双方的买卖行为违反了《城市房地产管理法》第 45 条"商品房预售，应当符合下列条件：……（四）向县级以上人民政府房产管理部门办理预售登记，取得商品房预售许可证明"之规定，结合《最高人民法院关于审理商品房买卖合同纠纷案件适用法律若干问题的解释》（"法释〔2003〕7 号"）第 2 条"出卖人未取得商品房预售许可证明，与买受人订立的商品房预售合同，应当认定无效，但是在起诉前取得商品房预售许可证明的，可以认定有效"之规定，原告诉请认定该商品房预售合同无效。经过两审法院的审理，最终认定合同无效。②

违反法律，不仅指违反《民法典》中关于合同方面的法律规定，还包括违反其他法律的禁止性规定。例如，2009 年 2 月 15 日，贵州省某市人民政府颁发林权证，确定该市某某苗族乡对某某村 115. 4 亩防护林林地、森林或林木享有所有权和使用权。2013 年 12 月 6 日，该乡政府与黄某某签订《贵州省清镇市某某苗族乡某某林场经营权转包合同》，约定："乡政府将前述林地、林木发包给黄某某从事农业项目（特色经果林）种植生产经营，转包经营权期限为 65 年，转包价格 20 万元。"黄某某与王某某合伙共同经营，将转包林地中约 14 亩用于栽种折耳根，其余大部分用于栽种天麻。2016 年 2 月 5 日，王某某将部分林木卖与他人，他人砍伐林木 78 株，被林业部门处以罚款并被责令补种林木。2017 年 1 月 9 日，乡政府向法院提起诉讼，请求确认其与黄某某签订的林场经营权转包合同无效，黄某某、王某某返还林场。黄某某、王某某提起反诉，请求判令乡政府返还转包费 20 万元及资金占用损失。法院认为，乡政府与黄某某签订合同，约定将作为防护林的林场转包与黄某某从事农业项目种植生产经营，将防护林的用途更改为商品林，违反了《森林法》第 15 条第 3 款的强制性规定，依法应认定为无效合同。故，判决合同无效，损失由乡政府承担 70%、黄某某承担 30%。③

---

① 最高人民法院〔2012〕最高法民一终 98 号《民事判决书》。

② 山东省济宁市中级人民法院〔2019〕鲁 08 民终 2024 号《民事判决书》。

③ 贵州省清镇市流长苗族乡人民政府诉黄启发等确认合同无效纠纷案（最高人民法院公布的典型案例）［DB/OL］. ［2020-09-19］. 人民法院网：https：//www.chinacourt.org/article/detail/2018/06/id/3327028.shtm.

四、无效合同的处理

合同未成立、合同无效、合同被撤销或者效力待定合同未被追认，不发生当事人所预期的法律效力，但仍然会存在需要解决的相关问题，有关责任人也需承担相应的法律责任。《民法典》第 157 条规定："民事法律行为无效、被撤销或者确定不发生效力后，行为人因该行为取得的财产，应当予以返还；不能返还或者没有必要返还的，应当折价补偿。有过错的一方应当赔偿对方由此所受到的损失；各方都有过错的，应当各自承担相应的责任。法律另有规定的，依照其规定。"

（一）不得履行

合同无效，还未开始履行的不再履行；部分已经履行，但仍有部分尚未履行的，尚未履行部分也不再履行。

（二）善后处理

由于合同无效是自始无效，亦即从一开始就无效。因此，对于已经全部履行或者部分已经履行的，要做相应的处理：对于尽管无效，但并未损害国家利益、侵害他人权益的，仅在合同当事人之间发生相互返还的处理结果。

（三）追究责任

如果因一方过错造成的合同无效，导致对方损失的，应承担因过错所致损害的赔偿责任；如果双方都有过错，则对自己过错所致对方的损失承担赔偿责任。如果合同当事人签订严重违反法律、损害国家利益、扰乱社会秩序的无效合同，可能会被处以罚没相关非法所得。

第四节　可撤销合同与效力待定合同

【导入案例】

案例 3-5

因重大误解撤销合同纠纷案①

2016 年 1 月 13 日，原告由第三人房地产经纪公司的业务员带领至被告所有的北京市密云区某家属楼×单元×室（以下简称涉诉房屋）看房，被告在家接待。其后，原告、被告回到房地产经纪公司店内签订了《北京市房屋买卖合同》，该合同约定：被告将涉诉房屋出售给原告，房屋建筑面积 49.71 平方米，房屋所有权证号×京房权证密字第××××××号；房屋成交价格为 111 万元，原告应在签订合同时，即向被告支付购房定金 3 万元；在合同签署后 90 个工作日内进行公积金贷款面签，原告于

① 北京市密云区人民法院〔2016〕京 0118 民初 824 号《民事判决书》。

当日向被告支付60万元购房首付款，剩余房款51万元由原告向公积金管理中心申请贷款支付，于银行放款后支付被告，周期为两个月；在合同履行过程中，双方应按照国家相关规定缴纳各项税费及相关费用等内容。合同签订后，原告即向被告交纳定金3万元。事后，原告了解到该涉诉房屋存在违章建筑的情况，于是要求被告退款但协商未果。原告认为因被告及第三人未告知清楚，使其产生误解，违背其真实的购买意愿，故诉至法院，请求判令撤销其与被告签订的《北京市房屋买卖合同》，并要求被告退还定金3万元。

被告认为其与原告签订的《北京市房屋买卖合同》约定的建筑面积为49.71平方米，另外房屋有10多平方米的多出部分无合法手续，但不包含在房屋买卖协议之内，其出售的房屋仅限于房屋产权证书登记的面积，而且在原告看房时其已经将房屋格局进行了明确告知，原告对此是明知的，故不同意原告的诉讼请求。

法院经审理认为：本案的基本事实是原告与被告在中介公司的组织下，经过一次看房即签订了房屋买卖合同并交付购房定金。之后在短时间内双方经历数次洽商甚至因矛盾激化导致公安机关的介入。综合考虑原、被告双方在短时间内进行洽商并且矛盾激化的情节，故而确认原告对于非法建筑的情形不知情，其对所购买房屋的整体合法性存在重大误解，因重大误解签订的合同可以撤销，故原告要求撤销该合同的诉讼请求，法院予以支持。

【简要评述】原告在未充分了解房屋整体建筑合法性的情况下，与被告签订了《北京市房屋买卖合同》，属于对标的物本身的事实情况存在重大误解，并且这种误解在本次交易中已达到影响合同目的能否实现的程度。被告未告知的房屋瑕疵属于非法建筑，原告购买此房屋后将导致其财产利益受到重大损失，有关部门可能将其房屋中属于非法建筑的部分予以拆除。

【法条依据】《民法典》第147条规定："基于重大误解实施的民事法律行为，行为人有权请求人民法院或者仲裁机构予以撤销。"

案例3-6

未成年人给网络主播巨额"打赏"纠纷案①

刘先生以卖菜为生，其银行卡内的160多万元是近期计划盘店而向亲友借的。当时因刘先生在收菜途中发生车祸，不得已雇人看店并派自己刚满16岁、初中毕业即辍学在家的儿子前去收钱、存钱。未料不足3个月，儿子就把其用来周转的160万元打赏给了某直播平台的主播。刘先生发现后，与网络平台协商未果，于是刘先生将该网络平台告上法院，一审法院认定涉案知名直播平台在对未成年人消费管控方面存在一定瑕疵，根据诚实信用和公平原则，酌定由直播平台返还40万元。小刘父母不服

① 以案说法：未成年人打赏主播近160万元，巨额款项能否追回？［DB/OL］．［2020-08-08］．人民网：http：//legal. people. com. cn/n1/2020/0716/c42510-31786269. html.

而提出上诉。在二审法院审理中，2020 年 5 月底当事人达成和解，网络平台全额返还 160 万元，并承担一、二审诉讼费。

【简要评述】尽管直播平台在“充值协议”中规定，充值用户须确认自己已年满 18 周岁且具有完全民事行为能力。未成年用户或非完全民事行为能力用户使用充值服务，必须得到家长或其他合法监护人的同意。但在实际操作中，未成年人使用家长的账号或者绑定移动支付方式即可充值打赏，并不需要身份核实。在新型冠状病毒性肺炎疫情影响下，不少的中小学开学但不返校，学生通过上网课的形式学习之余，也增加了上网玩游戏以及对网络直播关注的时间，从而引发了不少有关未成年人巨额打赏被家长发现后要求退款纠纷的问题。

【法条依据】《民法典》第 145 条规定：“限制民事行为能力人实施的纯获利益的民事法律行为或者与其年龄、智力、精神健康状况相适应的民事法律行为有效；实施的其他民事法律行为经法定代理人同意或者追认后有效。”

2020 年 5 月，《最高人民法院关于依法妥善审理涉新冠肺炎疫情民事案件若干问题的指导意见（二）》对未成年人参与网络付费游戏和网络打赏纠纷提供了规则指引：限制民事行为能力人未经其监护人同意，参与网络付费游戏或者网络直播平台“打赏”等方式支出与其年龄、智力不相适应的款项，监护人请求网络服务提供者返还该款项的，人民法院应予支持。

【理论讲授】

一、可撤销合同

（一）可撤销合同的界定

可撤销合同，是指虽然已经订立，但是由于当事人的意思表示不真实，依法得以撤销的合同。

可撤销合同与无效合同不同，无效是当然、绝对无效，不会发生从无效变为有效的情形。可撤销合同，主要是因意思表示不真实而引发，而且，可撤销中的“可”，是授权合同的当事人来自行决定究竟是行使撤销权还是不行使撤销权，若合同不撤销以及超过了撤销期，则变成不可撤销的合同，是有效的。

（二）可撤销的原因

1. 重大误解

重大误解，是指当事人因自己的过错导致对合同的内容等发生重大的误解而订立了合同之情形。重大误解，直接影响到当事人所应享有的权利和承担的义务。误解既可以是单方面的误解，也可以是双方的误解。根据我国民法学界的理论研究以及审判实践的做法，重大误解等同于传统民法中的错误。《民法典》第 147 条规定：“基于重大误解实施的民事法律行为，行为人有权请求人民法院或者仲裁机构予以撤销。”合同签订时，当事人应当披露与交易有密切关系的信息，如果有意隐瞒关键的信息，导致对方的重大误解，则对方在合同签订乃至履行完毕之后，可以依法在法定的期限内申请撤销。例如，某房主刻意隐瞒了拟交易的房屋内曾发生过自杀事件，购房者支付 85 万元购得该房屋后，得知其购得了一套“凶宅”，于是要求退款，但遭到出售者的拒绝。于是，作为买家的原告向法院起诉，请求撤销《房屋买卖合同》，最终法院支持了原告之诉请。①

2. 欺诈

欺诈，是指以使人产生错误认识为目的之故意行为。

当事人由于他人故意的错误陈述，发生认识上的错误而为意思表示，即构成因受欺诈而为的民事行为。例如，甲股份合作制公司，注册资金 288 万元，其法定代表人为刘某某（刘某某称其有高干身份），且刘某某还是另一家公司（公司注册资本5 000万元）的法定代表人。2006 年 11 月，甲公司与乙公司签订《股权转让协议书》，约定：甲公司将持有的另一家公司 60%的股权转让给乙公司，价款 2. 6 亿元；乙公司须在协议书签署 3 日内支付定金1 000万元，至 2007 年 12 月 31 日前分期支付剩余款额，每迟延支付转让款 1 日，支付 1%的滞纳金。签订《股权转让协议书》后，乙公司将定金1 000万元汇入甲公司账户。随后，乙公司意识到刘某某有诈骗嫌疑，即向北京市公安局朝阳分局报案，并通过银监会冻结了1 000万元股权转让款。乙公司未支付剩余股权转让款，双方亦未履行股东名称变更手续。2007 年 4 月，甲公司向北京市高级人民法院提起诉讼，请求判令：乙公司给付股权转让款9 000万元及滞纳金9 720万元。同年 10 月，乙公司对甲公司提起反诉，请求判令：撤销《股权转让协议书》；返还其1 000万元并支付 80. 4 万元的利息（按企业同期存款利率计算至给付之日）。同年 12 月，甲公司申请撤回对乙公司的起诉，法院裁定准许撤回。2007 年 8 月，北京市朝阳区人民检察院以刘某某涉嫌诈骗对其批捕。北京市高院在审理中向朝阳公安分局调查相关情况，朝阳公安分局经调查确认刘某某在甲公司与乙公司签订《股权转让协议书》时，虚构身份和事实。北京市高院经审理认为，甲公司法定代表人刘某某以虚假身份采用欺诈的手段骗取了乙公司的信任，签订了协议书，使甲公司从乙公司获得1 000万元的股权转让款。依据《合同法》第 54 条第 2 款规定，《股权转让协议书》的性质应确定为可撤销合同。故判决：撤销《股权转让协议书》；甲公司返还乙公司股权转让款1 000万元并赔偿相应利息。然甲公司不服北京市高级人民法院的判决，向最高人民法院提起上诉。最高人民法院经审理后，判决驳回上诉，维持原判。②

早在 1998 年 4 月 9 日，最高人民法院就发布了《关于在审理经济纠纷案件中涉及经济犯罪嫌疑若干问题的规定》，明确了“同一公民、法人或其他经济组织因不同的法律事实，分别涉及经济纠纷和经济犯罪嫌疑的，经济纠纷案件和经济犯罪嫌疑案件应当分开审理”。《民法典》第 148 条规定：“一方以欺诈手段，使对方在违背真实意思的情况下实施的民事法律行为，受欺诈方有权请求人民法院或者仲裁机构予以撤销。”

---

① 85 万买一套“凶宅”！房主隐瞒房内自杀事件，法院判退房赔钱［DB/OL］.［2020-08-08］. 人民网：http：//hn. people. com. cn/n2/2018/0424/c356890-31499744. html.

② 最高人民法院〔2008〕最高法民二终 62 号《民事判决书》。

3. 胁迫

胁迫，威胁强迫之简称，是指以给公民或其亲友的生命健康、荣誉、名誉、财产等造成损害，或者以给法人的荣誉、名誉、财产等造成损害为要挟，以胁迫对方作出违背真实的意思表示的非法行为。

合同的订立，应当是出于合同当事人的自愿。任何以对方或者对方亲属又或者相关的利益遭受损害为要挟或者逼迫，使对方作出违背自己意愿的行为而签订合同，不应受法律的保护。《民法典》第 150 条规定："一方或者第三人以胁迫手段，使对方在违背真实意思的情况下实施的民事法律行为，受胁迫方有权请求人民法院或者仲裁机构予以撤销。"例如，王某是某村的村民，在该村合法拥有集体土地使用权与房屋所有权。2017 年，某镇某办事处打着为改善辖区农民的居住环境、推进当地旅游产业发展的旗号，决定对包括某村在内的部分民居实施协议搬迁，王某的房屋也在搬迁范围内。2017 年 8 月 4 日早晨，该办事处的征收工作人员以商谈搬迁补偿安置事宜为由，强行闯入王某家中，想要以暴力威胁手段迫使王某签署搬迁协议，期间王某多次报警求助均未得到回应。双方僵持一直持续到次日凌晨 2 点，王某因被对方打伤，出于人身安全考虑，无奈之下签署了征收工作人员提供的《某镇某项目房屋搬迁协议》和《房屋拆除通知单》。征收工作人员离开现场后，王某再次报警，出勤警察到达现场后拨打 120 将王某送到医院就诊，其入院诊断为："1. 多处软组织挫伤……"王某在 2017 年 8 月 21 日出院后，委托某律师事务所代为起诉某市政府，请求法院撤销《搬迁协议》。某市政府答辩称：其派出机构某办事处和王某签订的《搬迁协议》是以双方平等、自愿、协商一致为前提的，约定以产权调换的方式置换给王某安置房并给予搬迁补偿费；某办事处也没有对王某实施任何威胁行为迫使其签署《搬迁协议》。法院经过审理，最终认定某办事处与王某签订《搬迁协议》的行为有违王某的真实意思表示，判决撤销该《搬迁协议》。①

4. 显失公平

显失公平，是指一方当事人利用自己的优势或者利用对方没有经验，致使双方的权利与义务明显违反公平、等价有偿原则之状态。在此种状态下所签订的合同，被称为显示公平的合同。《民法典》第 151 条规定："一方利用对方处于危困状态、缺乏判断能力等情形，致使民事法律行为成立时显失公平的，受损害方有权请求人民法院或者仲裁机构予以撤销。"《民法通则》第 58 条规定的"一方以欺诈、胁迫的手段或者乘人之危，使对方在违背真实意思的情况下所为的"作为无效之情形列出，但在《合同法》第 54 条，则归入可撤销的事由，而《民法典》则仅规定了显失公平而未对乘人之危作出规定。应该说，显失公平是结果，如果乘人之危没有出现显失公平的结果，则乘人之危的认定就没有意义。假如，某父子走在路上，其父亲心脏病突发，儿子翻找父亲的衣袋并未找到其本应随身携带的"硝酸甘油片"（100 粒装的药房零售价为每瓶 35 元）。于是，儿子跑到街边唯一的药房，要购买两粒"硝酸甘油片"，但药房称没有散卖的，只有瓶装的，而且标价为 45 元。儿子为了抢救父亲，只好以 45 元的价格购买了一瓶，父亲服用后症状得到缓解，

① 京坤胜诉再成最高院典型案例：强迫七旬老人签署的协议，被判撤销［DB/OL］.［2020-08-08］. 新浪网：http：//blog. sina. com. cn/s/blog_150671d140102z2n0. html.

被送往医院后症状消减而出院。此事件中，不能说药房是乘人之危、最终做了显失公平的交易。因为不同的品牌、厂家、进货渠道等因素差异，在可自由定价的情况下，标价不同可以理解。但是，又假如，周边没有药房，路人甲见状，掏出了自己随身携带的“硝酸甘油片”给老人家服下，诚然这是值得大书特书之见义勇为！假如路人甲没有携带该药品，而路人乙带有一瓶，其称可以卖给小伙子来救治父亲，但每粒的售价是 2 000 元；而路人丙则称自己有刚刚从药房购买来的十瓶“硝酸甘油”，不单卖，总价1 800元。无可奈何之下，小伙子给路人丙1 800元买下了十瓶“硝酸甘油”。尽管这是一个假设，现实生活中未必有这样的情形，但根据这个假设的条件来分析，路人乙、丙就属于乘人之危，路人丙与小伙子签订的就是显失公平的合同，依法得撤销之。

民事行为是否显失公平，应当以行为成立时的具体情况进行具体分析。双方签订的合同中设定了某些看似对一方明显不利的条款，但设立该条款是双方当事人真实的意思表示，其实质恰恰在于衡平双方的权利义务。在此情形下，合同一方当事人以显失公平为由请求撤销该合同条款的，应不予支持。而且，是否显失公平，要放在订立合同当时的环境和状态中来分析，不能以合同订立以后情势已经发生了重大变更的当前来比对当时的价款额从而得出显失公平之结论。例如，某老汉的名下有两套房屋（老汉和儿子分开居住），其考虑到自己即将满 80 岁，上下楼梯不方便，于是和儿子、儿媳妇商量，准备将两套房屋出售，所得款额购买一套有电梯的商品房与儿子、儿媳妇一起住。于是，分别与两个买家按照相同的价格签订了两份《商品房买卖合同》且均已全额收款，第一份合同已经办理了过户手续。老汉见该地段的房屋价格暴涨，于是拒绝第二个买家要求办理过户的手续的要求，声称对方是乘人之危、显失公平，要求增加 50 万元方可办理过户手续，否则要申请法院撤销该合同。显然，卖方的该主张是不能成立的。

（三）撤销权及其行使

《民法典》第 155 条规定：“无效的或者被撤销的民事法律行为自始没有法律约束力。”但被撤销合同的撤销期是有明确规定的，重大误解的撤销期限是 3 个月，其他撤销事由的撤销权行使期限是 1 年。

二、效力待定合同

（一）效力待定合同的界定

效力待定合同，又称效力可补正合同，是指已成立的合同因欠缺一定的生效要件，其生效与否尚未确定，须经过补正方可生效，在一定的期限内不予补正则视为无效的合同。

效力待定合同与绝对有效、绝对无效的合同不同，其欠缺一定的生效要件，最终是有效还是无效，须等待合同外第三人的主观意思表示来决定，在限定期限内未有意思表示的情况下，合同的效力处于未能确定之状态。

效力待定合同与可撤销合同也不一样，可撤销合同是立足于有效，当未撤销时按有效处理，当被撤销后以无效处理；而效力待定合同则立足于无效，只有在限定期限内被追认的才有效。

（二）效力待定的类型

1. 限制行为能力人所缔结的合同

合同作为一种民事法律行为，必须要求合同当事人具有相应的民事行为能力。具有民事能力，意味着该主体对自己的行为有充分、清醒之认识，并能以自己作为独立的民事主体来享有权利和承担义务。限制民事行为能力人由于受其年龄、智力之限制，其对自己的行为没有充分、清醒的认知，其本身也没有能力（财产）来承担义务。因此，其所签订的合同从主体资格上讲，是有瑕疵的。因此，《民法典》第22条第1款规定："不能完全辨认自己行为的成年人为限制民事行为能力人，实施民事法律行为由其法定代理人代理或者经其法定代理人同意、追认；但是，可以独立实施纯获利益的民事法律行为或者与其智力、精神健康状况相适应的民事法律行为。"作出此规定，目的是更好地保护受到限制民事行为能力人应有之权益。

对于限制民事行为能力人以自己的名义对外从事民事行为签订合同，具体的可以分为三类：第一类是签订了为自己纯获利益的合同，例如，某未成年人与某成年人签订了一份《赠与合同》，约定由成年人赠与未成年人某项财产。尽管该未成年人未经其法定监护人的同意，但该合同是单务的纯获益合同，对未成年人而言没有对等给付义务。故该合同是有效的，无须未成年人的监护人的追认。第二类是签订与其智力、精神健康状况相符和日常生活所需要的合同，例如，某13岁的初中生，以父母给其积攒起来的零花钱，购买了一台价格为3 000元为自己学习所用的"步步高学习机"。尽管家长不同意此购买行为，也不能以该限制民事行为能力人对外签订合同未经家长同意为由而要求退货、退款。第三类是签订超出其智力、精神健康状况和日常生活所需要的双务合同，例如，某13岁的初中生，以父母给其积攒起来的零花钱，到汽车销售4S店签订了一份购买一辆某品牌跑车的合同。父母发现后，该合同就处于效力待定状态，究竟是追认使之有效还是拒绝追认使之无效，由法定代理人决定。

2. 无权代理人订立的合同

无权代理人订立的合同，是指代理人没有代理权（包括从未有过代理权、超越代理权限范围、曾经有过代理权等），却以被代理人的名义与相对人订立的合同。

依照《民法典》第162条"代理人在代理权限内，以被代理人名义实施的民事法律行为，对被代理人发生效力"的规定，有代理权的代理，将会产生对被代理人发生法律约束力之效果。

对于无权代理，被代理人知道后其有权进行追认而使之对自己产生约束力，或者拒绝追认而使之对自己没有约束力。《民法典》第171条规定："行为人没有代理权、超越代理权或者代理权终止后，仍然实施代理行为，未经被代理人追认的，对被代理人不发生效力。相对人可以催告被代理人自收到通知之日起三十日内予以追认。被代理人未作表示的，视为拒绝追认。行为人实施的行为被追认前，善意相对人有撤销的权利。撤销应当以通知的方式作出。行为人实施的行为未被追认的，善意相对人有权请求行为人履行债务或者就其受到的损害请求行为人赔偿。但是，赔偿的范围不得超过被代理人追认时相对人所能获得的利益。相对人知道或者应当知道行为人无权代理的，相对人和行为人按照各自的过错承担责任。”

值得指出的，表见代理尽管在理论上属于无权代理，但在司法实践上是按有权代理来处理的。而且，《民法典》第172条作出了明确的规定：“行为人没有代理权、超越代理权或者代理权终止后，仍然实施代理行为，相对人有理由相信行为人有代理权的，代理行为有效。”例如，在某能源有限公司、刘某小额借款合同纠纷案中①，最高人民法院经审理认为：案涉的《保证合同》加盖了被告公司的公章、法定代表人刘某的印章，公司总经理刘某某亦在该合同上签字确认，案涉《保证合同》为被告公司的真实意思表示。被告公司向原告贷款公司出具《授权书》，授权刘某“全权办理”其向原告贷款公司的贷款事宜，但该《授权书》并未禁止被告公司为刘某个人借款提供担保。在双方公司未能就借款一事达成合意的情况下，《授权书》关于刘某的授权内容不足以否定《保证合同》的真实性。即便刘某存在超越代理权限的行为，在被告公司股东及总经理刘某某持有被告公司公章及法定代表人刘某的名章的情况下，原告贷款公司亦有足够的理由相信刘某某有权代理亿达信公司签署《保证合同》。依据《中华人民共和国合同法》第49条关于表见代理之规定，《保证合同》亦应对被告公司具有约束力。根据以上证据和事实，二审法院认定被告公司应对刘某案涉借款承担连带清偿责任，该认定并无不当，本院予以支持。

自代理权终止后的表见代理是比较典型的表见代理，又称权限延续型表见代理，是指本人（被代理人）与行为人曾有代理关系，但代理权已经终止或撤回后，但本人未及时向外部公示，相对人并不知情，无权代理人仍以本人的名义对外开展的代理活动。

3. 无权处分人订立的合同

无权处分人订立的合同，是指没有处分权的人，以权利人的名义处分权利而订立的合同。

对于无处分权人与相对人所签订的合同，如果在合同签订后取得了处分权或者得到权利人的追认，合同有效；如果在合同签订后仍未取得处分权，权利人又不予追认的，合同无效。但是，只在权利人与处分人之间产生无效的效果，如果相对人是善意的，则对相对人而言合同是有效的。例如，夫妻一方将登记在自己名下的一套商品房出售给了相对人，夫妻另一方知道后拒绝承认该房屋出售合同，导致合同相对方无法实现合同目的。最终法院认定该买卖合同有效，但履行存在障碍，故出卖方应当承担违约责任。② 依照《民法典》第1065条“男女双方可以约定婚姻关系存续期间所得的财产以及婚前财产归各自所有、共同所有或者部分各自所有、部分共同所有。约定应当采用书面形式。没有约定或者约定不明确的，适用本法第一千零六十二条、第一千零六十三条的规定”，并结合第1062条的规定，夫妻存续期间所购买的房产无论登记在任何一方的名下均属于夫妻共有财产，而对该共有财产的处分应当征得双方的同意。一方出售，显然属于无权处分。但是，出于对社会秩序维护以及对善意第三人利益的保护考虑，《民法典》第311条规定：“无处分

① 最高人民法院〔2017〕最高法民申524号《民事裁定书》。

② 北京市第三中级人民法院〔2016〕京03民终716号《民事判决书》。

权人将不动产或者动产转让给受让人的，所有权人有权追回；除法律另有规定外，符合下列情形的，受让人取得该不动产或者动产的所有权：（一）受让人受让该不动产或者动产时是善意；（二）以合理的价格转让；（三）转让的不动产或者动产依照法律规定应当登记的已经登记，不需要登记的已经交付给受让人。受让人依据前款规定取得不动产或者动产的所有权的，原所有权人有权向无处分权人请求损害赔偿。当事人善意取得其他物权的，参照适用前两款规定。”

（三）效力待定合同的处理

受疫情影响，在家进行网络学习的未成年学生，当家长上班时，其处于“无人管束”之状态下。而2020年网络娱乐类应用用户规模和使用率均有较大幅度提升。截至2020年3月，网络视频已成为仅次于即时通信的第二大互联网应用类型；我国网络直播用户规模达5.6亿人，较2018年年底增长1.63亿人。① 伴随着直播这一新兴行业的兴起，相关监管也在近期有所跟进。2020年6月23日，国家网信办发布消息称：会同相关部门于近期对国内31家主要网络直播平台的内容生态进行全面巡查，并点名“虎牙直播”“斗鱼直播”“哔哩哔哩”等10家网络直播平台存在传播低俗内容等问题。一些平台企业的经营态度不端正，自身利益至上，有的借助免费“网课”推广“网游”，有的利用色情低俗内容诱导用户点击浏览并充值打赏，有的利用“抽奖”“竞猜”“返利”等方式涉嫌组织网络赌博。② 而未成年人在学习之余，比较容易沉迷于网络，对自己心仪的网络直播者往往有“打赏”的冲动。因此，引发了不少未成年人因过度打赏而掏空了家长的存款，家长要求网络主播平台退款的纠纷。

效力待定合同，有权追认人知道后可以直接以通知的形式，向对方发出追认或者撤销又或者拒绝追认的通知。《民法典》第145条第2款规定：“相对人可以催告法定代理人自收到通知之日起三十日内予以追认。法定代理人未作表示的，视为拒绝追认。民事法律行为被追认前，善意相对人有撤销的权利。撤销应当以通知的方式作出。”

【本章小结】

合同订立是考察合同关系建立的过程，而合同成立是强调合同关系的内容，合同效力则是要研究合同关系建立之后对当事人之间是否有约束力以及法律对其所持之态度。有效合同、无效合同都是绝对性的判断；而可撤销合同、效力待定合同则是处于一个不确定的状态，随着某些因素的变化而产生的结果可能并不完全相同。掌握四种不同类型的合同之特征、条件、结果以及处理依据，对今后开展合同实务工作是大有帮助的。

---

① 网络直播用户达5.6亿，电商直播用户占全体网民近三成［DB/OL］.［2020-08-08］. 新浪网：http：//news.sina.com.cn/c/2020-04-28/doc-iirczymi8785454.shtml.

② 国家网信办对国内31家主要网络直播平台进行内容生态全面巡查10家存在传播低俗等问题［DB/OL］.［2020-08-08］. 搜狐网：http：//www.sohu.com/a/403645999_99986045.

【课后练习】

1. 名词解释

合同效力；无效合同；可撤销合同；效力待定合同。

2. 简答题

(1) 合同成立与合同生效是什么关系？(可参见本章第一节的内容)

(2) 合同生效需具备哪些条件？(可参见本章第二节的内容)

(3) 哪些原因会导致合同无效？(可参见本章第三节的内容)

(4) 可撤销合同与效力待定合同有哪些区别？(可参见本章第四节的内容)

3. 案例分析题

A 公司与 B 公司均是房地产开发企业，两公司的负责人获知某旧村改造项目向社会公开招标，于是双方共同研究了招标的文件资料，并签订了一份《合作协议》，约定：(1) 双方须向对方披露本公司所了解的其他投标企业的全部情况；(2) 双方成立合作项投标项目组，共同研究招投标方案；(3) 协调一致对外投活动标，无论任何一方中标，均将中标项目拿出来彼此合作；(4) 中标后三天内申请成立合作项目公司，中标方投入建设所需资金的 40%，另一方投入 60%的资金共同开发中标建设项目，并按照各占 50% 的比例进行分成；(5) 任何一方违约，则需以中标建设总投资款额的 230%向对方支付违约金；(6) 双方合作中发生的争议，提交××仲裁委员会仲裁。

签订《合作协议》后，双方进行了合作工作的安排，最终 B 公司中标，A 公司要求依约双方成立合作项目公司，并要求 B 公司将中标项目转到项目公司名下进行开发。但 B 公司在征询发包方意见时，发包方明确表示不允许这样做，理由是违反了法律规定，并责令 B 公司依约按时进行开发建设，否则重新进行招投标。

无奈，B 公司只好书面通知 A 公司《合作协议》作废，但 A 公司则依据仲裁条款向仲裁机构提出了仲裁申请，要求裁决 B 公司构成违约并承担违约责任。

问：请根据相应的法律规定以及合同法理，分析《合作协议》的效力。

提示：可参见本章第二节的内容及参考《民法典》第 8 条、第 153 条，《中华人民共和国招投标法》第 48 条以及相应的规定。

第四章　合同的履行

【本章引言】 合同订立之目的在于履行，只有通过合同的履行，当事人的合同权利才能得以实现。但在现实社会中，合同履行引发出不少的纠纷，对于合同没有约定，或者约定不明时如何履约，对待违约指控时合同当事人有没有可抗辩之事由，如何把握好相应的规定行使抗辩权等问题，需要认真对待。

【本章重点】 合同履行的要求以及应当遵循的原则；特殊的合同履行规则；合同履行中的抗辩权以及行使。

第一节　合同履行的要求

【导入案例】

案例 4-1

疫情影响下的合同履行纠纷案①

某网约车司机与某汽车租赁公司于2019年11月签订了一份《车辆租赁合同》，约定租赁期限为1年，租金为每月3 000元。2020年年初因新型冠状病毒性肺炎疫情爆发，受其影响，当地市政府采取了小区封闭的管控政策。司机于2020年2月15日以疫情属于不可抗力，合同已经无法履行为由起诉至法院，要求判决解除双方之间的租赁合同，并要求被告的汽车租赁公司退还押金9 400元。被告希望与原告继续履行合同，表示若2月20日正常复工，愿意减免10日租金；若2月20日未如期复工，则愿意与原告再次协商租金减免事宜。经法官调解，原告最终接受被告的方案，同意继续履行合同，并愿意与被告共同分担因疫情影响减少的租金损失。

【简要评述】 新冠肺炎疫情虽属不可预见之事件，但并非对所有商事合同的履行都构成阻碍。对于在疫情发生前签订的商事合同，当事人一方以受新冠肺炎疫情影响，导致合

---

① 辽宁省高级人民法院〔2013〕辽审二民抗14号《民事判决书》。以案说法——新冠肺炎疫情是否必然导致合同解除？（结合最高人民法院指导意见）［DB/OL］.［2020-08-11］. 搜狐网：https://www.sohu.com/a/397463758_120121266.

同不能履行为由要求解除合同的，需要准确地把握疫情或者疫情防控措施与合同不能履行之间的因果关系和原因力大小，进行综合判断，区分具体情况，依法作出适当之处理。当出现因不可抗力不能继续履行的情况，交易双方应及时沟通变更或者解除合同，以免损失扩大。合同履行事务受阻，即使构成“不可抗力”也并不一定可全部免除违约责任，免责的范围及程度应与不可抗力的影响相适应。

【法条依据】《民法典》第180条规定：“因不可抗力不能履行民事义务的，不承担民事责任。法律另有规定的，依照其规定。不可抗力是不能预见、不能避免且不能克服的客观情况。”

《最高人民法院关于依法妥善审理涉新冠肺炎疫情民事案件若干问题的指导意见（一）》（法发〔2020〕12号）；《最高人民法院关于依法妥善审理涉新冠肺炎疫情民事案件若干问题的指导意见（二）》（法发〔2020〕17号）；《最高人民法院关于依法妥善审理涉新冠肺炎疫情民事案件若干问题的指导意见（三）》（法发〔2020〕20号）。

【理论讲授】

一、合同履行的概念

合同履行，是指合同约定义务的执行，亦即合同债务人完成债务的行为（给付行为）。

合同履行是合同当事人享有合同权利之对价，作为义务的履行，表面上看来是一种对应性的负担，但却并非是承担责任。例如，甲公司与乙公司签订了买卖某批价格10万元货物的合同，买卖双方的权利义务是相互对应的：甲公司有权得到货款之同时需要履行交货的义务，而乙公司在有权得到货物之同时有支付货款之义务。责任，又称第二性义务，是指因违反第一性义务①而产生的不利后果。合同当事人如果履行了应尽的合同义务，就不会产生责任。

受新型冠状病毒性肺炎疫情的影响，不少案件在执行中出现了困难。最高人民法院公布了全国法院服务保障疫情防控期间复工复产的一批典型案例，指导全国法院统筹做好疫情防控期间的执行工作。各地法院也结合实际情况，转变执行工作思路、创新执行方式方法，全面投身疫情防控阻击战和执行本职工作，积极运用执行信息化建设成果，依托现代信息科技，大力拓展线上执行，审慎开展线下执行，坚持善意文明执行，大力促进执行和解，助推企业复工复产，努力将疫情对执行工作的影响降到最低，确保了战“疫”和执行两不误。②

---

① 第一性义务，是指合同约定或者法律直接规定的当事人应尽之义务。第二性义务，是因未履行第一性义务而派生出来的义务，包括了仍需履行原应尽之义务和须承担不利后果之责任。

② 最高法发布第三批13个全国法院服务保障疫情防控期间复工复产典型案例［DB/OL］.［2020-09-19］. 新浪网：http：//news. sina. com. cn/o/2020-04-22/doc-iirczymi7818495. shtml.

二、合同履行的要求

(一) 依约、合法履行

在合同有效的情况下，合同中明确约定之义务，义务人须严格履行。《民法典》第509条第1款规定，当事人应当按照约定全面履行自己的义务。

除合同约定的义务外，在法律有明确规定的情况下，义务人还须履行相应的义务。《民法典》第509条第2款规定，当事人应当遵循诚信原则，根据合同的性质、目的和交易习惯履行通知、协助、保密等附随义务。①

(二) 为实现合同目的履行

合同必须信守。合同履行，就是为了使合同当事人的合同权利得以实现，其权利得以实现也就意味着合同之目的达到了。例如，买卖双方就买卖某一套商品房签订了《商品房买卖合同》，卖方依约办理过户手续和交房，买方依约支付购房款，则双方都实现了自己签订合同所追求的目的。因此，双方的履约行为，都不得与实现合同目的相悖。合同当事人在履行中如果放弃了部分权利，则履行后不得再按照合同约定的内容行使权利。例如，2014年5月21日，某物资公司作为出票人出具了1张商业承兑汇票，出票金额为3 000万元，汇票到期日为2014年11月21日，付款人为本公司，收款人为四川某实业公司。该票据的背书依次为A公司、B公司、C银行分行。因物资公司银行账户余额不足，未能承兑。2015年12月10日，C银行分行起诉物资公司，诉讼中双方达成和解并履行。事后，C以A、B为被告提起票据追索权之诉，要求补偿相关款额。经过一、二审，法院最终认定原告在上一案件中已经与出票人达成了和解并已履行完毕，持票人的权利已经实现，故不得再行向其他票据债务人行使追索权。②

(三) 诚实信用履行

诚实信用原则，属于道德性原则，其要求人们在开展民事活动中，须在不损害他人利益和社会公益的前提下，追求自己的利益之实现。最近流行“契约精神”一词，但不同的人对其有不同之理解。“契约精神”的实质，就是“允诺必守”，即普通百姓所称“君子一言驷马难追”的说话算数，一旦作出了承诺必须要执行，而且是不打任何折扣的执行。但由于特殊情况下所导致的履行困难，应当充分考虑到现实情况加以灵活处理。例如，2017年4月，因湖南省某县人民医院、某医药公司未按照《药品购销合同》约定向某国际商业保理（深圳）公司支付账款，保理公司将二者诉至广东省深圳市前海合作区人民法院，请求二者支付应收账款人民币4 000多万元和利息。经法院多次调解，确认医院和医药公司应分期向保理公司再支付货款2 857.5万元。医院在履行2 015万元后，未能

---

① 狭义的附随义务，是指在合同履行过程中，为协助实现主给付义务，遵循诚实信用原则，根据合同的性质、目的和交易习惯而履行的通知、协助、保密等义务。

② 四川省成都市中级人民法院〔2017〕川01民终4920号《民事判决书》。

按期偿还剩余款项。2020 年 1 月，保理公司向深圳市前海合作区人民法院申请强制执行剩余货款 842.5 万元。此时正是新冠肺炎疫情暴发初期，医院表示其一直按调解协议履行义务，但突如其来的疫情打乱了还款计划，作为当地唯一定点救治的医院已动用了全部资源抗击疫情，不仅无暇也暂时无法筹措到充足的偿债资金。医药公司也因投入大量资金采购抗疫物资，陷入资金周转困境。二被执行人都请求延缓执行。人民法院根据上述情况，立即组织双方当事人进行线上协商，双方通过互谅互让而达成了执行和解协议，债权人减免医院违约金 112.5 万元，医院和医药公司延期支付剩余欠款。①

三、合同履行的意义

合同履行，是整个合同制度的核心所在。只有依约、合法、全面地履行合同，自己的合同权利以及合同目的才能实现。任何一方拒绝履行合同或者履行合同不符合要求，不但使对方的合同目的落空，自己还可能被追究违约责任。

无论是基于何种目的签订的虚假合同，均无真实履行之意图，亦无真正履行之行为，不但不能实现当事人之合同目的，还可能要承担相应之法律责任。例如，某公司与陈某签订了一份虚假的商品房买卖合同，公司给陈某开具销售不动产统一发票是为了融资以获取按揭贷款。双方约定：房屋总价款为 198 万余元，首付购房款 100 万余元，余款 98 万元由陈某办理银行按揭贷款；陈某分 4 次将首付款 100 万余元转给某公司，该公司亦向陈某开具了相应款额的销售不动产统一发票，但 98 万元按揭贷款则因银行停贷而未办成。法院经过审理，依据相关法律、法规的规定，驳回原告陈某要求交房的诉讼请求，并同时对陈某的虚假陈述、恶意诉讼行为进行了处罚。②

第二节　合同履行的原则

【导入案例】

案例 4-2

履行瑕疵解除合同纠纷案③

某公司向林某购买一幢别墅，价格3 200万元。合同签订后，公司向林某支付了700 万元，之后发现产权证上并未将别墅外扩的隔离绿化带的面积列入产权证的范围，因此双方发生纠纷而协商未果。公司（原告）故而起诉要求林某（被告）赔偿300 万元，林某反诉要求解除合同并由公司赔偿 700 万元。

法院审理后认为，林某自己明知别墅的产权登记状况，其别墅的隔离绿化带未在

① 广东华某国际商业保理（深圳）公司执行案（最高人民法院典型案例）[DB/OL].[2020-09-19]. 中国法院网：https://www.chinacourt.org/article/detail/2020/04/id/5053690.shtml.

② 为骗取银行贷款房屋买卖双方签订虚假合同 [DB/OL].[2020-08-11]. 中国法院网：https://www.chinacourt.org/article/detail/2018/02/id/3202105.shtml.

③ 北京市高级人民法院〔2017〕京民终 289 号《民事判决书》。

产权证上显示，既未告知购买者，亦未告知房产中介；但买受人既有权利也有义务查询交易房产的权属状况，但却疏于查询产权登记状况。出卖人在缔约过程中存在着隐瞒行为，买受人以出卖人违反先合同义务的瑕疵行为拒绝履行主要合同义务，属于不当行使履行抗辩权，在此情形下不享有合同解除权，其延迟履行支付义务应当承担相应的违约责任。基于出卖人的瑕疵行为，买受人对交易标的产生了错误认识，买受人有权要求变更交易价格。法院最终判决变更交易价格为3 150万元，被告配合原告办理过户手续，原告向被告支付违约金250万元。

【简要评述】合同在签订后的履行中，往往会出现彼此指责对方构成违约，并以此为由拒绝履行自己的义务甚至要追究对方的违约责任之情形。如果合同约定明确，依约履行和判断并不难，但如果合同约定不明，则需要通过一些规则来认定和处理。

【法条依据】《民法典》第509条规定："当事人应当按照约定全面履行自己的义务。"

【理论讲授】

一、适当履行原则

适当履行原则，又称之为正确履行原则或者全面履行原则，是指当事人按照法律规定或者合同约定之标的及其质量、数量，由适当的主体在适当的履行期限、适当的履行地点，以适当的履行方式，全面完成债务之履行准则。

二、协作履行原则

合同是双方当事人的事情，任何一方的履行都需要对方之协助，只有债务人的给付行为而没有债权人的受领给付，合同履行难以进行。例如，双方签订某场地租赁的合同，出租方交付场地或者承租方在期满后交还场地，都需要对方配合对场地的现状、设施之确认和办理交接手续，任何一方的不配合都不可能完成交接手续。通常，在无争议的时候，合同双方都能够比较平心静气、理解对方的一时性困难，从而可以较好地配合对方履行合同以实现自己的合同权利。但是，当发生争议的时候，则往往容易赌气，拒绝配合对方的履行，甚至还会为对方的履行设置障碍。

协作履行，不但是合同履行之必需，而且体现了诚实信用的要求，还要通过尽力协作以降低债务人所负债务之程度。当债权人无故拒绝受领时，债务人可依法进行提存，以完成自己的合同履行义务。例如，某承租人依约每月向出租人支付租金，但出租人无故拒绝受领，为了证明承租人依约交付租金以防止出租人今后利用合同约定的延迟支付租金条款行使解约权，可依法对应付的租金进行提存。如果由于特殊原因，债权人暂时不能受领而影响义务人履行的，债务人应采取措施，避免损失的进一步扩大。如果由于受领人的原因，导致所交付的货物被盗或者损失，应当由受领人承担。例如，合同中未约定检验条款，承揽人交付了案涉产品后，定作人以产品存在质量问题而疏于保管，从而导致该产品被盗的，最终责任在于定作方。①

三、经济合理原则

经济合理原则，是指在合同履行的过程中，应讲求经济效益，以最少的成本取得最佳的合同效益之基本准则。

在履行合同过程中，贯彻经济合理原则主要体现在以下几个方面：第一，债务人应选择最经济的履行期；第二，债务人应选择最经济的履行方式；第三，变更相关内容时选择最能体现经济合理的方式，如变更到货地点、收货人等。例如，两公司签订了一份购销合同，合同约定甲公司向乙公司交货，但未约定运输方式。那么，只要在合同约定的时间内能够交货，无论是通过航空，还是陆路，又或者是船舶运输的方式都应当视为是符合约定的，诚然，最快的当然是航空运输但价格同时又是最高的，船舶运输的费用是最节省的但通常所需时间较长。

四、情势变更原则

情势变更，是指合同在成立且生效的情况下，非因当事人的过错使原合同继续履行的基础发生异常变更，致使合同不能履行或合同继续履行将会显失公平，根据诚实信用原则当事人可以请求变更或解除合同之特殊情形。

“契约必须遵守”是一个古老的法则，它对弘扬契约精神、保护合同当事人的权益、维护交易秩序和保障交易安全都起到了重要的作用。但是，凡事有例外，除了当事人在合同中事先作出免责事由之约定外，法律还规定了不可抗力作为兜底。但是，不可抗力是法律规定的特殊状态，而通常的商业风险就由当事人自己承担。情势变更，既不同于合同事先约定的免责事由，也区别于不可抗力，更与商业风险不同，其作为一项原则被运用，在司法实践中主要体现为出现特定事由，如果继续履行将产生显失公平之后果时，则允许当事人变更、解除合同甚至免除责任。

认定情势变更，应符合以下条件：第一，必须有情势发生变更的客观事实；第二，情势变更发生在合同订立后、合同关系消灭前；第三，情势发生的变更，当事人不可预见且不可归责于当事人；第四，情势变更后如果继续依照合同约定的要求履行，将会产生显失公平之结果。

《民法典》第 533 条规定：“合同成立后，合同的基础条件发生了当事人在订立合同时无法预见的、不属于商业风险的重大变化，继续履行合同对于当事人一方明显不公平的，受不利影响的当事人可以与对方重新协商；在合理期限内协商不成的，当事人可以请求人民法院或者仲裁机构变更或者解除合同。人民法院或者仲裁机构应当结合案件的实际情况，根据公平原则变更或者解除合同。”例如，2019 年 12 月底开始在中国出现的新型冠状病毒性肺炎疫情，尤其是武汉市为了防止疫情的扩散所采取的特殊管控措施，不少的工厂、商家暂停营业，那么原来所签订的租赁合同、购销合同等在履行时就有可能出现问题。究竟是属于履行障碍还是不可抗力，又或者是归入情势变更，须具体问题具体分析，

① 上海市第二中级人民法院〔2020〕沪 02 民终 4863 号《民事判决书》。

并非简单的一句"受疫情影响"就可以为自己的违约开脱。最高人民法院连续颁发了三个《最高人民法院关于依法妥善审理涉新冠肺炎疫情民事案件若干问题的指导意见》，明确了要实事求是地综合考量疫情对不同地区、不同行业、不同案件的影响，准确把握疫情或者疫情防控措施与合同不能履行之间的因果关系和原因力大小，按照相应的规则处理。受疫情影响，暂时履行不能的，可通过协商延长履行期限；如果按原来约定继续履行，会导致显失公平的，可经过协商变更，变更不能的可解除。但是，相应的违约责任承担或者减免，还应根据个案的实际情况和依法来处理。

由于受到新型冠状病毒性肺炎疫情的影响，无法正常营业必然会导致租金支付的困难。如果单纯地按照合同或者生效的判决执行，对于无法按时履行债务一方列入失信名单，只会雪上加霜。如果通过协商，则可能在互谅互信的基础上达成新的协议。例如，杭州市余杭区人民法院组织双方当事人协商，从被执行人履行主动性和疫情不可抗力出发，分析"竭泽而渔"可能"两败俱伤"，从维护社会稳定、承担社会责任、共克时艰等方面讲道理，最终促成双方达成了执行和解：债权人同意承租人延期付款，继续提供租赁场地，同意法院不对承租人采取失信、限制高消费的措施，为其复工经营排除障碍。作为承租人的健身俱乐部已恢复正常营业，债权人的租金利益、俱乐部会员的权益均有了保障。①

第三节　特殊状态下的合同履行规则

【导入案例】

案例 4-3

免租期约定不明的纠纷案②

出租人与承租人签订了一份《物业租赁合同书》，约定承租 10 年，出租人给予承租人 6 个月的免租期。如果承租期满且无违约，则保证金无息退还给承租人。合同履行中，承租人违约而提出终止合同，出租人要求承租人支付免租期 6 个月的租金，但承租人拒绝。出租人遂向法院起诉。

一审法院认为：尽管合同中未对该 6 个月免租期的处理作出约定，但合同约定 10 年的租赁期限，6 个月的免租期是正常履约且无违约情况下承租人所应享受到的优惠。由于被告终止履约，出租人 10 年的租赁收益未得到应有之保障，故作为被告单方终止租赁合同造成出租方的损失，被告应予以补偿。

被告不服一审判决而提出上诉，二审法院依法作出了维持一审判决的裁定。

【简要评述】 出租物业，按照惯例，通常有一个免租（装修）期。如果双方均依照合

① 浙江某健身俱乐部房屋租赁合同纠纷执行案［DB/OL］.［2020-09-19］. 中国法院网：https://www.chinacourt.org/article/detail/2020/04/id/5053693.shtml.

② 广东省东莞市中级人民法院〔2019〕粤 19 民终 4105 号《民事判决书》。

同约定履行合同，在租期正常届满的状态下，承租人是无须再支付免租期租金的。但是，在合同没有约定的情况下，承租方违约导致合同解除，出租人要求承租人支付免租期租金，往往成为了合同约定不明或者没有约定需要解决的问题。按照免租期的本意，根据诚实信用原则和对违约方需承担违约责任的角度综合考量及处理，有利于弘扬契约精神以及维护交易秩序。

【法条依据】《民法典》第 721 条规定："承租人应当按照约定的期限支付租金。"

【理论讲授】

一、无约定状态下的履行

应指出的是，合同履行，是在合同成立、生效后的履行，不存在合同被宣告无效或者被撤销又或者未被追认的效力待定合同之所谓的履行。生效的合同，但存在着某些内容约定不清楚或者根本没有约定的情况时有发生。

《民法典》第 510 条规定："合同生效后，当事人就质量、价款或者报酬、履行地点等内容没有约定或者约定不明确的，可以协议补充；不能达成补充协议的，按照合同相关条款或者交易习惯确定。"

二、合同约定不明确时的履行

《民法典》第 511 条规定，当事人就有关合同内容约定不明确，无法达成补充协议，根据合同别的条款仍无法确定，且又无交易习惯可遵循的情况下，分别不同的情况予以处理：

（1）质量要求不明确的，按照强制性国家标准履行；没有强制性国家标准的，按照推荐性国家标准履行；没有推荐性国家标准的，按照行业标准履行；没有国家标准、行业标准的，按照通常标准或者符合合同目的的特定标准履行。

（2）价款或者报酬不明确的，按照订立合同时履行地的市场价格履行；依法应当执行政府定价或者政府指导价的，依照规定履行。

（3）履行地点不明确，给付货币的，在接受货币一方所在地履行；交付不动产的，在不动产所在地履行；其他标的，在履行义务一方所在地履行。

（4）履行期限不明确的，债务人可以随时履行，债权人也可以随时请求履行，但是应当给对方必要的准备时间。

（5）履行方式不明确的，按照有利于实现合同目的的方式履行。

（6）履行费用的负担不明确的，由履行义务一方负担；因债权人原因增加的履行费用，由债权人负担。

《民法典》第 513 条规定："执行政府定价或者政府指导价的，在合同约定的交付期限内政府价格调整时，按照交付时的价格计价。逾期交付标的物的，遇价格上涨时，按照原价格执行；价格下降时，按照新价格执行。逾期提取标的物或者逾期付款的，遇价格上涨时，按照新价格执行；价格下降时，按照原价格执行。"

三、涉第三人履行的问题

（一）向第三人履行

合同的约束力产生于合同当事人之间，一般不会产生合同外第三人履行的效果。但是，现实生活中却往往有委托合同外的第三人履行之情形。根据《民法典》第 522 条的规定，当事人约定由债务人向第三人履行债务，债务人未向第三人履行债务或者履行债务不符合约定的，应当向债权人承担违约责任。法律规定或者当事人约定第三人可以直接请求债务人向其履行债务，第三人未在合理期限内明确拒绝，债务人未向第三人履行债务或者履行债务不符合约定的，第三人可以请求债务人承担违约责任；债务人对债权人的抗辩，可以向第三人主张。例如，A 公司与 B 公司签订了一份《购销合同》，约定 A 公司将货物卖给 B 公司，而 B 公司与 C 公司签订了同样一份的《购销合同》，约定 B 公司将该批货物卖给 C 公司。在 A、B 公司所签订的合同中，明确约定了 A 公司直接向 C 公司交货，这实际上就是向第三方履行的特殊约定。如果 A 公司未依约向 C 公司交货，则 B 公司不得以 A 公司未交货与自己无关为由而不向 C 公司承担违约责任。

（二）由第三人履行

《民法典》第 523 条规定："当事人约定由第三人向债权人履行债务，第三人不履行债务或者履行债务不符合约定的，债务人应当向债权人承担违约责任。"

《民法典》第 524 条规定："债务人不履行债务，第三人对履行该债务具有合法利益的，第三人有权向债权人代为履行；但是，根据债务性质、按照当事人约定或者依照法律规定只能由债务人履行的除外。债权人接受第三人履行后，其对债务人的债权转让给第三人，但是债务人和第三人另有约定的除外。"例如，某演唱会组织者与某演员签订了一份演出合同，该演员对演唱会组织者负有特定之债务，演员不得委托他人代为表演来履行该特定之义务。

第四节　合同履行中的抗辩权及行使

【导入案例】

案例 4-4

开发商未交房的履行抗辩权纠纷案①

原告杨某与被告某房地产开发有限公司签订了《商品房买卖合同》，原告向法院起诉要求被告承担逾期交房违约金。法院经审理认为，原告主张被告应承担逾期交房违约金的诉讼请求，因原告未能提供证据证明依照交易习惯支付剩余房款的事实，且原告亦无证据证明被告的违约行为导致其未能办理银行按揭贷款手续，故原告、被告

① 陕西省榆林市榆阳区人民法院〔2018〕陕 0802 民初 154 号《民事判决书》。

互负债务，没有约定先后履行顺序，应当同时履行。一方在对方履行之前有权拒绝其履行要求；一方在对方履行债务不符合约定时，有权拒绝其相应的履行要求。因原告未依约支付剩余房款，被告享有同时履行抗辩权，即有权拒绝原告相应的交付商品房之履行要求，因此判决驳回原告的诉讼请求。

【简要评述】在商品房的买卖合同之中，小业主支付款项以及开发商交付房屋的约定，本应十分清楚、明确。但现实中如果没有约定时，无法判断是先交款还是先交楼。故而，审理者以没有约定，推定同时履行义务，最终没有支持原告的诉请。

【法条依据】《民法典》第525条规定："当事人互负债务，没有先后履行顺序的，应当同时履行。一方在对方履行之前有权拒绝其履行请求。一方在对方履行债务不符合约定时，有权拒绝其相应的履行请求。"

【理论讲授】

一、合同履行抗辩权及其意义

（一）合同履行抗辩权的界定

抗辩权，是指专门对抗请求权的一种权利，即权利人在行使其请求权时，义务人所享有的拒绝其请求权之权利。

合同履行抗辩权，是指合同义务人对抗对方当事人请求权的权利。通常的理解，就是自己不履行合同的相关义务是有理由的，不构成违约，从而对方当事人的请求将不会获得支持。

（二）合同履行抗辩权制度设置的意义

在合同履行过程中，往往会有一方指责对方构成违约，要求其继续履行合同并承担违约责任；而另一方也会同时指责对方构成违约，甚至声称自己无法正常履约是由于对方的违约所致。例如，小业主指控发展商未依时交付房屋，但发展商则指责小业主未依约付款，因开发商资金筹措不到位而不能按时完成施工，最终无法依时交付房屋。从表面上看，似乎是合同的双方均已构成违约，如果是不问青红皂白一味和稀泥的做法，则会得出错误的结论——均构成违约，各自承担相应的违约责任。因此，在合同履行纠纷的处理中，须客观地对不能履行合同的原因作出具体之分析，并依法作出处理。

合同履行抗辩权，并非出现在所有的合同类别，在单务合同中，就不会出现合同履行抗辩权的问题。只有在双务合同之中，才可能出现合同履行抗辩权的问题。如《民法典》第525~528条的规定，均以"当事人互负债务"为前提。

可见，合同履行抗辩权制度的设置，是为了解决认定双务合同中当事人是否应具有抗辩权、对方是否应承担违约责任的一个标准。如果合同当事人没有合同履行抗辩权，或者抗辩权行使不符合法律规定，其有违约行为，在不符合免责条件的情况下，则需承担违约责任。值得注意的是，合同履行抗辩权，其只研究不履行的一方是否有合理的缘由，其不履行合同是否构成违约，其是否有权要求对方履行，并不解决抗辩权人是否还需承担合同履行义务的问题。一般地理解，享有合同履行抗辩权，并不意味着其必然免除了合同履行之义务。例如，小业主指控发展商未依时交付房屋，但发展商则抗辩称因为小业主未依约支付最后两期的购房款，故而在后交付房屋的义务的时间即使已经届满亦不构成违约是成立的，却不必然免除开发商交付房屋的义务（如果小业主履行了继续支付义务并承担违约责任后，开发商应继续履行交付房屋的义务）。

二、同时履行抗辩权

（一）同时履行抗辩权的界定

同时履行抗辩权，是指双务合同的当事人应同时履行义务的，一方在对方未履行之前，有权拒绝对方请求自己履行合同的权利。

同时履行抗辩权，不同于先履行抗辩权、不安抗辩权，这三种不同的合同履行抗辩权的概念、条件、行使方式和要求以及法律后果均有所不同。

（二）同时履行抗辩权行使的条件

第一，互负债务；第二，未约定先后履行顺序；第三，债务清偿期均已届满；第四，对方的对待给付是可能履行的。《民法典》第 525 条规定："当事人互负债务，没有先后履行顺序的，应当同时履行。一方在对方履行之前有权拒绝其履行请求。一方在对方履行债务不符合约定时，有权拒绝其相应的履行请求。"

现实中，如何判断"没有先后履行顺序的"约定，是比较困难的。例如，房屋买卖双方在合同中约定：房产交易总额 200 万元，买方在合同签订时向卖方支付定金 20 万元，合同签订后 10 天支付首付款 30 万元、并由买方办理银行按揭贷款 150 万元的申请，获得银行同意贷款意向书后 10 内双方共同到房产登记中心办理递件过户手续，余款 150 万元由银行直接发放到卖方指定的账号上（如果银行按揭贷款额不足以支付剩余购房款的，剩余部分由买方在递件当天以现金支付）。买方依约支付了定金 20 万元和首付款 30 万元，并办理了银行按揭贷款 150 万元的申请，但最终银行仅同意发放贷款 100 万元。买卖双方到了交易登记中心时，卖方要求买方先支付银行按揭贷款不足的 50 万元之后才能配合其办理递件过户手续，而买方则要求卖方先配合办理过户递件手续，成功后再支付 50 万元。究竟是先付款 50 万元还是先办理递件过户手续，双方争执不下，均指责对方违约，从而引发诉讼。

（三）同时履行抗辩权行使后的出路

由于合同中没有约定先后履行的顺序，双方又未能协商一致确定。故合同履行陷入僵局的状态。此时，双方均不构成违约。但是，问题仍未解决，后续如何处理仍需考虑。实践中，大致有以下几种出路：第一，双方经协商，达成一致的处理意见，按照所达成的一致意见办理。第二，一方退让，先作出履行义务的行为，然后要求对方配合履行。第三，双方未能达成一致的处理意见，仍固执己见，则合同履行僵局状态仍然持续。第四，解除合同。例如，原告曹某某与被告聂某某签订了房屋买卖合同，原告向法院起诉要求被告支付剩余价款及承担违约金。法院经审理认为，从合同约定看，对于房产证的领取与余款的支付并没有约定先后顺序，故被告行使同时履行抗辩权，原告主张被告未付款的违约责任不能成立。但是，同时履行抗辩权的行使并不意味着免除被告的付款义务。在审理中，原告也同意在被告付款的同时配合其办理涉案房屋的过户登记，因此涉案合同应继续履行。法院判决：被告在本判决发生法律效力之日起第10日支付原告购房款13万元，被告于本判决发生法律效力之日起第10日协助被告办理房屋的过户手续。①

三、先履行抗辩权

（一）先履行抗辩权的界定

先履行抗辩权，是指当事人互负债务，有先后履行顺序的，当先履行一方未履行之前，后履行一方有权拒绝其履行请求，先履行一方履行债务不符合约定的，后履行一方有权拒绝其相应的履行请求的抗辩权利。

《民法典》第526条规定：“当事人互负债务，有先后履行顺序，应当先履行债务一方未履行的，后履行一方有权拒绝其履行请求。先履行一方履行债务不符合约定的，后履行一方有权拒绝其相应的履行请求。”

“先履行抗辩权”并非是在先履行合同义务一方的抗辩权，而是在后履行合同义务一方所享有的抗辩权，从内容上准确的表达应该是“在后履行抗辩权”，即在后履行合同义务的一方所享有的对抗在先履行合同一方指责的抗辩权。鉴于理论上已经约定俗成地使用了“先履行抗辩权”这一概念，故沿袭而使用之。

合同的义务履行，在双务合同下，权利义务彼此依存并有牵连关系。如果有先后顺序的约定，在先一方不履行合同义务，往往会导致在后履行一方合同权利实现之落空，在后履行一方也根本不可能有能力履行其义务。合同双方经过协商一致确定了合同履行的先后顺序，则应当尊重。诚然，究竟是哪一方先履行，都有一定的风险，但只要是双方之真实意思，出于私权处分的自愿，我们就应当尊重并严格依照合同约定来处理，如果当事人不履行义务，则应当依法承担违约责任。

（二）先履行抗辩权行使的条件

第一，互负债务。第二，有明确约定的先后履行顺序。先后履行顺序的约定，一般有两种情形：一种是对于合同双方履行明确作出了两个时间点的先后约定。例如，买卖双方所签订的合同，约定了买方须于2020年8月12日支付全部的货款，卖方须于2020年8月18日交付货物。另一种是只约定一个在先的明确时间，在后的时间根据在先时间往后推移计算。例如，卖方须在2020年8月12日交货，买方在收到货物后6天内付款。第三，在先履行时间届满。第四，履行是可能的。

---

① 江苏省宜兴市人民法院〔2017〕苏0282民初11966号《民事判决书》。

（三）先履行抗辩权行使的后果

由于在先履行合同的一方未依约履行义务，其当然构成合同违约。在后履行合同义务的一方，未履行合同义务的，其不构成违约。例如，买卖双方所签订的合同，约定了买方须于 2020 年 8 月 12 日支付全部的货款，卖方须于 2020 年 8 月 18 日交付货物。时至 2020 年的 9 月 1 日，买方未依约支付货款，卖方亦未交货；彼此都在指责对方违约。最终的认定应该是：买方构成违约，而卖方不构成违约。

在后履行合同义务的一方，可以主动提起诉讼或仲裁，要求审理机关认定在先履行合同一方构成违约并要求其继续履行义务并承担违约责任，也可以在对方提出违约指控时被动性地提出先履行抗辩权。

四、不安抗辩权

（一）不安抗辩权的界定

不安抗辩权，是指在有先后履行顺序的双务合同中，应先履行义务的一方有确切证据证明在后履行一方的当事人有难以给付之虞时，在对方当事人未履行或未为合同履行提供担保之前，有暂时中止履行合同的权利。

不安抗辩权的行使主体是在先履行合同一方，从所体现的内容上来看是在先履行一方所行使的拒绝履行合同义务的权利，准确地表达应为“在先履行抗辩权”，但为了区别上述“先履行抗辩权”，人们更喜欢使用“不安抗辩权”的概念。

按理说，合同已经约定了双方哪一方先履行合同，哪一方后履行合同，而且明确规定了“先履行抗辩权”，那么逻辑上就意味着如果在先履行合同义务的一方拒绝履行合同就会构成违约，而且也会导致合同根本上无法履行之后果。但是，社会现实情况是复杂、多变的。制度构建，应该是平等地对待所有的人，不同情形的出现也可能会影响到本应先履行一方权利之实现。法律之目的在于维护社会秩序、体现公平、正义。法律不能强人所难①，如果出现了某种特定情形，使在先履行合同的一方能够预知在自己履行合同义务后自己的合同权利将不可能得到实现，其内心将会处于恐惧之中，其财产权利也将会失去安全的保障。

在先履行一方不履行将会产生在后履行一方的抗辩权，因此，作为一种特殊的例外情形之不安抗辩，尤其值得注意。可以这么理解，除非在先履行合同的一方正确地行使不安抗辩权，否则其拒绝履行合同义务的行为将构成违约。

（二）不安抗辩权行使的条件

第一，符合法定条件。《民法典》第 527 条规定：“应当先履行债务的当事人，有确切证据证明对方有下列情形之一的，可以中止履行：（一）经营状况严重恶化；（二）转

---

①　法律不能强人所难，是指法律不能强求人们做不可能做到（履行）的事。这是期待可能性理论之核心所在。

移财产、抽逃资金，以逃避债务；（三）丧失商业信誉；（四）有丧失或者可能丧失履行债务能力的其他情形。”例如，原、被告签订了某工程《建设工程施工承包合同》，约定被告将某工程发包给原告承建，合同对开工时间、竣工时间、履约金及支付时间进行了约定，并约定：被告向原告提供施工图 3 套，完成施工场地“三通一平”（水、电、路通，场地平）后，具备施工条件，原告才进场施工。双方后来签订了《补充协议》将开工时间延后，原告需在 2010 年 12 月 31 日前向被告分批次缴纳履约保证金共计 200 万元。原告按期支付了保证金 78 万元之后，因被告一直未将拆迁工作开展完成，也未办理施工证，施工场地“三通一平”等施工条件也未达到，致使原告无法进场施工，原告遂拒绝继续支付履约保证金。被告于 2010 年 1 月 21 日向原告发出“解除《建设工程施工承包合同》及相关补充协议的通知”，要求解除双方签订的合同及补充协议。原告要求被告退还保证金 78 万元。一审法院经审理认为：原、被告签订的合同合法有效，双方约定被告保证施工场地“三通一平”后，具备施工条件，原告方才进场施工。原告虽有先支付保证金履行债务的义务，但原告行使不安抗辩权符合法律规定。被告一直未完成施工场地拆迁工作，是导致合同无法履行的主要原因，因此对原告要求解除合同并由被告退还原告已缴纳的履约保证金 78 万元的请求，依法予以支持。一审宣判后，被告不服而提起上诉。二审法院判决驳回上诉，维持原判。①

第二，事由出现在履行期限届满前。

第三，尽到通知义务。不安抗辩权与同时履行抗辩权、先履行抗辩权的行使不同，后两者都没有通知义务。《民法典》第 528 条规定，当事人以行使不安抗辩权而中止合同履行的，应当及时通知对方。亦即，即使符合不安抗辩权的条件，但其未在合同履行届满前及时通知对方，从而导致对方损害时，也应承担违约责任。

（三）不安抗辩权行使的效果

1. 不符合条件的，承担违约责任

当事人没有确切证据中止履行的，应当承担违约责任。如果设置了担保措施，那么在先履行合同义务的一方已经得到了保障，因此其不安抗辩权将受到一定的限制。

2. 符合条件的，根据不同的情况区别处理

如果不符合不安抗辩权的条件，拒绝履行合同义务者，将承担违约责任。在先履行一方当事人行使不安抗辩权符合条件的，产生暂时停止履行合同义务之效果，在暂停期间不会构成违约。至于最后的出路，大致有两种情形：第一种情况，恢复履行。根据《民法典》第 528 条的规定，如果对方提供适当担保的，因为不安全的因素已经消除，故在先履约的不安抗辩权人应当恢复履行。第二种情况，解除合同。中止履行后，如果对方在合理期限内未恢复履行能力且未提供适当担保的，视为以自己的行为表明不履行主要债务，中止履行的一方可以解除合同并可以请求对方承担违约责任。

---

① 不安抗辩权行使的确定及效力［DB/OL］.［2020-08-11］. 中国法院网：https：//www. chinacourt. org/article/detail/2012/06/id/530199. shtml.

【本章小结】

根据契约必须履行的要求，合法有效的合同，当事人应当以实际履约行为全面地履行自己的义务，只有履行了自己的义务才可能享有自己应有之合同权利。当合同对于相关的内容没有约定或者约定不明时，应尽量协商解决，协商不成的依照相关规定处理；特殊情况下，应当按照特殊的履行规则处理。合同履行中出现的争议，应依法处理，如果出现了可行使合同履行抗辩权的时候，应依法行使权利。

【课后练习】

1. 名词解释

合同履行；经济合理原则；同时履行抗辩权；先履行抗辩权；不安抗辩权。

2. 简答题

（1）是否所有在疫情地区的合同主体都可以情势变更要求解除合同？（可参见本章第一节的内容）

（2）合同履行应遵循什么原则？（可参见本章第二节的内容）

（3）合同履行的特殊规则有哪些？（可参见本章第三节的内容）

（4）合同履行僵局的出路有哪些？（可参见本章第四节的内容）

（5）不安抗辩权的行使需要满足什么条件？（可参见本章第四节的内容）

3. 案例分析题

2002 年 10 月 25 日，原告甲公司与被告乙公司签订了《租赁协议书》，约定：原告承租被告的一座酒店，经营蛇餐馆，年租金 100 万元。其中原告支付被告 80 万元现金，剩余 20 万元由被告用于在该酒店餐饮、住宿挂单（记账）消费，原告需支付给被告 10 万元保证金。租赁期限为 5 年，自 2002 年 12 月 1 日起至 2007 年 12 月 1 日止，若提前终止承租，原告需支付 50 万元违约金。同年 10 月，原告办理了经营野生动物许可证后开始营业。

2003 年 5 月 13 日，该市林业局、市工商局联合下发了《关于严格控制野生动物经营利用和驯养繁殖活动的紧急通知》（以下简称《紧急通知》），原告的蛇餐馆因此被迫停业。2003 年 6 月 7 日，被告与原告进行酒店物品交接，并由双方相关人员在《酒店退租物品交接单》上签字确认。原告提出，双方经协商一致解除合同，不存在违约，也不应当承担违约责任。被告则要求甲公司承担违约责任。双方协商未果，原告起诉至法院，被告反诉。二审法院判决：被告返还原告保证金 10 万元、原告支付被告违约金 50 万元。被告仍不服，向检察院申诉，检察院向法院提出抗诉，认为“非典”系不可抗力因素，不能归责于合同任何单独一方，由此导致的合同无法履行所造成的损失应由合同双方分担。

再审法院认为，《紧急通知》仅是停止蛇餐馆关于野生动物的经营活动，受到影响的也仅是蛇餐馆的餐饮部分，客房经营部分仍可正常进行。此种情形尚不足以导致原告与被告之间的租赁合同“直接”或“根本”不能履行。本案不符合 2003 年 6 月 11 日最高人民法院颁布的《最高人民法院关于在防治传染性非典型肺炎期间依法做好人民法院相关审判、执行工作的通知》所列之情形，也不符合其他法律法规等相关政策的规定。被告因合同解除所遭受的损失，从公平原则考虑，原告应分担。再审判决：变更二审法院民事判决原告支付被告违约金 50 万元为 15 万元；维持二审法院其他的判项。①

问：请根据上述案例，分析 2020 年年初新型冠状病毒性肺炎疫情对合同履行的影响，是否都可根据情势变更原则进行处理？

提示：《民法典》第 180 条关于不可抗力、第 533 条关于情势变更的规定；最高人民法院有关处理疫情期间民商事纠纷案件的相关指导意见。

① 辽宁省高级人民法院〔2013〕辽审二民抗 14 号《民事判决书》。以案说法——新冠肺炎疫情是否必然导致合同解除？（结合最高人民法院指导意见）［DB/OL］.［2020-08-11］. 搜狐网：https：//www. sohu. com/a/397463758_120121266.

第五章　合同的保全

【本章引言】 合同具有相对性，只有在合同当事人的范围内才会产生合同的约束力，合同外的其他人不得行使合同权利、也不承担合同义务。但是，当合同的债务人的非法行为，导致其偿债能力不当地降低从而使合同的债权人之债权无法实现时，则依据法律规定，债权人可依法对其债权进行保全，该保全行为的结果将可能会延伸至合同以外之第三人。

【本章重点】 合同保全的概念；合同债权代位权的行使；撤销权的行使。

第一节　合同保全之概述

【导入案例】

案例 5-1

代位权主张不成立的纠纷案①

张三作为债权人享有对李四的一笔债权，但到期后李四未能偿还债务。张三经过了解，李四与某公司签订了一份《买卖合同》，合同约定公司向李四收取了预付款500万元，且双方有约定如果不能供货的话将返还该500万元给李四，现在公司无法向李四供货已经发生纠纷，李四与某公司还有其他的经济往来关系，且该《买卖合同》发生纠纷未经协商达成一致的解决方案，但李四并未起诉公司，亦未有法院生效的判决。

张三以李四怠于行使到期的债权从而导致自己的债权无法实现为由，提起债权人代位诉讼。法院经审理后认为，张三提起代位权诉讼，应以主债权和次债权的成立为条件。而债权成立不仅指债权的内容不违反法律、法规的规定，而且要求债权的数额应当确定。债权数额的确定既可以表现为债务人、次债务人对债权的认可，也可以经人民法院判决或者仲裁机构裁决加以确认。在本案中，张三主张依据李四与公司签订的协议，公司应返还李四的预付款500万元，但该债权数额并未得到次债务人公司的认可，也未经人民法院判决或者仲裁机构裁决加以确认，且公司在原审中也提供了其与李四之间尚存在其他经济纠纷的证据，在此情形下，不宜在本案审理中直接认定次

---

① 浙江省高级人民法院〔2016〕浙民申3343号《民事判决书》。

债权的成立。故法院认定张三对公司提起的代位权的主张不能成立，从而驳回了其诉讼请求。

【简要评述】通过合同保全，可以使债权人的触角延伸到次债务人处，但债权代位权的行使必须是以符合代位权行使条件为前提。

【法条依据】《民法典》第535条规定："因债务人怠于行使其债权或者与该债权有关的从权利，影响债权人的到期债权实现的，债权人可以向人民法院请求以自己的名义代位行使债务人对相对人的权利，但是该权利专属于债务人自身的除外。代位权的行使范围以债权人的到期债权为限。债权人行使代位权的必要费用，由债务人负担。相对人对债务人的抗辩，可以向债权人主张。"

【理论讲授】

一、合同保全的界定

（一）合同保全及其特征

合同保全，是指为了防止因债务人财产的不当减少致使债权人债权的实现受到危害，而设置的保全债务人责任财产的法律制度。

合同保全制度，是针对债务人偿债能力降低而赋予债权人超越合同关系而向外扩张的一种特殊权利，该项权利在某种程度上突破了合同的相对性。例如，A与B签订了一份借款合同，B向A借款1万元；B与C签订了一份借款合同，C向B借款1万元。这就形成了两个借款合同关系，当事人各有不同。按照合同的相对性原理，在A与B的借款合同关系中，A是B的债权人；在B与C的借款合同关系中，B是C的债权人。C并非是A的债务人，因此A不能直接向C主张债权。但是，当B怠于向C主张债权而影响到A的债权实现时，则A可依法代替B的位置向C主张债权。

合同保全制度，具体包括债权人的代位权制度和债权人的撤销权制度。其中，债权人的代位权制度针对的是债务人不作为的消极行为（偿债能力的应增加而不增加），当债务人可主张债权而不行使债权，以致影响到债权人权利的实现时，法律允许债权人代债务人之位，以自己的名义向第三人行使债权的权利；而债权人的撤销权制度针对的则是债务人作为的积极行为（偿债能力不应降低而降低），当债务人在不履行其债务的情况下，实施了减少其财产而损害债权人债权实现的行为时，法律赋予债权人有诉请法院撤销债务人所为之行为的权利。

合同保全与民事诉讼中的保全措施不同。第一，目的不同。民事诉讼中的保全制度，是为了人民法院能够顺利地审理案件以及执行生效的裁定，而在证据有可能灭失的情况下，对证据所采取的一种固定的措施；或者为了保证裁决的执行或避免财产损失而对被告的财产所采取查封、扣押、冻结的措施。因此，诉讼保全，主要有证据保全和财产保全两类，也可根据采取的时间段不同分为诉前保全和诉讼中保全。第二，依据不同。诉讼保全作为一种特别的程序，由程序法所规定；合同保全则在《民法典》里进行实体性规定。

第三，启动不同。诉讼保全需要由诉讼的当事人提出申请。而合同的债之保全，是为了保障债权的实现而设，依据的是实体法中的制度，它是通过债权人直接行使债权来实现的。

二、合同保全的意义

合同保全从本质上讲就是一种债的保全，是债权人基于债主效力对于债务人以外之人所及的一种法律效力。债作为一种可期待的信用，只有具备可靠的保障时才能得以实现。如果双务合同有履行的先后顺序，则意味着在先履行的当事人的债权就有了很大的风险，尽管有合同履行抗辩权制度，但也只是在对方违约的情况下的一种抗辩而非直接性对合同债权的保护。诚然，如果在主合同下设置了担保合同，如抵押、质押，则合同主债权的实现就有了事先的保障。但是，当合同在未设定担保的情况下，合同债务人财产的不当减少或者说应当增加而未增加，其偿债能力与合同签订时就有所降低，从而会给债权人的债权带来危害。法律通过建立合同保全制度，就可以在一定程度上保证其债权的实现。

1999 年 3 月 15 日通过的《合同法》在其第 73 条、第 74 条分别确立了由债权人的代位权和债权人的撤销权所组成的合同保全制度，使代位权、撤销权成为债权人的一项重要的实体权利，填补了我国合同立法上的一项空白。《民法典》则通过专章（合同编第五章）的专门条款（第 535~542 条）作出了更为明确、具体的规定。

第二节 合同债权代位权之行使

【导入案例】

案例 5-2

代位权行使纠纷案①

根据广东省珠海市中级人民法院的民事判决书，B 公司支付 A 银行借款人民币 2764.4 万元及利息。该判决已发生法律效力，但 B 公司一直未履行生效判决的义务，且公司停止经营、法定代表人已经失联。

经 A 银行了解，C 银行与 B 公司曾经签订了一份《合作权转让协议》，协议约定：C 银行将珠海市横琴岛围垦 2 万平方米土地的开发权转让给了 B 公司，B 公司应支付3 300万元。B 公司履行合同约定，将1 500万元支付给了 C 银行的房地产部，信汇凭证上记载该款用途是“购横琴岛地款”，但 C 银行却未将珠海市横琴岛围垦 2 万平方米土地的开发权转给 B 公司。

此后，A 银行向韶关市中级人民法院提起代位权诉讼，请求判令 C 银行返还 B 公司的购地款人民币1 500万元及利息，用于清偿 B 公司所欠 A 银行的债务。本案经中院一审、广东省高院人民法院二审、最高人民法院再审，最终支持了 A 银行的诉讼请求。

---

① 最高人民法院〔2011〕最高法民提 7 号《民事判决书》。

【简要评述】 A银行对B公司的债权，经过了珠海市中级人民法院生效的判决书所确定，尽管C银行与B公司的债务有纷争，但作为债权人的B公司应当采取积极的方式处理，以偿还其自身的债务。因债务人B公司未履行债务，亦未向其债务人的C银行主张债权，故A银行代位B公司向C银行主张其债权，符合法律规定。

【法条依据】《民法典》第535条规定："因债务人怠于行使其债权或者与该债权有关的从权利，影响债权人的到期债权实现的，债权人可以向人民法院请求以自己的名义代位行使债务人对相对人的权利，但是该权利专属于债务人自身的除外。"

【理论讲授】

一、合同债权代位权及其意义

（一）合同债权代位权的概念

合同债权代位权，是指当债务人怠于行使其对第三人所享有的权利而害及债权人的债权时，债权人为保全其债权，可以自己的名义代位行使债务人对第三人债权的权利。

合同债权代位权，不同于合同债权人直接行使债权，也区别于第三人代为履行债务，更区别于债务转移。合同债权人直接行使债权，只限于对合同关系的债务人，其不得超出合同的范围向合同外第三人主张。第三人代为履行，是根据债务人的指令而代行，第三人不履行或者履行不符合要求的，第三人不对债权人承担责任，仍由债务人对债权人承担责任。而合同债务的转移，则发生主体的更替，第三人取代了合同原来的债务人的身份，原来债务人脱离了该债权债务关系。例如，张三借给李四1万元，在借款合同关系中，张三就是债权人、李四就是债务人；张三向李四要钱，就属于直接行使债权；而李四委托王五给张三还钱，就属于第三人代为履行；如果李四征得张三的同意将债务转移给了王五，则债务人就是王五了。

（二）合同债权代位权行使制度中的当事人

在债权代位权行使中，相关的当事人之称谓分别为：债权人、债务人、次债务人（即相对人）。例如，A是B的债权人（B欠A 100元）、B是A的债务人；B是C的债权人（C欠B 100元）、C是B的债务人。这本来是两个单独的债权债务合同关系。但是，在债权代位权的制度（视角）之中，A被称为债权人，B被称为债务人，C则被称为相对人（又被称为次债务人，即债务人的债务人）。

（三）合同债权代位权行使制度设置的意义

合同的债权债务关系形成于合同关系的建立，而在合同订立的时候，合同当事人对合同对方的资信状态应有所了解，必然需要考虑到今后要实现债权时债务人偿债能力的变化因素。如果债务人在履行债务时，其偿债能力大于合同订立时，合同债权人的债权就容易实现，否则，债权人的债权就容易遭受侵害。如果债务人的偿债能力降低并非是客观原因造成而是主观因素造成的，则法律就需要通过相关的制度来制止这种状态所导致不良后果之出现。例如，A 公司与 B 公司签订一份购销合同，约定 A 公司先将价值 10 万元的货物交给 B 公司，3 个月之后 B 公司再付款给 A 公司。合同签订时，A 公司认为 B 公司是有能力支付货款的。B 公司将收到的货物出售给了 C 公司，合同约定是 2 个月结算一次。A 公司到期向 B 公司要求付款，但 B 公司以 C 公司尚未付款为由，称无力偿还。可见，如果 B 公司采取积极主动的措施向 C 公司行使了债权并得到 C 公司的清偿，则 B 公司的偿债能力就不会降低。

合同债权代位权制度的设置，意义就在于防止债务人因怠于主张债权而导致偿债能力降低，最终损害了债权人的权益。

二、合同债权代位权行使的条件

合同债权的代位权行使，并未完全否定原有的合同相对性原理，只不过是在合同相对性原理下的特殊情形之有限突破，其仍然是立足于合同债权债务相对性原理之上的。因此，合同债权人行使代位权，必须符合相应的条件。

第一，债务人享有对于相对人（次债务人）的财产性权利。

合同债权人要代债务人的位置行使其债权，前提必须是其债务人享有对相对人（第三人）债权。如果债务人并无对相对人享有债权，又或者享有的仅仅是某种人身权而非财产权，则不存在债权代位的情况。例如，中国古代就有“父债子还”的说法，但在法律上这种说法是不能成立的。儿子和父亲是两个独立的民事主体，父亲的个人债务不会自然地转到儿子的身上。即使是父亲去世，儿子继承遗产，但当父亲留有遗产和债务的时候，先由父亲留下的遗产进行债务清偿，剩余的才会发生继承。亦即，当父亲对外有债务未能清偿的时候，不存在通过债权代位权的行使而由儿子偿还。同理，作为一个完全民事行为能力人的儿子对外负有债务，亦不必然由父亲偿还。简而言之，债务人必须享有对相对人的债权（非单纯的人身权或者与人身不可分离的权利，如著作权的人身权等）为可代位行使债权之前提。

实践中，债权人往往不知道债务人对相对人享有债权，因此在证据的收集方面显得相当困难。知道并能够提供相应的证据实现债权代位权的，通常有两种情况：一种情况是彼此之间有连续性的合同关系。例如，A 是承建商，B 是发包商，C 是业主。业主将一项工程通过招投标的方式总发包给 B，B 征得 C 业主的同意而将某项工程分包给 A，而且在 B 和 A 所签订的《建筑工程施工合同》中后附有 C 与 B 的《总承包合同》。因此，如果 B 欠付 A 的工程款，在项目已经结算本应付款的情况下，A 就可以代位 B 向 C 业主主张债权。另一种情况是债务人与相对人有着某种特定的关系，不便提起诉讼解决。例如，A 是厂家，B 是批发商，C 是经销商。A 将货物卖给了 B，B 之后又将货物卖给了 C。鉴于 B 与 C 的特殊关系，B 不愿意起诉 C，于是将 B 与 C 的《买卖合同》原件以及履约的证据交给了 A，A 向 C 提起代位诉讼。可见，代位诉讼，必须要由诉讼提起人的债权人提交能够证明债务人与相对人存在债权债务关系的证据，并非是道听途说就可以随便启动的程序。

专属性债权，不能代位行使。例如，基于扶养关系、抚养关系、赡养关系、继承关系产生的给付请求权和劳动报酬、退休金、养老金、抚恤费、安置费、人寿保险、人身伤害赔偿请求权等权利，就是专属性债权，该类债权不能代位行使。

第二，债务人的债权已经到期。

代位权行使，不仅要求债权人可以向债务人主张债权，而且相对人对债务人应承担履行义务的债务也必须是已经到期的。如果尚未到期，则尽管是相对人有债务，但仍不能作为代位来提前要相对人偿还债务人的债务。例如，B公司向A银行借贷10万元已经到了还本付息的时间，而C公司欠B公司的10万元尚未到期。此时，A银行作为B公司的债权人，不能代B公司的位置向C公司主张债权。

第三，债务人已经构成延迟履行债务。

合同关系只约束合同的当事人，这是基本的合同法原理，非特殊情况不能突破。如果债务人能够履行合同债务，则债权人无权干涉债务人之事务。例如，李四欠张三的10元钱已经到期，李四现有的财产足以偿还债务，或者已经按照偿还计划并付诸实施，即使李四享有对王五到期的债权而未主张，这种情况下张三就不能行使代位权。

第四，债务人的不作为已经损害了债权人的债权。

无论债务人自己是否承认对债权人应负有的债务，只要形成了债务人到期未能清偿债务的客观事实，就可推定债务人不履行义务。只要债务人有到期的债权但其怠于行使该债权，就可推定其怠于行使债权的行为已经造成了对债权人债权的损害；哪怕是债务人有银行存款足以偿还债务，都可认定其不作为已损害了债权人的债权。

三、债权代位权行使的方式

1. 以自己的名义代位

债权人代债务人的位置向相对人主张债权，必须是以自己的名义进行。在A、B，B、C两个债权债务关系中，在代位诉讼案件中，原告是债权人（A）、被告是相对人（C）、债务人是第三人（B）。

2. 只能跨越一位进行

在社会现实中，可能会存在一定的债务链①，但是按照债权代位权行使的制度设计，债权人只能代债务人的位置向相对人主张债权，不得超越至相对人并代后续相对人的位置向其债务人主张债权。如果允许债权人可以无限制地对其债务人后续多层的债务人提起代位诉讼的话，则不仅彻底突破了合同相对性的原理，而且社会秩序也将会因此而大乱。例如，在A、B、C、D、E、F、G的债权债务关系中，A只能代B的位置向C主张，同理，如果B是债权人，其只能代C的位置向D主张，依此类推；A绝对不能代C或者D、或者E、又或者F向下一位的债务人主张债权。

3. 应向相对人作为被告债务案件的管辖法院提出

债权人与债务人的合同关系的纠纷解决，仅限于合同主体之间；而债务人与相对人的债权债务关系所产生的纠纷，应当依照其合同约定。现实中，可能存在着两个合同关系的纠纷解决并非同属于一个人民法院管辖的情形。因此，作为代位诉讼，应由债务人与相对人的合同所确定的纠纷管辖法院处理。根据法律的规定，代位诉讼是法院的诉讼程序，但如果债权人与债务人、债务人与相对人的合同关系明确约定为某仲裁机构仲裁，则代位诉

① 债务链是指不同的债权、债务主体之间所形成互相的债务链条。

讼如何进行还是一个疑问,① 毕竟《仲裁法》并未规定代位仲裁。

4. 代位主张的债权以债权人享有的债权额为限

很少有两个债权债务关系的债权额是完全一样的，无论是债权人享有的债权额大于还是小于债务人对相对人所享有的债权额，均以债权人对债务人所享有的债权额为限。例如，A 债权人享有对 B 债务人的 10 万元债权，而 B 债务人享有对相对人 C 的债权额为 20 万元，A 代位行使债权仅为 10 万元而非 20 万元。

四、代位权行使的法律效果

（一）代位权行使的效力

1. 产生诉讼时效中断

债权人一旦提起了代位诉讼，则产生了债务人与相对人债权债务关系的诉讼时效中断的效果。例如，C 公司欠付 B 公司一笔货款 10 万元，诉讼时效已经经过了 11 个月，A 作为债权人代位作为债务人 B 向相对人 C 提起了代位诉讼，那么 B 与 C 之间的债权债务关系的诉讼时效即产生了中断。

2. 阻却债务人的处分权

一旦债权人提起了代位诉讼，则债务人就无权处分被代位债权额部分的债权。例如，A 代位 B 向 C 提起了代位诉讼，代位诉讼的款额为 10 万元；那么作为债权人的 B 则无权处分（放弃或者转让）被代位的该 10 万元债权。

（二）代位权行使结果的归属

代位成功后所获得之款额，是属于债务人的财产，还是直接由相对人支付给债权人，在理论上形成了两种不同的观点：一种是“入库规则”②，即代位权行使的效果直接地归属于债务人，不能将它直接作为对债权人自己的债权进行清偿。另一种是“优先受偿规则”，即代位权行使的效果直接归属于债权人，从而使债权人与债务人、债务人与相对人的债权债务关系消灭。支持“优先受偿规则”的学者举出了《民法典》第 537 条“人民法院认定代位权成立的，由债务人的相对人向债权人履行义务，债权人接受履行后，债权人与债务人、债务人与相对人之间相应的权利义务终止”的规定。应当说，从合同法的合同相对性原理的角度出发，“入库规则”是常态，“优先受偿规则”是例外。即在仅有债权人与债务人单一的债权债务关系下，债权人代位权行使的结果，可以直接归于债权人，从而终止了两个债权债务关系，可省却程序和步骤上的麻烦。但是，当债务人同时存在着多个债务的情况下，尤其是一些生效的裁判文书已经确定债务甚至已经进入了执行的阶段，此时代位权行使的效果仅由代位权人享有，是不符合债的平等清偿原理的。例如，A 对 B 享有到期的债权，A 是唯一的债权人，其代位向 C 主张债权成功，无论是将 C 应偿还的款额归属于 B（A 通常会申请法院查封该款额）还是直接由 C 支付给 A，均不会发

① 孔金萍．论被代位债权的仲裁协议对代位权人的效力［J］．北京仲裁，2018（3）．

② 崔建远，韩世远．合同法中的债权人代位权制度［J］．中国法学，1999（3）．

生权利的冲突或者影响，只不过是还款的步骤是一步到位还是分两步走的程序性选择问题。但是，如果 B 不但欠付 A 的款额，还欠付其他人的款额甚至还有生效的裁判文书正在执行，此时代位成功的款额如果不纳入属于 B 的财产范围，则有可能影响到其他人债权的实现，对其他债权人而言是不公平的。而且，在理论上分析，代位权并非是优先权，其并不具有优先受偿之功能。

诚然，问题似乎也可以从另外一个角度考虑。代位权的行使仅限于债权人的债权额范围，其代位行使的债权款额直接偿还债权人，并未损害其他债权人的权益。例如，A 代位 10 万元的诉讼获得支持，C 负有对 B 的 20 万元债务之中仍有 10 万元未列入代位的范围，其他债权人对该债权仍可另行提起代位诉讼。传统理论认为债权人行使代位权，不得请求次债务人直接向自己履行债务，其行使代位权所得利益应加入债务人总财产之内，作为全体债权人的共同可清偿之财产，由行使代位权的债权人和其他债权人平等受偿，不得专供清偿自己的债权或抵销自己的债务，否则会导致其他债权人的债权损害。① 但是，如果千篇一律地将代位行使的效果一律“入库”，终究“代其位而不能享其益”的话，不仅代位人没有积极性，而且也会间接性地鼓励其他债权人的“坐享其成”，还会在一定程度上减损“合同债权代位权行使制度”为保护债权人目的所设置之初衷，甚至还会增加法院处理代位诉讼案件程序上之麻烦。毕竟，债权人知道债务人对相对人享有债权并启动代位诉讼的不多，因此，正确地理解《民法典》第 537 条“人民法院认定代位权成立的，由债务人的相对人向债权人履行义务，债权人接受履行后，债权人与债务人、债务人与相对人之间相应的权利义务终止”的规定，应该是当出现了直接偿还的行为后，两个相关的权利义务关系终止，并非是必然采用直接偿还的方式，且该规定并未给出代位人当然享有优先受偿之结论。然而，当债务人出现了特定的情形，则不宜直接判决由相对人向债权人履行债务。例如，债务人已经进入破产程序，或者有多个代位人同时提起代位之诉且不能全部满足债务清偿额，又或者债务人有较大债务被法院执行尚未清偿等情形。

值得注意的是，基于中国国情的立法和司法实践，有其合理性，不能简单地套用境外的相关理论加以否定。在债权人代位权诉讼审理期间，次债务人向债权人主张与债务人互负债务相互抵销，如果法院认定代位权成立，则次债务人只能向债权人清偿，其抵销主张不能得到支持。

第三节　合同债权人的撤销权之行使

【导入案例】

案例 5-3

合同债权撤销权纠纷案②

2009 年被告与某房地产开发公司签订《商品房买卖合同》，以银行按揭贷款 61

① 史尚宽．债法总论［M］．北京：中国政法大学出版社，2001：471.

② 甘肃省兰州市中级人民法院〔2018〕甘 01 民终 583 号《民事判决书》。

万元的方式，购买位于兰州市某区建筑面积为127.76平方米的商品房一套，最终被告偿还了银行按揭贷款。2016年8月15日，甘肃省民勤县人民法院，判决被告与其妻子偿还原告款额本金199.7万元，并自2013年8月6日起按8.496%的利率承担利息。该判决书已发生法律效力，但被告陈某某夫妻至今未履行生效判决确定的义务。2016年11月10日被告与第三人陈某某（被告之子）签订了《兰州市存量房买卖合同》，将上述房屋以5万元的价格出售给陈某某，陈某某取得了上述房屋的不动产权利证书。原告发现被告的行为后，向法院起诉要求撤销其将房屋出售给儿子的行为。法院经审理后认为：被告尚欠原告借款本金及利息，在明知尚有债务的情况下，被告将其所有的房屋以低价转让给第三人陈某某，该行为损害了原告作为债权人的利益，因此，原告有权要求撤销被告李某某与第三人陈某某转让房屋的行为，故对原告的该项请求，一审法院予以支持。被告不服而提起上诉，二审法院于2018年4月25日作出裁定：驳回上诉，维持原判。

【简要评述】合同债务人在清偿债务前，应当保持其债务清偿能力，一旦作出了降低偿债能力、损害债权人的行为，则债权人得依法行使撤销权，对债务人影响债权人债权实现的行为予以撤销，以回复债务人的偿债能力，最终使债权得以实现。

【法条依据】《民法典》第538条规定："债务人以放弃其债权、放弃债权担保、无偿转让财产等方式无偿处分财产权益，或者恶意延长其到期债权的履行期限，影响债权人的债权实现的，债权人可以请求人民法院撤销债务人的行为。"

【理论讲授】

一、债权撤销权及其意义

（一）债权撤销权的概念

债权撤销权，又称债权人的撤销权，全称合同债权人的撤销权，是指债权人对于债务人所做的危害债权实现的行为，可请求法院予以撤销并使债务人的行为归于无效的权利。

（二）债权撤销权与民事行为撤销的区别

债权人的撤销权与可撤销民事行为的撤销，尽管都是撤销，但有根本性区别。首先，对象不同。可撤销民事行为的撤销，针对的是民事行为当事人自己的行为；债权撤销权针对的是债务人与第三人的行为。其次，提起的主体不同。可撤销民事行为，是行为当事人自己提出；债权撤销权提出的主体是债权人。再次，原因不同。可撤销民事行为的撤销，原因在于意思表示不真实；债权撤销权的原因是逃避债务。最后，效果不同。可撤销民事行为被撤销后，行为无效并依法处理当事人之间的关系；债权撤销权撤销债务人与第三人的行为后，财产按"入库规则"处理。

（三）债权人撤销权制度的意义

设立债权人撤销权制度，其出发点和落脚点都在于恢复和保全债务人的责任财产，即正常的偿债能力。如果债务人的行为并无减损偿债能力，对债权人的债权未造成损害，则债权人无权干预债务人的私权处分行为。这也就是人们平常所称的“当债务人有较大债务尚未清偿时，其处分行为将会受到限制”。如果没有债权人撤销权制度，我们将无法应对那些逃债、废债的不良行为。例如，甲、乙是夫妻，甲为了家庭生活需要对外举债，面对即将到期的债务，其想方设法进行逃避。甲担心到期不能归还，将会涉及夫妻共有财产被纳入偿还之列。于是，甲和乙商量，进行假离婚，通过《离婚协议》将所有夫妻共有财产全部析产归属于乙，甲于是将房产和机动车辆过户至乙的名下。当债权人起诉甲之后才发现甲已经是身无分文。债权人当然可依法提起撤销之诉，撤销甲、乙的离婚析产行为，并依法主张债权。

二、撤销权行使的要件

（一）客观要件

《民法典》第538条规定：“债务人以放弃其债权、放弃债权担保、无偿转让财产等方式无偿处分财产权益，或者恶意延长其到期债权的履行期限，影响债权人的债权实现的，债权人可以请求人民法院撤销债务人的行为。”

债务人实施了有害于债权的行为。具体可从以下三个方面加以分析：

第一，须有债务人的处分行为。债务人的处分行为又包括放弃其到期债权、无偿转让财产或以明显不合理的低价转让财产，又或者将财产设定为其他债权人享有优先受偿权的担保（抵押或者质押）等行为方式。如果债务人是通过毁损、抛弃财产的客观行为，由于被损毁的财产无法复原，故债权人也就没有了撤销权行使的可能性，自然也就无法通过行使其撤销权来回复财产本来的价值状态。

第二，债务人的行为须以财产为标的。以财产为标的之行为，是指财产上受其直接影响的行为。不以财产为标的之行为，因与债务人的责任财产和偿债能力无关，因此债权人不得撤销。例如，债务人基于身份关系而结婚、收养或解除收养、继承的承认或抛弃等，以不作为债务的发生为目的之法律行为；又或者是以提供劳务为目的之行为（签订或者解除劳动合同）等。如果行为人并非是合同的当事人，且他人并非是自己的债务人，则处分行为不能被列入债之撤销范畴。例如，某房地产公司与项目建设公司在某案件中达成和解协议，约定更换监理公司监理总监。吴某某系该项目总监理工程师，其担任总监四年期间监理的全部工程已竣工并交付使用，吴某某认为自己依法承担工程质量终身监理责任，两公司通过和解协议更换总监应当取得自己的同意。吴某某认为由于两公司协商更换了总监理工程师增加了自己承担工程质量终身监理责任的风险，损害了自己的合法权益，故提起了撤销之诉。最终，法院认为吴某某并非建设工程监理合同的当事人，对两公司调解书所涉及的诉讼标的没有独立的请求权，不属于有独立请求权第三人，从而裁定驳回了原告之诉请。①

第三，债务人的行为须有害于债权人的债权。有害于债权人的债权，是指债务人的行为减少了债务人的责任财产、降低了偿债能力，致使债务人无足够的财产来清偿其对债权人的债务，而使债权人的债权无法得到满足，故而损害了债权人的利益。有害于债权人债权的行为主要有两种：一是为债务人积极减少财产。例如，无偿地或以不合理的低价让与所有权，在自己财产上设定他物权，让与债权，免除他人债务等。二是为债务人消极地增加债务，《民法典》第539条规定："债务人以明显不合理的低价转让财产、以明显不合理的高价受让他人财产或者为他人的债务提供担保，影响债权人的债权实现，债务人的相对人知道或者应当知道该情形的，债权人可以请求人民法院撤销债务人的行为。"例如债务承担，为他人提供保证，为他人的债权增设抵押权、提前清偿未到期债务等。

凡是因债务人的行为，使其陷入资力不足、不能清偿所有债权或者发生清偿困难，且该状态持续到撤销权行使时仍然存在的，即可认定为有害于债权。但是，清偿到期债务及获取正常对价的买卖互易等情况，不能被认定该行为有害于债权而被撤销。至于债务人将所得款额用于何处，或者挪作他用甚至非法转移资产的，不会导致该正常的交易被撤销，其撤销的对象应该是非法转移资产的行为。

（二）主观要件

主观要件，是指行为人行为时具有的主观恶意，即债务人与第三人为法律行为时，明知行为有害于债权而为之的心理状态。

应当说，债务人对于自己负有债务且尚未清偿的状态是明知的，其一旦作出了有害债权人债权的行为即可推定其主观上是有过错的。因此，无须探究债务人的主观心态，只要看是否有损害债权人的客观后果即可。但是，相对人则往往不了解债务人与债权人的关系，亦未必知道债务人负有债务尚未清偿，因此对于其与债务人发生的法律关系，就必须要考究其主观心态。具体的问题，也要进行有偿获得、无偿获得之区别对待：（1）对于相对人的无偿获得（包括以不合理的低价获得）。由于该无偿或者不合理的低价行为有害于债权，只需具备客观要件，无论相对人是否知道有害债权之后果，债权人均可请求法院予以撤销。理由是，对无偿获得行为的撤销，仅使受益人丧失无偿所得之利益，并未损害其固有利益，法律须侧重于保护受损的债权人之利益。（2）对于相对人的正常有偿之获得。由于有合理的对价，只有相对人在行为时明知有损于债权人的债权的，债权人方可行使撤销权。例如，李四欠张三10万元未付，李四在负有债务尚未清偿的情况下将自己的一套商品房按市场的正常价格200万元出售给了王五，并且办理了过户登记手续。李四在收到购房款后，将之挥霍一空。张三起诉李四并申请法院查封该房屋时，发现房屋已经办理了交易过户手续。此案中，王五对李四欠张三的款项之事不知情，即使知道也以为是李四出售房屋是为了偿还张三的债务，且王五也按照市场价格支付了购房款并办理了过户手续，王五没有过错。因此，当张三起诉李四并将王五列为第三人的撤销之诉之中，张三的诉请将不会获得支持。

---

① 最高人民法院〔2020〕最高法民申2615号《民事裁定书》。

三、撤销权行使的方式及撤销期限

（一）撤销权行使的方式

债权人撤销权的行使时需注意：

第一，由债权人以自己的名义通过诉讼方式行使。由于债权人撤销权关系到第三人的利益，因此，应由法院审查债权人撤销权的各项成立要件，以避免债权人撤销权之滥用。民商事仲裁机构无权管辖关于债权人撤销权行使的案件。

第二，债务人为被告，相对人列为第三人。

在债权人撤销权案件中，债权人是原告，债务人是被告，相对人列为第三人。如果原告仅将债务人列为被告而未列第三人的，人民法院可以追加该受益人或受让人为第三人。

第三，可合并审理。当两个或两个以上债权人以同一债务人为被告，就同一标的提起撤销权诉讼的，人民法院可以合并审理。

第四，可申请诉讼保全。债权人提起撤销权之诉时，可申请法院对债务人的财产，又或者对债务人与相对人交易之标的采取诉讼保全措施。例如，原告与被告以及第三人的债权人撤销权纠纷一案，原告起诉后向法院申请了财产保全，请求法院对被告的银行存款50余万元或其他财产予以冻结、查封，最终法院作出裁定进行了查封。①

第五，撤销权的行使范围以债权为限。《民法典》第540条规定："撤销权的行使范围以债权人的债权为限。""债权"并非是"债权额"。由于债权额是确定的一个数额，而债权是一种权利，由此所发生的撤销权并不像代位权那样有一个额度的限制。例如，李四对张三有80万元的债务，但李四将自己价值100万元的房产无偿赠与了王五。张三发现后提起了撤销之诉。显然，该撤销之诉并非可简单、机械地支持张三撤销无偿赠与的80万元部分、另20万元的部分不予撤销；撤销的应该是无偿赠与的行为。

（二）撤销期限

撤销权属于形成权，适用除斥期间的相关规定。撤销权不存在中止、中断或者延长的问题。

撤销权应自债权人知道或者应当知道撤销事由之日起1年内行使，自债务人的行为发生之日起5年内没有行使撤销权的，该撤销权消灭。例如，李四欠张三100万元到期未还，而趁张三出国定居期间，李四于2015年1月20日将属于自己的一处房产无偿赠与给了王五并于当天办理了不动产过户登记手续。但在每年的催款行动中，李四都写下欠条给托人交给张三，称次年一定会连本带利地偿还。张三于2020年5月30日回国时才发现李四将其房屋无偿赠与了王五。于是，张三于2020年6月1日向法院起诉，要求撤销李四赠与房产给王五的行为，要求王五返还房产给李四并要求法院查封该房产。显然，从李四无偿赠与之实际行为的2015年1月20日开始计算，至2020年5月30日，已经超过了5年。故张三的撤销权已经消灭，其诉请不能获得支持。

---

① 山东省青州市人民法院〔2019〕鲁0781财保1261号《民事裁定书》。

四、撤销后的法律效果

《民法典》第542条规定："债务人影响债权人的债权实现的行为被撤销的，自始没有法律约束力。"债务人的行为被依法撤销后，债务人与第三人之间所建立的关系无效。作为第三人的受益人已受领债务人财产的，负有返还的义务，原物不能返还的，应折价予以赔偿。受益人向债务人支付对价的，对债务人享有不当得利返还请求权。例如，当债权人对债务人享有普通债权的情况下，应当判令被撤销行为所取得的财产返还给原财产所有人（即"原路返还"，但可申请法院予以查封），而不能直接判令债务人的关联公司因"恶意串通，损害第三人利益"的合同而取得的债务人的财产返还给债权人。①

行使撤销权的债权人有权请求受益人向自己返还所受利益，并有义务将所受利益加入债务人的一般财产，作为全体一般债权人的共同担保（无优先受偿权）。《民法典》第540条规定，债权人行使撤销权的必要费用，由债务人负担。因此，债权人行使撤销权所支付的律师代理费、差旅费等必要费用，由债务人承担；第三人有过错的，应当适当分担。

债务人将主要财产以明显不合理低价转让给其关联公司，关联公司在明知债务人欠债的情况下，未实际支付对价的，可以认定债务人与其关联公司恶意串通、损害债权人利益，与此相关的财产转让合同应当认定为无效。

【本章小结】

尽管合同有相对性，但是针对特定情形，《民法典》规定了债权代位权和债权撤销权的制度。当合同债权人因债务人出现了消极的不作为、怠于行使债权，或者出现了积极的不当行为（放弃债权或赠与财产给他人），最终导致债权人债权受到损害的，债权人可依法行使代位权或者撤销权，以维护自身的债权和正常的债权债务秩序。

【课后练习】

1. 名词解释

合同保全；合同债权代位权；债权撤销权。

2. 简答题

（1）合同保全制度的意义何在？（可参见本章第一节的内容）

（2）债权代位权的行使必须符合哪些条件？（可参见本章第二节的内容）

（3）如何理解债权代位后的"入库规则"？（可参见本章第二节的内容）

（4）债权撤销权的期限以及起算点是如何规定的？（可参见本章第三节的内容）

3. 案例分析题

原告梁某某与被告周某某、杨某某之间的借款始自2013年3月17日，因两被告到期未还本付息，又向原告出具新的借据，然后又发生新的借款，至2013年11月27日滚动形成合计531万元。原告对两被告所享有531万元的债权，已经黑龙江省佳木斯中级人民

---

① 最高人民法院〔2012〕民四终1号《民事判决书》（最高人民法院指导案例33号）。

法院〔2014〕佳商初字第35号生效民事判决予以确认，但两被告仍未执行生效判决应清偿之债务。2013年7月22日至2013年12月12日期间，两被告先后将其所有的七套房产无偿登记在其婚生子的第三人周某某的名下。原告于2014年10月28日提起债权人撤销权之诉。①

问：请根据相应的法律规定以及合同法理，分析撤销权行使的条件以及后果。

提示：可参见本章第三节的内容及参考《民法典》第538条至第542条以及相应的规定。

① 最高人民法院〔2017〕最高法民申910号《民事裁定书》。

第六章　合同的担保

【本章引言】 当事人订立双务合同，则合同当事人的债务履行往往有先后，在先履行的一方就会面临着因对方不履行合同而产生债权难以保障之风险。尽管有合同保全制度，但该制度是当债权遭受侵害之后才可启动的事后措施。因此，在合同订立时就预先设定好，一种旨在保障今后合同债权实现措施的合同担保制度就产生了。

【本章重点】 合同担保的概念；合同担保的方式；保证责任；定金规则；抵押担保规则；质押的相关规定；留置规则。

第一节　合同担保及其意义

【导入案例】

案例 6-1

《承诺函》不构成担保责任纠纷案①

1996 年，某省政府为某实业公司向银行贷款出具《承诺函》，载明“将尽力维持借款人的存在及正常营运，竭尽所能确使借款人履行其责任义务，如借款人不能偿还债务，将协助解决借款人拖欠债务，不让银行在经济上蒙受任何损失”。由于实业公司借款后未依约还款，故 2003 年，银行委托律师事务所以特快专递的方式向省政府发出了《律师函》，要求省政府履行承诺，不让银行受到经济上的损失。由于省政府未能协调实业公司的还款事宜，银行作为原告起诉实业公司和省政府，要求实业公司偿还借款、省政府承担担保责任。

法院认为：从本案《承诺函》的名称与内容来看，省政府仅承诺“协助解决”，未对实业公司债务作出代为清偿之意思表示。《承诺函》不符合《担保法》第 6 条有关“保证”的规定，不能构成法律意义上的保证。《律师函》亦未要求省政府承担代为清偿债务的责任，而是仅要求实业公司履行承诺不让银行受到经济上的损失。可见，《承诺函》所涉省政府与银行双方对案涉债务并未达成保证担保之合意，不能在双方之间形成保证合同关系，故省政府的《承诺函》不构成保证。银行依《承诺函》要求省政府承担保证责任于法无据，法院不予支持。

① 最高人民法院〔2014〕最高法民四终 37 号《民事判决书》。

【简要评述】为他人的经济活动提供保证，法律对保证人有明确的规定。而且，《承诺函》并非是典型意义上的担保法律文书，应通过具体的内容分析其本意。

【法条依据】《民法典》第 681 条规定：“保证合同是为保障债权的实现，保证人和债权人约定，当债务人不履行到期债务或者发生当事人约定的情形时，保证人履行债务或者承担责任的合同。”

【理论讲授】

一、合同担保及其特征

（一）合同担保的界定

合同担保，是指法律规定或者当事人约定的确保债务人履行债务，保障债权人的债权得以实现之法律措施。

合同担保与合同保全之区别，主要表现在于：第一，合同担保未超出合同对内效力的范畴；而合同保全则已经超越了合同之间的当事人，向合同外的第三人延伸。第二，合同担保主要是因当事人的约定而产生；而合同保全则完全是由法律的规定产生。第三，合同担保产生于合同签订时或合同履行之前，更加彰显出对合同债权的保障；而合同保全是在合同债权难以实现时才启动的。第四，合同担保可产生一定的优先权，例如抵押的优先受偿权；而合同保全无论是代位权还是撤销权，根据“入库规则”，不能产生优于其他债权人的优先受偿之权利。例如，银行向张某个人发放贷款到期应还本付息 80 万元，而签订《借贷合同》时借款人提供了一处评估价为 100 万元的住房抵押。但该个人还欠有 A、B、C 三位自然人各 20 万元的借款。全部债务的履行期均已届满，所有债权人都要求该债务人偿还。最终，设置抵押的房产被拍卖，所得款额 120 万元，银行作为抵押权人享有优先受偿权。80 万元在首先支付给银行后，剩余的款额 40 万元由 A、B、C 依比例平均受偿。第五，合同担保使债务人、保证人履行债务；合同保全并不会产生合同外的第三人对合同主债务承担债务责任。

（二）合同担保之特性

1. 从属性

合同担保不能单独产生，其必须依附于主债务，如果主债务不存在或者已经清偿，则合同担保措施也就自然消灭。因此，合同担保以主合同的存在为前提，因主合同的变更而变更，因主合同的消灭而消灭，因主合同的无效而无效。《民法典》第 682 条规定：“保证合同是主债权债务合同的从合同。主债权债务合同无效的，保证合同无效，但是法律另有规定的除外。保证合同被确认无效后，债务人、保证人、债权人有过错的，应当根据其过错各自承担相应的民事责任。”

2. 补充性

合同担保一经成立，就在主债权债务关系的基础上补充了某种权利义务关系。只有当主债务没有履行或者没有全部履行的情况下，合同担保责任才会被启动，但其责任的范围不会超过主合同应承担责任的范围。

3. 保障性

合同担保，从作用的角度上看，是用以保障债务的履行和债权的实现。实际上，合同义务方应当履行合同义务，合同担保无疑是为合同义务人履行义务而给合同债权增加了一重保障。

二、合同担保的分类

1. 依担保物是否特指为标准的划分

一般担保，是指债务人以其所有的财产权而提供的担保。例如，甲向银行借款，乙为甲做信用保证，则属于乙的合法财产以及财产性权利都将被列入担保之范畴。

特别担保，是指针对特定的债务以某个特别担保物权之价值所设立的担保。例如，甲向银行借款，乙将自己的一处房产提供给银行作抵押担保，则乙的担保以该抵押房产为限。

2. 依担保的内容为标准的划分

人保，是指以担保人（自然人或法人）的信用为基础，凡是属于其名下依法拥有的财产（除了设置特别担保以外）均纳入担保财产范围的担保。

物保，是指债务人或者第三人为保障债权实现而提供的动产、不动产所设置的担保。当债务不履行时，仅就该财产将可能被折价、变价、拍卖，所得之款额优先用于偿还债务的担保方式。

权保，是指债务人或者第三人为保障债权实现而提供具有财产性利益的权利或者权益，所设置的担保。当债务不履行时，该权利或者权益将可能被折价、变价、拍卖，所得之款额优先用于偿还债务的担保方式。

金钱保，又称定金，是指合同一方当事人以向对方支付一定数额金钱之方式，以保障合同义务履行的担保方式。

3. 依担保发生的依据为标准的划分

约定担保，是指基于合同当事人的意定而确定之担保。

法定担保，是指依据法律的直接规定而产生之担保。我国的法定担保只有留置担保。

4. 依担保的对象为标准的划分

原担保，是指为主合同之债而设立的担保。

反担保，是指为担保之债而设立的担保。《民法典》第689条规定："保证人可以要求债务人提供反担保。"例如，甲为债权人，乙为债务人，丙为乙向甲提供保证，就是原担保；而丙要求乙给其提供担保，乙将自己的房屋抵押给丙，保证如果自己无法向甲履行债务而在丙承担了担保责任后，乙将该房屋变价后所得之款额优先偿还丙的代偿款额，就是反担保。

三、合同担保的意义

合同关系的确立，意味着合同一方对对方之信任，并且将未来的利益寄托于对方信守合同之上。但是，现实往往不尽如人意。无论是因合同主体主观上的不讲信用，还是由于客观原因导致合同义务不能履行，都会影响到合同权利之实现。尽管合同履行抗辩权为债权人提供了一定程度上的保障，但合同保全只是在合同债权已经遭受侵害的情况下的救济措施。除了现有的合同履行抗辩权以及合同保全制度外，人们在寻求一种事先、更加稳妥的保障方式。因此，合同担保制度就应运而生了。

由于在签订合同时、合同尚未履行前就事先设定了合同债权的担保措施，故而对促进债务人在今后的合同履行以及保障合同债权，都具有积极的作用。如果没有合同的担保制度，仅有合同保全，对合同债权的保护是不足够的。例如，甲公司与乙公司签订一份《购销合同》，约定甲公司先向乙公司供货 100 万元，货到三天之内乙公司再向甲公司支付货款。如果没有合同的担保措施，则甲公司就要冒着届时收不到货款之风险。如果甲公司要求乙公司提供担保，而乙公司将该公司的一处评估价为 500 万元的商铺抵押给甲公司，则甲公司完全无需担心乙公司届时不付款。因为如果乙公司不付款，则甲公司可依法要求对该商铺进行拍卖，所得之款额优先偿还 100 万元之货款。

第二节　保　　证

【导入案例】

案例 6-2

反担保保证责任承担纠纷案[①]

A 公司向银行申请贷款，B 公司为 A 公司向银行提供担保，C 公司与 B 公司签订《保证反担保合同》明确约定，C 公司自愿为 B 公司作为 A 公司的反担保保证人，向 B 公司提供保证反担保。

由于 A 公司未依约向银行还本付息，B 公司承担了担保责任替 A 公司向银行偿还了1 000万元的借款本息，但之后 A 公司未将代偿的款额支付给 B 公司。于是，B 公司要求 C 公司承担反担保的保证责任。本案经过湖南省高级人民法院二审判决：C 公司向 B 公司承担反担保的保证责任，但 C 公司不服而以《保证反担保合同》并非是真实意思表示以及原告并未为债务人代偿1 000万元为由，向最高人民法院提出再审申请。2020 年 6 月 4 日，最高人民法院再审后认定，《保证反担保合同》是当事人真实意思之体现，且原告已经履行了担保责任代偿了1 000万元，但 C 公司未承担反担保的保证责任，二审判决有事实依据和法律根据，二审判决正确，故而裁定：维持二审判决，驳回再审申请。

【简要评述】保证人为债务人履行债务而向债权人提供担保，而他人向担保人提供了反担保。当保证人履行了保证责任为债务人向债权人清偿了债务，在其清偿范围内要求反担保提供者承担反担保的担保责任，符合规定。

---

① 最高人民法院〔2020〕最高法民申 1271 号《民事裁定书》。

【法条依据】《民法典》第689条规定:“保证人可以要求债务人提供反担保。”

第700条规定:“保证人承担保证责任后,除当事人另有约定外,有权在其承担保证责任的范围内向债务人追偿,享有债权人对债务人的权利,但是不得损害债权人的利益。”

【理论讲授】

一、保证及其作用

(一)保证的概念

保证,是指合同以外的第三人向债权人承诺,当债务人不履行债务时,其按照约定履行债务或承担责任的担保方式。

从一般语义的角度分析,保证意味使某种事情更加稳定、可靠和可信之表达,目的在于让他人更加放心。作为合同法律领域的专业术语,则表示为一种对他人责任的承担。诚然,合同订立,本身就意味着合同当事人向对方所作出的一种保证,但这种保证仅限于合同当事人的承诺(仅为自己内心之表达)。例如,甲、乙之间签订了一份合同,合同中所约定的义务,就是当事人向对方所作出的保证,但这种保证仅停留在自己承诺之形态上,如果违背了自己的承诺,则需要转接到违约责任的承担来体现。可见,仅有合同对方的承诺,并未解决自己的担心,亦未起到防范对方违约之作用。

(二)保证的特性

1. 附从(随)性

保证是以债务人履行主合同的债务为对象,因此保证关系以主合同存在或将来存在的主债务为前提,随主合同的消灭而消灭。

保证的附从(随)性,不仅体现在合同关系的成立上,如果没有主合同的主债务,也就没有保证的必要;也体现在合同内容的范围和强度上,保证合同不得超出主合同中的债务;还体现在保证也不得脱离主债务而发生单独的转移方面。例如,甲、乙签订了一份双务合同,丙为乙提供担保。丙与甲所建立的保证合同,就是附随在甲、乙主债务合同上的。如果不存在甲、乙的主合同关系,就不会存在丙和甲的从属性保证关系。而且甲将丙的保证,单独地转让给丁,也是不成立的。

2. 独立性

保证合同尽管是从合同,但其并非是合同主债务的一部分,在附从的主合同债务范围内具有独立性。保证合同还可以约定如果不履行保证责任的违约责任。尤其是在国际贸易中,“不可撤销保函”的独立性更强,其不因主债务合同的无效、撤销而归于消灭。

3. 补充性或连带性

对于一般保证,只有当主债务人的财产被强制执行后,保证人才对不足以清偿的部分承担补充清偿之责任。而在连带保证中,主债权人可以选择主债务人或者保证人承担主债务的清偿责任,又或者是两者承担连带责任。

（三）保证的作用

保证作为一种担保措施，可以起到以下三个方面的作用：第一，促进合同的签订。合同双方当事人进行商务谈判，准备在合同中设定权利义务，可能不太了解对方的资信状况，故而对于债务人是否会履约心存疑虑。如果一方提供一个对方比较了解而且可信的第三方保证，将会增加对方的信任度，促进合同的订立。第二，促成合同当事人的远期交易。合同双方当事人一手交钱一手交货、两不相欠，只要不存在数量和质量的问题，即时的交易无须第三方保证。但是，随着社会的发展，钱、货往往很难即时两清，总需一方先行，要么是先给钱、要么是先交货，任何一方先履行都会担心对方是否会依约履行义务；如果彼此不信任对方，又没有其他的担保措施，那么很容易陷入“同时履行”的合同履行僵局。第三，保障合同债权人实现债权。万一债务人不履行债务，保证人要承担保证责任，这种设计是在合同债务人之外再增加了一个主体来承担合同的债务，这对债权的实现无疑是有益的。

二、保证合同

（一）保证合同的概念

保证合同，是指保证人与债权人订立的，关于在主债务人不履行其债务时，由保证人承担债务之协议。

保证合同作为从合同，附属于主债权债务合同，属于从合同、单务合同、无偿合同、诺成合同、附停止条件合同。保证合同区别于单方承诺。例如，甲、乙签订了一份《购销合同》，在合同履行前，甲向乙发出了一份《承诺书》，明确将会依照合同约定，将符合质量要求的产品按时发货，否则将承担违约责任。甲就是向乙作出了单方的承诺人。如果该《承诺书》重复了合同的内容，则无实质性意义。但如果丙向甲出具了《承诺函》，声称甲可以放心地依约交货，其保证乙会依约付款，如果乙不付款则丙将承担付款责任。丙的这份《承诺书》，实质上就是保证。因此，不能仅从标题上看，要从主体和内容方加以分析和认定。

（二）保证合同的当事人

保证合同的当事人主要有保证人、债权人。债务人（被保证人）只是主合同的当事人，其并非是保证合同必须要出现的合同当事人。

合同债务人不能成为保证人。此外，根据《民法典》第683条的规定，机关法人不得为保证人，但是经国务院批准为使用外国政府或者国际经济组织贷款进行转贷的除外。以公益为目的的非营利法人、非法人组织不得为保证人。以公益为目的之法人、非法人组织，一般包括体育馆、图书馆、学校、医院等。

不得作为保证人的主体，在实际中提供了保证，则该保证合同无效。但是，由于其缔约存在过失，也应承担相应之责任。例如，在某财政局与某某公司关于保证合同纠纷一案①中，财政局作为国家行政机关，对于自己不能作为保证人应当明知，其与接受担保的债权人某银行之间形成的保证合同无效负有同等的过错责任。故，法院认为财政局应当以主债务人某某公司和担保人某建设总公司不能清偿债务18 753万元的1/2 即9 376.5万元为限，承担连带赔偿责任。

（三）保证合同的内容和形式

根据《民法典》第684条的规定，保证合同的内容一般包括被保证的主债权的种类、数额，债务人履行债务的期限，保证的方式、范围和期间等条款。如果对上述内容没有约定，或者约定不明确的，依照《民法典》关于保证合同的相关规定处理。例如，对于保证方式没有约定或者约定不明确的，认定为一般保证方式。

根据《民法典》第685条的规定，保证合同可以是单独订立的书面合同，也可以是主债权债务合同中的保证条款。第三人单方以书面形式向债权人作出保证，债权人接收且未提出异议的，保证合同成立。

除了一次性保证外，还有连续性的“最高额保证”。最高额保证，是指保证人和债权人签订一个总的保证合同，为一定期限内连续发生的借款合同或同种类其他债权提供保证，只要债权人和债务人在保证合同约定的期限且债权额限度内进行交易，保证人则依法承担保证责任的保证行为。例如，A公司因周期性生产购买零部件需要流动资金，在一年内反复多次向B银行申请贷款。过去每一次的贷款不但要A公司与B银行专门签订一份《借贷合同》，还都需要由C公司做保证人再与B银行签订一份《保证合同》，十分繁琐。而C公司获得了B银行1 000万元的授信额度②，故与银行签订了一份《最高额保证合同》，为在一年内A公司向B银行申请未偿还的贷款额不超过1 000万元提供保证。

《民法典》第690条规定：“保证人与债权人可以协商订立最高额保证的合同，约定在最高债权额限度内就一定期间连续发生的债权提供保证。最高额保证除适用本章规定外，参照适用本法第二编最高额抵押权的有关规定。”

三、保证方式

保证方式，是指保证人担保承担债务人债务的方式。

《民法典》第686条规定：“保证的方式包括一般保证和连带责任保证。当事人在保证合同中对保证方式没有约定或者约定不明确的，按照一般保证承担保证责任。”这一规定，与《担保法》第19条“当事人对保证方式没有约定或者约定不明确的，按照连带责任保证承担保证责任”是相反的。即过去无约定或者约定不明时，推定为连带保证，实际上是侧重于对债权人的保护，从而加重了保证人的责任；而《民法典》“对保证方式没有约定或者约定不明确的，按照一般保证承担保证责任”的规定，则是侧重于对保证人

① 最高人民法院〔2017〕最高法民终84号《民事判决书》。

② 授信额度，是指商业银行为客户核定的短期授信业务的存量管理指标。只要授信余额不超过对应的业务品种指标，无论累计发放金额和发放次数为多少，银行业务部门均可快速向客户提供短期授信资金，从而满足客户对金融服务快捷性和便利性的要求。

的保护，从而体现了公平合理分配责任之理念。

（一）一般保证

一般保证，又称为补充保证，是指当事人在保证合同中约定，债务人不能履行债务时，由保证人承担不能履行债务部分保证责任之保证。一般保证人享有“先诉抗辩权”①。

《民法典》第687条规定：“一般保证的保证人在主合同纠纷未经审判或者仲裁，并就债务人财产依法强制执行仍不能履行债务前，有权拒绝向债权人承担保证责任，但是有下列情形之一的除外：（一）债务人下落不明，且无财产可供执行；（二）人民法院已经受理债务人破产案件；（三）债权人有证据证明债务人的财产不足以履行全部债务或者丧失履行债务能力；（四）保证人书面表示放弃本款规定的权利。”例如，甲向银行申请贷款20万元，乙提供的是一般保证，甲到期未还本付息，银行起诉甲、乙，法院判决甲须偿还债务、乙承担一般的保证责任。则只有当银行向法院申请对甲强制执行，其不足部分才由乙承担保证责任。假如经过法院的强制执行，甲履行了18万元的债务，则剩余的部分2万元才由乙承担保证责任。

（二）连带保证

连带保证，是指当事人在保证合同中约定保证人和债务人对债务承担连带责任的保证。“连带”实际上是不分彼此、先后，均视为主债务人同样对待。

《民法典》第688条规定：“连带责任保证的债务人不履行到期债务或者发生当事人约定的情形时，债权人可以请求债务人履行债务，也可以请求保证人在其保证范围内承担保证责任。”例如，甲向银行申请贷款20万元，乙提供的是连带保证，甲到期未还本付息，银行可以起诉甲、乙，或者单独起诉甲又或者乙；如果银行起诉甲、乙，法院判决甲偿还债务、乙须承担连带保证责任。则当银行申请法院强制执行时，无论甲还是乙，只要在银行有存款或者其他有可供执行的财产，都可能会被直接执行。

四、保证担保的责任

（一）保证担保的范围

保证担保的范围，属于当事人可协商的内容。有约定的从约定，无约定的从法定。《民法典》第691条规定：“保证的范围包括主债权及其利息、违约金、损害赔偿金和实现债权的费用。当事人另有约定的，按照其约定。”例如，A、B两公司签订《购销合同》，约定A的法定代表人甲为A公司担保，担保额度为合同货款总额5万元。最终，A公司未能履约，不仅欠付5万元的货款，依约还应承担违约金3 000元。B公司起诉A公司和甲，甲只在约定的5万元额度内承担保证责任。

① 先诉抗辩权，是指一般保证的保证人当主合同纠纷未经审判或者仲裁，并就债务人财产依法强制执行仍不能履行债务前，可拒绝债权人要求其承担保证责任的抗辩权利。

（二）保证责任的承担及追偿权

在保证期间，债务人未履行债务，债权人向保证人要求其承担保证责任的，根据一般保证与连带保证的不同，保证人应依法承担保证责任。

当保证人承担了保证责任之后，可依法向债务人追偿，或者行使代位债权。

（三）保证期间

保证期间，是指保证人承担保证责任的时间。

《民法典》第692条规定："保证期间是确定保证人承担保证责任的期间，不发生中止、中断和延长。债权人与保证人可以约定保证期间，但是约定的保证期间早于主债务履行期限或者与主债务履行期限同时届满的，视为没有约定；没有约定或者约定不明确的，保证期间为主债务履行期限届满之日起六个月。债权人与债务人对主债务履行期限没有约定或者约定不明确的，保证期间自债权人请求债务人履行债务的宽限期届满之日起计算。"

值得注意的是，保证期间不同于诉讼时效期间。《民法典》第188条规定："向人民法院请求保护民事权利的诉讼时效期间为三年。法律另有规定的，依照其规定。"例如，A向B出借款项5 000元，C作为B债务人的保证人但未约定保证期间。2020年1月1日到了偿还期，但B并未向A清偿。因此，该债权的诉讼时效从2020年1月2日开始计算为三年，但是保证期间则从2020年1月2日开始计算为六个月。2020年7月10日，A起诉B和C，未超出诉讼时效，但因已经超过了保证期间，C将不承担保证责任。

（四）保证责任的免除

1. 保证责任的免除的概念

保证责任的免除，又称为保证债务的免除，是指基于法律规定或当事人约定，免却保证人承担保证责任的现象。

正常情况下，主债务人完全履行了债务，则保证人的保证责任无须承担。保证合同无效或因受欺诈、胁迫而签订保证合同被依法撤销的，保证人不承担保证责任。从严格意义上说，无须承担、不承担保证责任，并非是保证责任之免除。保证责任的免除，正常的理解应该是本应承担，但因特定事由而得以免除。

2. 保证责任的免除之情形

第一，超过保证时效而免除。《民法典》第693条规定："一般保证的债权人未在保证期间对债务人提起诉讼或者申请仲裁的，保证人不再承担保证责任。连带责任保证的债权人未在保证期间请求保证人承担保证责任的，保证人不再承担保证责任。"例如，张三向某银行申请信用卡，应银行之要求，李四为张三提供了保证并在申领信用卡表的保证人一栏上签字，该表上没有注明保证期间。张三领取信用卡后使用，但其透支额未按时归还。从免息归还期届满的次日起，超过了6个月，银行才要求张三还款付息并要求李四承担保证责任。李四以超过保证期间为由予以拒绝。

第二，擅自转让债权、债务而免除。《民法典》第696条规定："债权人转让全部或者部分债权，未通知保证人的，该转让对保证人不发生效力。保证人与债权人约定禁止债权转让，债权人未经保证人书面同意转让债权的，保证人对受让人不再承担保证责任。”《民法典》第 697 条规定：“债权人未经保证人书面同意，允许债务人转移全部或者部分债务，保证人对未经其同意转移的债务不再承担保证责任，但是债权人和保证人另有约定的除外。第三人加入债务的，保证人的保证责任不受影响。”例如，张三向李四出借5 000元款项，王五为李四担保。但李四背着王五并征得了张三的同意将债务转让给了赵六。赵六没有依约向张三还款，于是张三找到王五要求其承担保证责任，王五予以拒绝。保证人为他人提供担保，是基于对合同债权人和债务人的特定关系的一种确定且保障，如果更换了债权债务的主体，保证人未必会同意为债务人担保，而且不同的债务人的偿债能力是不一样的。如果将一个具有较强偿债能力的人更换为一个较低甚至根本没有偿债能力的人作为新的债务人，必然会增加保证人的保证责任，此时要保证人承担保证责任，对保证人而言是不公平的。因此，债权、债务的转让，需要征得保证人的同意。

第三，债权人怠于行使权利而免除。《民法典》第 698 条规定：“一般保证的保证人在主债务履行期限届满后，向债权人提供债务人可供执行财产的真实情况，债权人放弃或者怠于行使权利致使该财产不能被执行的，保证人在其提供可供执行财产的价值范围内不再承担保证责任。”

第四，因抵销或撤销而免除。《民法典》第 702 条规定：“债务人对债权人享有抵销权或者撤销权的，保证人可以在相应范围内拒绝承担保证责任。”

第三节　定　　金

【导入案例】

案例 6-3

定金双倍返还纠纷案①

2015 年 3 月 20 日，被告（甲方）与原告（乙方）签订《股权转让协议》，约定“乙方以股权转让的方式受让某某公司（标的公司）股权及相关派生权益。双方一致同意在甲方承诺内容及约定条件全部成就时，乙方才承担按照约定方式、期限支付股权受让价款的合同义务，支付的定金除外。股权转让价款为9 575万元，此价格不因任何事由而改变，包括评估、审计等事由。乙方在本协议签署生效后 5 日内向甲方支付 400 万元人民币的定金（特别说明：签署本协议前，乙方已支付的贰佰万元包含在该笔款项中，不足部分由乙方补齐）。转让条件成就，则该笔款项应冲抵股权受让价款。甲方及标的公司就本协议约定的甲方及标的公司项下各项义务承担连带责任”。

合同签订后的 5 日内，原告通过银行转账的方式向被告支付了 200 万元定金。由于被告的原因，最终未能履行办理股权转让手续，故原告要求被告双倍返还定金 800

① 贵州省高级人民法院〔2019〕黔民终 858 号《民事判决书》。

万元。被告于2015年8月27日向原告出具《承诺书》承诺于2015年9月20日前返还原告合同定金200万元及利息20万元，共计220万元，若未能按期支付，将按合同约定承担法律后果。

原告认为其事实上已经支付了400万元定金给被告，被告违约拒绝履约，应当依法双倍返还定金计800万元，故起诉至法院。被告辩称仅收到合同签订后的200万元定金。合同签订前所支付的200万元是履行另一份《承包协议》的款额，并非是本案合同的定金。

一审法院审理后认为，在2014年11月10日，原告就向被告之妻林某某转款200万元，且在2015年3月20日的《股权转让协议》中双方已经合意将该200万元纳入本案股权转让400万元定金进行了确认。故，一审法院支持原告之诉请，判决被告双倍返还定金800万元给原告。被告不服而提起上诉，二审法院经审理，于2020年1月23日作判决：驳回其上诉，维持原判。

【简要评述】定金作为一种合同的担保方式，由一方在合同履行前（通常是签订合同时）支付给对方。如果一方违约而不履行合同，则须依照定金罚则处理。

【法条依据】《民法典》第587条规定："债务人履行债务的，定金应当抵作价款或者收回。给付定金的一方不履行债务或者履行债务不符合约定，致使不能实现合同目的的，无权请求返还定金；收受定金的一方不履行债务或者履行债务不符合约定，致使不能实现合同目的的，应当双倍返还定金。"

【理论讲授】

一、定金及其作用

（一）定金的概念

定金，是指合同当事人为了保证债务的履行，约定由一方先行支付给对方一定数额的货币之担保方式。

相对于以人的信誉作为担保的保证，定金属于以金钱进行担保的方式。定金具有从属性、实践性、预先支付性、双重担保性。

定金，既不同于预付款，也不同于订金、诚意金、保证金。定金属于合同的一种担保方式，不但具有冲抵应付款的作用，还有惩罚等其他的作用；预付款仅有预付的功能。而法律上没有规定的押金、订金、诚意金、保证金，根据合同当事人的约定，符合合同法的基本原则，发生纠纷时根据实际情况区别对待和处理。①

（二）定金的种类

按照不同的标准，可以将定金划分为：

---

① 广州市消委会．消费时要分清"订金"和"定金"[J]．企业研究，2018（3）．

(1) 立约定金，是指在预约中保证今后订立本约所支付的定金。如果拒绝订立本约，则需依照定金罚则承担违约责任。

(2) 成约定金，是指作为合同成立的要件而支付的定金。合同中可以约定，以定金交付为合同成立的要件。但是，在未交付定金的情况下，一方履行了合同的主要义务而对方接受的，即使未交付定金，合同也成立。

(3) 履约定金，又称违约定金，是指作为担保合同义务履行所支付的定金，该定金具有违约惩罚的作用。在合同没有特殊约定的情况下，定金一般做履约定金处理。

(4) 解约定金，是指在合同中明确约定的以承受定金罚则作为保留合同解除权的代价之定金。

(三) 定金的作用

不同种类的定金，作用不完全相同。尽管在《民法典》中关于定金规定的条款不多，但在理论上研究的并不少，司法实践中涉及需要处理定金的案件就更为普遍了。定金，不但起到证约的作用，还起到预先给付、担保和违约惩罚之作用。

二、定金规则

(一) 实际交付规则

定金作为一种合同的担保方式，并非是合同的必备条款。是否需要约定定金，具体由哪一方向对方支付，支付多少等，均属于私权处分和意思自治的范畴。因此，《民法典》第586条规定："当事人可以约定一方向对方给付定金作为债权的担保。定金合同自实际交付定金时成立。……实际交付的定金数额多于或者少于约定数额的，视为变更约定的定金数额。"例如，A公司（卖方）与B公司（买方）签订一份购销合同，约定：买卖货物标的额为100万元，合同签订时买方向卖方支付定金20万元，合同签订后5日之内交货、货到当天付款。但在签订合同时，买方声称公司财务运作有点问题，仅支付了15万元的定金给A公司。如果今后发生合同纠纷，在处理定金的问题上，就只能按15万元的定金额来计算。因为定金合同是主债权债务合同的从合同，是相对独立的要物（以实际交付为准）合同。

(二) 限定比例规则

尽管合同当事人可以自由约定定金及数额，鉴于定金有违约惩罚的作用，为了防止出现显失公平之现象，故法律对定金支付额作出了相应的限制。《民法典》第586条规定："定金的数额由当事人约定；但是，不得超过主合同标的额的百分之二十，超过部分不产生定金的效力。"例如，A公司（卖方）与B公司（买方）签订一份购销合同，买卖货物标的额为100万元。如果约定并一方实际支付了30万元定金，那么在发生纠纷处理时，只能认可其中的20万元作为定金来处理，超过20%部分的10万元应做预付款处理。

（三）选择确定规则

由于定金本身具有惩罚作用，而我国民事赔偿制度的设计是基于“填平理论”以体现公平，所以违约赔偿应以实际损害为限。如果按照定金罚则处理之后，再叠加违约金，可能会远远超出守约方所受之损失，这对违约方而言是不公平的。《民法典》第588条规定，当事人既约定违约金，又约定定金的，一方违约时，对方可以选择适用违约金或者定金条款。例如，合同双方签订了一份买卖货物标的额为100万元的《购销合同》，合同中既约定定金20万元并实际支付，又约定了违约金为合同总额的30%。那么。守约方在追究违约方责任时，只能要么选择定金罚则处理（双倍返还定金），要么选择违约金条款处理（支付30%的违约金，定金本额按照预付款处理）。

（四）损失补偿规则

如果守约方选择了定金罚则处理，但定金额不能完全补偿实际损失的，则对于超出定金罚则款额部分的，还可以要求对方赔偿。《民法典》第588条规定：“定金不足以弥补一方违约造成的损失的，对方可以请求赔偿超过定金数额的损失。”例如，合同双方签订了一份买卖货物标的额为100万元的《购销合同》，合同中既约定了定金5万元并实际支付，又约定了违约金为合同总额的3%。因违约造成守约方实际损失8万元，守约方选择适用定金罚则得到了5万元的赔偿。那么，对于3万元未能获得补偿的损失款额，还可以要求对方赔偿。

三、定金处理及处罚

（一）冲抵应付款或收回

在合同双方当事人依约履行了合同义务的情况下，合同债务人可将预先支付的定金纳入应付款中直接进行冲抵，此时的定金就起到了预付款的作用。《民法典》第587条规定：“债务人履行债务的，定金应当抵作价款或者收回。”例如，买方向卖方支付了20万元的定金，则在总货款100万元的后续付款中仅需再支付80万元即可，无须支付100万元再要回定金20万元。至于在分期付款中，定金是冲抵第一期还是最后一期，则由当事人约定；没有约定的通常被纳入最后一期付款额结算。

如果是合同的债权人向债务人支付的定金，则在履行合同义务后可收回定金。例如，标的额为100万元，卖方向买方支付了20万元的定金，则在交货后可收回定金。买方除依约支付100万元外，还需向卖方退还20万元的定金。

（二）对等处罚

定金，不仅具有预付的功能，还具有违约惩罚的功能。《民法典》第587条规定：“给付定金的一方不履行债务或者履行债务不符合约定，致使不能实现合同目的的，无权请求返还定金；收受定金的一方不履行债务或者履行债务不符合约定，致使不能实现合同目的的，应当双倍返还定金。”这属于对等处罚的规定，只要一方不履行债务，致使不能实现合同目的的，则需接受定金罚则之惩罚。例如，给付的一方违约，就无权取回定金(该定金就当成是违约金支付给了守约方)；收取定金的一方违约，则需双倍①返还定金(相当于退还定金本额，再加上一倍的金额作为违约金支付给对方)。

第四节 合同的其他担保方式

【导入案例】

案例 6-4

不同主体之间设立的抵押权纠纷案②

2014 年 11 月 3 日，A 公司（委托人）、B 银行（受托人）及 C 公司（借款人）三方签订《委托贷款借款合同》，约定：贷款金额为壹亿元整，年利率 20.8%，按日计息，结息日为每月 20 日，期限为 24 个月，自 2014 年 11 月 3 日起至 2016 年 11 月 2 日止。借款人若不按期归还贷款本息，受托人有权按约定利率基础上，每日加收 0.5‰计取罚息。后来三方签订了《委托贷款借款合同之补充合同》约定分期出借款额并约定了利息支付方式和提前终止借贷条件。合同约定纠纷提交中国国际经济贸易仲裁委员会仲裁。

2014 年 11 月 3 日，B 银行作为抵押权人、D 公司作为抵押人签订了《抵押合同》，约定：D 公司以其位于某地 5 处房地产为 B 银行与 C 公司《委托贷款借款合同》项下对 C 公司形成的债务提供抵押担保。抵押担保范围包括主债权本金（壹亿元)、利息、复利、罚息、违约金、损害赔偿金、汇率损失以及实现抵押权的费用等(合同约定纠纷由法院管辖)，该抵押合同已办理抵押登记。

2015 年 1 月 4 日、1 月 21 日，A 公司依据合同约定，向 C 公司发放两笔贷款，合计9 920万元。C 公司未依约支付相应利息，A 公司于 2016 年 5 月 27 日向 B 银行发出《关于提前终止委托贷款的函》，并通过 B 银行向 C 公司发出《提前结束贷款通知书》，决定于 2016 年 5 月 26 日提前终止委托贷款，并要求 C 公司在 5 日内清偿全部委托贷款本金、利息、罚息等相关费用。C 公司未清偿。

2017 年 1 月 23 日，A 公司及 B 银行依据《委托贷款借款合同》约定，向中国国际经济贸易仲裁委员会提起仲裁请求，申请裁决借款人 C 公司向 A 公司偿还贷款本金、利息及罚息等费用。仲裁庭作出裁决：C 公司应向 A 公司支付《委托贷款借款合同》项下本金9 920万元；C 公司向 A 公司支付利息28 308 056.71元；C 公司向 A 公司支付罚息2 223 585元；C 公司向 A 公司支付以127 508 056.71元为基数，自2016 年 5 月 27 日起，按照年利率 24%，计算至实际清偿之日的罚息；仲裁费1 094 409元，全部由 C 公司负担。

因 C 公司未履行仲裁裁决，A 公司向法院提起诉讼，请求：判令 A 公司对案涉

---

① 双倍，就是两倍，指一个数乘二。20 万元的双倍就是 40 万元。

② 最高人民法院〔2019〕最高法民终 1860 号《民事判决书》。

抵押房地产依法享有抵押权，即拍卖、变卖该抵押财产所得的价款优先偿还A公司的贷款本息1.8465亿余元及实现债权的费用（仲裁费1 094 409元）及以欠付本金和利息之和为基数自2016年5月27日起按照年利率24%计取至清偿之日止的罚息、实现债权的费用。

该案经过一审，后于2019年12月19日由最高人民法院作出终审判决，支持了原告A公司对D公司位于某地案涉的五处抵押财产享有抵押权，并有权在本金9 920万元、利息283万余元、实现债权费用109万余元以及以127 058 056.71元为基数按照年利率24%自2016年5月27日起计算至实际清偿之日的罚息限额内，对拍卖、变卖五处抵押财产所得的价款优先受偿诉讼请求。

【简要评述】A公司作为委托人，B银行作为受托人，C借款人通过银行得到款额，而提供抵押物的则是另外一个D公司，且所签订的抵押合同中的抵押权人则是B银行。本来A与C签订《借款合同》（注明委托银行放款），加上A与D签订《抵押合同》即可，而且关系简单、可操作。但，本案纷繁复杂的关系以及仲裁、诉讼的不同约定，形成了“斩不断、理还乱”的局面。但是最终，债权人对抵押物依法享有优先受偿权。

【法条依据】《民法典》第394条规定：“为担保债务的履行，债务人或者第三人不转移财产的占有，将该财产抵押给债权人的，债务人不履行到期债务或者发生当事人约定的实现抵押权的情形，债权人有权就该财产优先受偿。”

【理论讲授】

一、抵押

（一）抵押的概念

抵押，是指抵押人和债权人（抵押权人）以书面形式订立约定，不转移抵押财产的占有，将该财产作为债权的担保方式。

抵押是一种担保方式，其以财产为对象，但财产不转移占有（仍由财产权人占有），当债务不能清偿时可能会以折价或者以拍卖、变卖该财产的价款，使抵押权人的债权获得优先受偿。

（二）抵押的种类

根据不同的标准，可对抵押进行不同的分类，如不动产抵押、动产抵押；财产抵押、权利抵押；确定财产抵押、浮动抵押；确定额抵押、最高额抵押，等等。

（三）抵押财产

1. 允许设置抵押的财产

《民法典》第395条规定：“债务人或者第三人有权处分的下列财产可以抵押：（一）建筑物和其他土地附着物；（二）建设用地使用权；（三）海域使用权；（四）生产

设备、原材料、半成品、产品；（五）正在建造的建筑物、船舶、航空器；（六）交通运输工具；（七）法律、行政法规未禁止抵押的其他财产。抵押人可以将前款所列财产一并抵押。”

2. 禁止设置抵押的财产

《民法典》第 399 条规定：“下列财产不得抵押：（一）土地所有权；（二）宅基地、自留地、自留山等集体所有土地的使用权，但是法律规定可以抵押的除外；（三）学校、幼儿园、医疗机构等为公益目的成立的非营利法人的教育设施、医疗卫生设施和其他公益设施；（四）所有权、使用权不明或者有争议的财产；（五）依法被查封、扣押、监管的财产；（六）法律、行政法规规定不得抵押的其他财产。

违反法律规定而设置的抵押无效，不产生抵押的法律效力。”

（四）抵押合同及抵押登记

1. 抵押合同

《民法典》第 400 条规定：“设立抵押权，当事人应当采用书面形式订立抵押合同。抵押合同一般包括下列条款：（一）被担保债权的种类和数额；（二）债务人履行债务的期限；（三）抵押财产的名称、数量等情况；（四）担保的范围。”

2. 抵押登记

建筑物和其他土地附着物、建设用地使用权、海域使用权、不动产，或者正在建造的建筑物、船舶、航空器设置抵押的，应当办理登记，未经登记的不产生抵押的法律效果。未登记的不动产抵押，产权人应承担相应的担保责任。例如，2013 年 6 月 4 日，甲因资金周转需要，与乙签订《借款合同》借款 150 万元，月利率 2%，借款期限为 10 天（2013 年 6 月 4 日至 6 月 13 日），同时约定乙如果到期未归还借款本息，自逾期之日起每日按实际借款总额的 0. 5%向甲支付违约金，如未按合同约定的结息日付清，则按所欠利息金额每日收取 2%的罚息。同日，丙提供担保，并与甲签订了《抵押合同》，约定以其名下的位于某处的住宅房屋作为抵押担保，同时丙的妻子丁作为该抵押物的产权共有人向原告出具了《产权共有人书面证明》，承诺其作为该房屋的共有权人，同意将属于其个人名下资产全部作为抵押物。后乙依约向甲支付了借款 150 万元，甲出具了借条。借款到期后，乙多次找三人催讨，但甲一直拖欠不还，故向人民法院提起诉讼。法院认定借款关系成立，尽管抵押未经登记，但产权人同意设立抵押。故判决甲偿还借款及利息，丙、丁以其所有的设置抵押的房屋对甲的上述借款本息承担抵押担保责任。①

《民法典》第 403 条规定：“以动产抵押的，抵押权自抵押合同生效时设立；未经登记，不得对抗善意第三人。”动产未经登记的抵押不发生债权人对抵押物的优先受偿权，但提供抵押物的人仍须承担相应的担保责任。

《民法典》第 404 条规定：“以动产抵押的，不得对抗正常经营活动中已经支付合理

① 如何认定房产抵押合同未登记时抵押人的担保责任［DB/OL］.［2020-08-23］. 湖南省高级人民法院：http：//hunanfy. chinacourt. gov. cn/article/detail/2019/01/id/3706739. shtml.

价款并取得抵押财产的买受人。”

动产设置抵押，未登记不得对抗善意第三人。例如，某公司将一套生产设备（动产）设置抵押给了债权人，但未经登记，该公司后因改产而将该套设备出售给了另一个工厂。债务清偿期届满时，债权人要求拍卖该套设备时才发现早被出售了。于是，债权人向法院起诉，要求撤销该套设备的买卖关系，行使将该套设备拍卖之所得享有的优先受偿权。依据《民法典》第 403 条，债权人的请求将不能获得支持。

（五）抵押的特殊规则

1. 抵押不破租赁规则

《民法典》第 405 条规定：“抵押权设立前，抵押财产已经出租并转移占有的，原租赁关系不受该抵押权的影响。”例如，张三将自己的房屋出租给了李四，之后与王五签订了一份借款合同并同时办理了房屋的抵押登记。当张三不能偿还债务时，王五要求法院将该抵押房产进行了拍卖，赵六依法拍得该房产并支付了购房款，但并不影响李四依约继续租用该房产至租赁期间届满。只是，李四在赵六拍得该房产后，将租金支付给赵六，赵六在租赁期间不能否定该租赁关系。值得注意的是，抵押不破租赁的前提是租赁关系设定在抵押设置之前，这就是人们常说的“带租约出售”① 方式。如果抵押之后才设定的租赁关系，则不适用该规则。

2. 流质条款无效规则

流质条款，又称绝押条款，是指转移抵押物所有权的预先约定。具体的表现，就是在订立抵押（质押）合同时，抵押权人和抵押人在合同中约定：当债务人履行期限届满抵押权人未受清偿时，抵押物或者质押权利的所有权直接转移为债权人所有，从而消除主债权债务关系的内容。例如，张三向李四借款 180 万元，期满应还本付息 200 万元；张三提供了经过评估价为 200 万元的自己的房屋并办理了抵押登记手续。双方约定，李四到时不能还本付息时，该房产直接归张三所有，李四必须配合张三办理过户手续。甚至，更为典型的是在签订《借款合同》的同时还签订另外一份《房屋买卖合同》。显然，这就是典型的流质条款。到了还款时间，李四无力偿还，房价大涨，该案涉房产评估价已经到了 400 万元，李四要求出售该房产给他人来还债 200 万元，而张三却要求直接办理过户手续，李四拒绝，于是引发纠纷。但是，如果双方在主债权届满后，经过协商，重新确定了抵押物的价款而变价处理，则不构成流质条款。例如，合同当事人于 2017 年 1 月 15 日签订了《股权转让框架协议》，之后设置了股权质押，当主债务履行期限届满后，合同当事人对质押的股权变价进行了买卖，是合法有效的，并不属于流质条款。②

《民法典》第 401 条规定：“抵押权人在债务履行期限届满前，与抵押人约定债务人

---

① 带租约出售，是指房屋在出售前已经出租给了承租人使用的销售方式。这种房屋的出售不能破坏租赁合同，承租人还享有优先购买权。如果他人要购买这种房屋，前提是租户放弃优先购买权。而且，购买房屋后，购房者只能向承租人收取租金到租赁期届满之后才能享有完全的所有权。

② 最高人民法院〔2019〕最高法民申 5664 号《裁定书》。

不履行到期债务时抵押财产归债权人所有的，只能依法就抵押财产优先受偿。”买卖型以房抵债合同订立于债务履行期届满前，其实质为非典型担保合同，一般认定为担保有效，但债权人不得基于该合同主张移转房屋所有权；即使进行了房产所有权登记转移，亦无效。① 若该合同订立于债务履行期届满后，则其实质为债务履行方式变更协议，一般亦认定为有效，债权人可以基于该合同主张移转房屋所有权；如债务人认为房屋价值远超欠款，可行使合同撤销权。

3. 房地产一并抵押规则

鉴于不动产之特性，故房产与地产一体化（不可分离），因此也就有了“房随地走、地随房走”的说法，即当土地上有建筑物时，设置建筑物抵押时必须将土地使用权一起设置抵押；设置土地使用权抵押时亦须同时设定建筑物抵押。《民法典》第 397 条规定：“以建筑物抵押的，该建筑物占用范围内的建设用地使用权一并抵押。以建设用地使用权抵押的，该土地上的建筑物一并抵押。抵押人未依据前款规定一并抵押的，未抵押的财产视为一并抵押。”例如，张三拥有一处国有土地使用权，其在上建筑了房产，为了担保主债务时设定房产抵押，其仅将该房产办理了抵押登记手续。之后出现了纠纷，在处理上视为房产所占之土地使用权一并设置了抵押。如果在设置抵押时未有建筑物，仅设立了土地使用权的抵押，则在后建设的建筑物亦应纳入抵押之范围。

通过出让方式所获得的国有土地使用权可以单独设置抵押；乡镇、村企业的建设用地使用权不得单独抵押，以乡镇、村企业的厂房等建筑物抵押的，其占用范围内的建设用地使用权一并抵押。

（六）抵押的法律效力

如果主债务得以清偿，则抵押解除；只有当债务人不履行债务时，债权人才有权依法以该财产折价或者以拍卖、变卖该财产的价款获得优先受偿。

值得注意的是，抵押是债权人当债务未能清偿时，第一步必须是将抵押物变价，第二步才是在所得款额内享有优先受偿权。因此，不得直接将抵押物与未清偿的债务抵销。如果所得款额仍不足以清偿债务的，债务人还须承担清偿的责任。例如，甲向乙出借一笔款额 50 万元，而乙提供的抵押物经过拍卖仅得 30 万元，对该 30 万元债权人享有优先受偿权，不足部分的 20 万元，债务人仍需继续清偿。如果存在多个有效的抵押，则依照顺位在有余额的范围内进行清偿。例如，丁分别向甲、乙、丙各借款 10 万元，而丁所提供的抵押物分别设置给甲、乙，抵押物被拍卖后所得款额 15 万元。如果甲是第一顺位的抵押权人、乙是第二顺位的抵押权人，丙是一般债权人。那么，所得之 15 万元首先用于偿还甲的 10 万元，剩余的 5 万元用于偿还乙的 10 万元（还有 5 万元为一般债权）。后来，丁未设置抵押的汽车被依法查封最后被拍卖所得 10 万元，则该 10 万元由乙和丙依照债权额的比例获得清偿。

---

① 四川省成都市中级人民法院〔2018〕川 01 民终 18620 号《民事判决书》。

二、质押

（一）质押的界定及性质

质押，是指债务人或第三人向债权人移转某项财产的占有权，并由债权人掌握该项财产以作为债务人履行某种支付金钱或履约责任之担保方式。

提供出资财产权的债务人或者第三人为出质人，债权人为质权人，交付的动产或财产权为质押财产。

质押，属于担保的一种方式，其区别于抵押在于：（1）对象不同。质押的对象通常是一种财产权；抵押的对象是财产（动产或不动产）本身。（2）形态不同。质押转移占有（改变了财产的管领状态）；抵押不转移占有。（3）财产减损责任不同。质押财产发生减损，一般由质押权人承担；抵押财产发生减损，一般由抵押人自己承担。（4）处置方式不同。质押权人在主债权清偿届满时，得依合同约定或法律规定直接处置质押财产；抵押权人在主债权清偿届满时，须与对方协商或申请法院处置抵押物。诚然，两者也有相同点：一是当主债务清偿后担保方式解除；二是主债务未能清偿时，债权人对变价所得之款额享有优先受偿权。

（二）质押设立的要求

1. 质押的设立，须有当事人的合意

我国未规定法定质押。设立质押，当事人应当采用书面形式订立质押合同。质押合同一般包括下列条款：（1）被担保债权的种类和数额；（2）债务人履行债务的期限；（3）质押财产的名称、数量等情况；（4）担保的范围；（5）质押财产交付的时间、方式等。

2. 动产须交付、权利须登记

质押分为动产质押和权利质押两种。对于动产设置质押的，需要完成交付；对于权利设置质押的，需要经过登记。可作为质押的权利有：汇票、支票、本票、债券、存款单、仓单、提单；依法可以转让的股份、股票；依法可以转让的商标专用权、专利权、著作权中的财产权；依法可以质押的其他权利。例如，B公司向A公司借款。2016年9月30日，C公司将其持有的D某保险股份有限公司1 112万股质押给A公司、E公司将其持有某保险股份有限公司股份1 222万股质押给A，并在中国证券登记结算有限责任公司办理了质押登记。同日，A公司将3.44亿元汇付给B公司。但之后B公司剩余借款本金288 610 648.22元、违约金27 778 577.22元未付。A公司起诉，要求B公司还款，A公司还主张对C、E提供质押的股权享有优先受偿权。法院判决A公司有权以折价或拍卖、变卖C、E公司质押的保险股份有限公司股份1 112万股、1 222万股所得价款，在剩余借款本金288 610 648.22元、违约金27 778 577.22元、律师费200 000元范围内优先受偿；C、E公司承担担保责任后，有权向B公司追偿。①

---

① 最高人民法院〔2019〕最高法民终1883号《民事判决书》。

（三）质押的法律效力

1. 孳息处理

除合同约定外，质权人有权收取质押财产的孳息，而且孳息应当先充抵收取孳息的费用。

2. 损害赔偿及担保

质权人负有妥善保管质押财产的义务；因保管不善致使质押财产毁损、灭失的，应当承担赔偿责任。质权人的行为可能使质押财产毁损、灭失的，出质人可以请求质权人将质押财产提存，或者请求提前清偿债务并返还质押财产。质权人在质权存续期间，未经出质人同意，擅自使用、处分质押财产，造成出质人损害的，应当承担赔偿责任。

因不可归责于质权人的事由可能使质押财产毁损或者价值明显减少，足以危害质权人权利的，质权人有权请求出质人提供相应的担保；出质人不提供的，质权人可以拍卖、变卖质押财产，并与出质人协议将拍卖、变卖所得的价款提前清偿债务或者提存。

3. 债务清偿的处置财产返还

债务人履行债务或者出质人提前清偿所担保的债权的，质权人应当返还质押财产。例如，甲公司向乙公司出借一套设备，乙公司将自己的注册商标设置质押，当乙公司依约履行清偿责任后，应当返还该注册商标证，并注销质押登记。

4. 优先受偿

债务人不履行到期债务或者发生当事人约定的实现质权之情形，质权人可以与出质人协议以质押财产折价，也可以就拍卖、变卖质押财产所得的价款优先受偿。质押财产折价或者变卖的，应当参照市场价格。质押财产折价或者拍卖、变卖后，其价款超过债权数额的部分归出质人所有，不足部分由债务人清偿。例如，张三向李四出借一笔款项，李四提供了一张不记名的银行存单作为质押，当债务清偿期限届满李四不能偿还时，张三将存单兑现，所得之款额优先受偿。不足清偿的部分李四仍需继续清偿；如果存单兑现款额所得超出了清偿之债务，则该超出的部分归李四。特许经营权的收益权可以质押，并可作为应收账款进行出质登记。如果特许经营权的收益权依其性质不宜折价、拍卖或变卖，质权人主张优先受偿权的，人民法院可以判令出质债权的债务人将收益权的应收账款优先支付给质权人。①

三、留置

（一）留置的界定及性质

留置，是指债权人因保管合同、运输合同、加工承揽合同依法占有债务人的动产，债务人不按照合同约定的期限履行债务的，债权人有权依照法律规定留置该财产，以留置财产折价或者以拍卖、变卖该留置物的所得价款中优先得到清偿的担保方式。

① 福建省福州市中级人民法院〔2012〕榕民初 661 号《民事判决书》（最高人民法院指导案例 53 号）。

作为担保的一种方式，其本质上属于拒绝对方行使物权所有权以保全自己债权实现的一种被动方式。留置权，其区别于《中华人民共和国监察法》第 22 条规定的“被调查人涉嫌贪污贿赂、失职渎职等严重职务违法或者职务犯罪，监察机关已经掌握其部分违法犯罪事实及证据，仍有重要问题需要进一步调查，并有下列情形之一的，经监察机关依法审批，可以将其留置在特定场所”的对人身自由所采取之限制措施。

担保的留置，相对于其他担保形式而言，其特点在于：（1）依照法律规定直接产生留置权，不需要当事人之间有约定为前提。（2）被留置的财产必须是动产。（3）留置的动产与主合同有牵连关系，即必须是因主合同合法占有的动产。（4）留置权的实现，不得少于留置财产后 2 个月的期限（不宜保存之物品除外）。（5）留置权人就留置物之变价有优先受偿的权利。

（二）留置成立的要求

1. 留置以法律规定或合同约定为前提

《民法典》第 447 条规定：“债务人不履行到期债务，债权人可以留置已经合法占有的债务人的动产，并有权就该动产优先受偿。前款规定的债权人为留置权人，占有的动产为留置财产。”可见，留置可以是由合同当事人作出专门的约定，在没有约定的情况下，只要属于法律规定的范围，均可产生留置权。一般情况下，在保管、加工、定作、修理、运输、仓储等领域，均可产生留置权。例如，张三将汽车驾驶到汽车修理店，汽车修理店将车修好后通知张三，张三到店后未支付修理费。此时，汽车修理店有权拒绝张三将车提走，这就是在行使留置权。按照民法的一般理论，当债权与物权行使发生冲突的时候，物权优先于债权。但为了保障债权之实现，留置权的确定，在一定程度上使债权人以保障债权实现为由，可暂时阻却物权人行使其物的所有权。即当一个物上负有债务的时候，所有权人行使所有权将受到一定的限制。

根据《民法典》第 449 条“法律规定或者当事人约定不得留置的动产，不得留置”的规定，如果当事人在合同中明确约定了不得留置的，则不能行使留置权，也不发生留置的效果。

2. 留置物品限于动产且被动取得

留置权的设定，限于保管、加工、定做、修理、运输、仓储等领域，是由于在该特殊领域存在着“先前行为”，即保管行为、加工行为、定作行为、修理行为、运输服务、仓储服务等，其合同的当事人享有债权。而且，债权人所取得的留置财产是被动的（由债务人主动交付）。

3. 留置的物品与债务有直接关联

《民法典》第 448 条规定：“债权人留置的动产，应当与债权属于同一法律关系，但是企业之间留置的除外。”例如，甲公司向乙公司供货，但乙公司未依约付款。当乙公司的一辆货车装载货物路过甲公司门口时，甲公司负责人带领员工将该车辆扣押在仓库中，要求乙公司付款作为放行的条件。乙公司欠付的货款，与乙公司车辆运输给第三人的另一批货物，相互之间没有直接的关联性。故，甲公司的行为不属于行使留置权，而是拦路抢劫。原则上，一事一债对一物，但是在商务活动中如果存在着连续的同一法律关系，尽管具体物品不同，但主体是相同的，仍属于同一法律关系，则可以行使留置权。例如，张三将一辆红旗牌轿车开到4S店修理，修好后欠付修理费5 000元就开走了；后来又开来另一辆比亚迪牌汽车修理，当比亚迪牌汽车修好之后其支付了1 000元的修理费就要提走，但4S店以其前面一辆红旗牌轿车未付修理费为由而拒绝放行该辆比亚迪牌汽车。从表面上看这是两回事，但是属于商业活动中的同种类的法律关系。因此，汽车修理店有权拒绝同一车主在后的提车，其行使留置权是正当的。

（三）留置权的实现

1. 保管义务

在留置合同中，应当明确留置权人对留置物的保管义务，由此而产生的损害责任由留置权人承担，当事人可自主约定责任的承担方式，如赔偿款项、原物返还等。债权人在行使留置权留置财产时，不得使用该财产。《民法典》第451条规定：“留置权人负有妥善保管留置财产的义务；因保管不善致使留置财产毁损、灭失的，应当承担赔偿责任。”

2. 交付留置物

如果债务人清偿了债务，则留置权人应当放行留置物品；如果留置物属于可分物，则可以留置财产的价值应当相当于债务的金额之物品，债务以外价值的留置财产应当放行。例如，甲受乙的委托，加工一批海鲜产品，加工费为10万元，当乙来提货时只能支付5万元的加工费。此时，甲留置的不应当是整批货物，而应该是以整批已经加工好了的成品收取加工费的比例来计算，留置部分而放行部分的成品。

3. 优先受偿权

债务人逾期不履行主合同债务的，留置权人可根据相关法律或合同约定处置留置物；留置权人对留置财产丧失占有或者留置权人接受债务人另行提供担保的，留置权消灭。

《民法典》第453条规定：“留置权人与债务人应当约定留置财产后的债务履行期限；没有约定或者约定不明确的，留置权人应当给债务人六十日以上履行债务的期限，但是鲜活易腐等不易保管的动产除外。债务人逾期未履行的，留置权人可以与债务人协议以留置财产折价，也可以就拍卖、变卖留置财产所得的价款优先受偿。留置财产折价或者变卖的，应当参照市场价格。”

对留置物变价所得之款额，债权人享有优先受偿权。而且，该优先受偿权属于法定优先，优先于其他的担保优先权。《民法典》第456条规定：“同一动产上已经设立抵押权或者质权，该动产又被留置的，留置权人优先受偿。”例如，张三向某银行申请消费贷款5 000元，向某商店签订合同以分期付款的方式购买了一台电脑（合同约定了所有权保留条款，即张三未全部付清款额前电脑的所有权仍属于商店所有）。之后办理了电脑的借款抵押，再之后因电脑故障而拿到了修理店去修理，因欠下修理费1 000元未付而被修理店留置。所有的债务均已到期，该电脑最终被拍卖所得款额8 000元。按照法律规定，修理店作为留置权人享有优先受偿权。

留置财产折价或者拍卖、变卖后，其价款超过债权数额的部分归债务人所有，不足部分由债务人清偿。

【本章小结】

为了保障合同债权的实现，当事人可在主合同签订时订立一个从属的担保合同。合同担保作为合同债权的事先约定和保障措施，区别于合同保全的合同债权遭受侵害时之救济措施。合同担保的方式多种多样，不但有以主体信誉为标的之保证，也有以金钱保障的定金，还有以物所设置的抵押，另外还有以财产权利所设定的质押以及法律直接规定的留置权。无论哪一种合同债权的担保方式，都是以保障合同债权实现为目的，权利行使都必须符合法律的规定。

【课后练习】

1. 名词解释

合同的担保；保证；定金；抵押；质押；留置。

2. 简答题

（1）合同担保与合同债权的保全制度有何区别？（可参见本章第一节的内容）

（2）一般保证和连带保证的结果有何不同？（可参见本章第二节的内容）

（3）定金规则有哪些？（可参见本章第三节的内容）

（4）如何理解留置权行使的相关条件？（可参见本章第四节的内容）

3. 案例分析题

A 房地产开发公司向 B 公司借款，A 公司于 2010 年 3 月 25 日将其正在建设中的某区芙蓉花园 1-2 栋面积为 2220.01m^2 的 30 间商铺一起办理了抵押登记手续，抵押登记显示：贷款期限 6 个月；房地产价值 999 万元；贷款金额 750 万元；房地产证号空白。

2011 年 8 月，A 公司将上述登记抵押登记的其中一间“芙蓉花园第 58-1 号商铺”与丁某某签订了《商品房买卖合同》，丁某某当即支付了总房款的 95.7%（18.8 万元）及全部的税费，A 公司亦向其交付了商铺给丁某某实际占有使用，但到案件审理时还没有办理产权证。

B 公司认为建筑物整体 2220.01m^2 已经办理了抵押登记，当然也就包括了 A 单独出售给丁某某的该商铺，因此 B 公司对丁某某所购买的商铺享有抵押的优先受偿权。丁某某则认为其购买的是没有抵押的商铺，在登记簿上没有显示，如果其当时知道设置了抵押是不会购买的。A 公司对于至今尚未办理房产证以及抵押登记时没有注明具体的房产证号的解释是：由于案涉芙蓉花园小区的商铺当时正在建设之中，尚未办理大产权证，所以抵押登记不可能有具体的产权证号；由于设置了抵押，在没有涂销抵押的情况下也不可能给丁某某办理个人的产权证。

由于抵押登记簿上所记载的抵押财产不具体、特定、明确，引发了债权人与购买者关于抵押财产范围的纷争。①

问：请根据相应的法律规定以及担保制度的法理，分析抵押权设定的条件。

提示：可参见本章第四节的内容，参考《民法典》第 394～424 条以及关于抵押的相应规定。

① 最高人民法院〔2017〕最高法民申 2274 号《民事裁定书》。

第七章　合同的变更和债权债务的转移

【本章引言】 除了特殊类型的合同，合同体现了当事人的意思自治和私权处分，合同签订后经过协商一致，可以变更合同。而且，作为合同的债权债务，依法也可以转移给合同外的第三方，但必须符合法律规定。

【本章重点】 合同变更的条件以及效果；合同债权债务转移的条件以及效果。

第一节　合同的变更

【导入案例】

案例 7-1

微信聊天变更合同纠纷案①

2015 年 5 月 9 日，甲乙双方签订《北京市存量房屋买卖合同》，约定甲方名下的房屋以 700 万元出售，乙方应于本合同签订当日向甲方支付 30 万元，除定金与拟贷款金额外的购房总价款分两次向甲方支付：第一次，于办理银行商业贷款签订合同时支付 320 万元；第二次，于办理房屋所有权转移登记当天支付 105 万元。合同还约定甲乙双方最晚应于合同签订之日起 90 日内，共同向房屋权属登记部门申请办理房屋权属转移登记手续；乙方逾期付款超过 10 日的，甲方有权单方解除合同。2015 年 5 月 9 日乙方支付定金 5 万元，5 月 11 日再支付定金 25 万元。

2015 年 6 月 26 日，双方办理银行贷款合同签订手续，但因双方提供贷款审批所需材料不齐备，尚需完善批贷手续。2015 年 7 月 1 日，乙向甲转款 70 万元。2015 年 7 月 3 日晚上 22 点 11 分，甲方向乙方发送微信："按合同约定，您本应于银行面签之后打给我 320 万元，但目前只收到 70 万元。请尽快按合同支付相应款项。按照您的提议，我与搜房小贾沟通后，按照提出的可行的手续办理时间，希望按以下时间支付款项：7 月 6 日 200 万元，7 月 10 日 42 万元，7 月 14 日过户当天资金监管 108 万元，其余 250 万元为银行放贷。如果未按以上时间约定付款，则按合同约定按应付款的每日万分之五支付违约金。" 乙方于 2015 年 7 月 3 日当晚 22 点 30 分微信回复甲方："可以。"

---

① 北京市西城区人民法院〔2015〕西民初 27580 号判决书。

乙方依照甲方发送的微信内容要求，于2015年7月6日向甲方付款200万元、10日付款42万元（连同定金共支付了272万元）。7月10日，银行收到中介公司提交的网签合同；7月18日，根据银行的要求，乙方向银行补充提交了其配偶的收入证明。而7月18日当天，甲方向乙方发出《房屋买卖合同解除通知》声称解除合同，乙方于2015年7月25日收到该通知。2015年7月29日，银行通知中介公司要求甲方提供其配偶的译本公证，同日甲方再次向乙方发出《房屋买卖合同解除通知》，乙方于2015年7月30日收到该通知。乙方诉至法院，请求判令房屋过户以及甲方支付违约金70万元；甲方提起反诉，请求确认合同于2015年7月24日解除且已收取的定金30万元不予返还。

法院判决认定微信已经构成变更合同内容，在变更前乙方构成违约，但甲方要求解除合同的反请求不予支持。

【简要评述】合同签订后生效即对当事人具有约束力，任何一方未经协商不得变更。变更合同内容的方式多种多样，无论是采取《补充协议》的书面形式，还是采取手机信息、微信聊天又或者是口头方式，只要达成合意即可构成合同之变更。对于变更前的违约或变更后的违约，应当分别处理。

【法条依据】《民法典》第543条规定："当事人协商一致，可以变更合同。"

【理论讲授】

一、合同变更的界定及原因

（一）合同变更的界定

合同变更，是指在不改变主体的情况下，而使合同权利义务发生变化的现象。

合同责任主体的变化，通常不纳入合同变更的范畴加以研究。例如，A石材经营部登记的经营者为苏某某，其去世后，该经营部未办理注销登记手续，而是由其妻子康某某、死者的侄子苏某经营。自2016年2月起，该经营部共欠B石材经营部货款276 777元。B石材经营部起诉死者的侄子苏某，一审法院判决由被告支付应付货款276 777元。被告不服提起上诉，二审法院追加康某某为被告；法院认为，A石材经营部的登记者苏某某去世后，该经营部未注销登记，实际上由死者的妻子康某某和侄子苏某合伙经营，两人应承担对外所形成债务的连带清偿责任。二审撤销一审判决，改判康某某、苏某承担连带清偿责任。①

（二）合同变更的原因

1. 当事人协商一致

既然当事人协商一致可以订立合同，根据合同自由原则，当事人当然也可以通过协商

① 四川省成都市中级人民法院〔2018〕川01民终8652号《民事裁定书》。

一致而变更合同的内容。无论是一方的履行困难还是基于其他方面的考虑，只要是合同当事人本着相互谅解、配合的态度，同意变更合同内容的，就视为协商一致。

在合同实务中，有三个问题值得注意：一是在签订合同之同时，以《补充协议》改变合同中的某些条款。这种做法，比较多地出现在开发商与小业主所签订的《商品房买卖合同》，尤其是使用房地产交易中心提供的标准合同文本的时候。小业主通常只注意到《商品房买卖合同》，容易忽略作为合同附件的《补充协议》。而《补充协议》通常又是以格式条款的方式出现，尤其是减少或者免除合同中开发商的责任、加重小业主的责任或剥夺小业主的应有权利。例如，在某开发商与小业主签订的《商品房买卖合同》中，关于交房的验收条件设定为“开发商办理了综合验收”，但在《补充协议》中则修改为“工程竣工验收”；又如，《商品房买卖合同》约定逾期交楼的按每日购房总款的万分之五计算违约金，而到了《补充协议》中则修改为“逾期交楼的按每日购房总款的万分之五计算违约金，但最终计算的违约金以不超过购房总款的百分之一为限”。二是达成合意的当事人与合同当事人不一致。例如，张三与李四签订了一份《房屋买卖合同》，但是张三与李四的父亲进行沟通，甚至是以李四父亲的手机微信聊天向张三发出某种内容。发生纠纷时，李四通常以其父亲未经授权而不认可其意思表示，坚持按照合同约定的内容来认定和处理。通过手机微信聊天所体现的内容，因手机微信的账号属于哪个主人在认定上有困难，从而无法认定是合同当事人的意思表示引发的纠纷也相当多。三是在达成变更合同意思时，未以可见之证据形式固化。通常比较多的都是达成了口头协议，之后一方反悔。尽管目前人们经常用手机短信、微信聊天的形式来沟通，但也有不少的合同当事人以相关信息被删减而不认可该沟通的内容。对于电话录音或者录像视频，作为证据被采信通常就比较困难，因为这涉及未经许可私下的录音或录像是否合法的界定问题。因此，可靠的做法，还是要在达成意思一致的情况下，签订书面的《补充协议》或者《确认书》来加以巩固。

2. 基于法律直接规定

由于合同一方当事人违约，致使合同不能履行时，法律规定认可守约方有权将继续履行变更为损害赔偿。

3. 情势变更

合同签订后，出现了情势变更且严重影响到合同当事人的利益平衡，基于公平合理之考虑，在当事人诉请要求变更合同的情况下，审理机关可依法裁决变更合同。

4. 形成权人行使权利

形成权，是指依照权利人单方意思表示就可以使已经成立的民事法律关系发生变化的权利。形成权包括追认权、解除权、变更权、抛弃权、免除权、撤销权等。例如，法定代理人对限制民事行为能力人超越其行为能力与他人订立的合同加以承认或者变更。

5. 法律规定的其他原因

当出现了合同因欺诈、胁迫、乘人之危而成立但并未损害国家利益、他人权利、社会公序良俗的情况下，合同当事人可以要求撤销或者变更。

二、合同变更的条件

（一）原已存在着合同关系

所谓的变更，必须是有合同关系的存在，否则就无变更对象可言。因此，合同关系尚未成立，或者合同无效，就失去了变更合同内容的基础。如果合同是属于可撤销或者效力待定之状态，则完全可以通过变更而使之合法有效。

（二）合同的内容发生变化

值得注意的是，合同主体的更换，不属于合同的变更，而纳入合同转让之范畴。无论是合同之标的，还是合同履行又或者违约责任、争议解决方法等，凡是涉及合同内容的变更，均属于合同变更之范畴。例如，2013 年 6 月 15 日作为矿业公司的原告与被告公司签订了《设计合同》，约定被告为原告现有的铅矿采选改、扩建工程依照国家规范、标准和法律进行设计，将现有的年产 100 万吨改为年产 300 万吨，提供方案设计、施工设计图；设计费为 800 万元。2014 年 4 月 26 日，双方签订了《补充协议》，约定原来年产 300 万吨的变更为年产 200 万吨；2014 年 11 月 16 日双方再次签订变更合同，将年产再次变更为 150 万吨。被告于 2014 年 12 月向原告提供了初步的设计资料，原告尚欠 36. 9 万余元设计费未付。但原告从 2014 年 6 月就开始施工。原告称被告为其设计的斜坡道工程方案不合理，导致其增加了投资以及工程量，造成经济损失2 261万余元，要求被告赔偿。法院审理后认为，双方签订设计合同，之后变更了合同，在未交付初步设计资料的情况下，原告单方开始使用欠缺形式要件（未经会审、没有负责人签字）的图纸施工，其自身存在过错，因此原告的请求不能支持。①

（三）合同当事人协商一致

合同是当事人意思一致的体现。事情因社会发展而变化，因此，变更合同也属正常，但须合同当事人协商一致。正如不可能由单方就可以确定一个合同关系一样，变更合同的内容也应体现合同双方当事人真实、一致的意思。这种协商一致的结果，可以是由一方提出，经过双方的讨价还价之后最终确定；也可以是以一方提出而对方认可的方式单方表述“同意”。如果一方当事人主张合同内容已经变更，而另一方认为未经协商一致，则须由主张变更成立的一方举证。如果双方对经过协商所确定的内容予以认可，但是其内容表达上存在歧义或者无法确定是否变更了原来合同内容的，推定为未变更。因此，《民法典》第 544 条规定：“当事人对合同变更的内容约定不明确的，推定为未变更。”在某些情况下，合同一方当事人附有条件地同意变更合同的内容，则须考察所附条件是否成就，如果条件未成就，则合同没有变更。例如，甲、乙签订合同，约定甲将自己的房屋以 400 万元的价格出售给乙。随后房产价格暴涨至 600 万元，于是甲提出要求解除合同并愿意双倍返还定金 60 万元（收到的定金是 30 万元）作为解约的条件，但买方的乙则不同意，并提

---

① 北京市高级人民法院〔2020〕京法民终 225 号《民事判决书》。

出了一个相对应的条件：愿意加价50万元继续履行合同。但是，甲坚持要解除合同，乙则称如果甲愿意支付100万元的违约金，则同意解除合同，并留给甲一个收款的银行账号。甲思前想后，于是向乙的账户上转入了30万元（退还定金）、60万元（违约金）两笔款项，声称合同已经解除。而乙则一次性向甲支付了400万元，并向法院起诉，要求继续履行合同，甲则抗辩称合同已经变更，乙同意解除合同。根据双方协商过程的意思表示分析，可知各自开出了不同的条件，在最终未达成意思一致的情况下，合同未变更。因此，还须回到合同原来的约定来认定各自的履约行为。

协商一致改变合同的形式多种多样，既可以是以《补充协议》的形式，也可以是由一方发出函件而由对方认可的方式。例如，某房地产公司与某市政府签订了《改造协议》，约定房地产公司在城中村改造项目中提供回迁安置房屋的户数应多于246户、房屋面积应大于15207m^2。在后来具体的履行合同过程中，市政府与房地产公司又签订了一份《补充协议》，约定将规划建设二栋高层商住楼涉及北侧原有住宅遮阴部分按现行征收政策进行回迁安置。市政府于2017年7月14日向房地产公司发出的《督促函》明确回迁安置房户数为294户、面积为22780m^2，房地产公司在上面盖章确认，未对回迁安置房屋户数和面积提出异议。后来，房地产公司要求按《改造协议》确定会签安置房的户数以及面积。法院认为，《督促函》已经改变了《改造协议》中的回迁户数和面积，构成了合同的变更，故应当依照改变后的内容履行。①

（四）符合法律规定

如果属于特殊的合同，如政府指令的计划性合同，或者须经政府主管部门审批、备案的合同，还应履行特殊的手续。特别需要注意的是，合同变更，不得违反法律的禁止性规定。

三、合同变更的效力

（一）已变更部分的效力

合同变更后，对于原合同中所约定之内容进行了变化或者更换，只具有向前（将来需要履行的部分）的约束力，原来已经履行了的部分仍需依照原合同的约定处理。因此，除非双方有特别的约定，合同变更对原合同约定且实际已经履行的部分一般不具有溯及力，当事人不得要求返还已为之给付。例如，2019年12月1日甲小企业向银行贷款50万元1年用于生产经营，2020年1月开始至4月份期间，由于受新冠状病毒性肺炎疫情的影响，甲小企业暂停生产，甲于是向银行提出书面的申请报告，要求延长贷款期限4个月，并免除4个月的利息。经过充分的协商，双方签订了一份《贷款补充协议》，明确将原来合同约定的贷款期限延展4个月，原定2020年1月至4月的利息减按三分之一收取，原来按月支付利息的改为贷款期满一次性还本付息。已经改变了的部分，未来履行时按照改变的内容执行，未改变的部分仍按合同约定执行。

---

① 最高人民法院〔2020〕最高法民申2307号《民事裁定书》。

（二）未变更部分的效力

除非收回原来签订的合同而重新签订合同，以《补充协议》或者《确认书》等方式部分变更原合同的，未变更的部分仍然有效并继续履行。例如，《补充协议》仅重新约定了违约金的计算方式以及将纠纷提交法院管辖改变为某仲裁机构仲裁，则原合同中未做改变的条款仍然具有约束力。

第二节　合同债权债务的转移

【导入案例】

案例 7-2

带有担保的债权转让纠纷案①

2012年9月10日，甲、乙分别与某银行分行签订了《自然人最高额保证合同》，约定甲、乙为丙公司自2012年9月10日起至2015年9月10日止在银行分行办理人民币贷款、银行承兑汇票等，约定业务所形成的债务提供连带责任保证担保，担保范围为最高债务余额本金3.3亿元及利息、违约金、实现债权的费用（含律师费）等。而且，《自然人最高额保证合同》第7.13条约定："在本合同有效期内，债权人将主债权转让给第三人的，保证人仍在原保证担保范围内承担连带保证责任。"另外还约定："无论债权人对主合同项下的债权是否拥有其他担保，债权人均有权直接要求保证人承担担保责任。"

2012年9月10日、9月27日，丙公司与银行分行签订了两份《流动资金借款合同》，约定丙公司向银行分行共计借款8 820万元，且追加股东甲、乙自然人无限连带责任保证担保。2012年9月20日、9月27日，银行分行依约分别向丙公司支付了相应借款5 000万元和3 820万元。

2013年5月23日，银行分行与丁公司签订《债权转让协议》，约定将其对丙公司拥有的债权（其中本金29 956.3万元、利息403.7万元）转让给丁公司；双方同意债权转让总价款为30 360万元。2013年5月23日，银行分行向丙公司发出《债权转让通知书》，并将债权转让的相关事项通知了甲、乙，甲、乙、丙公司三方对债权转让的内容无异议。

借款期限届满后，经丁公司多次催讨，丙公司、甲、乙未清偿债务。故丁公司向法院起诉，请求判令丙公司还本付息，甲、乙对上述债务承担连带偿还责任。

甲辩称《自然人最高额保证合同》第9.2条约定对合同的变更作出了严格限制："本合同生效后，除本合同约定外，保证人、债权人双方任何一方均不得擅自变更或解除本合同。如需变更或解除本合同，均应当书面通知对方，并经双方协商一致，达成书面协议。"本案所涉债权转让属于对合同主体的变更，为双方明确约定限制变更

① 最高人民法院〔2017〕最高法民终390号《民事判决书》。

的内容。

一审、二审法院支持了丁公司的请求，判令丙公司还本付息以及甲、乙对上述债务承担连带偿还责任。

【简要评述】案涉《自然人最高额保证合同》第 9.2 条的约定，侧重于合同条款所规定的权利义务内容不得擅自变更或解除，不对本案的债权转让事宜构成影响。而且，第 7.13 条约定也明确了债权可以转让。合同债权依法转让，受让债权人可依法主张债权。

【法条依据】《民法典》第 545 规定："债权人可以将债权的全部或者部分转让给第三人。"

一、合同债权让与

（一）合同债权让与的界定

合同债权让与，又称债权转让，是指债权人将其合同债权转移于合同外的第三人享有之行为。

债权让与，不改变债权关系的内容，仅发生债权人的变化。其中，债权人称为让与人，第三人称为受让人，而合同的债务人没有发生变化。债权的让与，是实质性权利的转让，而非诉权的转移，至于在具体的诉讼案件中，合同当事人可授权委托他人代理案件出庭参加庭审活动，这又与债权让与、诉权转让完全不同。例如，张三对李四享有 1 万元的债权，张三给王五出具了一张《诉权转让确认书》，记载："今明确本人对李四所享有 1 万元的债权，现特将诉权转让给王五。"王五据此向法院起诉李四，要求李四直接向自己偿还债务 1 万元。法院不予受理该案，理由是，诉权不具有可转让性，该《诉权转让确认书》不产生债权转移的效果。

（二）合同债权让与的条件

1. 合同债权债务客观存在且合法

合同债权的让与，前提是必须要有未获清偿的债权存在，而且该债权必须是合法的。例如，甲、乙、丙、丁四人某天晚上玩麻将牌，乙欠了甲 5 元钱，甲于次日将乙欠的赌债 5 元钱的债权转让给了丙。于是，丙向乙主张债权。赌债属于非法之债，其本身不能获得法律的保护，故而也不存在合法让与的问题。

2. 不属于法律或合同约定禁止转让的债权

合同财产性的债权具有可转让性，因此《民法典》第 545 条规定："债权人可以将债权的全部或者部分转让给第三人，但是有下列情形之一的除外：（一）根据债权性质不得转让；（二）按照当事人约定不得转让；（三）依照法律规定不得转让。当事人约定非金钱债权不得转让的，不得对抗善意第三人。当事人约定金钱债权不得转让的，不得对抗第三人。"

债权的转移，一般是基于背后的某些特殊的基础法律关系，如负有债务而通过债权转让与债务抵销。通常情况下债权转让是有对价的，如果明显的不合理低价的债权转让，有可能损害其他人的合法权益而无效。例如，2015 年 5 月 27 日，曹某（债权转让方、原债权人）与 A 公司（债权受让方、新债权人）签订一份《债权转让合同》，约定：鉴于曹某与债务人 2013 年 10 月 16 日签订《借款及反担保约定》，向债务人提供借款，现有2 400万元的债权。经债权人与 A 公司友好协商，将债权本金2 400万元及对应利息以1 000元人民币的对价转让于 A 公司。2015 年 5 月 27 日，曹某向 A 公司出具《收条》，认可收到 A 公司以现金方式支付的《债权转让合同》项下债权转让对价1 000元。法院认为，债权人明知其作为他案所涉保证人可能就他案债务承担连带清偿责任，涉诉后仍将其名下2 400万元债权以严重低于债权金额的价格1 000元转让给 A 公司，主观上存在低价处分财产权损害其他债权人利益的恶意；在结果上，曹某作为涉诉案件的被执行人，未向执行机关申报其对外享有的债权，导致案外人因其无财产可供执行致执行终结，损害了第三人的合法权益。而 A 公司作为资产管理公司，对2 400万元债权以1 000元转让这一明显有悖常理的对价未进行审慎审查，对所涉债权债务关系及债权转让的合法性和有效性未予必要的注意，其行为亦不能认定为善意受让，双方债权转让的结果将导致其他债权人利益严重受损。根据《中华人民共和国民法总则》第 154 条“行为人与相对人恶意串通，损害他人合法权益的民事法律行为无效”之规定，《债权转让合同》被认定为无效。①

3. 通知债务人

由于合同的相对性，因此合同的当事人仅对合同对方当事人负责，但当合同债权让与后，将产生合同约束力“转移”的现象，故作为债务人应有知情权。《民法典》第 546 条规定：“债权人转让债权，未通知债务人的，该转让对债务人不发生效力。债权转让的通知不得撤销，但是经受让人同意的除外。”例如，张三向李四出借了 1 万元，张三将对李四的 1 万元债权转让给了王五，但并未通知李四，故李四仍然向张三履行清偿义务，张三收下该 1 万元。之后王五向李四出具了《债权转让协议》并索要 1 万元，李四予以拒绝。王五于是起诉李四违约。理论上，曾经有人研究通知的义务主体究竟是谁的问题。② 其实，这是一个很简单的问题，从法条应有之本意的角度来分析，原债权人有当然的通知义务，而受让债权的新债权人也有通知的义务。只要没有通知到债务人，债务人就可以拒绝自称新的债务人对其主张债权，其仍向原债权人履行债务的应当得到承认。例如，张三将对李四的 1 万元债权转让给了王五，张三本应通知李四，或者由王五通知李四并出具《债权转让协议》和原债权文书，如果李四不相信，可以向张三求证。不可想象有如下状况的出现：张三既不直接通知李四，王五自称获得债权让与而又不出示相关的凭证，李四更不向张三求证。

（三）合同债权让与的效力

1. 不通知对债务人不发生效力

债权人转让债权，未通知债务人的，该转让对债务人不发生效力。对债务人不发生效

① 最高人民法院〔2020〕最高法民终 327 号《民事判决书》。

② 安翊青，张骏．债权转让通知法律效力辨析［J］．政治与法律，2010（11）；何东闽．债权转让通知实务难点问题分析［J］．中国律师，2019（8）．

力，并非是无效，而是仅相对于债务人来说其可以不予认可，但对债权让与人与受让人来说是发生效力的。例如，张三将债权让与李四，但未通知债务人王五，王五拒绝承认该债权的转让而仍然向张三履行，而张三又受领。但是，该转让的协议对张三和李四而言是有约束力的。已经通知债务人的，发生债权转移的效果：债务人不得再向元债权人履行而转为向债权受让人履行债务，债权让与人退出债权债务关系。

2. 转让通知不得撤销

除非受让人同意，债权转让的通知不得撤销。例如，张三将债权让与李四并通知了债务人王五，张三不得撤销该债权的转让通知。债权转让后，直接发生法律效力。例如，生效法律文书确定的权利人在进入执行程序前合法转让债权的，债权受让人即权利承受人可以作为申请执行人直接申请执行，无须执行法院作出变更申请执行人的裁定。①

3. 主、从债权以及抗辩权一并转移

《民法典》第 547 条规定："债权人转让债权的，受让人取得与债权有关的从权利，但是该从权利专属于债权人自身的除外。受让人取得从权利不应该从权利未办理转移登记手续或者未转移占有而受到影响。"例如，甲向乙银行贷款并办理了房产抵押登记手续，银行将对甲所享有的债权转让给了丙资产管理公司，尽管原抵押登记的债权人是银行，亦不影响丙资产管理公司作为债权受让人和抵押权人应有之权利。

《民法典》第 548 条规定："债务人接到债权转让通知后，债务人对让与人的抗辩，可以向受让人主张。"

4. 抵销及费用负担

债务人可以依法向受让人主张债权抵销。

因债权转让增加的履行费用，由让与人负担。

二、合同债务承担

（一）合同债务承担的界定

合同债务承担，是指在原有的债权债务关系中，债务人将全部或部分债务转移给第三人承担的现象。

《民法典》第 551 条规定："债务人将债务的全部或者部分转移给第三人的，应当经债权人同意。债务人或者第三人可以催告债权人在合理期限内予以同意，债权人未作表示的，视为不同意。"例如，张三享有对李四 1 万元的债权，李四拟将其中的5 000元债务转移给王五（由王五承担)，尽管李四和王五已经协商一致了，但还必须要征得作为债权人的张三的同意。如果李四和王五协商好了，张三不知道，则王五应当告诉张三并征询其意见。债权让与无须征得债务人的同意，而债务转移必须要获得债权人的同意，原因在于债权让与不会增加债务人的负担；而债务转移，因不同的债务人的偿债能力不同而必然会发生对债权人实现债权产生影响。例如，甲银行向乙公司发放了贷款 100 万元，乙公司未经甲银行的同意就擅自将该债务转移给了即将破产的丙公司。显然，从一般的知识和经验判

① 最高人民法院〔2012〕执复字 26 号《民事裁定书》(最高人民法院指导案例 34 号)。

断，每个公司的偿债能力都是不同的，如果未对具体情况了解清楚的话，这样的债务转移就容易对债权人的债权造成实质性之损害。

合同债务的承担，与合同债务的担保并非同一概念。而债务加入，则又是一个较为特殊的问题，即本非债务人，其愿意与债务人一起按份或者共同承担债务的行为。债务加入，意味着加入人成为债务人；债务担保，担保人并非是债务人，其只是承担担保清偿责任而已。例如，2011 年 8 月 26 日 A、B、C、D、E 公司签署《五方协议》，约定就 C 公司在被 D 公司收购之前自 A 公司借来的11 199 990美元贷款本金和利息，在 B 公司名下的房地产项目可以得到处置或者特定公司的股权被 D 公司出售时，B 公司同意承担连带保证责任。A 公司要求 B 公司承担加入债务的清偿责任；B 公司认为自己并非是加入债务，而是有条件地承担保证责任。法院认为，该意思表示为有条件保证，条件未成就，故保证责任承担的诉请不能支持。①

（二）免责的债务承担

免责的债务承担，是指第三人取代原债务人而向债权人承担债务的方式。

免责，意味着原债务人不再向债权人承担责任，其债务全部转移给了新的债务人。例如，甲于 2012 年至 2014 年陆续多次向乙出具了借款借条，总借款额为1 033万元。2015 年 4 月 1 日，丙向乙出具借条，记载："今借到乙1 100万元整，此款 1 年还清。此笔由丙向甲的借款，由丙直接还给乙。"此后，丙未依约向乙还款，于是乙起诉甲、丙，要求其承担连带责任。一、二审认定债务转移，判决由丙向乙偿还，但丙不服而申请再审，被最高人民法院裁定驳回。②

《民法典》第 553 条规定："债务人转移债务的，新债务人可以主张原债务人对债权人的抗辩；原债务人对债权人享有债权的，新债务人不得向债权人主张抵销。"

《民法典》第 554 条规定："债务人转移债务的，新债务人应当承担与主债务有关的从债务，但是该从债务专属于原债务人自身的除外。"

（三）并存的债务承担

并存的债务承担，又称附加的债务承担、重叠的债务承担、债的加入，是指第三人加入他人原有的债之关系之中，与原债务人一起向债权人承担同一债务的情形。《民法典》第 552 条规定："第三人与债务人约定加入债务并通知债权人，或者第三人向债权人表示愿意加入债务，债权人未在合理期限内明确拒绝的，债权人可以请求第三人在其愿意承担的债务范围内和债务人承担连带债务。"根据意思自治原则，加入人可以明确自己承担连带责任或者补充责任，又或者是限额责任。例如，张三向李四出借了一笔款项，王五主动加入成为李四的债务之并存清偿人。由于王五未明确是补充、限额责任，故应当认定为共同连带责任。

值得注意的是，加入债务与为债务提供保证并非同一概念。加入债务，是一个原本与

---

① 最高人民法院〔2019〕最高法民终 1178 号《民事判决书》。

② 最高人民法院〔2019〕最高法民申 973 号《民事裁定书》。

债权债务无关的人作为债务人进入了债权债务关系中，其负有清偿主债务的义务；而保证则是第三人为债务人履行债务提供保证，保证人本身不是债务人，只有主债务未清偿的情况下保证人才在约定的范围内承担保证责任。而且，加入的债务人，清偿主债务就是其本身的责任，其履行责任后无权向其他的债务人追偿。但是，保证人在承担了保证责任之后，有权向主债务人追偿或者代位行使债权。

三、合同权利义务的概括转移

（一）合同权利义务概括转移的界定

合同权利义务概括转移，又称合同权利义务的一并转让，是指原合同当事人一方将其合同的权利义务一并转移给第三人，由第三人取代其合同主体地位的一种法律现象。

《民法典》第555条规定："当事人一方经对方同意，可以将自己在合同中的权利和义务一并转让给第三人。"

（二）合同权利义务概括转移的种类

1. 合同承受

合同承受，是指合同当事人通过协商的方式所达成合同一方权利义务转移给第三方的意思表示。合同承受，属于合同当事人意定的合同权利义务概括转移的方式。《民法典》第556条规定："合同的权利和义务一并转让的，适用债权转让、债务转移的有关规定。"合同权利义务概括转移，原合同一方的当事人作为出让方，不再享有合同的权利，也不再承担合同之义务；合同的权利义务全部转移到了新的合同主体身上。

实践中，有两种情形：第一种是合同尚未履行状态下的完全取代。例如，A、B建立了一个合同关系尚未履行，B征得A的同意，将自己在合同中所享有的权利和应承担的义务全部转移给了C。实际上就等同于B征得A的同意解除了合同，而由A与C建立了一个新的合同。这两份合同除了主体不同外，其他的内容完全一样的。第二种是合同已经部分履行，之后由新的主体接替。例如，A将某物业出租给了B，在承租期内B出现了一些状况而停止经营，但租赁期间尚未届满，C又有需要，于是B征得出租方A的同意而将剩余的租赁期限转给了C。最终三方签订了《房屋租赁转让协议》对此予以确认。该协议生效后，B退出租赁关系，由C接替B向A履行义务。值得注意的是，这与日常人们所理解的"转租"是不同的。转租存在着两个租赁合同关系，而合同承受仅有一个合同关系。例如，A将某物业以月租金1 000元的价格出租给B，而B则将该物业以月租金1 200元的价格转手出租给了C，即为转租。C向B交租金，B向A交租金。

2. 企业合并与分立

企业合并与分立，是指依照企业相关法律的规定，企业产生了合并或者分立的现象。合并，有吸收合并、新设合并两种，例如，A公司兼并了B公司就属于吸收合并，B公司不存在了，那么原来B公司对外签订的合同则由A公司全部承受。A、B两个公司合并成立一个新的公司C，原来A、B两个公司都不存在了，则其原来对外签订的合同由C公司全部承受。比较典型的就是，中国"南车""北车"的合并，就属于新设合并。中国南车与中国北车于 2014 年 12 月 30 日发布重组公告，正式宣布双方以南车换股吸收北车的方式进行合并，合并后的新公司更名为“中国中车股份有限公司”。①

企业分立，指一个企业依照有关法律、法规的规定，分立为两个或两个以上的企业的法律行为。常见的有派生分立和新设分立两种。派生分立，又称为存续分立，是指一个企业将一部分财产或营业依法分出，成立两个或两个以上企业的行为。例如，A 公司派生出一个 B 公司，A、B 公司都是独立的企业法人。新设分立，是以原有企业的法人资格消灭为前提，成立新企业的行为。例如，A 公司解散，在其基础上成立了 B、C 两个公司。

（三）合同权利义务概括转移的效力

《民法典》第 67 条规定：“法人合并的，其权利和义务由合并后的法人享有和承担。法人分立的，其权利和义务由分立后的法人享有连带债权，承担连带债务，但是债权人和债务人另有约定的除外。”

纠纷解决条款或者协议独立存在，合同变更、解除、终止或者无效，不影响纠纷解决条款或者协议的效力。除非合同当事人另有约定，原合同中所约定的纠纷解决方式之条款，对合同权利义务概括转移的受让人具有约束力。

【本章小结】

正常情况下合同订立就确定了的合同当事人以及合同的内容，但在某些特殊情况下会发生合同内容的变更或者合同当事人的变化。合同内容的变更，须由合同当事人协商一致，或者根据特定的情形由纠纷处理机关依法变更。而合同权利义务的转移，也须依照法律规定进行。

【课后练习】

1. 名词解释

合同变更；债权转让；债务转移；合同权利义务的概括转移；企业合并；企业分立。

2. 简答题

（1）合同内容变更必须符合哪些条件？（可参见本章第一节的内容）

（2）为何合同债权转让无须征得债务人同意？（可参见本章第二节的内容）

（3）企业分立后的合同权利义务如何处理？（可参见本章第二节的内容）

3. 案例分析题

甲与乙签订了一份《商品房买卖合同》，约定甲将房屋以 200 万元的价格出售给乙，乙在签订合同时支付了 40 万元定金。在合同履行中，由于乙的自身原因不再继续履行合同，并征得丙的同意，于是乙和甲商讨，希望将该合同让给丙，甲表示同意。

问：请根据当事人的意愿，拟出一份《房屋买卖合同转让协议》。

提示：可参见本章第二节的内容及参考《民法典》第 556 条以及相应的规定。

① 中国南车、中国北车合并方案公布［DB/OL］.［2020-08-18］. 中证网：http：//www.cs.com.cn/ssgs/gsxw/201412/t20141230_4605709.html.

第八章　合同权利义务的终止

【本章引言】合同从订立到履行再到终止，是一个正常的过程。合同目的实现，诚然是合同当事人所追求的最终结果，但当出现了客观的原因导致合同目的无法实现时，则须依照法律规定对合同作出处理。

【本章重点】导致合同权利义务终止的情形；解除合同的原因；合同终止后的法律效力。

第一节　合同的权利义务终止概述

【导入案例】

案例 8-1

土地被征收构成履行不能解除合同纠纷案①

2006 年 8 月，甲公司通过出让方式取得位于某经济开发区的 A 地块国有土地使用权，并按照约定办理了相关土地登记手续，但至今未领取国有土地使用权证。

2009 年 6 月 26 日，甲公司与乙公司签订一份《协议》，约定乙公司租赁甲公司 1492.7m^2 的土地，租赁期限为 2009 年 7 月 18 日至 2024 年 7 月 18 日，租金标准为月 19 800元（含税金），此后每年递增 2.5%，租赁期满后，乙公司如续租在同等条件下享有优先权，如退出，地面建筑物、设施可拆除搬出或折价给甲公司。协议签订后，甲公司将土地交付给乙公司使用，乙公司在该土地上加盖了厂房及附属设施。2012 年，双方重新签订一份《协议》，将租赁期限变更为 2012 年 7 月 18 日至 2024 年 7 月 18 日，如乙公司租赁期满后退出，地面建筑、设施全部无偿拆除搬出。乙公司在该土地上的建筑物总面积为13840.78m^2。

2013 年 12 月 19 日，南京某经济开发区管理委员会与甲公司签订《房屋拆迁、土地等补偿协议》，约定甲公司将部分土地转由六合开发区管委会处理，管委会对甲公司房屋拆迁、土地使用权转让补偿总额为3 300万元，甲公司确保于 2014 年 1 月 20 日前将以上房屋全部腾空交付给管委会拆除，如所涉房屋有出租、处分行为，也确保已处理完毕，不存在任何纠纷，且在交付钥匙时所有房屋已处于停业状态，否则造成

---

① 江苏省南京市中级人民法院〔2019〕苏 01 民终 1502 号《民事判决书》。

损失由甲公司承担，管委会有权从补偿款中扣抵。签订协议后，甲公司将土地上的房屋交由管委会拆除，管委会已经支付甲公司补偿款1 000万元。

乙公司认为，甲公司在签订协议后采取了断水、断电、阻断道路等违约行为，导致乙公司无法继续经营，乙公司提起诉讼要求解除合同并赔偿损失。一审判决：解除双方 2012 年签订的《协议》及后续签订的《补充协议》；甲公司赔偿乙公司房屋损失695 304.72元，设备的拆除、搬迁和安装费用74 561.49元，停业损失46 600.93元。

【简要评述】甲、乙公司于 2012 年签订的《协议》及《补充协议》系当事人真实意思表示，内容合法有效。在租赁期限届满之前，因案涉房屋所在土地被列入拆迁范围，双方合同因履行不能而终止，双方对于合同提前予以解除而终止均不存在过错。但承租人有权按法律及相关政策规定获取因合同提前终止的相关补偿费用。

【法条依据】《民法典》第 566 条规定："合同解除后，尚未履行的，终止履行；已经履行的，根据履行情况和合同性质，当事人可以请求恢复原状或者采取其他补救措施，并有权请求赔偿损失。"

【理论讲授】

一、合同的权利义务终止的界定

合同的权利义务终止，是指符合法律规定或者当事人约定的某些情形时，合同关系在客观上将不复存在，合同债权和合同债务归于消灭的状态。

合同签订后，双方当事人应依约履行义务。如果合同目的已经实现，则合同权利义务自然终止；当出现一方违约或者因客观原因导致合同目的不能实现的，则可以解除合同的方式终结合同关系。

合同的权利义务终止，不同于合同履行抗辩权行使时的暂时中止。在合同中止履行期间，权利、义务关系依然存在，在抗辩权消灭后，合同的权利、义务关系恢复原来的效力。

二、合同权利义务终止的分类

合同为有期限的民事法律关系，不可能永久存在。依照《民法典》的规定，合同的权利义务终止的主要事由有：清偿、抵销、提存、免除、混同、解除。其中，清偿、抵销、提存、免除和混同为合同的绝对终止，即合同权利义务的清灭。解除、期限届满等为合同的相对终止，即合同履行效力的消灭。例如，甲向乙借款 1 万元，借款期限届满，乙向甲还本付息，则合同因债务人的清偿而终止，合同双方的权利义务已经消灭。而甲、乙、丙三方签订合伙协议，约定合伙从事某项业务一年，正常履约合伙期限一年届满而未续约，之后进行了清算，则不再履行就是属于履行效力的消灭。

三、合同权利义务终止的前提条件与原因

合同权利义务终止，必须是有合法有效的合同关系存在为前提，合同未成立、合同无

效，都不存在合同权利义务终止的问题。

合同权利义务终止的原因有三大类：一是基于当事人的意思。例如，合同当事人经过协商达成解除合同的意思。二是基于客观事实。例如，合同约定了合作期限，合作时间届满。三是基于法律的直接规定。例如，合同当事人依法行使合同解除权。

合同权利义务的终止，使合同关系不复存在，但一般情况下只产生向将来发生效力，不产生恢复原状的效力。

合同权利义务的终止，同时使合同的担保及其他权利义务也归于消灭。合同的担保，包括抵押权、质权、留置权等。

第二节　合同权利义务终止的事由

【导入案例】

案例 8-2

一方违约导致合同解除赔偿纠纷案①

甲、乙在房产中介的促成下于 2018 年 7 月 14 日签订《房屋买卖合同》，约定：乙以736 194元的价格购买甲的房屋，乙在签订本合同的同时向甲交纳购房定金 4 万元；该房屋有贷款在正常还款中，签订合同之日起的次月及以后每月 20 日由乙替甲支付月供；待该房屋办理好不动产权证书后 30 日内双方共同办理过户手续；本合同履行期间甲、乙任何一方若因自身原因导致合同无法履行的，则视为违约，违约方应向守约方支付总房款 70%的违约金作为赔偿。

合同签订后，2018 年 7 月 19 日乙全额支付了购房款，甲出具收条一张，载明收到乙支付部分房款736 194元并于 2018 年 9 月初将房屋交付给乙使用，乙替甲支付了 4 个月的房屋贷款。

2018 年 12 月 17 日，石家庄市中级人民法院办案人员电话告知甲，案涉房屋已被温州市鹿城区人民法院于 2017 年 1 月 5 日查封，甲于 2018 年 12 月 18 日签收了温州市鹿城区人民法院寄送的《民事裁定书》。

由于无法办理过户手续，乙将甲起诉至法院，以受欺诈为由要求解除双方于 2018 年 7 月 14 日签订的《房屋买卖合同》，返还已支付的购房款、乙代甲支付的房屋贷款，甲赔偿乙的违约金（按736 194元的 70%计算）、中介费并承担本案诉讼费用。

甲认为自己不构成欺诈，其事后才知道房屋被查封，同意解除房屋买卖合同和返还购房款以及银行供款，但不同意支付违约金，且认为约定的违约金过高。

一审法院认为：甲、乙签订买卖合同后，乙才得知该房屋已被查封，致使合同无法履行，卖方无法履行房屋过户的义务，房屋买卖合同的目的已无法实现，庭审中甲亦同意解除《房屋买卖合同》，故对原告请求解除与被告签订的《房屋买卖合同》的诉讼请求予以支持。关于违约金，当事人主张约定的违约金过高请求予以适当减少，

① 江苏省南京市中级人民法院〔2019〕苏 01 民终 1502 号《民事判决书》。

考虑到解除房屋买卖合同给原告造成一定的损失，一审法院认为违约金应降至25 000元为宜。故判决返还已付的购房款额并支付违约金25 000元。甲不服提起上诉，二审维持原判。

【简要评述】《房屋买卖合同》是当事人的真实意思表示，因被法院依法查封而导致无法继续履行合同，属于作为卖方的甲之过错，至于是否知道以及何时知道均不影响其应当保障合同能够正常履行之应有义务。合同的解除，也不影响合同中关于违约金条款的效力，甲主张不支付违约金的理由不成立；但约定的违约金过分高于实际损失的，应当事人之请求，人民法院或者仲裁机构可据实进行调整。

【法条依据】《民法典》第563条规定："有下列情形之一的，当事人可以解除合同：（一）因不可抗力致使不能实现合同目的；（二）在履行期限届满前，当事人一方明确表示或者以自己的行为表明不履行主要债务；（三）当事人一方迟延履行主要债务，经催告后在合理期限内仍未履行；（四）当事人一方迟延履行债务或者有其他违约行为致使不能实现合同目的；（五）法律规定的其他情形。以持续履行的债务为内容的不定期合同，当事人可以随时解除合同，但是应当在合理期限之前通知对方。"

【理论讲授】

一、清偿

（一）清偿的概念

清偿，又称合同的履行，是指债务人按合同的约定了结债务、配合债权人实现债权目的之行为。

清偿是债的消灭最常见、最正常的原因，债务清偿后合同的权利义务关系也就终止了。例如，甲、乙签订合同，双方依照约定全面、实际地履行了自己的义务，甲依时向乙交付符合质量标准的全部货物，乙依约向甲支付了全部的货款。因此，该购销合同关系也就终止了。

（二）特殊情况下的清偿规则

正常情况下，合同当事人应当根据合同的约定进行清偿。当约定不明或者产生争议的情况下，依法处理。《民法典》第560条规定："债务人对同一债权人负担的数项债务种类相同，债务人的给付不足以清偿全部债务的，除当事人另有约定外，由债务人在清偿时指定其履行的债务。债务人未作指定的，应当优先履行已经到期的债务；数项债务均到期的，优先履行对债权人缺乏担保或者担保最少的债务；均无担保或者担保相等的，优先履行债务人负担较重的债务；负担相同的，按照债务到期的先后顺序履行；到期时间相同的，按照债务比例履行。"

《民法典》第561条规定："债务人在履行主债务外还应当支付利息和实现债权的有关费用，其给付不足以清偿全部债务的，除当事人另有约定外，应当按照下列顺序履行：

（一）实现债权的有关费用；（二）利息；（三）主债务。”

实践中，较多地存在着银行贷款还款的争议。例如，在等额还本付息的银行借贷中，《借贷合同》明确了借款人须每期等额还本付息10 000元（其中8 000元为偿还本金、2 000元为支付利息），如果到了某一期借款人仅支付了9 000元，则该9 000元之中究竟多少是还本、多少是付息的，就应当按照合同约定来认定。还有出现较多的就是购房合同分期付款与违约金支付的争议。例如，小业主向开发商购买一处商品房，《商品房买卖合同》明确约定了小业主分五期付款，每延期一天按照应付未付款支付每日万分之五的违约金，下一期付款时开发商有权首先扣除前一期应付未付购房款所产生的违约金，剩余款额才能计入本期的购房款。假如小业主每一期要支付 50 万元的购房款，第一期依时支付（没有产生违约金），第二期延迟支付计算出的违约金为 5 万元，则第三期连同第二期支付了 100 万元。发展商称首先要扣除第二期的违约金 5 万元，则第三期连同第二期的购房款仅支付了 95 万元，第三期也存在逾期付款 5 万元的情形还要计付违约金。小业主则认为违约金的计算存在争议，根据“任何人也不能做自己案件的法官”① 的规则，发展商无权将小业主支付的购房款作为违约金予以扣除。对于类似的纷争，不但要看双方签订的合同是否有明确的约定，还要看小业主银行转账“备注栏”上所记载付款的信息，如果注明为“购房款”的，依照“由债务人在清偿时指定其履行的债务”的规定，不宜列入违约金来处理。

代偿，从本身的债权债务关系上看是已经消灭了。但是，如果代偿是有条件的，则属于原债务人的债务转移至代偿人身上，会发生代偿人与原债务人之间新的债权债务关系。例如，2013 年 12 月 30 日，某某市某某区人民政府作出〔2013〕5××号《某某市某某区人民政府会议决议通知》，要求 A 投资公司将政府债务管理中心拨付的 6.8 亿元款项支付给当地银行股份有限公司指定的企业和个人，用于化解银行不良贷款金额234 052 568.67元。2013 年 12 月 31 日，A 公司根据上述决议，向相关企业和个人的银行账户中打入代偿款项共计234 052 568.67元，上述企业和个人用该款偿还了其在当地银行的不良贷款。2013 年 12 月 30 日，A 公司与 B 公司签订《债务代偿协议》。协议约定，A 公司对 B 公司以及其他公司、个人共计享有应收债权234 052 568.67元，B 公司应当自协议生效之日起 270 日内对 A 公司足额清偿全部债务。B 公司未依约清偿，A 公司向法院提起诉讼要求 B 公司支付其代偿额，法院支持了原告之诉请。②

二、抵销

（一）抵销的概念

抵销，是指二人互负债务且其给付种类相同的情形，各以其债权充当债务之清偿，从

① 该规则是指当事人陷入纷争利益之中，自己不能“既当运动员，又当裁判员”，因为涉利益纠纷时他们难免会利用自己掌握的权力作出有利于自己的决定。

② 最高人民法院〔2020〕最高法民终 104 号《民事判决书》。

而使其债务与相对人的债务在对等额内相互消灭之情形。主张抵销的债权，称为主动债权或自动债权、能动债权；被抵销的债权，称为被动债权或反对债权、受动债权。

（二）抵销的意义

抵销制度之目的在于避免双方当事人分别请求以及分别履行所带来的不便及不公平，故而被许多国家立法所肯定并在实践中广为应用。如通过抵销，双方当事人就不必再亲自履行各自的债务，从而节省履行费用，降低交易成本。而且，抵销制度还具有担保的功能。例如，银行一方面有贷款债权 100 万元，另一方面对借款人又负有存款债务 50 万元，在借款人的存款债权被扣押或者被转让的场合，在符合法定抵销或合意抵销之条件下，允许银行直接将 50 万元进行抵销。抵销，在效果上使自己的债权受偿，如同为自己的债权设立了担保，因而抵销就具有了担保的功能。

（三）抵销的分类及要求

根据抵销产生的直接原因，可分为法定抵销、合意抵销。法定抵销，是根据法律规定直接发生抵销后果的债之抵销；合意抵销，是根据债权债务人的意思而发生的债之抵销。

《民法典》第 568 条规定："当事人互负债务，该债务的标的物种类、品质相同的，任何一方可以将自己的债务与对方的到期债务抵销；但是，根据债务性质、按照当事人约定或者依照法律规定不得抵销的除外。当事人主张抵销的，应当通知对方。通知自到达对方时生效。抵销不得附条件或者附期限。"

《民法典》第 569 条规定："当事人互负债务，标的物种类、品质不相同的，经协商一致，也可以抵销。"例如，张三对李四享有 10 万元的债权，而张三同时还有一份生效的法院判决须向李四交付价值 5 万元的货物之债务。经过双方协商一致，将价值 5 万元货物交付义务与 10 万元之中的 5 万元债务抵销，最终张三无须交付货物，而李四还负有对张三 5 万元之债务。

（四）抵销中应注意的问题

第一，抵销不以生效的裁判文书为必要前提。例如，甲有一份生效的判决享有对乙 10 万元的债权，而乙也有一个生效的仲裁裁决享有对甲 10 万元的债权，诚然可以直接抵销。但如果甲享有对乙 10 万元的债权、乙享有对甲 10 万元的债权，虽然未经纠纷解决程序，但债权债务是确定的，则也可以产生抵销之后果。

第二，抵销并非是同数量但应为确定的债权额（款额）。例如，甲负有向乙交货大米 10 吨的债务，乙负有向甲交货 10 吨白糖的债务，则因标的之种类不同而不具有抵销的功能。相反，如果乙收到 10 吨大米负有向乙支付 3 万元的货款，甲收到 10 吨白糖负有向乙支付 5 万元的货款，则两者的应付款额 3 万元可以抵销。

第三，抵销须有确定的债务额。例如，甲、乙之间存在着两个合同纠纷，各自须向对方承担违约责任，一方须向另一方承担违约责任，而违约责任未确定相应之款额，则不能产生抵销的后果。但双方可以通过协商，对两个纷争提出一揽子的解决方案。

第四，抵销以债权人提出为处理依据。当事人之间互负债务，任一债权人提出抵销的意思，即可产生抵销的法律后果。已经超过诉讼时效的债权，亦得依法与债务抵销。例如，甲公司享有对乙公司的债权，而乙公司也享有对甲公司的已经超过了诉讼时效的债权。我国法律并未对法定抵销权的行使设置除斥期间。只要双方的债务各自从履行期到诉讼时效期间届满的时间段内存在着重合的时间段，就可以直接抵销。在法定抵销权已经有效成立的情况下，如抵销权的行使不存在不合理迟延之情形，综合实体公平及抵销权的担保功能等因素，人民法院应认可抵销的效力。①

三、提存

（一）提存的概念

提存，是指债务人履行其到期债务时，因债权人的原因无正当理由而拒绝受领，或者因债权人下落不明等原因导致债务人无法向债权人履行债务时，债务人可依法将其履行债务之标的物送交有关部门，以代替履行的制度。

提存是代为履行的方法，提存之后，合同终止。提存区别于抵押担保，抵押担保是债的担保方式，不具有直接清偿的功能。

（二）提存制度的建立及其意义

提存最早产生于古罗马时期，以提出和存置为条件，后来经过大陆法系的立法不断完善。我国 1981 年 12 月颁布的《经济合同法》第 19 条第 4 款“定作方超过领取期限 6 个月不领取定作物的，承揽方有权将定作物变卖，所得价款在扣除报酬、保管费用后，用定作方的名义存入银行”的规定，是我国最早关于提存的法律规定。1986 年颁布的《民法通则》未对提存作规定，而最高人民法院《关于贯彻执行〈中华人民共和国民法通则〉若干问题的意见（试行）》第 104 条对提存作出了概括性的规定，即“债权人无正当理由拒绝债务人履行义务，债务人对将履行的标的物向有关部门提存，应当认定债务已经履行”。司法部于 1995 年 6 月 2 日发布施行的《提存公证规则》，则详细规定了提存的原因、条件、程序、法律效力等内容。1999 年颁布的《合同法》第 91 条明确规定提存为合同权利义务关系终止的事由之一，并以第 101~104 条规定了提存的原因、风险责任、法律后果等问题，为提存提供了基本的规范。《民法典》则在第 570~574 条作出了详细的规定。

提存制度的建立和完善，有利于债务纠纷的及时解决，更好地解决债权人和债务人双方的利益冲突，保证市场机制的正常运行。提存在法律上兼具私法和公法的双重性质。提存应符合一定的条件，并按法定的程序进行。提存实施后，在债务人、债权人、提存机关相互之间将产生相应的法律效力。

（三）提存的条件

1. 难以履行债务

债务人应当严格依照合同约定履行债务，债权人有配合受领之义务。当债权人下落不

① 最高人民法院〔2018〕最高法民再 51 号《民事判决书》。

明或者无正当理由拒绝受领时，必将造成债务人被动违约的情况。因此，《民法典》第570条规定："有下列情形之一，难以履行债务的，债务人可以将标的物提存：（一）债权人无正当理由拒绝受领；（二）债权人下落不明；（三）债权人死亡未确定继承人、遗产管理人，或者丧失民事行为能力未确定监护人；（四）法律规定的其他情形。标的物不适于提存或者提存费用过高的，债务人依法可以拍卖或者变卖标的物，提存所得的价款。"例如，张三向李四承租了一处物业，在租赁期内李四去世，李四的四个继承人发生了继承纠纷，均自称是继承人的人向张三主张租金。在纷争期间，张三将每月应付的租金向公证处提存并向四个继承人发出了通知。

尽管因债权人的原因导致债务人的履行困难，但并不因为履行困难而免除了债务人履行债务之义务，更不因为债务人未依法提存而免除其违约的责任。例如，甲于1994年10月承包经营了某处集体土地，2011年2月25日，甲与乙签订《联产地续租协议书》，协议第二条约定："乙方每年在9月30日前向甲方交稻谷600公斤或按当时市场价进行折价。"第三条约定："续租期限从2011年2月25日起至2021年2月25日止，租用期10年。"2011年度，乙支付了承包费2 160元（按市价折算），而2012年度和2013年度乙未予支付。2013年10月25日，甲向乙邮寄了《解除联产地续租协议书通知书》，甲于2013年11月22日起诉乙至法院，声称其未依约履行债务而要求法院判决乙承担责任。乙抗辩称其愿意支付，是甲不出具收据且拒收才未支付承包费，但甲予以否认，乙未提供相应之证据。最终，法院认定乙未履行合同义务构成违约，应依约承担责任。①

2. 可提存的范围

金钱、货物可以提存，但是对于易腐、不易保存的鲜活产品或者特殊物品等，债务人可先将标的物依法拍卖、变卖，之后其所得之价款再交付提存部门。

3. 提存的通知

我国的提存机关主要是公证处，公证处依据《提存公证规则》办理提存事宜。《民法典》第572条规定："标的物提存后，债务人应当及时通知债权人或者债权人的继承人、遗产管理人、监护人、财产代管人。"

（四）提存的效果

1. 视为清偿

提存是以清偿为目的，所以是债消灭的原因。提存成立的，视为债务人在其提存范围内已经交付标的物。

2. 提存费用及提存物风险的承担

《民法典》第573条规定："标的物提存后，毁损、灭失的风险由债权人承担。提存期间，标的物的孳息归债权人所有。提存费用由债权人负担。"

3. 债权人受领

《民法典》第574条规定："债权人可以随时领取提存物。但是，债权人对债务人负有到期债务的，在债权人未履行债务或者提供担保之前，提存部门根据债务人的要

① 重庆市高级人民法院〔2015〕渝高法民提00151号《民事判决书》。

求应当拒绝其领取提存物。债权人领取提存物的权利，自提存之日起五年内不行使而消灭，提存物扣除提存费用后归国家所有。但是，债权人未履行对债务人的到期债务，或者债权人向提存部门书面表示放弃领取提存物权利的，债务人负担提存费用后有权取回提存物。”

四、债务免除

（一）债务免除的界定

债务免除，是指债权人单方作出豁免债务人债务而抛弃债权的行为。

债务免除，是债权人的单方意思表示，依据私权处分的规则，债权作为一种私权，在没有损害国家利益、他人权利、社会公序良俗的前提下所作出的债务免除之意思表示，当然应当得到尊重，其将产生消灭合同关系及其他债的关系之后果。

《民法典》第575条规定：“债权人免除债务人部分或者全部债务的，债权债务部分或者全部终止，但是债务人在合理期限内拒绝的除外。”正确地理解“债务人在合理期限内拒绝的除外”之规定，并非是指债务免除必须征得债务人的同意为前提，亦非是将单方民事法律行为变成了双方民事法律行为。而是对特殊情况所作出的例外规定，否则，就有可能产生“不当得利”的纠纷。例如，债权人对债务人享有10万元的债权，债权人向债务人作出表示“免除2万元的债务”之后，而债务人明确表示不予接收这样的“好意”，仍将10万元通过银行转账的方式支付给了债权人。事后，债务人以债权人已经免除2万元债务为由，要求返还2万元不当得利。此事件中，债务人在得到免除通知以后，仍然履行原债务额，已经表明了其拒绝接受免除2万元的意思表示，故其按照原债务额10万元履行，其中债权人所获的2万元清偿，不构成不当得利。

（二）债务免除之特性

债务免除是无因行为。债权人免除债务，不论是为了赠与、和解，还是别的什么原因，这些原因是否成立，都不影响免除的效力。

债务免除为无偿行为、无因行为。免除债务，表明债权人放弃债权，不再要求债务人履行义务，因此，债务人不必为免除为相应之对价。

债务免除不需要特定的形式。免除债务不必有特定形式，口头、书面，明示、默示均可。即使是超过了诉讼时效的期间，也将产生债务免除之后果。

免除可以附条件或者附期限。例如，款项出借人向借款人表示：只要债务人能够在合同履行期满一定时间内归还本金，则可以免除利息。又例如，出租人通知承租人：下月1日开始不必再支付房租，等等。

（三）债务免除之条件

1. 有合法之债务存在

债务的免除，以存在合法、客观的债务为前提。例如，赌债为非法之债，本不受法律保护，故无免除一说。

2. 属于财产性的债务

如果属于身份的义务（如夫妻、父母子女间的扶养、抚养、赡养义务等），而且属于法定债务，则不能免除。债务免除与免责条款不同，合同中设置免除合同当事人的法定义务，如违反法律和社会公共利益的，或者免除因故意和重大过失产生的责任，又或者免除合同当事人的法定义务违反公平原则，或者免除人身伤害责任的，此类免责条款无效。合同中可以约定某些免责内容，例如，双方当事人在合同中约定了“当出现受新型冠状病毒性肺炎疫情影响而不能正常开业时，可延迟至疫情消退后的次月交付租金，且受影响期间的租金减按30%收取，该30%的租金在正常经营之日开始半年内支付”。该约定并非是债务免除，而是对支付租金的条件和款额所作出的特殊约定，还带有一定的免责内容。债务免除，必须是在债务额确定的基础上的数额之减免。例如，承租人受疫情影响，自2020年1月1日至3月31日无法从老家回到承租地所在的城市开业经营，之后承租人经过与出租人协商，出租人最终同意免收了该三个月的商铺租金。这就是典型的债务免除。

3. 债权人为完全民事行为能力人且意思表示真实、合法

债务免除是处分债权的行为，作出免除意思表示的债权人须具有完全民事行为能力，无民事行为能力或限制民事行为能力人的免除行为除非由法定代理人代理作出或经法定代理人同意，否则不产生免除的法律效力。例如，1998年至2006年8月甲累计出借款项44万元给乙，此后乙除偿还借款2万元外，尚欠42万元未还。2006年3月至5月，甲分别向丙借款11万元。2007年1月24日，乙与其配偶离婚，约定一切财产全部归男方所有，一切债务由女方（乙）负责偿还。2007年3月初，甲得知乙的情况，于是委托丙持乙写给甲的两张借条向乙催讨欠款，并抵偿甲欠丙的借款11万元。2007年3月5日丙拿着事先拟好的承诺内容为“我自愿同意丙的调解方案，拿5万元现金，写下10万元的欠条，原42万元借条退回，以后不再纠缠此事”的协议要甲签名。甲签上了自己的名字，并将乙出具的两张借条原件交给了丙，丙写下收条：“今收到甲借条（乙出具）贰张，计币42万元整。”2007年3月9日，丙将事先拟写的承诺内容为“乙2007年前所欠甲的一切债务已还（借条、复印件作废）”的协议要甲照抄一遍，并捺指印和签名。当日下午丙将两张借条原件交给了乙，乙当场将44万元的两张借条撕毁，支付了5万元现金给丙，并写下了欠条“今欠到丙人民币10万元整”给丙。2007年7月23日甲向法院起诉，请求判令乙偿还借款27万元、判令丙返还收到乙的借款5.25万元。一审法院认为，尽管双方的利益失衡，但双方在达成承诺时乙、丙并无优势可利用，甲也是具有完全民事行为能力人，因此本案不能适用显失公平原则撤销双方之间达成的承诺。后来甲上诉被发回重审。重审一审法院认为：承诺不是甲的真实意思表示，以15万元的承诺抵偿42万元的借款显失公平，依法应予撤销；二审维持原判。高级人民法院再审认为，甲作出的两份承诺不存在重大误解和显失公平，其意思表示真实，内容合法，符合法律规定，依法不得撤销。①

① 湖南省高级人民法院〔2013〕湘高法民再终267号《民事判决书》。

（四）债务免除之后果

债务免除的意思表示一旦作出，则产生免除债务人相应债务之后果，等同于债务人无须再承担该部分债务清偿之义务，债权人不得反悔。债务，无论是法定之债还是自然之债，只要符合法律规定的，均可抵销。例如，甲享有乙的3 400万元债权已经获得法院生效判决的支持，而乙享有对甲的2 000万元的债权已经超过了诉讼时效。乙主张以其2 000万元的债权与其向甲承担的3 400万元的债务在2 000万元的部分进行抵销。但是，一审和二审法院均以该2 000万元的债权已经超过了诉讼时效为由驳回了乙的诉讼请求。最终，2018年5月29日最高人民法院作出改判，确认乙对甲互负2 000万元到期债务已抵销。①

五、债务混同

债务混同，是指债权人和债务人同归于一人，致使合同关系及其他债的关系消灭之事实。

当出现主体合并或者财产继承，或者债权人受让债务人的债务、债务人受让债权人的债务时，将会发生债务混同之结果。

《民法典》第576条规定："债权和债务同归于一人的，债权债务终止，但是损害第三人利益的除外。"

值得注意的是，具有独立主体的公司法人，尽管其股东相同又或者相互之间有持股关系，亦不发生债务混同。例如，A有限责任公司由甲、乙、丙、丁四个自然人出资设立，而B有限责任公司也是由甲、乙、丙、丁四个自然人出资设立，若A、B公司之间存在着两个相向的债权债务关系（彼此互为债权人），则不会发生债务混同，但依法可以进行债的抵销。

六、合同解除

（一）合同解除及其意义

合同解除，是指合同当事人双方或一方依照法律规定或者约定，依法解除合同效力的行为。

合同解除，是对合同前景的一种特殊处理方式。正常情况下，合同当事人追求权利义务履行完毕的合同目的实现之自然终止。当出现了合同履行异常状态，甚至导致了履行障碍、事实履行不能或者一方根本性违约导致合同目的不能实现，如果还维持合同关系，不仅无法促使合同权利的实现，还可能会使合同当事人深陷矛盾之中而无法自拔，会进一步加深对守约方的损害，于任何一方均无裨益。因此，当断则断，解除合同，让双方走出困境，无疑是有积极作用的。

① 最高人民法院〔2018〕最高法民再51号《民事判决书》。

（二）合同解除的种类及条件

对于合同解除，按照不同的标准可以有多种分类。常见的是以解除的原因划分为合意解除、法定解除；还有就是按照解除主体划分为双方解除、单方解除、审理机关解除。

1. 合意解除

合意解除，又称协议解除，是指经合同双方当事人协商达成一致意见，从而解除双方之间存在的合同法律关系的行为。合同当事人已经达成解除合意的，不得反悔。例如，2011年5月6日，甲公司与乙公司签订《投资合作及租赁协议书》，约定某临时客车站配套服务设施项目（二期）工程，项目规划层数2~3层，建成的房屋建设面积约8万平方米；配套服务设施的服务功能包含住宿、餐饮、百货、休闲等。项目暂定投资约人民币1.6亿元由甲方出资。项目建成后三年内甲方承租使用，租金从出资中直接抵扣。2012年8月28日，甲、乙双方签署《解除协议》，解除前述《投资合作及租赁协议书》，特殊约定"本协议签订后，双方应于10日内开始全面的工程结算及财务清理、清算工作，在未清算并支付完毕前，不影响双方原签订的《投资合作及租赁协议书》及《补充协议》的权利及义务"。甲公司起诉要求判令乙公司支付违约金2亿元及资金占用期间的利息损失47 350 154元、支付尚拖欠的工程赔偿款869 584.76元。法院认为，合同已经解除，清算是善后工作，以清算为解除合同的附条件不符合解除之本意。故，驳回了甲公司的诉请。①

（1）协商解除

协商解除，是指在合同履行中，合同当事人经协商一致而解除尚未履行完毕的合同的方式。《民法典》第562条规定："当事人协商一致，可以解除合同。"例如，甲、乙双方签订了三年的租赁合同并履行了两年半后，已经出现了新冠肺炎疫情使承租方的经营受到了影响。经过双方协商，一致确定提前终止合同，因此解除已经履行了两年半的租赁合同，双方还对免除违约责任以及交还商铺、补偿装修费等事宜达成了一致的意见。这种解除合同的方式就是协商解除。

（2）约定解除

约定解除，是指在合同条款中，经双方当事人经协商一致明确当合同履行阶段出现某种特定情形时，可解除的条件，当该条件成就时合同当事人可行使合同解除权从而使合同解除的一种方式。《民法典》第562条规定："当事人可以约定一方解除合同的事由。解除合同的事由发生时，解除权人可以解除合同。"例如，甲、乙双方签订了《技术服务合同》，约定甲为乙设计一款手机App软件，乙向甲支付设计费10万元，设计必须在合同签订后3个月内完成交付使用，如未能在3个月内完成符合要求的设计任务，则乙有权解除合同并要求退还设计费。

---

① 最高人民法院〔2019〕最高法民终2022号《民事判决书》。

2. 法定解除

法定解除，是指合同当事人事先未约定解除条件，亦未达成解除合同的一致意见，根据法律的规定而解除合同的一种方式。

《民法典》第563条规定："有下列情形之一的，当事人可以解除合同：(一) 因不可抗力致使不能实现合同目的；(二) 在履行期限届满前，当事人一方明确表示或者以自己的行为表明不履行主要债务；(三) 当事人一方迟延履行主要债务，经催告后在合理期限内仍未履行；(四) 当事人一方迟延履行债务或者有其他违约行为致使不能实现合同目的；(五) 法律规定的其他情形。以持续履行的债务为内容的不定期合同，当事人可以随时解除合同，但是应当在合理期限之前通知对方。"例如，甲向乙出售一套商品房并签订了《房产买卖合同》，而该商品房还处于银行按揭贷款还款期间尚有70万元借款未偿还，银行作为抵押权人已经办理了房产抵押权登记。合同约定，买方在签订合同时支付20万元定金给卖方，由卖方在1个月内先行办理向银行提前偿还贷款手续，待银行涂销抵押登记后，甲、乙双方再办理过户登记手续。合同签订后已经3个月了，卖方仍未提前还贷，故银行抵押尚未涂销。尽管买方多次催促并给了一定时间延缓履行，但卖方称自己没有钱，反而要求买方垫资赎契①，买方以合同没有约定为由拒绝。显然，这就属于法律规定的"当事人一方迟延履行主要债务，经催告后在合理期限内仍未履行"之情形。

《民法典》第564条规定："法律规定或者当事人约定解除权行使期限，期限届满当事人不行使的，该权利消灭。法律没有规定或者当事人没有约定解除权行使期限，自解除权人知道或者应当知道解除事由之日起一年内不行使，或者经对方催告后在合理期限内不行使的，该权利消灭。"

《民法典》第565条规定："当事人一方依法主张解除合同的，应当通知对方。合同自通知到达对方时解除；通知载明债务人在一定期限内不履行债务则合同自动解除，债务人在该期限内未履行债务的，合同自通知载明的期限届满时解除。对方对解除合同有异议的，任何一方当事人均可以请求人民法院或者仲裁机构确认解除行为的效力。当事人一方未通知对方，直接以提起诉讼或者申请仲裁的方式依法主张解除合同，人民法院或者仲裁机构确认该主张的，合同自起诉状副本或者仲裁申请书副本送达对方时解除。"

合同目的落空，往往也是法定解除条件之一。例如，2006年3月，黑龙江省讷河市某某街道某村民委员会与苏某某签订一份《草原承包合同书》，将草原104亩发包给苏某某，期限30年，收取承包费7 020元。2007年2月6日，经行政主管部门批准，黑龙江省讷河市雨亭国家湿地公园被列为国家城市湿地公园，苏某某承包的草原被划归在内。2019年2月1日，讷河市自然资源局对该村委会下发通知，要求其将包含湿地的发包合同解除、迁出承包户，恢复土地原始地貌，做好湿地环境保护。该村委与苏某某协商未果而诉

① 赎契，是指以偿还银行的应付贷款额来换取银行办理抵押登记的涂销手续，使原来有他项权证登记的产权变成无抵押登记的产权。原来，没有他项权证的时候，银行往往会持有产权人的房产证，涂销抵押之后银行会还给产权人产权证书，故通过提前还款来"赎"回自己的"契证"。

至法院，要求解除《草原承包合同书》，苏某某迁出湿地。法院认为，《草原承包合同书》合法有效，在合同履行过程中，因案涉地块被划归为国家湿地公园范围内，客观情况发生了当事人在订立合同时无法预见的、非不可抗力造成的不属于商业风险的重大变化，合同目的不能实现，应予解除。①

依据法律的规定，当事人可以解除合同。例如，《民法典》第634条规定了带有信用消费性质的分期付款买卖合同之出卖人可以依法解除合同，第787条规定了定作人有任意解除权，第933条规定了委托人或者受托人可以随时解除委托合同。值得注意的是，不能将普通的货物买卖合同或者股权转让合同与信贷消费购物合同的性质混淆，更不能对《民法典》第634条、第787条、第933条做扩大性解释予以运用。例如，在合同没有约定解除条件的情况下，买受方迟延付款但在合同目的能够实现的情况下，出卖方不得依据《民法典》第634条要求解除合同。②

3. 关于对“违约者也有解约权”错误观点之纠正

如何正确地理解《民法典》第563条规定“有下列情形之一的，当事人可以解除合同”的“当事人”？在学术界，有观点认为此处的“当事人”只能作合同守约一方当事人的限缩性理解，而另一种观点则认为可以作双方当事人的扩展性解释。因此，理论上围绕着“违约者是否有解约权”的问题展开了激烈的争论。③ 不少人还举出了相关的案例④来佐证，认为必要时应当认可并支持违约方所享有的有解约权。

其实，“违约方无解约权”已经成为合同法领域公认的法谚和基本的合同法原理。解约权，实质上就是指依法得行使解除合同之权利，该权利应当获得审理机关的认可和支持。根据《民法典》第563条所列出的五种情形，应当区别对待：第一种，“因不可抗力致使不能实现合同目的”。此种情形下，合同的双方当事人均可要求审理机关解除合同。第二种，“在履行期限届满前，当事人一方明确表示或者以自己的行为表明不履行主要债务”。第三种，“当事人一方迟延履行主要债务，经催告后在合理期限内仍未履行”。第四种，“当事人一方迟延履行债务或者有其他违约行为致使不能实现合同目的”。在上述第二种至第四种情形中，只有守约一方的当事人才享有合同解除权。第五种，“法律规定的其他情形”。此种情形，是留出了合同法关于合同解除与其他法律规定衔接的一定空间，也在某种程度上赋予审理者一定的自由裁量权。

守约者要求继续履行合同应当获得支持，这在《民法典》第179条规定的承担民事

① 黑龙江省讷河市通江街道五一村村民委员会诉苏廷祥农村土地承包合同纠纷案（最高人民法院公布的典型案例）［DB/OL］．［2020-09-19］．人民法院网：https：//www. chinacourt. org/article/detail/2020/05/id/5195781. shtml.

② 最高人民法院最高院〔2015〕民申2532号《民事裁定书》（最高人民法院指导案例67号）。

③ 王利明．论合同僵局中违约方申请解约［J］．法学评论，2020（1）；蔡睿．吸收还是摒弃：违约方合同解除权之反思——基于相关裁判案例的实证研究［J］．现代法学，2019（3）；刘洋“履行费用过高”作为排除履行请求权的界限——“新宇公司诉冯玉梅商铺买卖合同纠纷案”评析［J］．政治与法律，2018（2）；孙良国．违约方的合同解除权及其界限［J］．当代法学，2016（5）；崔建远．个案调处不等于普适性规则——关于若干债法司法解释的检讨［J］．广东社会科学，2014（5）.

④ 新宇公司诉冯玉梅商铺买卖合同纠纷案［J］．最高人民法院公报，2006（6）.

责任的方式第 7 项继续履行中得以体现。也就从正面佐证了“违约者无解约权”。应当说，《民法典》第 577 条规定的“当事人一方不履行合同义务或者履行合同义务不符合约定的，应当承担继续履行、采取补救措施或者赔偿损失等违约责任”是一个基本的前提。但是，也有例外，当出现特定情形时，审理者可以作出不支持守约方要求继续履行之请求，转而使用替代措施，这从另一个侧面来看似乎是“违约方要求解除合同”的请求得到了支持，其实不然。这只不过是守约方要求继续履约的请求未获支持，转而使用了另一种措施来追究违约方的责任而已。因此，《民法典》第 580 条规定了“当事人一方不履行非金钱债务或者履行非金钱债务不符合约定的，对方可以请求履行，但是有下列情形之一的除外；(一) 法律上或者事实上不能履行；(二) 债务的标的不适于强制履行或者履行费用过高；(三) 债权人在合理期限内未请求履行。有前款规定的除外情形之一，致使不能实现合同目的的，人民法院或者仲裁机构可以根据当事人的请求终止合同权利义务关系，但是不影响违约责任的承担”的例外情形。而且，第 581 条还进一步规定了“当事人一方不履行债务或者履行债务不符合约定，根据债务的性质不得强制履行的，对方可以请求其负担由第三人替代履行的费用”的替代履行措施。

解约权和解约请求权①、诉讼中提出某项请求，是完全不同的三个概念。解约权，是依法直接使合同解除的一种实体性的权利。解约请求权，是合同当事人要求审理者以裁判的方式解除合同的权利。诉讼中提出解除合同的请求，只要合同诉讼当事人在行使诉权时提出的某项请求，既非实体性的权利，也非请求权的形式。作为合同的当事人，无论其理由是否成立，其在诉讼中均有提出请求审理者作出某项裁决之权利，这个权利仅仅是提出诉请，至于是否能够获得审理者的支持而解约，则需由裁判者作出裁决。即使审理者作出了解除合同之裁决，亦绝非是应违约者之请求而裁决解约，从而使违约者享有了解约权；最终裁决解除合同，实际上是裁判解除合同的一种方式。因此，从理论上分析，合同解除的类别应当包括：合意解除（双方解除）、法定解除（单方解除）、裁判解除（审理者解除）三种。因此，声称“违约者也有解约权”，实际上是混淆了合同解除权与解除合同之诉讼请求提出权，也将法定解除之中的守约方解除合同与裁判解除合同未做应有、适当之区分所致。例如，甲与乙签订《房屋买卖合同》，约定甲将自己的房屋以 300 万元的价格出售给乙，甲收取了 60 万元的定金。后来在履行中因某知名中学迁入，受学位房的影响而该地段的房价暴涨，初步评估该案涉房产售价在 600 万元以上。按照合同约定，违约方须双倍返还定金 50 万元，或者须支付违约金为成交价的 30%。于是，甲方通知乙方，因为自己的原因，不再出售该房产，乙方的合同目的落空，其愿意支付 90 万元的违约金，要求解除合同，乙方不同意。甲方起诉至法院，以《合同法》第 94 条②“有下列情形之一的，当事人可以解除合同……（二）在履行期限届满之前，当事人一方明确表示或者以自己的行为表明不履行主要债务”请求法院判决解除合同。被告乙提起反诉，要求法院判决甲继续履行合同。如果按照“违约方也有解约权”的理论，支持了作为卖方的原

① 请求权，是指法律关系的一方主体请求另一方主体为或不为一定行为的权利。请求权，往往意味着以享有某种实质性的权利为基础，例如合同中的债权。

② 《合同法》第 94 条与《民法典》第 563 条的内容基本上一致。

告解除合同或者承认其有解约权，则本案无疑就是支持了甲见利忘义的行为，破坏了交易秩序。因为即使甲在支付了90万元违约金之后，按照市价出售仍有210万元的获利，而作为买家的乙，其要求甲继续履行合同的正常权利遭到了彻底之否定。直接行使合同解除权，与请求审理机关裁决解除合同，是享有合同解除权的当事人行使权利的两种表现形式。例如，守约方根据法律规定，直接向违约方发出了解除合同的通知，就是直接行使了解约权；如果守约方向法院起诉，要求依法判决解除合同，则其就是行使合同解除请求权。而违约方要求法院判决解除合同，则是在诉讼中提出了解除合同的一项诉讼请求而已，其本身既无解约权，也无解约请求权。可见，打着"合同当事人权利平等"的旗号，提出所谓的"违约方也有解约权"似是而非的观点，其不仅摧毁了"契约精神"，而且使守约方与违约方的权利义务彻底失衡，最终出现的是一个不讲道理、不分青红皂白之结果，该种观点并非是理论的创新，亦非实践之改革，其不仅在理论上是错误的，而且作为理论用于指导实践更是有害的。

在特定情况下，履行不能或者履行费用过高可以作为解除合同的原因。① 具有典型意义的是作为违约方要求解除合同，最终法院作出司法解除的判决，被《最高人民法院公报》② 所收录。

（三）合同解除的效果

合同解除，原则上是对合同之未来效力的解除。当事人也可作出合同解除前应履行部分事宜的处理方案。

合同解除不同于合同无效。首先，合同解除是以有效合同为前提；合同无效以合同成立为前提。其次，合同解除，在解除前已经履行的部分仍受到法律保护，且需要进行结算；合同无效是自始无效，未履行的不再履行，即使已经全部履行或者部分履行亦不因已经履行而具有法律约束力。最后，除非对清算条款作出新的约定，合同解除不影响合同原有之清算条款的执行；合同无效仅认可纠纷解决条款的效力。例如，甲、乙两公司签订了一份《购销合同》，甲向乙供货一半之后再也无法继续供货，乙公司行使合同解除权，之后乙公司向丙采购了同类的货物。根据《民法典》第567条"合同的权利义务关系终止，不影响合同中结算和清理条款的效力"之规定，乙仍需按结算条款对未付款进行结算。

《民法典》第566条规定："合同解除后，尚未履行的，终止履行；已经履行的，根据履行情况和合同性质，当事人可以请求恢复原状或者采取其他补救措施，并有权请求赔偿损失。合同因违约解除的，解除权人可以请求违约方承担违约责任，但是当事人另有约定的除外。主合同解除后，担保人对债务人应当承担的民事责任仍应当承担担保责任，但是担保合同另有约定的除外。"一方违约导致合同解除的，违约方仍需承担违约责任。例如，甲、乙于2018年7月14日签订了《房屋买卖合同》，合同约定，乙购买甲的房屋。后因出售方甲的原因导致无法办理过户手续，乙购买房屋之目的落空。乙将甲起诉至法

① 刘洋．"履行费用过高"作为排除履行请求权的界限——"新宇公司诉冯玉梅商铺买卖合同纠纷案"评析［J］．政治与法律，2018（2）．

② 新宇公司诉冯玉梅商铺买卖合同纠纷案［J］．最高人民法院公报，2006（6）．

院，要求解除原、被告签订的《房屋买卖合同》，甲返还乙支付的购房款，甲支付原告违约金、赔偿中介费并承担本案诉讼费用。甲提出既然合同已经解除，即应恢复到合同签订之前的状态，因此就不应当执行合同中约定的违约金条款。一审法院认为：当事人一方迟延履行债务或者有其他违约行为致使不能实现合同目的，当事人可以解除合同，故对原告请求解除与被告签订的《房屋买卖合同》的诉讼请求予以支持。关于违约金，应以实际损失为基础。考虑到解除房屋买卖合同给原告造成一定损失，一审法院判决被告承担支付违约金的责任。被告不服而提出上诉，二审维持原判。① 双方协议解除合同，正常情况下需要对合同是否解除、是否附条件、是否处理违约责任等合同解除本身以及解除后的善后事宜处理作出“一揽子”的约定。如果双方以“求同存异”的方式先确定合同解除达成一致，而未对违约责任以及合同解除的善后处理问题达成一致意见，则只能视为仅就合同解除达成了一致意见，不影响一方在今后向对方追究违约责任和要求处理合同善后事宜之权利。

第三节　合同的权利义务终止的法律效果

【导入案例】

案例 8-3

清偿后合同权利义务终止纠纷案②

2009 年 12 月 7 日，发包方（甲公司）与分包方（乙公司）签订《总包工程分包施工合同协议书》，案涉工程由甲公司发包给乙公司。田某为乙公司所分包的 8#楼部分工程提供劳务。案涉工程已竣工验收合格且交付使用。

2014 年 7 月 28 日，乙公司法定代表人杨某与田某达成总决算文件载明：乙公司欠田某人工劳务费1 770 489元。

2015 年 5 月 20 日，田某与甲公司、乙公司签订《和解协议》载明：田某诉甲公司劳务合同纠纷一案，现三方达成协议如下：收到业主支付的工程款后，按一定付款流程向田某支付上述劳务费1 770 489元。2016 年 7 月 5 日，田某与甲、乙公司签订《和解协议（工程款转股）》载明：乙公司将其在丙公司持有的453 517股股票（代码 ARPC）中的 14 万股交付田某用以抵偿丙方欠甲方的1 770 489元工程款；甲公司向乙公司、田某开具了持股委托书。2016 年 7 月 11 日，甲公司发出《债权转让通知》，通知丙公司将其对贵方的债权中的一部分 14 万股，依法转让给田某。当天，田某出具《收条》载明：今收到在乙公司转交的 8#楼工程款（人工费）债权转股权，股份数 14 万股，该部分股份为1 770 489元。2017 年 2 月 23 日，田某出具《股票签收确认书》，债权人确认：收到该股票后，债权人与债务人的债权债务关系彻底消灭。

---

① 河北省石家庄市中级人民法院〔2019〕冀 01 民终 6674 号《民事判决书》。

② 重庆市第一中级人民法院〔2019〕渝 01 民终 10623 号《民事判决书》。

后田某以该部分股票未经转让代理人加签和未有登记，股票未生效、不可兑付为由，主张按照《合同法》第 94 条第（4）项解除《和解协议（工程款转股）》。法院认为，田某已成为案涉 14 万股的实际持有人，甲、乙、田某三方对《和解协议（工程款转股）》已履行完毕，相互间的权利义务终止，田某再提出解除《和解协议（工程款转股）》以及要求支付工程款的请求没有法律依据。

【简要评述】无论是依照合同约定直接清偿，还是以物、票、权利代偿，合同当事人达成合意且已经履行，合同债务得以清偿，则合同终止。合同当事人再以合同权利人的身份主张原有的权利，理由是不能成立的。

【法条依据】《民法典》第 557 条规定："有下列情形之一的，债权债务终止：（一）债务已经履行；（二）债务相互抵销；（三）债务人依法将标的物提存；（四）债权人免除债务；（五）债权债务同归于一人；（六）法律规定或者当事人约定终止的其他情形。合同解除的，该合同的权利义务关系终止。"

【理论讲授】

一、合同终止法律效果的体现

（一）遵从约定

合同终止，一般会产生终结合同关系的效力。如果合同当事人对于合同终止所产生的后果有明确约定，且不违反法律禁止性规定的，应当遵从其特殊约定。

（二）合同关系消灭

合同终止，主合同以及依附于主合同的从合同亦消灭。例如，借款的主合同关系终止，则作为从合同的担保合同关系亦应于主合同终止后消灭。

（三）合同善后处理

如果属于正常的合同关系终止，则应返还相关的单据（如《借据》《收条》《承诺函》等），办理相关手续，如解除抵押登记、返还租赁标的物等。

（四）承担违约责任

如果因一方违约或者双方违约导致合同关系终止，则守约方或者受损方有权依法向对方提出索赔。在"搁置争议、求同存异"协商解除合同的情况下，不能以"同意解除合同"但没有违约追究条款而推论守约方当然放弃了追究违约方责任的权利。在仅就解除合同达成了合意，而未对违约问题作出处理的情况下，合同守约方当然可寻求法律途径向违约方追究违约责任。例如，甲将自己的商铺出租给乙，乙未依约支付租金已连续 4 个月，乙提出要求解除合同。经过双方协商，甲、乙签订了《解除合同协议》一致确定于某日解除合同，但并未就欠付的租金以及违约金支付、交还商铺等事宜予以明确。次日，乙清空商铺准备搬离物品，但甲以乙欠付租金和未支付违约金为由通知物业阻止乙搬离物品，且拒绝接收商铺，从而引发纠纷，乙起诉甲要求赔偿，甲反诉乙要求支付租金以及承担违约责任。可见，双方仅就解除合同达成了合意，对于欠付的租金以及违约金支付和交还商铺等事宜，应依照合同解除的后合同义务各自承担责任。甲通知物业阻止乙搬离物品，不属于留置权的行使，如造成了乙的经营损失仍需承担相应的责任。

二、合同终止的后合同义务

后合同义务，是指合同终止后当事人应当履行的义务。

合同终止后，当事人应当遵循诚实信用的原则，根据交易习惯履行通知、协助、保密等义务。例如，甲、乙双方签订了《科技项目合作开发协议》，约定双方各自提供一定的资金、技术、人员共同开发某科研项目。合同签订后双方派出人员组成技术攻关小组，但经过两年的联合技术开发，项目最终未能达到目标，双方一致确定解除合同。在合同善后处理过程中，应当返还有形的物品和资料，对于有阶段性成果作出合理的安排，而对于接触到对方的商业秘密的涉事人员，则负有保密之义务。

属于正常的合同关系终止的，合同当事人则应返还相关的单据（如《借据》《收条》《承诺书》等），收款方还应依据财务会计制度向对方开具发票或收据等。对于需要双方配合的事务，双方应尽到相应之责任，如配合清点货物、交接场地、协助对方人员和施工设备撤离现场等。例如，在房产租赁合同纠纷案中，较多地出现了当事人双方先就合同解除达成协议，但未详细明确解除合同后的欠付租金支付、违约金承担以及场地交还等事宜。承租人往往根据所达成的解除合同的合意搬离物品准备腾空场地交还，而出租方则以未清欠租金、物业管理费、水电费以及未支付违约金为由予以阻拦。在司法实践中，通常是分三个方面来处理：一是确定双方所达成的解除合同合意成立，从达成合意之日解除合同，承租人无须支付后续的租金；但承租人应在合理期限内交还场地。二是导致合同解除的违约方应当承担相应之违约责任。三是由于出租人的阻拦，导致承租人无法及时交还场地，故该受阻期间承租人无须支付场地占用费；如果出租人的阻拦行为导致承租人的实际损失，应据实赔偿。

后合同义务并非是根据合同双方当事人约定的义务，而是基于诚实信用原则和交易习惯而产生的义务。因此，后合同义务是一种法定义务、一种强制性的义务。明确后合同义务，目的在于维护给付效果或者妥善处理合同终止事务，对于违反后合同义务给对方当事人造成损失的，应当承担赔偿责任。

【本章小结】

合同权利义务终止的原因多样。基于合同当事人的意思自治，只要不损害国家利益、他人权利、社会秩序以及公序良俗的合同解除，应当尊重。当出现法定事由时，合同也可以解除。但依照鼓励交易的合同原则，在合同目的尚未落空，违约方仅构成一般违约的情况下，对其追究违约责任并继续履行，可最大限度地维护交易的安全。当合同解除后，双方应互相配合，做好合同解除后的相关善后工作。

【课后练习】

1. 名词解释

合同权利义务的终止；债务清偿；提存；债务免除；债务混同；合同解除；后合同义务。

2. 简答题

（1）合同的权利义务终止的主要事由有哪些？（可参见本章第一节的内容）

（2）债务抵销应注意哪些问题？（可参见本章第二节的内容）

（3）合同的法定解除有哪几种情况？（可参见本章第二节的内容）

（4）合同被解除后需要处理哪些善后事宜？（可参见本章第二节的内容）

3. 案例分析题

甲与乙于 2019 年 12 月 20 日签订了一份《房屋买卖合同》，合同约定：甲以 400 万元的价格出售其房屋给乙，乙在合同签订时支付 80 万元定金，合同签订 5 日内乙递交资料办理申请银行按揭贷款 200 万元的手续，银行按揭贷款申请获批准后 5 日内乙支付 120 万元给甲，付款后 3 日内甲、乙双方办理房产过户手续，银行按揭贷款不足部分的余款由乙在完成办理过户手续当天支付给甲；任何一方违约，则需按总成交价的 10% 支付违约金；延迟支付款项超过 15 日的，甲有权解除合同。

合同签订当天，乙支付了 80 万元定金，且已办理了银行按揭贷款的申请手续。由于乙的信用状况问题，银行最终同意仅发放贷款额为 100 万元，而乙在《银行同意贷款意向书》（有效期 3 个月）发出之后的 5 日内仅支付了 110 万元给甲。于是，甲以乙违约为由提出于要求解除合同并追究违约责任，所收取的定金 80 万元不予退还；乙提出因受新型冠状病毒性肺炎疫情的影响，依约支付仅差了 10 万元，其要求继续履行合同，同意在办理过户手续之后的当天支付应付的款额 110 万元。双方在协商的过程中，银行同意贷款的期限已经届满，乙要求甲配合重新办理申请，甲予以拒绝，并于 2020 年 5 月 10 日提出仲裁申请。2020 年 5 月 30 日仲裁开庭时，乙拿出了银行存款的存折，上面记载有活期存款 210 万元，乙要求一次性支付购房余款而继续履行合同，但甲以乙已经构成根本性违约为由坚决要求裁决解除合同。

问：请根据相应的法律规定以及合同法理，分析该合同应否解除。

提示：可参见本章第二节的内容及参考《民法典》第 562～566 条以及相关法律的规定。

第九章　违约责任

【本章引言】 契约信守是合同制度的一个基本准则。当一方违约时，除非有可免责之事由，否则应当承担违约责任。

【本章重点】 违约以及责任的承担方式；第三人导致违约的责任承担；免责事由；违约与侵权的责任竞合；不可强制履行的合同责任之承担。

第一节　违约责任及其承担方式

【导入案例】

案例 9-1

双方违约纠纷案①

2008 年至 2011 年，甲公司与乙公司签订了一系列协议，约定由甲公司负责设计、制作、安装、调试电炉，乙公司向甲公司支付酬金。甲公司最终完成了电炉的设计、制作、安装和调试工作。但在合同的履行过程中，双方就工程改造进行过多次的协商，甲公司未在约定期限内完成工作，乙公司也未按照约定的期限付款。

2013 年，甲公司以乙公司未依约按期付款，违反了双方合同约定和法律规定为由，向青海省高级人民法院提起民事诉讼；乙公司则提出了反诉，指控甲公司所负责安装的六台电炉存在质量问题。此案历经一审、二审，最终由最高人民法院作出终审判决。

最高人民法院认为，甲公司对认定电炉存在质量问题的鉴定报告予以否认，提出鉴定不合格系由乙公司自行改造等原因所致，但却没有证据表明上述产品质量不合格问题系由乙公司所造成，故甲公司应对此承担违约责任。乙公司根据不合格部分按照合同约定标准的重新作价而计算出来的四项工程内容共计 337.49 万元，甲公司对此数额并未提出充分证据予以反驳。根据《合同法》第 111 条“质量不符合约定的。受损害方根据标的之性质以及损失之大小，可以合理选择要求对方承担修理、更换、重作、退货、减少价款或者报酬等违约责任”的规定，结合本案中乙公司对于甲公司提供的六台电炉一直在使用的实际情况，一审判决判令由甲、乙两公司分别按照

---

① 最高人民法院〔2017〕最高法民终 103 号《民事判决书》。

337.49 万元的 40%（1 349 960元）和 60%承担责任，亦无明显不当之处，本院予以维持。乙公司未依约按期付款，亦存在违约，根据《合同法》第 120 条“当事人双方都违反合同的，应当各自承担相应的责任”的规定，本案对于质量不合格的问题已经进行了处理，相关质量问题已经得到解决，故一审判决对于双方提出的要求对方支付违约金和乙公司请求扣留质保金的主张不予支持是正确的，双方就此提出的上诉理由均不能成立。

【简要评述】本案经历了省高院和最高院的两次审理，其争议焦点是甲公司与乙公司在合同履行过程中是否存在违约行为，应当如何承担违约责任。在双方都存在违约行为的情况下，法院应当使其各自承担相应的责任。对于违约责任的承担方式，可以合理选择要求对方承担修理、更换、重作、退货、减少价款或者报酬等违约责任。

【法条依据】《民法典》第 582 条规定：“履行不符合约定的，应当按照当事人的约定承担违约责任。对违约责任没有约定或者约定不明确，依据本法第五百一十条的规定仍不能确定的，受损害方根据标的之性质以及损失的大小，可以合理选择请求对方承担修理、重作、更换、退货、减少价款或者报酬等违约责任。”

《民法典》第 592 条规定：“当事人都违反合同的，应当各自承担相应的违约责任。”

【理论讲授】

一、违约及其形态

（一）违约的界定

违约，就是指违反合同的约定或违反法律的规定之行为状态。

违约是违约责任构成的基本要件，没有违约行为，也就没有违约责任。违约行为属于违法行为。民事违法行为包括民事违约和民事侵权两大类。违约之特征表现在：

第一，主体的限定性。违约行为人是合同关系中的当事人，该特点由合同相对性决定。第三人如果实施了侵害债权的行为，虽然也发生不履行合同的后果，但第三人承担的是侵权责任而不是违约责任。例如，甲向乙供货，乙向丙供货，合同当事人分别签订了供货协议。由于甲的原因，导致乙未能向丙供货。从供应链以及先后关系来分析，的确是由于甲的违约而导致乙对丙的违约。当丙向乙追究违约责任时，乙不能以因甲的违约导致其本身违约作为理由而免除责任。应当根据两个合同关系来分别处理，即乙向丙承担违约责任，甲向乙承担违约责任。

第二，以有效的合同关系的存在为前提。不存在合同关系，就没有合同义务，也就不存在当事人一方不履行合同义务或履行合同义务不符合约定的问题；合同无效则需要认定合同无效的责任而非追究某一方的违约责任。因合同无效，合同本不应遵守，故不存在违反合同约定的责任问题。

第三，违反了合同义务。这些义务包括合同中约定的义务，还包括法律规定的合同主体之应尽义务，例如注意义务、告知义务、照顾义务、忠实义务、说明义务等。指控他方违约，需要有相应的证据支持，如果缺乏证据，则指控不能成立。例如，A公司是享有一款“汽车放油阀”的专利权人，其与B公司签订了《经销产品合作协议书》，约定A以单价60元的价格向B提供该专利产品，并保证向B的供货不高于全国统一价格，否则退还高出全国统一价格部分的货款并承担支付进货总额20%的违约金。B公司后来派员对A公司的销售进行暗访，并以另外的购买者之身份与A公司的业务员进行洽谈，获知可以按单价40元的价格进货。当A公司要求B公司支付进货未付款99万元时，B公司以A公司违反“最惠客户条款”为由拒绝支付。A公司起诉B公司，要求支付应付未付之货款99万元，但B公司提出反诉要求A公司退还高卖的部分价款77.19万元并支付违约金46.32万元。一审法院认定B公司有向A公司应付未付货款99万元，而B公司提出的反诉请求所称获得40元单价的报价没有合同等相应证据支持，故而对反诉不予支持。被告不服提起上诉，二审维持原判。①

第四，对合同债权的侵害。债权是一种相对权，其实现有赖于债务人切实、积极地履行合同义务，而违约行为会导致债权人的债权无法实现或无法完全实现。如果仅仅违约而未造成实质性的损害，则可通过纠正而获得补救。因此，在实务当中，不存在无损害之违约责任追究之必要。例如，甲、乙签订了购销合同，在履行期限尚未届满时，供货方声称受疫情影响购买不到原材料而无法生产，此意思表示符合明示毁约的条件可认定构成了违约。但在买方一再强调必须依约履行的情况下，卖方采取积极的措施购买到原材料并最终提前完成了供货之义务，买方也接受了货物。可见，卖方的明示毁约行为被其在后的实际交货行为所取代，则其意思表示尚未造成实质性的损害。如果买方以卖方违约为由而要求追究卖方的违约责任，不能获得支持。

（二）违约的形态

按照不同的标准，可以对违约的形态进行多种划分。

1. 根据合同主体的心态与违约结果的关系为标准划分

（1）主观违约，是指由于当事人的主观原因，拒绝履行合同义务的违约。例如，甲、乙签订一处房屋买卖合同，如果是因房价上涨或者下跌导致一方心理感觉亏损的违约，就是属于主观违约，守约方要求继续履行合同将会得到支持。如果双方无违约，则无争议，亦无诉讼之必要。例如，2016年5月1日，原、被告双方签订了《厂房转让协议书》，约定被告将其所有的建筑物转让给原告，双方已经履行完毕厂房交付、购买款额的全部义务。原告起诉法院要求判决《厂房转让协议书》真实、有效，被告答辩称双方无争议。法院审查后认为，双方当事人对合同关系客观存在且已经全部履行完毕之事实无争议，不存在被告的行为导致原告权利处于不安定之状态，双方无法律上的讼争关系，原告提起的该确认之诉实质无确认利益，驳回原告的起诉。②

（2）客观违约，是指由于当事人主观以外的客观原因，导致合同义务履行不能的违约。

---

① 四川省成都市中级人民法院〔2018〕川01民终8652号《民事裁定书》。

② 四川省彭州市人民法院〔2017〕川0182民初2356号《民事裁定书》。

尽管对于合同违约无须考究合同当事人的主观心态是否存有过错，但在合同违约责任的追究方面，尤其是在具体的个案之实际处理上，还是要做区分的。例如，由于房屋倒塌而无法继续履行合同，则无法支持合同继续履行的请求，而且在符合条件时还将在一定程度上减免违约方的责任，又或者对违约金在可调整的范围内降低一定幅度。

2. 根据是否可免责为标准划分

（1）不可免责违约，是指没有免责事由，违约方必须承担违约责任的违约。

（2）可免责违约，是指尽管客观上构成了违约，但依据合同约定或者法律规定可以免除或者减轻部分责任之违约。例如，合同约定：购房者通过银行申请按揭贷款，如果银行审核后不同意发放贷款，则买方不承担违约责任，合同解除，定金以及已付购房款全额退还。当银行最终审定不能向买方发放贷款时，则买方不承担违约责任。

3. 根据违约与合同目的实现的关系为标准划分

（1）一般性违约，是指合同一方当事人违反合同约定，但并不会导致该合同目的不能实现之行为。即使在合同中约定了某种情形之下守约方可解除合同，但如果未构成根本性违约，则在承担相应违约责任之前提下可继续履行的，审理者也不会轻易解除合同。例如，2008 年 4 月 11 日，A 公司与 B 公司签订了购买石油焦的《采购合同》，约定 A 公司向 B 公司购买石油焦，货款2 684 302. 9美元，明确了石油焦的受潮率、硫含量、灰含量、挥发物含量、尺寸、热值、硬度（HGI 值）七个方面的指数。交货后，A 公司发现货物的 HGI 指数仅为 32，不符合合同约定的该指数应当在 36~46。于是，A 公司以 B 公司构成根本性违约而向江苏省高级人民法院起诉要求解除合同。在一审期间，A 公司为了减少损失（场地堆放费用），将货物转售，A 公司向 B 公司发函称转售价格"未低于市场合理价格"。2012 年 12 月 9 日，一审作出判决，认定合同无效，B 公司返还货款并赔偿损失520 339. 77美元。B 公司不服而向最高人民法院提起上诉。最高人民法院审理后认为，交货的石油焦 HGI 指数低于合同约定，B 公司构成违约。但是该批货物仍有使用价值，且 A 公司已经将货物转售，质量不符并不构成根本性违约。最高人民法院于 2014 年 6 月 30 日作出了终审的判决：撤销一审判决；判决 B 公司赔偿 A 公司货款损失1 610 581. 74美元及堆存费用98 442. 79美元。①

（2）根本性违约，是指合同一方当事人违反合同，致使该合同目的不能实现之行为。合同目的不能实现，当然可依守约方当事人之请求而解除合同。例如，A 公司与B 公司签订了一份《月饼供货合同》，约定 A 须于本年度农历八月十日按约定的价格交付某种品牌、规格和具体要求的月饼 1000 盒。到了农历八月初八，B 公司发出催促，A 公司答应会按时交货；但 A 公司最终未能按时交货，B 公司在农历八月十日当天发出了《解约函》，而 A 公司则在农历八月二十日将货物送交 B 公司，B 公司拒绝收货。A 公司起诉 B 公司违约拒收货物，B 公司反诉称 A 公司根本违约而要求解除合同并赔偿损失。由于月饼属于应节性消费食品，在中秋节已过的情况下再行供货不但与合同约定不符，而且也在客观上造成应节性商品在非节日期间销售的困难。B 公司希望在中秋节之前销售月饼的合同目的落空。故，A 公司的延迟交货已经构成根本性违约。

① 最高人民法院〔2013〕最高法民四终 35 号《民事判决书》（最高人民法院公布的典型案例）。

4. 根据违约与损害结果是否有关联为标准划分

（1）单纯违约，是指合同当事人的行为仅构成合同违约。

（2）竞合性违约，是指合同当事人的行为不仅构成了合同违约，也造成了事实上的对合同对方侵权损害之后果。

5. 根据违约原因为标准划分

（1）自己造成的违约，是指合同当事人自己的原因所造成的违约。

（2）他人造成的违约，是指第三人的原因所导致合同当事人的违约。《民法典》第593条规定："当事人一方因第三人的原因造成违约的，应当依法向对方承担违约责任。当事人一方和第三人之间的纠纷，依照法律规定或者按照约定处理。"

6. 根据违约的行为表征为标准划分

（1）作为的违约，是指合同当事人以积极的作为所构成的违约。

（2）不作为的违约，是指合同当事人以消极的不作为所构成的违约。

7. 根据违约出现的时间为标准划分

（1）实际违约，是指在合同履行届满仍未履行的违约。实际违约，包括了三种情形：第一种是不履行。不履行，是指在合同履行期届满时，合同当事人完全不履行自己的合同义务，又分为"根本违约"和"拒绝履行"。根本违约，是指当事人一方迟延履行债务或者有其他违约行为，致使不能实现合同目的；拒绝履行又称履行拒绝、给付拒绝，是指履行期届满时，债务人无正当理由表示不履行合同义务的行为。第二种是不符合约定的履行。主要有：①迟延履行，指债务人无正当理由，在合同规定的履行期届满时，仍未履行合同债务；合同中未约定履行期限的，在债权人提出履行催告后仍未履行债务，就构成迟延履行。②质量有瑕疵的履行，又称为不适当履行，是指债务人所作的履行不符合合同规定的质量标准，甚至因交付的产品有缺陷而造成他人人身、财产的损害。③不完全履行，又称为不完全给付，是指债务人虽然以完全给付的意思为给付，但给付不符合债务本旨。第三种是其他违反合同义务的行为。主要是指违反法定的通知、协助、保密等义务的行为。例如，抵押人转让已办理抵押登记的抵押物，而未告知抵押权人或受让人的，其转让行为无效。

（2）预期违约，是指在合同义务履行届满前的违约意思表示。

8. 根据违约方意思表示为标准划分

（1）明示违约，是指义务履行人作出拒绝履约表示的违约。

（2）推定违约，是指义务履行人以实际行动表明其不履行合同的违约。《民法典》第578条规定："当事人一方明确表示或者以自己的行为表明不履行合同义务的，对方可以在履行期限届满前请求其承担违约责任。"例如，张三向李四借款，张三对于应付给李四的款额没有异议，但要求分期还款。双方达成还款计划：2020年9月1日开始张三每月的1日向李四还款10万元，直至2021年10月1日全部还清借款本息共计140万元。协议达成之后，张三仅支付了9月份的10万元，此后再未还款。李四于2020年12月3日起诉，要求张三一次性全部偿还欠款本息130万元。客观地分析，截至2020年12月3日，张三欠付的仅为10、11、12月共三个月的应付款额合计30万元，对于从2021年1月1日开始及以后的100万元，尚未到清偿期。但是，由于张三未依约履行到期的2020年10月份至12月份的债务，其以实际行为已经表明其在今后也不会履行合同义务，因此债权人可以在履行期限届满前请求债务人承担违约责任。简单地理解就是，当债务人未依约履行分期清偿债务责任的时候，即使今后的债务未满清偿期，债权人亦可提前要求债务人一次性清偿并追究相应的违约责任。

9. 根据违约主体为标准划分

（1）单方违约，是指合同双方当事人之中只有一方构成违约之状态。

（2）双方违约，是指合同双方当事人各自均有违约的状态。《民法典》第 592 条规定：“当事人都违反合同的，应当各自承担相应的责任。当事人一方违约造成对方损失，对方对损失的发生有过错的，可以减少相应的损失赔偿额。”

二、追究违约责任的依据

违约，作为一种客观的事实存在必须要有相应之评价标准。《民法典》第 176 条规定：“民事主体依照法律规定或者按照当事人约定，履行民事义务，承担民事责任。”

（一）合同约定

合同内容是衡量和判断双方权利义务的标准，也是判断合同当事人是否依照合同约定履行义务、构成违约的标准。违约，即违反了约定。因此，必须以合同约定作为一个标尺来衡量。例如，合同约定某一方须在某个具体的时间点履行某项义务，则须考察在该时间点及以前，当事人是否履行了该项义务。

（二）法律规定

除了合同约定以外，合同法以及相关的法律规定，合同当事人亦须承担相应的法定义务。未履行法定义务的，也构成违约。

三、违约责任的承担方式

《民法典》第 179 条规定：“承担民事责任的方式主要有：（一）停止侵害；（二）排除妨碍；（三）消除危险；（四）返还财产；（五）恢复原状；（六）修理、重作、更换；（七）继续履行；（八）赔偿损失；（九）支付违约金；（十）消除影响、恢复名誉；（十一）赔礼道歉。法律规定惩罚性赔偿的，依照其规定。本条规定的承担民事责任的方式，可以单独适用，也可以合并适用。”合同违约责任的承担，其方式主要有：返还财产，恢复原状，修理、重作、更换，继续履行，赔偿损失，支付违约金。停止侵害、排除妨碍、消除危险主要适用于物权领域，而消除影响、恢复名誉、赔礼道歉则主要适用于人格权侵权领域。

（一）继续履行

《民法典》第 577 条规定：“当事人一方不履行合同义务或者履行合同义务不符合约定的，应当承担继续履行、采取补救措施或者赔偿损失等违约责任。”

1. 直接履行

直接履行，是指合同当事人自己依照合同约定的履行方式。合同有效且未终止的情况下，合同当事人须自己履行合同的义务，不得以承担违约责任来免除继续履行合同的义务。继续履行，也称强制实际履行，是指违约方根据对方当事人的请求继续履行合同规定的义务的违约责任形式。《民法典》第579条规定："当事人一方未支付价款、报酬、租金、利息，或者不履行其他金钱债务的，对方可以请求其支付。"因此，继续履行是合同当事人首要的义务。

依照合同相对性的原理，除特殊情况外，合同的义务应当由合同当事人自己来履行。《民法典》第580条规定："当事人一方不履行非金钱债务或者履行非金钱债务不符合约定的，对方可以请求履行，但是有下列情形之一的除外：（一）法律上或者事实上不能履行；（二）债务的标的不适于强制履行或者履行费用过高；（三）债权人在合理期限内未请求履行。有前款规定的除外情形之一，致使不能实现合同目的的，人民法院或者仲裁机构可以根据当事人的请求终止合同权利义务关系，但是不影响违约责任的承担。"

2. 替代履行

合同当事人如果拒绝履行，则守约方可依法以合同外的第三方履行来替代义务方的履行，但相关的费用由义务方承担。例如，承包方所完成的建筑工程不符合质量要求，发包方要求其返工，但施工方予以拒绝履行义务，则发包方可聘请有资质的第三人对存在质量部分的工程进行返修，相关费用由承包方承担。《民法典》第581条规定："当事人一方不履行债务或者履行债务不符合约定，根据债务的性质不得强制履行的，对方可以请求其负担由第三人替代履行的费用。"

（二）补救措施

《民法典》第582条规定："履行不符合约定的，应当按照当事人的约定承担违约责任。对违约责任没有约定或者约定不明确，依据本法第五百一十条的规定仍不能确定的，受损害方根据标的的性质以及损失的大小，可以合理选择请求对方承担修理、重作、更换、退货、减少价款或者报酬等违约责任。"

1. 修理

修理，指对于损坏了的物体和事物进行修复和整理。例如，承租人在租赁期限届满时，有按原样返还出租物之义务，如果在承租期内损坏了某物品，则有承担修理的责任。

2. 重作

重作，是依照标准重新作出一个物品的行为。例如，加工方所提交的加工物品不符合要求，委托方有权要求加工方重作，直至达到符合标准要求为止。

3. 更换

更换，是指以某一物品为标准，对不符合要求的予以更替或者替换。例如，卖方提供的物品不符合合同约定的要求，则有责任根据合同约定和买方的要求予以更换。

（三）善后责任

1. 返还财产

返还财产，是指当失去合法依据而占有他人财产时，应当将财产予以返还合法占有权人的责任。例如，承租期满，承租人须将承租物品返还出租人。

2. 恢复原状

恢复原状，是指恢复物品至原有的状态。恢复原状，较多地出现在侵权领域。在合同领域，只要合同中有期限届满后必须恢复原状约定的，或者使用者变更了物品状态的，均负有恢复原状的责任。例如，承租人在承租期内对房屋进行了改装，则需进行恢复原状的处理。

（四）赔偿损失

1. 支付违约金

违约金，是指违约方向守约方支付因其违约而须支付的金额。

违约金属于约定范畴，如果合同的当事人未约定违约金条款的，则不存在违约金支付的问题。违约金的约定可以确定一个固定的款额，也可以明确某种计算方式。由于违约金不但具有违约惩罚的功能，还具有补偿损失的功能，因此当约定的违约金与实际损失之间有较大的差距时，守约方和违约方都有权依法要求审理机关予以调整（提高或者降低）。

《民法典》第585条规定："当事人可以约定一方违约时应当根据违约情况向对方支付一定数额的违约金，也可以约定因违约产生的损失赔偿额的计算方法。约定的违约金低于造成的损失的，人民法院或者仲裁机构可以根据当事人的请求予以增加；约定的违约金过分高于造成的损失的，人民法院或者仲裁机构可以根据当事人的请求予以适当减少。当事人就迟延履行约定违约金的，违约方支付违约金后，还应当履行债务。"

违约金和定金均具有一定的惩罚违约之功能，因此尽管在合同中可以约定双罚，但在最终追究违约责任时只能选择其中之一单罚。《民法典》第588条规定："当事人既约定违约金，又约定定金的，一方违约时，对方可以选择适用违约金或者定金条款。定金不足以弥补一方违约造成的损失的，对方可以请求赔偿超过定金数额的损失。"例如，甲、乙双方签订了某份合同，总标的额为100万元，合同中既约定了买方支付20万元的定金，又同时约定了违约方须向对方支付总标的额30%的违约金。假如卖方违约，那么买方要么双倍返还定金，要么要求对方支付违约金的30%。值得注意的是，定金罚则是确定的（双倍返还定金或无权取回定金），而违约金可根据实际情况变动。依照法律规定，约定的违约金与实际损失要挂钩，而没有比较则无所谓高低。司法实践中，一般以实际损失为基准，违约金在实际损失的30%内为正常。例如，某股权转让（16亿元）合同纠纷案中，出让股权方构成违约，原告诉请法院判决违约金2.1亿元，最终法院判决股权出让方向股权受让方支付违约金1.7亿元。①

2. 支付赔偿款

违约方违约导致守约方实际损失的，须承担赔偿责任，但不因承担赔偿责任而必然免除了其继续履行和采取其他补救措施之责任。《民法典》第583条规定："当事人一方不履行合同义务或者履行合同义务不符合约定的，在履行义务或者采取补救措施后，对方还有其他损失的，应当赔偿损失。"

违约的赔偿额，与实际损失应当相当，且不得超出合同签订时当事人所能够预知的合理预期。例如，张三向李四买一筐鸡蛋用于孵化小鸡，李四爽约，张三向李四提出要赔偿

① 最高人民法院〔2019〕最高法民终1458号《民事判决书》。

一个鸡场的小鸡，这就超出了李四签订合同当时能够预期自己违约而有可能造成张三的实际损失（最多也不过是一筐鸡蛋而已）。因此，李四的赔偿额不能超出合同的总额。《民法典》第584条规定："当事人一方不履行合同义务或者履行合同义务不符合约定，造成对方损失的，损失赔偿额应当相当于因违约所造成的损失，包括合同履行后可以获得的利益；但是，不得超过违约一方订立合同时预见到或者应当预见到的因违约可能造成的损失。"

即使是一方违约，但守约方在知道并有能力控制违约损失时，应当根据诚实信用原则采取适当的措施来减少损失的进一步扩大。《民法典》第591条规定："当事人一方违约后，对方应当采取适当措施防止损失的扩大；没有采取适当措施致使损失扩大的，不得就扩大的损失请求赔偿。当事人因防止损失扩大而支出的合理费用，由违约方负担。"例如，A、B公司签订了一份《供货合同》，约定A公司向B公司出售某种产品的原材料。A公司在供货期即将到期时，明确告知B公司无法按时供货，须延迟30天才能将货物送达。而B公司没有采取合理措施安排员工参加其他工作，不但让现有的50名工人全部停工待料，甚至还扩招了100多位工人。最后，B公司要求A公司承担其150名工人的停工待料期间的工资损失。B公司的做法，就是放任甚至追求了损失的增加，其100名员工的停工待料期间的损失不能获得赔偿。

四、财产支付责任的先行承担

一个合同主体同一个行为不但要承担民事的财产责任，还可能同时需要承担刑事责任、行政责任之中的财产支付责任（如刑事案件中的罚金、行政案件中的罚款），但其财产不足以全部支付时，则应当依法首先清偿民事责任的财产债务责任。《民法典》第187条规定："民事主体因同一行为应当承担民事责任、行政责任和刑事责任的，承担行政责任或者刑事责任不影响承担民事责任；民事主体的财产不足以支付的，优先用于承担民事责任。"例如，A厂家生产的产品存在着严重的质量问题，不仅造成了消费者的损害，被生效的判决要求赔偿100万元，还因产品质量问题被行政机关处以罚款50万元，甚至还被追究生产假冒伪劣产品的刑事责任被处以罚金50万元。但该厂家现仅有可被执行财产100万元，则依据法律规定该100万元首先要用于承担民事责任。

第二节 第三人导致违约的责任承担

案例9-2

第三人导致违约的买卖合同纠纷案①

2016年11月8日，A公司与B公司签订了一份《购销合同》，约定A公司向B公司采购1000吨进口乙二醇，B公司应于2016年11月15日至2016年11月25日期间交接完货物。

---

① 江苏省南京市秦淮区人民法院〔2016〕苏0104民初12255号《民事判决书》。

由于第三人无法交货导致B公司对A公司的违约，B公司于2016年12月6日向A公司发送解除合同通知函，要求解除《购销合同》。

2016年12月13日，A公司向南京市秦淮区人民法院提起民事诉讼，请求B公司向A公司支付116万元违约金。B公司辩称其未能向A公司履行全部供货义务系因第三人违约造成。法院经审理认为，依法成立的合同，对当事人具有法律约束力。A公司与B公司签订的《购销合同》系双方当事人真实意思表示，不违反法律强制性规定，合法有效，双方应依约履行各自的合同义务。被告的抗辩不能成立。法院于2017年3月9日作出判决：B公司于本判决发生法律效力之日起10日内支付A公司违约金55.1万元。

【简要评述】 本案事实清楚，适用法律也较为简单。值得注意的是，对于原告所提出的诉请，被告主张其未能向原告履行全部供货义务系因第三人违约造成，所以免除其应承担的违约责任，对于这一抗辩，法院并未采纳。

【法条依据】《民法典》第593条规定："当事人一方因第三人的原因造成违约的，应当依法向对方承担违约责任。当事人一方和第三人之间的纠纷，依照法律规定或者按照约定处理。"

【理论讲授】

一、合同相对性原理

合同相对性，是指原则上合同项下的权利义务只能赋予当事人或加在当事人身上，合同只能对合同当事人产生拘束力，而非合同当事人不能诉请强制执行合同。

合同的相对性，表现在主体、内容、责任的相对性三个方面。尽管合同保全制度中债权的代位权、撤销权在一定范围内有限性地突破了合同的相对性，但并非是所有的合同外第三人均可无条件、直接地向合同当事人主张权利或者以第三人的原因为由而免除违约责任。

二、两个合同关系分离规则

一个合同纠纷，仅能审查合同当事人之间的权利义务和处理违约责任。如超越了合同当事人，将别的合同关系之当事人拉扯进来，则审理者会陷入"斩不断理还乱"的局面。例如，A指控B违约，是基于A、B之间签订了一份合同，而B抗辩称是由于其与C签订的合同、C未能供货才导致了对A的违约。如果这个抗辩能够成立的话，那么也许C会提出是由于D违约或才导致对B的违约，D还会抗辩称是由于E，这样一来，后续的F、G甚至多个合同关系的主体都跳出来抗辩，最后谁也不用承担责任。因此，当合同纠纷牵扯到别的合同关系时，应当对本合同与别的合同作出明确的切割分离。

三、仅处理本合同纠纷规则

在一个合同纠纷案件中，尽管出现违约的事由与合同外的第三人有关，但本案要确定的是本合同的当事人是否构成违约，依照合同约定以及法律规定是否为可免责事由，如果系承担违约责任的应当承担何种责任。在确定合同当事人承担违约责任之后，违约方应承担违约责任的损失之救济，则属于另一个法律关系处理的问题。例如，A、B 建立了一个合同关系，B、C 建立了另一个合同关系，由于 C 导致 B 对 A 违约，则 B 在向 A 承担违约责任之后，作为损失可以追究 C 的违约责任。

第三节　违约责任之免除

【导入案例】

案例 9-3

不可抗力事实性证明①

浙江湖州某汽配制造企业为法国标致公司非洲工厂转向机壳体供货商，受 2020 年年初新型冠状病毒性肺炎疫情影响，无法按时向境外客户交付产品。依照合同约定，如不能及时提供无法履行合同原因的合法证明，企业不仅要承担价值 240 万元人民币的直接合同损失，还有可能会因导致对方生产线停产 2 周须赔偿约3 000万元人民币，商誉受到的影响更是不可估量。按照双方签订的国际商务合同规定，外方要求该公司 2 月 2 日开工，但在疫情防控情况下该公司不可能按时复工。为此，该企业向贸促会求助，希望能为其无法履行合同的原因提供证明以免除责任。2 月 2 日，中国贸促会向该企业出具全国首份新型冠状病毒性肺炎疫情不可抗力事实性证明书。

【简要评述】本次新冠肺炎疫情是突发公共卫生事件，属于不能预见、不能避免且不能克服的不可抗力事件。不可抗力作为民法的一个法定免责条款，但不可抗力事实性证明属于商事证明领域中的事实性证明行为，是指由中国贸促会及其授权的分会、支会应申请人之申请，对与不可抗力有关的事实进行证明，出具后当事人可以部分或全部免除不履行、不完全履行和迟延履行合同的责任。该证明已得到全球 200 多个国家以及地区的政府、海关、商会和企业的认可，在域外具有较强的可信度。

【法条依据】《民法典》第 180 条规定："因不可抗力不能履行民事义务的，不承担民事责任。法律另有规定的，依照其规定。不可抗力是不能预见、不能避免且不能克服的客观情况。"

《民法典》第 590 条规定："当事人一方因不可抗力不能履行合同的，根据不可抗力的影响，部分或者全部免除责任，但是法律另有规定的除外。因不可抗力不能履行合同的，应当及时通知对方，以减轻可能给对方造成的损失，并应当在合理期限内提供证明。"

① 浙江湖州出具全国首份新型冠状病毒肺炎疫情不可抗力事实性证明［DB/OL］.［2020-08-22］. 环球网：https：//china. huanqiu. com/article/9CaKrnKp9H6.

【理论讲授】

一、违约与责任承担

（一）违约属于事实认定

凡是合同当事人的行为或者行为结果，与合同约定不符或者与法律规定不符，则可认定违约。对于违约的认定，属于事实认定，而此阶段不问原因，亦无须讨论是否要承担责任。例如，合同约定供货方须在 2020 年 12 月 31 日之前交付货物，而供货方在 2021 年 1 月 2 日才供货，就构成了违约。至于是什么原因所导致，能否免责以及需要承担什么样的责任，这是后面需要研究的问题。就是否构成违约这一点而言，只看客观的事实。

（二）责任承担属于价值判断

责任承担，属于价值判断。违约并不一定要承担违约责任。因为在特定情形下所导致的违约，依照法律规定或者当事人在合同中的约定，是可以减免责任之承担的。但是，承担违约责任的，首先必须是有违约的客观事实存在。

二、免责事由

（一）法定免责事由

1. 不可抗力

不可抗力，是指有法律明确作出规定的不能预见、不能避免且不能克服的客观情况。《民法典》第 180 条规定："因不可抗力不能履行民事义务的，不承担民事责任。法律另有规定的，依照其规定。不可抗力是不能预见、不能避免且不能克服的客观情况。"一般情况下，不可抗力的类型主要有：（1）自然灾害，如地震、海啸、台风等；（2）社会异常事件，如战争或者暴乱、罢工、骚乱、疫情等；（3）政府行为，如征收、征用等。

《民法典》第 590 条规定："当事人一方因不可抗力不能履行合同的，根据不可抗力的影响，部分或者全部免除责任，但是法律另有规定的除外。因不可抗力不能履行合同的，应当及时通知对方，以减轻可能给对方造成的损失，并应当在合理期限内提供证明。当事人迟延履行后发生不可抗力的，不免除其违约责任。"

作为不可抗力而免除合同当事人违约的责任，需要同时具备以下的条件：第一，不可抗力发生在合同履行届满之前；第二，不可抗力事由属于法律规定之范畴；第三，受发生不可抗力而影响合同履行的，须及时通知对方并在合理期限内提供证明。例如，在新冠疫情影响下，很多厂商无法开业，但却又未依照法律规定采取相关的措施，更未及时提供证据。自 2020 年 4 月初，全国各地已经陆续复工、复产了，但绝大部分人却还没有及时告知对方，亦未提供证据材料，只有到了履行届满后对方起诉自己作为被告时才在法庭上以"受新冠疫情影响，属于不可抗力"之类的答辩来进行抗辩。这无疑是增加了审理者的认定难度。

2. 正当防卫

正当防卫，是指对正在进行不法侵害行为的人，而采取的制止不法侵害的行为。正当防卫作为一个法律概念，主要出现在刑法领域。对不法侵害人造成损害的正当防卫，不负刑事责任。而正当防卫，当然也不承担行政责任和民事责任。《民法典》第 181 条规定："因正当防卫造成损害的，不承担民事责任。正当防卫超过必要的限度，造成不应有的损害的，正当防卫人应当承担适当的民事责任。"

如果防卫过当①，则需依法承担民事损害赔偿责任。例如于欢案，于欢最终被认定为防卫过当，于欢须对其过当的防卫行为承担损害赔偿责任。②

3. 紧急避险

紧急避险，又称紧急避难，是指为了使公共利益、本人或者他人的人身和其他权利免受正在发生的危险，不得已而采取的损害较小的另一方的合法利益，以保护较大的合法权益的行为。例如，司马光 7 岁的时候与小伙伴们在后院里玩耍，有个小孩爬到大缸上玩，不慎失足掉到装满水的缸里。别的孩子们一见出了事，都慌忙跑了，司马光却急中生智，从地上捡起一块大石头，使劲向水缸砸去。缸破水出，小孩得救了。砸缸这一破坏性的行为，就属于紧急避险。《民法典》第 182 条规定："因紧急避险造成损害的，由引起险情发生的人承担民事责任。危险由自然原因引起的，紧急避险人不承担民事责任，可以给予适当补偿。紧急避险采取措施不当或者超过必要的限度，造成不应有的损害的，紧急避险人应当承担适当的民事责任。"

4. 自愿救助

自愿救助，是指没有法定或者约定义务，当他人处于危难之时出于自愿而施以援手所给予的救助行为。

自愿救助，属于民法概念，与民间通常所称的见义勇为、做好事、奋不顾身等有区别，相对比较接近的一个民法概念是无因管理。现时社会流行着"见到老人跌倒你扶还是不扶"以及"究竟是老人变坏了还是坏人变老了"的讨论，无非就是担心"做好事没有好报"反而遭到诬陷，这在一定程度上延伸到"举证责任"的承担等问题上。例如南京彭宇案，很多人对一审判决书的推理都持不同的看法，"他去扶了就一定是他撞的吗？"这样的疑问引起了人们的讨论。③

《民法典》第 183 条规定："因保护他人民事权益使自己受到损害的，由侵权人承担民事责任，受益人可以给予适当补偿。没有侵权人、侵权人逃逸或者无力承担民事责任，受害人请求补偿的，受益人应当给予适当补偿。"第 184 条规定："因自愿实施紧急救助行为造成受助人损害的，救助人不承担民事责任。"这两个法条鼓励好人做好事并从制度

---

① 防卫过当，是指明显超过必要之限度，行为人对其造成重大损害的行为应当负刑事责任之情形。

② 山东省聊城市中级人民法院〔2016〕鲁 15 刑初 33 号《刑事附带民事判决书》（最高人民法院指导案例 93 号）。

③ 最高法十年后再谈彭宇案：真相究竟是什么？［DB/OL］.［2020-08-21］. 新浪网：http：//news.sina. com. cn/c/nd/2017-06-15/doc-ifyhfnqa4214796. shtml.

上予以保障，被誉为“好人法条款”①。

（二）约定免责事由

合同当事人可在法定免责之外，约定特定事由为免责事由。当出现合同约定之免责事由时，可以依约进行免责。合同约定的免责事由，只要不触及法律禁止的范围，由当事人协商。例如，发展商与小业主在《商品房买卖合同》中约定，预定的购买房产建筑面积、套内面积为 100 平方米，当交付房产时，房地产登记中心的勘测部门实测套内面积与合同预定面积正负在 3%之内，无须增加和退还购房款并免责，3%～5%的部分按照购买价格退、补款额，超过 5%面积的时候，买方可以选择解除合同或者补交差价款、合同继续履行。如果将法定免责事由纳入合同约定的免责事由范畴，理当允许。

三、免责之禁止

（一）免除法定义务

法定义务，是指由法律直接规定的当事人应尽之义务。由于法定义务具有强制性，因此，当事人通过单方的店堂告示或者格式条款方式免除自己应负之法定义务的，无效。例如，某商店张贴告示“进店消费，注意安全，发生事故，本店不负任何责任”，属于无效。

（二）免除侵权责任

侵权行为，是指侵犯他人的人身权或财产权，依法应承担民事责任的违法行为。当侵权行为发生后，在侵害人与受害人之间就产生了特定的民事权利义务关系，即受害人有权要求侵权人赔偿损失。通过合同方式约定，免除侵权责任的条款，无效。例如，A 电池生产厂与 B 经销商签订供货合同，约定无论经销商将电池销售给任何人，当电池发生爆炸事故时，A 不负任何责任。此条款为无效条款。

第四节　违约责任与侵权责任之竞合

【导入案例】

案例 9-4

违约及侵权竞合管辖纠纷案②

A、B 两公司签订《产品销售合同》，约定 A 公司向 B 公司购买磨具。签订合同后，B 公司向 A 公司提供了货物，但 A 公司认为 B 公司提供的磨具不符合质量要求并因产品侵权导致损失，于是 B 公司向法院起诉 A 公司要求赔偿。B 公司认为属于

① 自愿救助者免除责任的法律规定，目的在于使人做好事时无后顾之忧，不用担心因过失造成伤亡而遭到追究，从而鼓励旁观者对危难者施以帮助。

② 四川省成都市新都区人民法院〔2018〕川 0114 民初 4909 号《民事判决书》。

合同产品质量侵权纠纷，应当由侵权行为地的法院管辖；而A公司则认为本案为合同违约纠纷案，应由具有合同纠纷管辖权的法院管辖。一审法院于2019年4月29日作出裁定，案件移送至合同纠纷管辖权的法院管辖；原告不服向成都市中级人民法院提起上诉。二审法院认为：销售方的行为同时构成合同违约和民事侵权，系责任竞合案件，当事人的原告可选择其中之一种诉因提起诉讼，从而根据当事人选择的诉因来确定案件的管辖，原告之诉请以及法院管辖并无不当，故于2019年6月12日作出裁定：撤销一审移送的裁定，本案由一审法院管辖。

【简要评述】当合同一方的同一行为既构成合同违约，又构成侵权的时候，合同守约一方可以选择违约之诉或侵权之诉来维护自身的权益，但两种不同诉讼的法院管辖是不同的。当事人确定诉由后，应向有管辖权的法院起诉。

【法条依据】《民法典》第186条规定："因当事人一方的违约行为，损害对方人身权益、财产权益的，受损害方有权选择请求其承担违约责任或者侵权责任。"

【理论讲授】

一、不同领域之法律责任

人们通常所称的法律责任，广义上是指任何组织和个人均所负有的遵守法律，自觉地维护法律尊严的义务。狭义上是指违法者对违法行为所应承担的具有强制性的法律上之责任。

法律责任同违法行为紧密相连，只有实施某种违法行为的人，才承担相应的法律责任。法律责任不同于道义责任，其必须是在法律上有明确具体的规定为前提，最终由国家强制力保障其执行。

法律责任可分为刑事法律责任、民事法律责任、行政法律责任、经济法律责任。民事法律责任，简称民事责任，是指由于违反民事法律、违约或者基于民法规定，而由行为人应承担的一种法律责任。一个行为人作出一个行为，可能同时违反了多个领域的法律规定，进而需要承担刑事、行政、民事法律责任。例如，某公务员盗窃被抓获，其不但要承担刑事责任，还可能被行政开除，对于盗窃所得还须承担返还不当得利之民事责任。①

二、违约责任与侵权责任之区别

违约责任，是因违反合同约定或者法律规定而产生的合同责任。违约责任一般仅限于民事责任领域，一般不会涉及刑事责任或者行政责任。侵权责任是因侵权行为而产生的法律责任，其责任范围较为宽广，不仅包括民事责任，还可能产生刑事责任、行政责任等。

尽管说一个行为可能产生多个领域的法律责任，而且在同一个法律领域之中也可能会需要承担不同的责任。例如，违约行为将同时产生支付违约金、继续履行、赔偿损失等多个责任方式的承担。但是，对于同一行为的同一种责任，就不能在不同的领域之中反复、多次地承担，否则就会加重违约者的责任、对守约方给予多重叠加的经济补偿，这违背了

① 领导被纪委查了，下属溜进办公室［N］．杭州日报，2016-02-24（J10）．

法律公平、正义之本意。例如，合同一方当事人违约的行为，同时又可以被纳入侵权领域来考察时，对于补偿合同相对方实际损失这一种民事责任而言，如果在违约方面被追究了赔偿责任，在侵权领域再被追究一次侵权的赔偿责任，就会出现两个赔偿责任、支付了两笔赔偿款。

三、违约责任与侵权责任产生竞合的处理

民事责任竞合，是“民事责任聚合”的对称，简称责任竞合，是指一项民事违法行为同时符合两种或两种形式以上的民事责任的构成要件，依法仅实现其中一种民事责任的法律现象。正常的理解，即一个合同行为既造成了违约（A），又导致了侵权（B）的结果，那么合同相对方要么选择A（违约）、要么选择B（侵权）的方式来追究对方的民事赔偿责任。

当合同一方违约，仅造成合同履行不能或者延迟履行之后果时，只产生一类违约责任，依法处理就相对比较简单。但是，如果一个违约行为同时涉及违约责任和侵权责任时，在民事责任的大类上，就产生了两种相对的责任，即违约责任和侵权责任。受害者作为合同的一方，可选择其中之一来获得救济。

值得注意的是，违约责任与侵权责任，在归责原则、责任基础、举证责任、损害赔偿范围、对第三人的责任、免责条件、诉讼时效、诉讼管辖等诸多方面都存在着显著的区别。

合同当事人在追求利益最大化的前提下，可做自由的选择。例如，乘客在乘坐客车过程中，由于客运司机操作不当，发生了交通事故，导致乘客受伤。乘客当然可以作为交通事故的受害者要求交通事故责任承担人的客运公司按侵权责任来赔偿，也可根据其与客运公司的客运合同要求公司承担不能安全地将其送达目的地之违约行为的违约责任。① 无论是选择侵权责任进行追究，或是违约责任进行追究，只要选择了其中之一，就意味着放弃了未选择的另一种责任追究方式。

两个诉因（例如违约或侵权）并存的案件，原告可以选择有利于自己的一种诉因提起诉讼，有管辖权的受诉法院不应以存在其他诉因为由拒绝受理。②

第五节　继续履行责任之适用

【导入案例】

案例9-5

无法强制履行的服务合同纠纷案③

2019年5月31日，袁某（乙方、原告）与广州某公司（甲方、被告）签订

① 辽宁省沈阳市中级人民法院〔2020〕辽01民终5664号《民事判决书》。

② 四川省成都市中级人民法院〔2019〕川01民辖终635号《民事裁定书》。

③ 广东省广州市中级人民法院〔2020〕粤01民终12422号《民事判决书》。

《抖音电商运营服务合同》，约定：甲方向乙方提供抖音App运营服务；辅导以及线上和线下服务，乙方可自行选择通过不限于即时聊天、电话等方式接受服务。甲方提供的辅导和服务的部分均采用公开授课方式，乙方可根据自己的时间选择适当的时间段参与。被告签订合同后才告知原告直播卖货要满足3000份、购买流量进行推广需要另行付费、需要满足10个视频发布才可以开通橱窗，导致原告合同目的无法实现。原告于2019年8月20日向法院起诉，请求判令解除《抖音电商运营服务合同》。法院经审理认为，合同继续履行须以双方自愿互信为基础，在双方失去互信的情况下，继续履行案涉协议会引发进一步的纠纷，也难以取得良好的合作效果。被告违约，原告已向被告提出退款，且案涉协议的履行需要原告给予配合。据此，案涉协议不适宜强制履行。故，原告主张解除双方签订的《抖音电商运营服务合同》的诉讼请求，有事实和法律依据，法院予以支持。被告不服而向广州市中级人民法院提起上诉。二审法院经审理后维持原判决。

【简要评述】当事人一方不履行合同义务或者履行合同义务不符合约定的，合同相对方可以要求解除合同或者要求其承担继续履行的责任，但是法律上或者事实上不能履行、债务的标的不适于强制履行或者履行费用过高、债权人在合理期限内未要求履行的，法院可以不支持原告要求对方继续履行的请求，转而适用其他的责任承担方式。

【法条依据】《民法典》第580条规定："当事人一方不履行非金钱债务或者履行非金钱债务不符合约定的，对方可以请求履行，但是有下列情形之一的除外：（一）法律上或者事实上不能履行；（二）债务的标的不适于强制履行或者履行费用过高；（三）债权人在合理期限内未请求履行。有前款规定的除外情形之一，致使不能实现合同目的的，人民法院或者仲裁机构可以根据当事人的请求终止合同权利义务关系，但是不影响违约责任的承担。"

【理论讲授】

一、继续履行及其意义

（一）继续履行的界定

继续履行，又称强制实际履行，是指违约方根据对方当事人的请求继续履行合同规定的义务之违约责任承担形式。

（二）继续履行的意义

合同只有得到全面的履行，合同当事人的合同目的才能实现。根据"允诺必守"的原理，当事人须履行自己的义务。《民法典》第579条规定："当事人一方未支付价款、报酬、租金、利息，或者不履行其他金钱债务的，对方可以请求其支付。"继续履行是一种独立的违约责任方式，不同于一般意义的合同履行，其以违约为前提，体现了法的强制性。

二、继续履行的规则

（一）违约者不得豁免规则

合同只有履行，合同目的才能实现，合同交易秩序才能得到维护。因此，在合同主体有继续履行责任的情况下，除非守约方免除违约方继续履行的责任，或具有法定可免除之事由，否则，违约方需要继续履行合同。

（二）金钱债务必须履行规则

合同的违约责任形式有多种，违约方不得以承担违约金支付责任或者赔偿责任来免除其继续履行合同的责任。例如，合同的买方在收到货物之后未依约付款，其应当承担支付违约金的责任以及支付货款的责任。当违约方承担了违约金支付责任之后，对方还可以要求其支付价款或者报酬。作为一个生效的裁决，要具有可被强制执行性，如果是须以合同当事人的行为来配合履行债务的，在某种程度上就不具有强制执行性。诚然，法院可依守约方的请求作出判决，但如果违约方不履行生效判决继续拒绝交货，则无法申请强制执行。例如，卖方未履行交货义务而构成一般性违约，守约方可要求卖方继续履行交货义务，但违约方予以拒绝，即使法院判决其继续履行，但卖方仍然拒绝执行。在司法实践中，也无法进行强制执行而从被告的仓库之中将货物拉走。这会产生后续违约之诉，原告需另行提起根本违约之诉，要求解除合同，判令被告承担返还货款，承担后续违约金、赔偿款的责任。

值得注意的有两点：第一，金钱债务不存在不能履行。例如，买方在收到卖方的货物之后，其支付金钱的债务并非是行为债务，无论违约方当前是否有支付能力、今后是否有被执行的可能，其债务支付责任必须继续履行。第二，特殊的行为履行义务可通过第三方协助直接完成。如果属于合同一方当事人的配合办理登记行为义务，在合同相对方已经完成履行义务的情况下，违约方拒绝配合，可通过向第三方发出协助执行通知的方式完成。例如，甲、乙双方签订了一份《房屋买卖合同》，买方已经全部付清购房款，但卖方拒绝配合办理递件过户手续，则法院判决卖方继续履行合同在限定的时间内配合买方到房产登记中心办理递件过户手续。判决后，卖方仍拒绝依生效的裁判文书履行，则买方可申请法院强制执行。法院向登记机关发出协助执行通知书，房地产登记中心凭生效的裁判文书和申请人提供的资料直接办理过户登记手续，完成交易。

当出现特殊情况，违约者提出了无法继续履行的抗辩，审理者最终认定不适于继续履行，从而不接受守约方要求对方继续履行之请求，转而判决违约者承担其他违约责任，并非是“违约者享有解约权”。

（三）特殊情况下责任转换规则

责任的承担应当符合投入产出的经济规律。如果一个责任的承担，违背了经济规律，使继续履约者产生了较大的经济支出，而且该经济支出远远超出了继续履行所获得的经济收益，我们称此行为是“不经济”的。

《民法典》第580条规定：“当事人一方不履行非金钱债务或者履行非金钱债务不符合约定的，对方可以请求履行，但是有下列情形之一的除外：（一）法律上或者事实上不能履行；（二）债务的标的不适于强制履行或者履行费用过高；（三）债权人在合理期限内未请求履行。有前款规定的除外情形之一，致使不能实现合同目的的，人民法院或者仲裁机构可以根据当事人的请求终止合同权利义务关系，但是不影响违约责任的承担。”因此，当合同履行费用过高，则不适宜继续履行。例如，买卖双方签订合同之后，卖方根据发展需要已经转产，原先合同约定所交货物已经没有再生产了而且亦无库存产品。此时如果判决继续履行，实际上是难以履行的；生产厂家也不可能将现有的生产线再改为原来的生产线再次生产。因此，改回原来的生产线生产出某批产品，并非事实不能，而是履行费用过高。

当出现了事实或者法律履行不能、债务之标的不适于强制履行或者履行费用过高、债权人在合理期限内未请求履行三种情形之一时，法院对原告提出要求被告继续履行之请求不予支持，并非是免除了违约方继续履行的责任，而是根据实际情况通过采取其他责任承担方式转换了履行责任而已。

（四）特殊情况下的替代履行规则

继续履行本是合同当事人的责任，但如果当事人拒绝承担该责任，可通过他人替代的方式来实现，但相关的费用应当由负继续履行责任者承担。《民法典》第581条规定：“当事人一方不履行债务或者履行债务不符合约定，根据债务的性质不得强制履行的，对方可以请求其负担由第三人替代履行的费用。”例如，某橡胶厂为某高速公路施工工程公司提供高架桥的橡胶支座3万个，双方签订了供货协议。协议约定橡胶厂对其供货承担质量担保义务和设计、安装义务，如橡胶支座被安装之后经检测不合格的，应当重新供货、设计、安装。当橡胶厂供货安装后，施工方会同业主和工程检测方进行检验时，发现有1000多个橡胶底座出现严重开裂现象，于是工程公司将检测报告发给橡胶厂要求更换并负责重新设计和安装施工，但橡胶厂予以拒绝。施工方起诉橡胶厂，要求其继续履行，但橡胶厂当庭拒绝。为了按期完成工程、保障全线通车，法院向被告释明，如果其不承担继续履行的责任，则第三方替代履行的费用由其承担。最终，施工方委托第三方进行了设计、供货并安装，产生了600多万元的费用。法院最后判决：被告承担违约责任并支付第三方替代履行所产生的全部费用。

【本章小结】

合同违约的事实认定和违约责任追究，是一个相当复杂的问题，而且在合同纠纷案件中也是一个关键问题。因此，认定违约事实，依法追究违约责任，往往成为合同法务工作者、律师、法官、仲裁员的关注重点。违约责任的承担、免责事由的确定、违约责任和侵权责任竞合的处理以及继续履行责任之承担，都要结合个案来分析、处理。

【课后练习】

1. 名词解释

双方违约；法定免责；约定免责；不可抗力；责任竞合；继续履行。

2. 简答题

（1）双方违约时应如何处理？（可参见本章第一节的内容）

（2）第三人导致违约可否向第三人主张违约责任？（可参见本章第二节的内容）

（3）不可抗力的事由有哪些？（可参见本章第三节的内容）

（4）当发生违约与侵权责任竞合时应当如何处理？（可参见本章第四节的内容）

（5）继续履行须注意哪些规则？（可参见本章第五节的内容）

3. 案例分析题

A 公司向 B 公司供货，货值 100 万元。B 公司收货后，未依约付款。A 公司起诉 B 公司，B 公司作出了分期还款计划：从 2019 年 10 月 1 日开始每月的 5 日前支付 10 万元，直至 2021 年 7 月 5 日前全部偿还。A 公司和 B 公司达成和解，A 公司撤诉。B 公司仅偿还了 3 个月的款额，从 2020 年 1 月 1 日开始就再无还款。A 公司于 2020 年 1 月 6 日向法院再次起诉，要求判决 B 公司提前一次性全部偿还债务 70 万元，但 B 公司提出受新冠疫情影响、属于不可抗力，要求豁免债务；而且，在起诉的时候到期的债务仅一期，为 10 万元，即使要还款也就是 10 万元；还未到期的不负清偿责任。

问：请根据相应的法律规定以及合同法理，分析 B 公司的抗辩是否成立。

提示：可参见本章第三节的内容及参考《民法典》第 579 条、第 581 条、第 590 条以及相应的规定。

第十章　合同的解释

【本章引言】尽管合同的条款和内容须全面、具体、明确、切实可行，但由于多方面的原因，合同约定的内容在实际履行中，当事人可能会基于利益的考虑而造成理解不同；甚至因匆忙或者缺乏专业知识等对于重要的内容缺乏约定或者约定不明。对于出现的问题，合同当事人能够协商一致解决，当然是最理想的状态。但由于合同关系已经确定，双方为了实现合同目的以及追求利益的最大化，往往会固执己见，这就需要对合同进行必要的解释和补漏。

【本章重点】合同解释的意义；合同解释的原则、规则和具体的方法；合同的补漏规则。

第一节　合同解释的意义

【导入案例】

案例 10-1

合作开发软件权利归属理解纠纷案①

原告某科技公司与被告快发公司曾经签订了一份关于"QCHouses 线上平台开发"软件的合同。此后，原告发现从 2016 年 3 月起，在未经其授权许可的情况下，被告将其开发的快剪购票机软件大量复制、安装于其自行生产或采购的购票机硬件上，然后销售给其全国各地的理发直营店、加盟店，获利颇丰，也导致了原告在巨大投入研发出的该软件系统后却无法正常销售、经营，损失巨大。宁波某理发店从被告处采购了快剪购票机，并在该机器中使用了快剪购票机软件系统，故原告将快发公司和理发店列为被告，要求法院判决其停止侵权，赔偿损失。法院认为，被控侵权软件与原告的软件多处重合一致，具有实质性的相似，被告亦接触了开发该软件的技术人员，有接触涉案软件的事实。但因原告与被告当时存在"QCHouses 线上平台开发"的软件开发合同关系，在一系列证据及事实可证明案涉软件具有高度盖然性属于该合同项下开发内容的情况下，该案涉软件应属于合同项下的软件，依合同约定属于被告快发公司享有。故，法院一审驳回了原告的诉请，被告不服而提起上诉，最终二审维

① 最高人民法院〔2019〕最高法民终 694 号《民事判决书》。

持原判。

【简要评述】在原告和被告双方存在合作关系的情况下，合同履行之后，被告在原有合作开发软件的基础上进行新开发，其软件著作权人属于被告快发公司。案件处理时对争议软件开发过程中的命名、时间、开发团队、自身定位及属性等多项细节进行了考察，并合理应用民事诉讼高度盖然性的举证规则进行审查判断。对于被控侵权软件是否属于合同范围内的理解，不应机械、静态地分析其是否属于线上还是线下软件，还应注意合同履行过程中，当事人根据业务需求以及软件开发的进程亦有可能对开发范围进行调整，结合案涉合同之目的，被控侵权软件与合同软件的功能配套性进行综合考虑。

【法条依据】《民法典》第 466 条规定："当事人对合同条款的理解有争议的，应当依据本法第一百四十二条第一款的规定，确定争议条款的含义。合同文本采用两种以上文字订立并约定具有同等效力的，对各文本使用的词句推定具有相同含义。各文本使用的词句不一致的，应当根据合同的相关条款、性质、目的以及诚信原则等予以解释。"

第 142 条规定："有相对人的意思表示的解释，应当按照所使用的词句，结合相关条款、行为的性质和目的、习惯以及诚信原则，确定意思表示的含义。无相对人的意思表示的解释，不能完全拘泥于所使用的词句，而应当结合相关条款、行为的性质和目的、习惯以及诚信原则，确定行为人的真实意思。"

【理论讲授】

一、合同解释的界定

（一）合同解释的概念

解释，又称诠释，即分析、阐明、说明、注解之意。

合同解释，是指根据有关事实，按照一定的原则和方法，对合同的内容所作之说明，从而确定当事人在合同中的权利、义务的活动。

如果合同双方当事人对于合同内容认识一致并实际履行，则无争议，因而并无由第三人作出解释之必要。

（二）合同解释与其他解释的区别

合同解释，不同于法律解释和行为解释。

法律解释，是指对法律和法规条文的含义所作的说明。依据不同的标准可以进行多种划分，如以是否具有法律效力分为正式解释和非正式解释，以解释所具有的法律效力范围分为规范性解释和个别性解释，以解释主体分为立法解释、司法解释，依解释的方法分为文法解释、逻辑解释、系统解释、历史解释，依解释的尺度分为字面解释、限制解释、扩充解释，等等。法律解释在实现法律对社会关系的调整中起着极其重要的作用，尤其在成文法国家的法律适用过程中，它是一个必不可少的环节。可以说，法律未经解释就无法正确适用。例如，“北雁云依”诉济南市公安局历下区分局燕山派出所公安行政登记案①，双方争议的就是对于《婚姻法》第22条“子女可以随父姓，可以随母姓”的理解不同而引发的。最终，全国人民代表大会常务委员会作出了《全国人民代表大会常务委员会关于〈中华人民共和国民法通则〉第九十九条第一款、〈中华人民共和国婚姻法〉第二十二条的解释》。

行为解释，是指对行为人所做行为之内心意思的理解和说明。行为人作出某种行为，在法律上如何定性，就需要对行为人的行为作出解释，然后定性，最后处理相关纠纷。例如，余某、毛某夫妇自2013年3月9日起先后多次将其积蓄共70万元给了自己的女儿（于2009年9月与男方登记结婚）用于购买商品房，该房产登记为女儿和女婿共同共有。之后，由于家庭矛盾，女儿应父母的要求于2016年8月书写了《借条》交给父母。2016年8月，父母起诉女儿和女婿，要求返还借款70万元并支付利息。女婿抗辩称该款额为赠与。法院认为，作为赠与的单务合同之认定，应当审慎。在当前高房价背景下，部分子女经济条件有限，父母在其购房时给予资助属于常态，但不能将此视为理所当然，也绝非法律所倡导。子女购房时父母支付一定款项，目的在于帮助子女渡过经济困难时期，子女负有偿还义务。至于父母是否要求子女偿还，系父母行使自己权利的范畴，与债权本身的客观存在无关。②

（三）合同解释的主体

合同解释的主体，有广义和狭义之分。广义的合同解释主体包括任何人，如当事人、诉讼代理人、公证人、鉴证人员、证人、鉴定人、法官、仲裁员、学者等都可以从不同的角度对合同进行解释；狭义的合同解释主体，仅指对合同及其相关资料所作的具有法律拘束力的解释的审理合同纠纷之法院或仲裁机构。法院或仲裁机构对合同所做之解释，是制作调解书、判决书、裁决书的主要依据，对当事人具有强制执行的法律拘束力。

二、合同解释的意义

合同之所以需要解释，主要是基于三个方面的原因：第一，合同中的用语不明确、含糊不清。第二，当事人对合同的某些条款产生多种不同的理解。第三，合同的内容有遗漏，即对一些重要的条款，在合同中并没有作出规定。

合同解释是对合同内容、含义的挖掘与领会，其最根本目的则在于使不明确、不具体的合同内容归于明确、具体，从而合理化解矛盾。因此，合同解释有以下几个方面的意义：

第一，明确合同内容。例如，当事人在涉及质量条款时，使用了“左右”“基本上”等似是而非、模棱两可的语言。再如，当事人双方在确定数量条款时，使用了“一堆”“一把”等字词时，因言辞不准确，从而影响合同的理解和履行。

第二，有助于合同内容的统一。当合同约定上下文矛盾、条款不一致的时候，各方往

① 济南市历下区人民法院〔2010〕历行初4号《行政判决书》（最高人民法院指导案例89号）。
② 四川省成都市高新技术产业开发区人民法院〔2016〕川0191民初10102号《民事判决书》。

往会依据对自己有利的一条来排斥对自己不利的约定。例如，合同某一条约定违约金为总价款的30%，而另一条则约定任何一方违约时须向对方支付的违约金为总价款的10%。这就容易造成不同的违约者认为应适用的条款不同之纷争。

第三，补充不完整的合同内容。当合同内容不完整时，需要进行适当的补充。例如，对于一个房地产合作项目，合同没有约定分配比例以及税费负担。双方无法协商一致的时候，就需要对遗漏的问题进行补充。

第二节　合同解释的原则

【导入案例】

案例 10-2

支付条件理解纠纷案①

2010年7月20日，A公司各方股东基于良好盈利之预期，签订了关于A公司重组的框架协议，约定各方股权安排、外方借款、资产转移等事项，中方主要提供资金和平台，作为外方的B公司主要提供设备、技术以及客户资源等。重组框架协议约定"A公司将通过销售佣金（或其他适当方式）的方式支付B公司总额1 150万美元的转让费。A公司每年偿还转让费总金额比例原则上不超过A公司每年盈利总额的40%，B公司在每年回收的外债中拿出35%用来偿还赖某某借款，65%用来偿还B公司股东借款"。因外方管理团队经营不善，A公司出现严重亏损，双方经商议决定终止合作。因对转让款支付的条款理解产生争议：A公司认为该款项支付以盈利为前提，而且有限额；B公司则认为盈利并非是前提。B公司向法院提起诉讼，请求判令A公司返还转让费1 150万美元及其利息，并返还B公司的有关设备、技术及其无形资产等。

一审法院认为，协议条款明确约定了A公司将通过销售佣金（或其他适当方式）的方式支付B公司总额1 150万美元的转让费，A公司每年偿还转让费总金额比例原则上不超过A公司每年盈利总额的40%。但1 150万美元并不是技术转让费，实则是对于外方前期投入和相关业务损失的一种补偿。本案当事人均为有经验的商事主体，是在充分考虑己方利益的前提下，才与对方进行交易。由于合资公司经营亏损，不能实现双方预先设定的目标，A公司向B公司给付转让费的条件没有成就，故B公司该项诉讼请求不能成立。请求A公司返还财产的请求与支付转让费的诉求相互矛盾，同时其也无权主张应归属于第三方公司所享有的财产返还请求权。故驳回原告之诉请。B公司不服一审判决而提出上诉。二审法院认为，重组框架协议转让费的约定，应是对A公司内部支付转让费的限制条件，所指应为如何支付问题，该条款中并非是只有当A公司盈利情况下才支付转让费的意思表示。A公司向B公司购买与TV业务有关的有形资产和无形资产，且A公司董事长也出具承诺书给B公司股东，承诺

① 最高人民法院〔2017〕最高法民再370号《民事判决书》。

按协议内容返还B公司转让费，也进一步印证A公司需支付转让费给B公司。因此，A公司应当按照协议约定支付1 150万美元的转让费给B公司，而非以A公司盈利作为支付条件。二审法院判决撤销一审判决，判决A公司须支付转让费人民币7 072.50万元及利息给B公司。

A公司申请再审。最高人民法院再审认为，仅仅根据争议条款文义本身，难以确定1 150万美元转让费的支付是否应以A公司盈利为前提条件。结合合同整体和相关条款约定来看，补偿款需以盈利为支付条件具有一定合理性。通过对双方当事人在合同洽谈、履行期间的表现和反馈等行为进行合同目的解释，进一步印证了重组框架协议约定1 150万美元的真实含义，实则是基于良好盈利预期下对于盈利分配的一种补偿安排，应以A公司盈利为前提条件。通过交易习惯、诚实信用、公平原则等进行价值衡量和利益平衡，在合资经营公司出现巨额亏损的情况下，B公司主张1 150万美元转让费应无条件支付的诉求于法无据、于理不合。转让费应以A公司盈利为条件，A公司并未盈利且双方合作已经终止，因此其无须向B公司支付1 150万美元转让费。故判决撤销二审判决，维持一审判决。

【简要评述】当事人对合同条款的理解有争议，一、二审法院均适用了相关的解释方法，但却得出了不同的结论。其原因是对合同解释的适用规则不同。只有将争议事实置于较为完整的合同情境之下且通过交易习惯、诚实信用、公平原则等进行综合的价值衡量和利益平衡，合同解释才能达到合情、合理、合法之效果。因此，“法官的职能是‘让合同说话’，而不是他自己说话。他必须从当事人实际约定的内容出发，并且在与合同目的和当事人利益相一致的前提下使当事人所约定的内容充实起来，并与合同已有内容的精神相一致，解决未发现的问题”。①

【法条依据】《民法典》第142条规定：“有相对人的意思表示的解释，应当按照所使用的词句，结合相关条款、行为的性质和目的、习惯以及诚信原则，确定意思表示的含义。无相对人的意思表示的解释，不能完全拘泥于所使用的词句，而应当结合相关条款、行为的性质和目的、习惯以及诚信原则，确定行为人的真实意思。”

【理论讲授】

一、公平公正原则

合同解释的原则，是指在进行合同解释时须遵循的基本准则。

公平正义原则，是指应当依照公平、正义的指导思想进行合同解释的准则。公平、正义是法律之精髓。基于权利平等保护的要求，解释者不能以先入为主来开展解释工作，不可在不同所有权益者之间划分保护等级，更不得打着“优先保护××所有权”或“防止××资产流失”的旗号，对合同的他方尤其是民营方、个人歧视，从而作出不公平、不

① ［美］A.L.科宾．科宾论合同（上）［M］．王卫国译．北京：中国大百科全书出版社，1997：211.

合理之解释。法律不保护有恶意之人，应当使明知者对合同语句含义的理解服从于误解者对合同语句含义的理解。例如，开发商在《商品房买卖合同》中明确“本销售楼盘不存在影响买方居住的不良外部环境因素”，而“不良外部环境因素”，作为开发商是明知的，买方未必清楚。当买方准备收楼时了解到在合同签订前政府已经有规划在距离该幢楼 80 米处，拟建设一处大型换流站①。买方以开发商刻意隐瞒足以影响买方居住的不良外部环境因素为由要求撤销合同，应当予以支持。在案件处理时，往往有审理者会考虑到一旦作出了某种解释，则一方（如开发商）会可能导致整个楼盘的合同被撤销，企业也就因此而破产了，当地社会经济发展指数将降低，难以体现“为经济发展保驾护航”宗旨等，从而“心怀善念”而作出了不公平的解释。案件处理工作当然需要考虑社会效应，但“为经济发展保驾护航”并非是为非法者开脱责任之借口。任何一类合同案件的处理，必须体现法律效果与社会效果的统一，不得对某个条款作出片面的解释而引发法律结果之失衡；当然也不可为顾及社会舆论的压力而作出超越法律规定的不合理解释。

二、尊重历史的原则

历史是最好的教科书，“忘记过去意味着背叛”。因此，尊重历史是发展进步的基础，已成为文明社会的广泛共识。社会历史的发展有其自身固有的客观规律，事情的开始、发展和变化以及结束，都有其客观的过程。

合同并非是凭空产生的，双方在协商过程中对有争议的条款之解释和理解，须从合同当事人的身份、地位、披露的历史信息等方面作为考虑因素加以综合分析。例如，被告某电子商务公司在促销某指纹密码锁智能家用电子防盗门锁时，宣传页面中标示原价为12 600元，销售价为5 560元。2016 年 8 月，消费者（原告）从被告在某网络购物平台上经营的店铺购买该电子防盗门锁 1 套，价格为5 560元。原告购买后经查询发现：该商品近 3 个月的日常销售价为5 560元，有两次降价的记录，却从未有过12 600元的售价。原告认为被告的行为构成欺诈，起诉要求被告支付 3 倍价款的惩罚性赔偿金16 680元。法院经审理认为，被告在促销活动页面中宣传涉案商品原价为12 600元，因促销而降价为5 560元，是虚构原价误导消费者的欺诈行为，应承担相应的民事责任。故判决被告支付 3 倍价款的惩罚性赔偿金16 680元。②

三、符合合同目的原则

合同目的，是指合同双方通过合同的订立和履行最终所期望得到的东西或者达到之状态。合同目的反映当事人的订约意图，而合同之标的、数量、质量等具体条款是为了实现

---

① 换流站，是指在高压直流输电系统中，为了完成将交流电变换为直流电或者将直流电变换为交流电的转换，并达到电力系统对于安全稳定及电能质量的要求而建立的站点。换流站在工作过程中会产生一定的噪音和电磁辐射的不良影响。

② 青岛中院通报消费者权益纠纷案件审判工作和十二起典型案例之荀某诉某电子商务公司买卖合同纠纷案［DB/OL］.［2020-08-27］. 新浪网：http：//k. sina. com. cn/article_2297512787_88f14353001005uqh. html？ cre = tianyi&mod = pcpager_news&loc = 23&r = 9&doct = 0&rfunc = 31&tj = none&tr = 9.

合同目的而确定之具体事项。只要合同目的达到了，当事人就应当履行合同所约定之义务。例如，A 研究所、B 公司于 2006 年 5 月 5 日签订了《专利实施许可合同》，约定 A 将其涉案专利许可给 B 实施，使用费 110 万元分期支付，所需设备由 B 向 A 购买。之后，B 支付了 50 万元专利许可使用费并购买了设备开始生产，但 B 发现运用涉案专利技术生产所得的核桃乳酸菌饮料产品存在口感不稳定、有沉淀、会分层、有黑色漂浮物等问题，属于不合格产品。由于问题未解决，于是 B 起诉至法院要求解除合同、退还专利许可使用费及设备购买款。一审法院认为：合同目的未能实现，判决：解除合同，返还专利技术使用费 50 万元、返还代订购设备款 65.51 万元及赔偿自购设备费用 48.6791 万元、赔偿研发费用 9.6 万元。A 公司不服提起上诉，二审法院改判解除合同、退还专利许可使用费 50 万元、A 赔偿 B 费用共计 99.03 万。A 不服而提出再审申请，最高人民法院认为，在技术合同领域，应避免对合同目的之扩大解释——能否产出符合合同约定的产品和该产品能否上市销售、是否适销对路、有否利润空间等，不是同一层面的问题。在无明确约定的情况下，不应将产品商业化认定为技术合同之合同目的。事实上 B 能够运用涉案专利技术生产出符合国家标准的核桃乳酸菌产品，但口感好坏以及是否有沉淀、分层、黑色漂浮物不属于国家相关机构对饮料卫生、质量标准的检验项目，不能以上述问题的有无判断涉案合同项下的产品是否合格。能够运用涉案专利技术生产出符合国家标准的核桃乳酸菌饮料产品，即合同目的已经实现。再审判决，撤销原一、二审判决，驳回原告之诉请。①

值得注意的是，在两个合同关系中，合同目的只能限于本合同关系之中理解。例如，出借人将款项借给名义借款人，借款人得到了所借款项，则借款合同之目的就实现了。哪怕是名义借款人得到款项后将款项交给实际用款人，最终未能还款，出借人以名义借款人作为被告提起了诉讼，被告称其并非是适格的合同关系主体之抗辩是不能成立的。因为名义借款人和出借人构成直接的借款关系，在没有委托借款的情况下，实际用款人与名义借款人是另外一层借款关系，名义借款人偿还后可根据另一借款关系向实际用款人主张债权。②

四、尊重习惯和惯例原则

如果合同当事人之间存在着连续的交易，所形成的交易习惯赋予了合同条款特定之含义，则实际上是起到了补充或者限制合同条款的作用，在解释时应当予以充分的注意和尊重。例如，买卖双方签订了一份《水果供销合同》，约定由 B 批发商向 A 水果种植园在三年内采购水果，价格在确定供货前商定，供货数量为“随量供货”。两年内，都是先由 B 向 A 发出需求量的订单，然后双方商定价格，之后供货，货到 5 日内付款。到了第三年，水果销售不佳，B 在未与 A 商定的情况下，先行供货，A 拒绝收货，引发纷争。双方对于“随量供货”的决定权在哪一方产生了不同的理解。从双方连续交易的前两年分析，已经形成了交易习惯。因此，应作出符合双方已经形成相对固定交易习惯的做法——由 B 先行提出需求，再根据 A 的可供货量，最终由双方确定价格，之后再履行的解释。

---

① 最高人民法院〔2018〕最高法民再 251 号《民事判决书》。

② 四川省成都市青白江区人民法院〔2018〕川 0113 民初 513 号《民事判决书》。

第三节　合同解释的规则与方法

【导入案例】

案例 10-3

产品规格标准解释纠纷案①

2019 年 4 月 17 日，某幼儿园（甲方）与某公司（乙方）签订一份《供货合同》，约定由乙方向甲方提供护栏网：围网立柱4 758元，框网18 969. 6元，顶棚网片5 720元，围网安装8 320元，运输费 650 元。产品说明为：1. 围网立柱。预埋式Φ75×3. 0mm，L=6m；表面处理：热镀锌+浸塑。2. 框网。边框：30×30×2. 0mm；高度：5. 4m；表面处理：热镀锌+浸塑；丝径：Φ4mm，网孔：30×30mm；颜色：绿色；表面处理：热镀锌+浸塑。之后，乙方将货物运送至甲方，甲方验货后认为货物不符合合同约定，双方产生纠纷，故甲方诉至法院。双方对于立柱厚度、边框厚度、丝径厚度究竟是热镀锌+浸塑之后还是之前的理解不同。合同未注明厚度和丝径是热镀锌+浸塑之前还是之后的厚度。但从合同约定的“产品说明”“表面处理：热镀锌+浸塑”的内容分析，首先约定了产品的尺寸，然后才约定了产品表面的处理方式为热镀锌+浸塑。因此，合同约定的产品规格厚度应解释为未热镀锌+浸塑之前的厚度。本案未作表面处理的立柱厚度仅为 2. 3mm、边框厚度仅为 1. 3mm、丝径仅为 3. 2mm，与合同约定不符，乙的行为已构成违约。故判令乙公司返还11 490元预付款，乙不服而提起上诉，二审法院驳回上诉，维持原判。

【简要评述】对于合同解释的方法，可以分为文义解释、体系解释、目的解释、习惯解释、诚信原则解释等。根据合同文义所进行的解释，是较为常见的一种解释方法。

【法条依据】《民法典》第 466 条规定：“当事人对合同条款的理解有争议的，应当依据本法第一百四十二条第一款的规定，确定争议条款的含义。”

第 142 条第 1 款规定：“有相对人的意思表示的解释，应当按照所使用的词句，结合相关条款、行为的性质和目的、习惯以及诚信原则，确定意思表示的含义。”

【理论讲授】

一、合同解释的规则

（一）明示确定规则

在合同中对于某一特定情形或者范围予以明示之方式予以确定，则应当解释为在该范

① 南京市秦淮区人民法院〔2016〕苏 0104 民初 12255 号《民事判决书》。

围之外则属于排斥之领域。例如，双方签订的合同约定乙方向甲方提供某种规格的金刚网纱窗①若干，价钱确定。由于合同已经明确了金刚网纱窗，故在实际履行中不得解释为一般纱窗，如塑料、铁丝纱窗等。只要在合同作出了明示的确定，则须严格依照约定来解释，不得作出除外或者相反的解释。

（二）同类适用规则

如果在合同中首先明确了特定的项目，之后又使用了一个更为一般性、包含性的术语，就意味着只要与特定项目相类似的项目，均属于“同种类”。例如，双方签订了一份关于购销普通水泥的合同，在型号方面首先约定了铺设道路所需水泥，之后又约定了建筑标号为“符合工程需要”。而普通水泥有 225、275、325、425、525、625 号等多种型号。只要符合国家铺设普通道路一般标准要求的，即可理解为符合合同约定要求的水泥型号。如果遇到多处需要解释时，不能对于同类问题作出不同的解释。例如，合同中约定违约方不仅要支付违约金，而且对于造成守约方的诉讼案件受理费、仲裁费、律师费等损失的，也须赔偿。“等”字在合同条款中出现，意味着明示的列举尚未穷尽，只要是未列举与所列举属于同类的，均作属于该条款内容之扩展性理解，如诉讼保全的“保全费”就是与诉讼案件受理费同种类的。

（三）推定规则

1. 推定不违法

推定，是指当情况不明时，根据相关的人、事、物等因素所作出对某种事物认定之推论。当某合同关系的特定事项不明时，有可能违法也有可能不违法时，应当作出不违法之解释。例如，某人将声称其享有所有权的某动产出租给另一方时，其有合法占有的事实，且能够提供该不动产的取得证明（如权利证明或者获得授权管理又或者承租所得），而承租方以出租方未必是真正的权利人而提出抗辩时，在没有其他证据佐证的情况下，应当作出租方不违法之推定。

2. 推定明示条款优先于默示条款或随后行为

合同中有明确的约定，即使在后有某种改变的行为，只要尚未构成习惯性做法改变了明示约定之前，仍须作出明示条款适用的解释。例如，合同约定了买方须向卖方指定账户付款方为有效付款的情况下，即使之后买方有向第三方支付款项的行为被卖方认可，亦不能得出之后所有买方向第三方付款的行为均应纳入该合同付款之解释。沉默在一般情况下不能被认定为意思表示。《民法典》第 140 条规定：“沉默只有在有法律规定、当事人约定或者符合当事人之间的交易习惯时，才可以视为意思表示。”

3. 推定特别条款优于一般条款

合同中如果分一般条款、特别条款，当特别条款与一般条款对于相同的问题有不同约

---

① 纱窗，是为了挡住蚊蝇虫，用中间成方格有孔的网状纱所制作的窗户；金刚网也叫防盗纱窗，其材质为 304 不锈钢丝，丝径通常为 1mm 左右，经过机器编织后，具有非常好的抗撞击性能，可以抵挡 2 吨左右的冲击力。

定时，应适用特别条款约定之内容。例如，《买卖合同》约定的一般条款为“货到付款”，若约定为“货到验货后三天内付款”则属于特别条款的约定。

4. 推定先陈述条款优于后陈述条款

合同条款有先后顺序，没有一般条款与特别条款之分的，当发生在先约定与在后约定的内容不一致时，以在先约定的条款为准。例如，在先条款约定违约方向守约方支付违约金 10%，在后条款则约定违约金为 15%。值得注意的是，当出现了补充合同的情况下，补充合同尽管在后，则不属于同一合同出现条款先后之情形。

5. 推定书面文句优于数字或符号

款额在合同中通常有三种形式表达：一是单纯的大写数字，二是单纯的小写数字，三是大写数字后面加上小写数字。如果大写书面文句与阿拉伯数字不同，且没有其他可验证的计算方式予以确定时，推定书面文句优于数字或符号。例如，“合同总价壹佰零伍元（￥150 元）”。这两个数字不一样，且没有其他可进行数学计算验证的情况下，则只能作出壹佰零伍元的认定。但如果有其他数学计算可验证，则按照可验证的计算方法予以认定。例如，“单价伍拾元，共叁件，总价壹佰零伍元（￥150 元）”。显然，这个“壹佰零伍元”属于数学计算的错误，小写数字 150 元才是正确的。

6. 推定手写优于打字印刷内容

现实生活中，人们经常会使用合同模板（样式），但不同的合同当事人的权利义务设置可能有特殊性的要求。如果当事人有特殊约定，可通过删除打字印刷的内容予以新增内容，或者直接通过删除线的方式予以删除，而以手写相关的内容进行替换。在合同条款中有删除或者改变的地方，应当有当事人的签章予以确认。如果出现了打印内容与手写内容不一致时，则应当认定手写内容。

（四）不利的后果归属规则

1. 不利于格式条款制定方的解释

如果是格式合同，提供最能够清楚无误地表达交易（合同）条款是合同文本拟出方的责任，草拟条款的当事人所提供合同文本条款不确定或不清楚，而这又是本应能够避免的，那么草拟条款的当事人将承受该不利之后果。因此，在条款的内容可以做多种解释的情况下，应选择适用不利于格式条款提供者的解释。《民法典》第 498 条规定：“对格式条款的理解发生争议的，应当按照通常理解予以解释。对格式条款有两种以上解释的，应当作出不利于提供格式条款一方的解释。格式条款和非格式条款不一致的，应当采用非格式条款。”

2. 不利于举证不能一方的解释

根据《刑事诉讼法》的规定，案件存有疑点利益时，归属于被告。但平等主体的合同当事人，当案件有疑点利益时，则不能做归属于被告的处理，而应转接至举证责任方面。因此，理论上的疑点利益归属于债权人或债务人的观点，都失之偏颇。而在立法上，作出一定的推定，更多的是着重于对社会秩序的维护。例如，《担保法》第 19 条规定：“当事人对保证方式没有约定或者约定不明确的，按照连带责任保证承担保证责任。”这显然是着重于保护债权，但与多数立法例及学说的观点不符。《民法典》第 686 条则作出了相反的规定："当事人在保证合同中对保证方式没有约定或者约定不明确的，按照一般保证承担保证责任。"如果在一个特定的债权债务合同关系中，当约定不明时，在没有证据证明债务人已经履行了债务的情况下应作出对债务人不利的解释。例如，借款合同约定的期限为"无期限"的情况下，债务人以没有还款期限为由拒绝履行义务，债权人以"无固定期限"为由给出合理的还款期限要求债务人还钱。对于一个确定债务，债务人有还款义务且尚未履行时，应作出不利于债务人的解释，债权人有权随时要求债务人履行。对格式合同条款中经各方签字或盖章成立并生效的理解出现争议时，不宜直接认定字面含义，应结合合同有关条款、交易习惯以及诚实信用原则等客观主义，阐明合同条款的真实含义；如果穷尽通常解释、合理解释仍无法明确条款含义或解决争议时，法院才能运用解释位阶较低的不利解释原则，作出不利于格式合同提供方的解释认定。根据"谁主张谁举证"的规则，主张者如不能举出可被采信之证据，则应承担败诉之后果。

二、合同解释的方法

（一）文义解释方法

文义解释，是指依合同所用语言的字面含义进行的解释。例如产品、商品，是不同的词语，所指的对象不同。产品是指在生产领域的物品；商品则是指进入流通领域拟进行交换之物品。由于语言文字的多义性，以及当事人借助语言文字进行表达的能力和水平参差不齐，使语言的表达可能与当事人的真意不一致，在合同未做专门的界定时，应按法律专业术语理解，非法律专业术语的应按一般人所理解的术语进行解释。例如，合同中约定了"订金"，在认定该订金是属于预付款还是定金时产生争议，则要分析条款是否有定金罚则之内容，以及根据前后关于订金的处理方式之约定来解释。对于确定的术语，作何理解，是作表面上含义还是实质意义的理解，往往会有争议。例如，《建筑工程施工合同》约定："工程竣工后，由施工方编制《工程结算单》交给发包方，发包方在收到《工程结算单》后15日内提出异议，如无异议则按《工程结算单》的款额予以支付；如有异议，则提交第三方××工程造价咨询事务所进行造价鉴定，并依照鉴定结果结算。"工程竣工后，施工方向发包方发送了《工程结算单》，工程总额为5 000万元。发包方在收到的第13日回复称"你方计算有误"，施工方在当天回复称："究竟是算少了还是多了？附页有具体的项目和价格总构成以及每页有合计，请直接指出错误所在以便更正。"发包方再无回复。3个月后，施工方向法院起诉发包方要求按照5 000万元结算，发包方称在有异议的情况下应依合同约定交由第三方鉴定。从表面上看，发包方的确是在15日内提出了异议，在一个明确、具体、有计算依据的《工程结算单》的情况下，其数学计算公式和结果是否清楚、明白，发包方有审核之义务，其仅提出不同意，且拒绝审核并未提出具体的错误之所在，该异议实质上为无效异议，应按无异议处理。当文字只有一种解释而且明白无误的情况下，就不存在约定不明的问题，要考究的只是该约定是否违法或者有违公平。例如，2004年某国有企业改制为有限责任公司，公司员工宋某某出资2万元而成为公司的自然人股东。《公司章程》明确规定"公司股权不向公司外的任何团体和个人出售……离职者人走股留，所持股份由企业收购"。宋某某离职后，公司将2万元退还给宋某某。

宋某某以公司章程规定无效为由，要求法院确认其公司股东身份。法院结合国有企业改制的特殊情况认为，“人走股留”的规定符合有限责任公司封闭性和人合性之特点，系公司自治原则的体现，不违反公司法禁止性规定，故驳回了宋某某的诉请。①

（二）目的解释的方法

目的解释，是指当合同条款出现歧义而可作多种解释时，应当选择最适合合同目的之解释方法。

按照大陆民法的传统理论，法律行为的核心是意思表示，而意思表示则是主体将内心期望达成一定法律效果之意思表示与外部的行为。意思的表达无非就是为了实现目的，因此要“探求当事人的内心真意”。

合同通过义务主体履行义务使合同目的实现，如果一方有意阻碍合同目的实现，则不应该被允许。例如，双方签订合同对于季节性商品②的单冷空调，交货时间为合同签订后尽快交货。4 月签订的合同，5 月中旬买方催促卖方尽快交货，但卖方到了 11 月才交货，买方以合同目的不能实现为由而要求解约，卖方称并未影响合同目的实现而不同意解约。单冷空调就是属于季节性商品，在夏季到来之前交货有利于商家在夏季的销售，而 11 月已经进入冬季，不利于单冷空调的销售；此时交货合同目的已经落空。因此，“尽快”应做夏季到来之前的解释。

（三）整体解释方法

整体解释，是指对合同各个条款应作相互解释，以确定各个条款在整个合同中所具有的正确含义。不仅要将单个的条款放到整个合同之中来理解，而且各个合同条款之间也应作相互之解释。当两个条款产生矛盾时，应尽可能地调和它们之间的冲突，使其均为有效，而不是简单地排除其中之一的效力。当发生合同条款冲突不可能调和时，应当按专门条款优于一般条款、主要条款优于次要条款、使合同有效的条款优于使合同无效的条款原则进行取舍。任何一种解释的方法均非绝对单一的，需要通过多种方法进行比较之后才能确定。例如，某公园在购票处的告示刊登：“第一，小孩 1.2 米以下免票；第二，1.2 米至 1.3 米半票；第三，成人可免费携带一名儿童入内。”依分别解释原则，公园可要求 1.2 米至 1.3 米的儿童购买门票。但依整体解释的原则，跟随成人 1.3 米以下的一名儿童无须购票。因为公园属于格式合同的提供者，因而应当作出对公园不利的解释。

（四）习惯解释方法

习惯，是指积久养成的生活方式，也可以理解为长期养成并为人们所遵从的一些惯常做法。例如，在《商品房买卖合同》中，经常有“递件”的术语，就是指买卖双方到不动产登记中心提交资料办理不动产过户的手续。又如，合同约定买卖某货物，使用的计量

① 陕西省高级人民法院〔2014〕陕民二申 00215 号《民事裁定书》（最高人民法院指导案例 96 号）。

② 季节性商品，是指在生产、收购和销售上有显著季节性特点的商品。

单位为“打”①，双方在履行中对于“一打”究竟是10个还是12个发生了争议。根据惯例，应做12个为一打的解释。又例如，在合同的履行实践中，人们往往认为“接收货物”和“接受货物”是两个不同的概念。“接收”货物仅仅是一种客观的状态，只是客观上收到了货物，因为买方收到了货物之后有对货物进行检验的权利，若认为货物与合同不符，则可以拒收；如果买方已接受了货物，则丧失了拒收的权利。司法实践中，买方通常会在下列三种情况下被认为已接受货物：买方表示已接受货物、买方收到货物后作出了与卖方所有权相抵触的行为（使用或转售）、买方在合理时间内有合理机会对货物进行检验而未向卖方表示拒收。

（五）诚信解释方法

借款人有还款的义务，其本身书写的《确认书》当发生可以做多种解释时，应按照诚实信用的方法进行解释。例如，张某向刘某借款30万元，张某以现款陆续还了一部分后，写下“今还欠款10万元”，究竟是“今还（huán）欠款10万元”，还是“今还（hái）欠款10万元”发生了争议。② 如果念“还（huán）”说明还款10万元，尚欠借款人20万元；如果念还（hái），说明已还（huán）20万元、尚欠10万元。仅仅一个字的读音不同，就会有如此大之区别。

第四节　合同漏洞的补充

【导入案例】

案例10-4

加工合同补漏纠纷案③

某电饰厂在经营期间，与某五金店存在交易往来，由电饰厂为五金店加工五金配件，双方未签订书面加工合同，仅通过《加工送货单》记录实际的交易情况。因五金店欠付电饰厂（原告）加工费，电饰厂经追讨无果而诉至法院。

一审庭时，五金店（被告）主张本案债权发生于2012年6月至8月期间，原告于2015年3月才提起诉讼，已超过诉讼时效。原告认为双方之间没有签订正式的加工合同，未对付款期限进行明确约定，根据《合同法》第62条第4款的规定，债权人可以随时要求履行，本案从主张债权开始计算诉讼时效，并未超过诉讼时效。法院经审理认为，《中华人民共和国合同法》第61条“合同生效后，当事人就质量、价款或者报酬、履行地点等内容没有约定或者约定不明确的，可以协议补充；不能达成补充协议的，按照合同有关条款或者交易习惯确定”的规定，结合第62第4款“当

① 一打指12个，“打”是一种12个单位的计量标准，即十二进制，它来源于英制单位。

② 欠条“一词多义”引发的口水之争［DB/OL］.［2020-08-22］. 张家口法院网：http://zjkzy.hebeicourt.gov.cn/public/detail.php?id=4310.

③ 广东省广州市中级人民法院〔2016〕粤01民终233号《民事判决书》。

事人就有关合同内容约定不明确，依照本法第六十一条的规定仍不能确定的，适用下列规定：……（四）履行期限不明确的，债务人可以随时履行，债权人也可以随时要求履行，但应当给对方必要的准备时间”的规定，本案为加工合同纠纷，原告为被告提供加工服务，双方之间并未签订书面加工合同，本案中亦无证据证明双方对履行期限进行明确约定，涉案合同为未约定履行期限的合同，按照上述法律规定，本案诉讼时效应从原告主张权利之日起计算。被告关于本案债权已超过诉讼时效的抗辩，缺乏法律依据，不予采纳。一审作出支持原告诉请之判决，被告不服而提起上诉，二审法院驳回上诉，维持原判。

【简要评述】在合同的签订过程中，双方当事人可能遗漏了必要条款，当发生纠纷之时，我们只能依靠合同填补规则予以确认。

【法条依据】《民法典》第510条规定：“合同生效后，当事人就质量、价款或者报酬、履行地点等内容没有约定或者约定不明确的，可以协议补充；不能达成补充协议的，按照合同相关条款或者交易习惯确定。”

《民法典》第511条规定：“当事人就有关合同内容约定不明确，依据前条规定仍不能确定的，适用下列规定：（一）质量要求不明确的，按照强制性国家标准履行；没有强制性国家标准的，按照推荐性国家标准履行；没有推荐性国家标准的，按照行业标准履行；没有国家标准、行业标准的，按照通常标准或者符合合同目的的特定标准履行。（二）价款或者报酬不明确的，按照订立合同时履行地的市场价格履行；依法应当执行政府定价或者政府指导价的，依照规定履行。（三）履行地点不明确，给付货币的，在接受货币一方所在地履行；交付不动产的，在不动产所在地履行；其他标的，在履行义务一方所在地履行。（四）履行期限不明确的，债务人可以随时履行，债权人也可以随时请求履行，但是应当给对方必要的准备时间。（五）履行方式不明确的，按照有利于实现合同目的的方式履行。（六）履行费用的负担不明确的，由履行义务一方负担；因债权人原因增加的履行费用，由债权人负担。”

【理论讲授】

一、合同漏洞及补漏意义

（一）合同漏洞的界定

合同漏洞，是指合同关于某项应有约定而未加约定，即合同的客观规范内容没有包括某种应处理的事项之状态。

合同漏洞必须是以合法有效的合同、该内容是必须存在的为前提。合同漏洞，主要表现为两种情形：第一，没有约定。第二，有约定但不明确。

（二）合同补漏及其意义

合同补漏，是指当事人本应在合同中约定的内容，由于疏忽或其他原因，没有约定或者约定模糊而不明确，法官依职权对其进行补充的活动过程。合同补漏属于广义的合同解释，其前提是合同中本应约定的内容而未加约定或者表面上有约定而不明确，如果该内容不加以补充则合同无法履行、合同债权无法实现。狭义的合同解释，仅指对合同现有的约定内容之解释。

合同补漏以必须补充漏洞为前提，如果根本就不必要约定之内容，就无须审理者对其进行画蛇添足式地所谓的补充或者改变原有明确之内容；否则，无端增加合同之内容或者改变合同内容，是对当事人意思自治的严重干涉。

《民法典》第510条规定："合同生效后，当事人就质量、价款或者报酬、履行地点等内容没有约定或者约定不明确的，可以协议补充；不能达成补充协议的，按照合同相关条款或者交易习惯确定。"第511条规定："当事人就有关合同内容约定不明确，依据前条规定仍不能确定的，适用下列规定：(一) 质量要求不明确的，按照强制性国家标准履行；没有强制性国家标准的，按照推荐性国家标准履行；没有推荐性国家标准的，按照行业标准履行；没有国家标准、行业标准的，按照通常标准或者符合合同目的的特定标准履行。(二) 价款或者报酬不明确的，按照订立合同时履行地的市场价格履行；依法应当执行政府定价或者政府指导价的，依照规定履行。(三) 履行地点不明确，给付货币的，在接受货币一方所在地履行；交付不动产的，在不动产所在地履行；其他标的，在履行义务一方所在地履行。(四) 履行期限不明确的，债务人可以随时履行，债权人也可以随时请求履行，但是应当给对方必要的准备时间。(五) 履行方式不明确的，按照有利于实现合同目的的方式履行。(六) 履行费用的负担不明确的，由履行义务一方负担；因债权人原因增加的履行费用，由债权人负担。"上述的法律规定，为合同补漏提供了直接的处理依据。在实践中，除了依法补漏外，根据案件的实际情况和便于合同当事人行使债权和履行债务，审理者也可据实进行补漏。

合同补漏的意义在于，使有漏洞的合同得到补缺，从而完善合同内容，最终使合同当事人的目的能够实现。

二、合同补漏的规则

(一) 协商规则

当合同出现漏洞时，确定内容首先要尊重当事人意愿。依据《民法典》第510条"可以协议补充"的规定，审理者首先应鼓励当事人就漏洞达成补充协议。例如，合同双方因注册商标许可使用期未满而解除合同，且解除合同不能归责于任何一方。受许可方以投入大量广告宣传而未得到应有之收益，且注册商标因大量投放广告宣传而使商标的商誉积累增加了商标的经济价值为由，要求获得商标增益之补偿；而注册商标权人认为停止使用后与受许可方无关而拒绝补偿。如果双方能够协商一致，无论是否补偿以及补偿多少，均应尊重该私权处分和意思自治的结果。只有在当事人无法达成补充协议时，审理者才能运用职权依法进行补漏。

（二）尊重意思本意规则

审理者在补漏时，应站在一个合理交易人的角度，依据当事人实现合同目的、合同性质、交易习惯、诚实信用等方法去填补合同漏洞。例如，在一小镇上仅有一家摩托车维修店，甲店主将摩托车维修店设备及店铺转让给乙。乙开业不久后，发现甲又在小镇上以更好的设备开了另一家摩托车维修店。双方为此发生纷争。转让合同中未作出禁止甲再在小镇经营摩托车维修业务的约定，属于合同漏洞。甲转让摩托车维修店设备、店铺的行为并非单纯的财产转让行为，还含有将经营摩托车维修业务转让与乙之目的，且隐含着甲不得在同一区域经营同一业务之承诺。否则，对乙是不公平的。乙无权禁止第三人在该镇经营同一业务，但乙基于与甲之间的法律关系，有权禁止甲经营同一业务。甲利用转让资金重新开设另一家设备更好的摩托车维修店，是违背诚实信用原则而损害乙利益之行为。因此，运用合同漏洞填补规则，推定性解释为转让合同中有禁止甲经营同一业务的约定，是符合公平、正义原则的。

（三）有利于实现合同目的规则

尽管合同目的无法实现是作为可以解除合同的一个法定的理由，但合同没有约定或者约定不明确，并非一定会导致合同目的无法实现，通过一定的补漏可以完善合同关系从而使合同目的实现。例如，《房屋买卖合同》明确约定了支付购房款的时间，但未约定办理过户登记手续的时间。此漏洞并非使买方合同目的落空，通过明确办理过户登记手续的具体时间，即可完善合同，从而使买方合同目的实现的时间予以确定。如果当事人无法达成一致的补漏方案，审理者可按照二手房屋买卖的交易习惯，确定在成功办理过户手续当天由买方将剩余购房款支付给卖方的方式补漏。

（四）适用原则规则

法院或者仲裁机构在审理民商事案件时，须直接适用具体的法律条文进行合同漏洞的补缺。只有当现行法上未能获得据以作出补缺之依据时，才能依据民法的基本原则来进行合同漏洞之补充。

《民法典》中关于平等原则、自愿原则、公平原则、诚实信用原则、公序良俗原则、禁止权利滥用原则、绿色原则，可以作为合同补漏的原则予以运用。而且，任何的补缺之效果，均不得违反民法的基本原则。

【本章小结】

合同当事人对合同所约定的术语或者内容理解发生争议时，需要案件审理者进行合法、有效之解释，而合同解释应遵循一定的原则和规则并采用相应的方法进行。当出现了合同漏洞时，审理者还应进行补缺。

【课后练习】

1. 名词解释

合同解释；法律解释；行为解释；合同漏洞；合同补漏。

2. 简答题

（1）合同解释的意义何在？（可参见本章第一节的内容）

（2）合同解释的原则有哪些？（可参见本章第二节的内容）

（3）合同解释的具体方法有哪些？（可参见本章第三节的内容）

（4）合同补漏有哪些规则？（可参见本章第四节的内容）

3. 案例分析题

开发商将某套商品房出售给买方，《存量房买卖合同》中约定“经甲、乙双方协商确定，如房屋面积误差比在3%以内（含），双方买卖房屋按套计价，合同中约定的房价款不再调整；测绘面积超过3%的，据实补差价”。最终，实测面积大于合同约定面积且超过了3%，开发商要求全部补差价；买方认为既然是“按套计价”，则不存在补差价的问题。双方诉至法院。① 双方的争议焦点在于对“按套计价”以及3%补差价的不同理解。

问：请根据相应的法律规定以及合同解释的法理，分析本案应当如何处理。

提示：可参见本章第二节、第三节的内容及参考《民法典》第142条、第466条以及相应的规定。

① 徐州市中级人民法院〔2017〕苏03民终1689号《民事判决书》。

第十一章　转移所有权的合同

【本章引言】 转移所有权的合同使财产的所有权发生转移，其主要包括买卖、赠与和借款合同三大类，不同种类合同当事人的权利义务以及相关的规则有所不同。

【本章重点】 买卖合同及其特殊规则；赠与合同及其特殊规则；借款合同中的利息标准。

第一节　买卖合同

【导入案例】

案例 11-1

宅基地买卖合同纠纷案①

原告某村村民夫妻（原告）两人，与另一村的村民夫妻两人（被告）签订《售房协议》，约定原告以 10.2 万元的价格将在农村宅基地上建筑 13 间房屋出售给被告。被告支付了 10.15 万元后经过装修，于 2006 年 4 月入住该房屋内，并于 2009 年 9 月获得了集体土地建设用地使用证。原告现已成为城镇居民，但在另一村还有在 100 余平方米的宅基地上建的房屋。原告反悔，向法院起诉要求认定合同无效，判决被告返还房屋。

一审法院于 2016 年判决合同无效，被告返还房屋、原告退还购房款。被告不服而提起上诉，二审法院判决撤销一审判决，驳回原告的诉讼请求。原告不服而提出再审，经四川省高级人民法院审理，认为农村宅基地使用权只能由本集体经济组织成员享有，被告并非是该组织成员，故其不能成为法律限制交易标的物之主体，2018 年 8 月 22 日法院作出再审判决：合同无效，双方分别返还房屋、购房款。

【简要评述】 法律对买卖合同之标的有规定，包括动产和不动产以及特殊的客体如水、电、热力、煤气等。对于限制流通物以及土地使用权尤其是农村宅基地使用权的交易，有特别的规定。不符合规定的交易无效。

【法条依据】《民法典》第 363 条规定："宅基地使用权的取得、行使和转让，适用土

① 四川省高级人民法院〔2018〕川民再 482 号《民事判决书》。

地管理的法律和国家有关规定。”

【理论讲授】

一、买卖合同及其属性

（一）买卖合同的界定

买卖合同，是指出卖人转移标的物之所有权于买受人，买受人支付价款的合同。

转移所有权的一方为出卖人或简称为卖方，支付价款而取得所有权的一方为买受人或简称为买方。所转移之标的物，又称为买卖物，其对象主要是有体物如动产、不动产，而无体物的权利如股权、债权通常不使用买卖的术语而称之为转让。除非合同有附条件之特殊约定，否则其他关系不会影响买卖关系的成立。例如，2010 年 6 月至 8 月，A 公司以 2.67 亿元的价格受让 B 公司、C 公司转让其在目标公司 D 公司的全部股权。双方签订《产权转让合同》及《补充协议》后，A 公司支付了转让价款并办理了股权变更登记。同时，A 公司另就目标公司经营的几处门店与 E 公司签订了《房屋租赁协议》，协议约定租赁期限为 15 年。租赁期间发生纠纷，2015 年 8 月 5 日，A 公司向 B 公司、C 公司发出《解除合同通知函》。之后 A 公司以《房屋租赁协议》不能履行导致《产权转让合同》根本目的无法实现为由诉至法院，要求确认解除《产权转让合同》，返还转让价款 2.67 亿元。一审法院认为股权转让合同已经履行完毕，A 公司向第三人承租物业与转股协议无关，故判决驳回 A 公司的诉讼请求；A 公司提出上诉，二审判决：驳回上诉，维持原判。①

所有权转移，是买卖合同的主要特征，其区别于所有权之占有权能转移的借用、租赁等合同；也区别于以服务为标的的加工服务、技术服务合同。例如，甲将自己的自行车借给乙使用，乙仅获得财产在借用期间的使用权，而所有权仍属于甲，这属于借用合同而非买卖合同。又如，甲委托乙对某个技术项目进行开发，乙通过自己的专业技术进行了项目技术开发，最终向甲交付了技术成果，这属于技术服务合同而非买卖合同。

（二）买卖合同的基本属性及分类

1. 买卖合同的基本属性

买卖合同属于有偿合同、双务合同、诺成合同、不要式合同。具体地理解，买卖合同是双方互为权利义务且有对价的，一经承诺就使合同关系成立，非特殊情况下合同的形式可自由确定。

2. 买卖合同的基本分类

按照不同之标准，可对买卖合同进行分类，如按照交易的形式分为一般买卖、特种买卖，例如，分期付款、样品买卖、试用买卖、拍卖、回购等，即属特种买卖形式；如按照交易物的种类，可分为特定物买卖、种类物买卖；按照交易的时间分为即时买卖、非即时

---

① 最高人民法院〔2017〕最高法民终 315 号《民事裁定书》。

买卖；按照交易的连续性可分为一时性买卖、连续性买卖；按法律规定的范围，可分为合同法上的买卖、其他法上的买卖；按当事人的意思表示方式，可分为自由买卖、竞争买卖、强制买卖等。

除了传统有形物品的买卖外，还存在着技术的买卖，甚至营业转让或网店的买卖。但是，特殊标的之买卖，有特殊之要求。例如，周某、居间方上海某网络科技有限公司与王某签订《网络店铺转让合同》，约定周某将支付宝认证名称为汪某的“××开拓”淘宝店转让给王某。法院查明：汪某将通过与淘宝平台签订服务协议并经实名认证取得系争网络店铺之经营权。周某在汪某认可之情况下与王某、某网络科技有限公司签署网络店铺转让合同，实际上系将汪某与淘宝平台之间合同关系项下的权利义务一并转让给王某，未征得淘宝平台的同意，其私自转让系争网络店铺，该转让行为不发生法律效力。王某要求周某履行合同，被法院驳回。①

（三）买卖合同的基本条款

买卖合同的内容一般包括标的物之名称、数量、质量、价款、履行期限、履行地点和方式、包装方式、检验标准和方法、结算方式、合同使用的文字及其效力、纠纷解决等条款。

实践中，除了一次性买卖之外，双方当事人往往会存在着相同种类产品连续性的多份合同履行之情况，在供货数量以及结算货款等方面很难一一对应的究竟是哪一份合同。因此，只能在诉讼阶段对多份合同进行一揽子的结算，必要的时候可能还要通过司法鉴定来确认相关的应付未付款额。例如，A公司起诉B公司要求立即偿还预付的货款66 099 267.31元。经法院调查，从2008年年底开始，A公司和B公司建立业务合作关系，A公司从B公司处采购番茄酱用于出口，双方先后签订了多份买卖合同，A公司先后向B公司开具国内信用证16笔，开证金额近3亿元，因B公司未履行部分供货义务，导致对A公司的欠款。至2013年10月底，双方形成《往来账目确认及担保协议》，确认截至2013年10月31日，B公司尚欠A公司104 795 508.28元，C公司、D公司、E公司、F公司承担连带清偿责任。后B公司偿还了部分欠款。对于尚欠款金额，双方存在争议，因双方账目纷繁复杂，各方均同意通过司法审计确定，A公司自愿承担审计费用。法院依法委托某会计师事务所对双方的债权债务情况审计，最终出具的《专项审计报告》结果为：截至2015年7月3日，A公司应收B公司的账款为53 877 065.66元。法院依该结果作出了判决。②

二、买卖合同当事人的权利义务

（一）出卖方的权利义务

出卖方有权得到出售价款，出卖方同时有以下的义务：

---

① 上海市闵行区人民法院〔2016〕沪0112民初20679号《民事判决书》（最高人民法院公布的典型案例）。

② 最高人民法院〔2018〕最高法民终618号《民事判决书》。

1. 交付义务

卖方有向买方交付交易标的物或者向买受人交付提取标的物的单证之义务。例如，卖方将一批电脑卖给买受人，可直接将电脑交付给买受人以履行义务；如果该批货物存放在物流仓库，而合同约定是通过仓单的形式交付的，则卖方应将提货单交付给买受人。根据《民法典》第604条“标的物毁损、灭失的风险，在标的物交付之前由出卖人承担，交付之后由买受人承担，但是法律另有规定或者当事人另有约定的除外”的规定，交付成为风险承担的界限。例如，甲、乙双方商定：甲将自己的一头牛以2 000元的价格卖给乙，乙支付了随身仅带的1 000元，双方约定次日乙再补交1 000元，甲保证该牛不会再卖给他人。甲将牛牵回家，当天晚上电闪雷鸣将牛劈死了。次日，乙见牛已死，要求退还1 000元，而甲则要求乙补交1 000元，双方发生纷争。买卖牛的合同成立并生效，但牛作为动产且未交付，故风险未转移至买受人，仍由卖方承担。至于因不可抗力导致合同目的落空，甲对无牛可交付的违约可免责，但所收取的预付款1 000元须退还。

交付，应当是出卖人的主动行为，买受人不得以签订了买卖合同在对方拒绝交付的情况下，以行使所谓的私力救济方式非法获得买卖合同标的物之占有来完成交付行为。例如，某公司与谭某签订了《车辆转让协议》，约定以车辆转让的方式抵偿谭某借款之债务，但谭某并未实际交付车辆给公司，于是公司派员在谭某不知情的情况下将抵押登记的车辆开走。谭某发现后索回未果，于是到法院起诉公司要求返还车辆。法院认为，即使当事人签订了转让车辆的协议，但车辆交付应当是谭某自愿的交付或依法的交付，被告未经卖方同意的情况下擅自将交易标的物汽车开走，其行为已经侵犯了谭某的合法权益。故，判决返还该车辆。① 至于公司是否构成违约，须承担何种责任，则属于另外一个法律问题。

2. 转移标的所有权的义务

动产所有权转移，一般是以交付为形式；不动产则以登记为所有权转移的形式，因此出卖人应当配合买受人办理不动产或准不动产所有权转移的登记手续，即使交付了实物或者控制性标志，买受人仍未获得法律上认可之所有权。例如，甲将登记在自己名下的房屋出售给乙，即使交付了钥匙并办理了房屋的交接手续，仍不符合所有权转移的要求，必须要办妥房产所有权转移的登记手续才获得该房产之所有权。对于类似于机动车辆、船舶、航空器等准不动产的交易，标的物交付为所有权转移的标准，但未办理登记的，不发生对抗善意第三人的法律效力。例如，甲将登记在自己名下的一辆轿车卖给乙，双方办理了车辆交接手续，乙已经实际控制了该车辆；但甲之后又将该车辆出售给丙，丙支付款项之后双方办理了车辆过户的转移登记手续。尽管表面上乙通过占有已经发生了所有权转移的事实，但最终只能承认丙获得该车辆的所有权。

3. 瑕疵担保义务

瑕疵担保义务，又称瑕疵担保责任，是指出卖人对其出卖之标的有保障符合法定、约定质量之要求，并且其有法律认可之处分权。《民法典》第615条规定：“出卖人应当按照约定的质量要求交付标的物。出卖人提供有关标的物质量说明的，交付的标的物应当符

① 四川省成都市中级人民法院〔2017〕川01民终3841号《民事判决书》。

合该说明的质量要求。”如果出卖人交付的标的物不符合法定、约定质量的要求，买受人有权拒绝收货或可依约、依法予以退货，又或者要求出卖人赔偿。例如，2016 年 10 月至 12 月期间，原告隋某某多次在被告某购物中心购买“硒丰谷稻五常稻花香大米”真空包装 204 袋和普通包装 15 袋，价款共计17 215.5元，被告出具了购物发票。原告主张本案大米经五常市某粮油贸易有限公司确认，均非该公司生产，属于假冒伪劣产品，起诉至法院要求被告退还货款并赔付惩罚性赔偿金。法院经审理认为，本案大米非五常市某粮油贸易有限公司生产，属于假冒伪劣产品，被告作为销售者应承担相应的民事责任。① 根据《民法典》第 612 条“出卖人就交付的标的物，负有保证第三人对该标的物不享有任何权利的义务”的规定，如出卖人将自己无权处分之标的物出售给买受人且造成买受人损失的，出卖人须承担赔偿责任。例如，甲、乙签订了一份买卖合同，乙仅支付了小部分预付款后就得到了该批货物，后来公安机关破获了甲盗窃的案件，因该批货物属于赃物而被依法追回。乙可依法向甲索赔。

4. 从合同义务

除交付标的物外，如果还有其他单证资料，出卖人还应当按照约定或者交易习惯向买受人交付提取标的物单证以外的有关单证和资料，例如产品合格证、《质量鉴定书》、《产品进出口检疫书》、《原产地证明书》、《产品使用说明书》、增值税专用发票等。

（二）买受人的权利义务

买受人有权得到买卖交易之标的物，同时也有以下的义务：

1. 支付价款义务

买受人应当依照合同约定支付价款，如果发现出卖方存在权利担保的瑕疵，买受人可依法采取措施中止履行付款义务，《民法典》第 614 条规定：“买受人有确切证据证明第三人对标的物享有权利的，可以中止支付相应的价款，但是出卖人提供适当担保的除外。”

2. 检验义务

买受人收到标的物，应当及时检验。检验既包括对表面的数量和外观的核查，也包括对内在质量是否符合标准进行鉴定。《民法典》第 620 条规定：“买受人收到标的物时应当在约定的检验期限内检验。没有约定检验期限的，应当及时检验。”如果超过检验期或者没有约定检验期的，买受人签收的送货单、确认书等载明标的物数量、型号、规格的，推定买受人已经对数量和外观瑕疵进行检验。例如，2016 年 11 月 10 日，A 电池生产厂与 B 汽车制造厂签订的关于汽车电池供应合同及《质量协议》约定，货到 B 公司仓库后 15 个工作日内完成验收入库，如 15 个工作日未反馈，则视为验收合格。质保期自货物交付到 B 公司入库后 3 个月开始计算 96 个月或最终用户新车上路后 12 万公里。正常质量问题正常索赔，索赔款在甲方已挂账的应付款中扣除。后来，B 公司销售的汽车当客户使用时发生了电池自燃的现象，B 公司赔偿了客户的损失。当 A 公司起诉要求 B 公司支付拖欠

---

① 隋某某诉某购物中心买卖合同纠纷案——销售假冒伪劣食品的责任承担［DB/OL］.［2020-08-29］. 腾讯网：https：//new. qq. com/omn/20200311/20200311A0E2EP00. html.

货款本金26 343余万元及利息时，B公司反诉请求：未装车的电池退货（对应合同货款13 360余万元）、已装车的电池就电量不足部分减价1 035余万元、赔偿因电池质量问题而遭受的其他各项损失暂计554.9万元。法院认为，合同约定了质量检验期，B公司收货但未检验却实际使用，视为质量合格，故卖方应付款。而安装在汽车里的电池自燃有多方面的原因，且未安装的电池电量不足也受多方面因素的影响，故而支持了原告的诉请、驳回了被告的反诉请求。①

如果当事人没有约定检验期限的，买受人应当在发现标的物之数量或者质量不符合约定的合理期限内通知出卖人，除非有质保期的约定，一般情况下超过2年而未通知出卖人的，视为标的物之数量或者质量符合约定。按照国际贸易惯例，当买受人作出了与出卖人所有权相冲突之行为（使用、转售），则买受人丧失了向出卖人提出质量索赔之权利。例如，甲国公司与乙国公司签订了一批某种化工原料的采购合同，甲提供了进口商品检验检疫报告，乙收货后未在合同约定的时间内验货而直接转售给了丙，丙验货时发现了质量问题。丙向乙索赔成功，而乙向甲索赔就有问题。检验是一项专业性很强的工作，作为买受人仅凭外观有时难以判定，而且当前关于质量问题的纠纷越来越多、数额也越来越大，例如，2014年杨某在贵州某汽车4S店花费550万元购买了进口宾利慕尚的豪车一辆，但使用了一段时间后却发现该车的车况似乎不同于新车。直到2016年，车主杨某去店里进行正常保养时才意外得知，该车在交付之前曾经有过大修记录，杨某一气之下将经销商告到了法院。一审法院查明：该车运抵贵州4S店当天，车左前门有漆面损伤，于是进行了抛光打蜡处理而清除了损伤；之后发现车右后遮阳窗帘出现异响，4S店又更换了遮阳窗帘总成，该两项均记载于维修记录中。法院认为4S店对消费者故意隐瞒车况，侵犯了消费者知情权，构成欺诈。一审判决：汽车销售商构成消费欺诈，撤销买卖合同，退车的同时并根据车款进行3倍赔偿（550万元×3＝1 650万元）。但最高人民法院第五巡回法庭认定经销商不构成欺诈，不应适用“退一赔三”的惩罚性赔偿规定，故判决撤销了“退一赔三”的一审判决，酌定判决经销商赔偿购车者11万元。②

3. 保管义务

买受人对于出卖人未按合同约定的时间提前交货或者多交货又或者所交付之标的物存在瑕疵，买受人有权拒绝接收并及时通知出卖人；但是在接收之后，就有了妥善保管之义务，否则，造成的损失要依法赔偿。例如，甲、乙双方签订合同，约定由甲向乙提供某种产品100件，而甲方交付的产品为120件，乙方可以拒收该多交的20件，但如果乙接收了该120件，则可选择今后按120件的价格结算，或者暂时保管该20件待日后退还（保管费由甲承担）。

4. 及时受领义务

出卖人依约向买受人交付标的，买受人应当配合受领，如无正当理由拒绝受领，须承担相应的责任；出卖人也可依法进行提存。如果是由第三方代为交付而因买受人拒绝受领

---

① 最高人民法院〔2020〕最高法民申2693号《民事判决书》。

② 孙航．“豪车天价赔偿案”尘埃落定［N］．人民法院报，2018-12-06（03）．

所导致的损失，由买受人承担。例如，出卖人根据合同约定通过铁路运输方式将货物运抵到货站，经通知买受人而拒绝受领的，则发生的到货站之保管费、退运之运输费，或者依规则按无人领受货物被依法处理的，由买受人承担责任。

三、买卖合同的特殊规则

（一）特殊标的受法律管制规则

一般的、不受限制的买卖合同之标的物由合同双方商定。但是，对于受特殊管制不能作为交易标的物的，双方不得进行买卖。例如，农村宅基地使用权不得在非该集体成员之间流转，其向城市居民出售宅基地上的房屋，根据“房随地走”和“地随房走”的规则，该买卖合同无效。

（二）所有权转移规则

1. 动产交付规则

动产交易之标的物所有权的转移，以交付为表征，未经交付的不发生所有权转移之效果。

2. 不动产登记规则

不动产交易之标的物所有权的转移，以登记为要件，未经登记的不发生所有权转移的效果，或者不能对抗善意的第三人。

（三）所有权保留规则

所有权保留，是指在转移财产所有权的商品交易中，根据法律的规定或者当事人之约定，财产所有人转移标的物的占有给对方当事人，但仍保留其对该财产的所有权，待对方当事人支付部分或全部价款，或特定条件成就时，该财产的所有权才发生转移的一种法律制度。《民法典》第641条规定：“当事人可以在买卖合同中约定买受人未履行支付价款或者其他义务的，标的物的所有权属于出卖人。出卖人对标的物保留的所有权，未经登记，不得对抗善意第三人。”如果合同中有所有权保留条款的特殊约定，尽管动产已经交付，但并不产生向买受人转移所有权的效果；当买受人未依约全部付清款项的情况下，出卖人可选择要求买受人继续付款，或者要求买受人返还交易标的物。但是，取回权的行使，必须是以该标的物尚未发生向第三人的合法转移为条件；如果已经发生向第三人合法的占有转移，则出卖人就丧失了取回权。例如，电梯厂与建筑公司签订电梯买卖合同，约定建筑公司在尚未全部支付货款时，所有权仍属于出卖人。建筑公司收到货物之后，已经安装在业主的建筑物内且工程已经验收和交付使用，此时电梯厂则不能以所有权尚未转移为由而主张电梯的所有权从而取回电梯。如果该电梯仍存放在建筑公司的仓库内，则电梯厂可提起诉讼申请法院查封，之后可选择要求建筑公司支付全部的货款或者由法院判决而直接取回该电梯。出卖人取回标的物后，买受人还可在出卖人所给合理期限内支付款额赎回。

（四）拒绝受领风险承担规则

《民法典》第 608 条规定："出卖人按照约定或者依据本法第六百零三条第二款第二项的规定将标的物置于交付地点，买受人违反约定没有收取的，标的物毁损、灭失的风险自反约定时起由买受人承担。"

（五）特殊交易标的物规则

供用电、水、气、热力合同属于连续性交易合同，适用强制缔约方式，因合同一方当事人以及交易方式、交易标的物以及质量、履行等方面之特殊性，还涉及民生和社会生活秩序，故法律对其有一些特殊的要求。《民法典》第 656 条规定："供用水、供用气、供用热力合同，参照适用供用电合同的有关规定。"

（六）特殊交易方式的相应规则

《民法典》第 634 条规定："分期付款的买受人未支付到期价款的数额达到全部价款的五分之一，经催告后在合理期限内仍未支付到期价款的，出卖人可以请求买受人支付全部价款或者解除合同。出卖人解除合同的，可以向买受人请求支付该标的物的使用费。"该规定主要是针对信贷消费买卖而设。

第 635 条规定："凭样品买卖的当事人应当封存样品，并可以对样品质量予以说明。出卖人交付的标的物应当与样品及其说明的质量相同。"第 636 条规定："凭样品买卖的买受人不知道样品有隐蔽瑕疵的，即使交付的标的物与样品相同，出卖人交付的标的物的质量仍然应当符合同种物的通常标准。"

第 638 条规定："试用买卖的买受人在试用期内可以购买标的物，也可以拒绝购买。试用期限届满，买受人对是否购买标的物未作表示的，视为购买。试用买卖的买受人在试用期内已经支付部分价款或者对标的物实施出卖、出租、设立担保物权等行为的，视为同意购买。"

（七）附条件付款限制规则

《民法典》第 158 条规定："民事法律行为可以附条件，但是根据其性质不得附条件的除外。附生效条件的民事法律行为，自条件成就时生效。附解除条件的民事法律行为，自条件成就时失效。"从民法理论上分析，基于当事人的私权处分和意思自治，对于一个已经成立的民事行为，其生效或失效由所附设的条件来决定，这是附条件制度之本意。而对于一个已经生效了的合同，履行合同义务本不应附设前提条件，否则，很容易造成合同当事人之间的权利义务失衡。但在现实中，往往有附条件的履行义务之约定条款。例如，A、B 两个公司签订了一份《买卖合同》，约定 A 将货物出售给 B，B 作为买受人在收到货物之后 3 日内须向 A 付款。但合同中又约定了 B 将货物转售给 C，只有在收到 C 的付款后 B 才有向 A 付款之义务。作为两个购销合同关系，B 应向 A 付款、C 应向 B 付款。基于合同相对性而言，B 向 A 的付款不能以 C 向 B 付款为前提。但合同有此付款的前提条件，且与合同 3 日内付款约定相悖。因此，在解释合同时，应以合同目的解释方法来处理，其所附条件不应当得到认可。在建设工程合同中，以政府拨款、总发包方实际拨款作为发包方付款的附条件之设置，较为常见。例如，一项通过招投标的政府财政支出的建设工程，发包方在合同中加入了“项目验收合格后，由承包方编制《工程结算书》，经政府财政部门审批并划拨款项后 3 个月内支付工程款”的条款。该条款不仅严重违反了政府财政拨款工程建设严禁“带资承包”① 的规定，而且以外人无从知晓的内部审批流程作为本应履行付款义务的前置条件，这不仅是对建设工程一方权利的不尊重，也造成了更大的资金拖欠和后续债务链形成之不良后果。因此，只要工程验收合格，结算正确，发包方就应当支付工程款。诚然，具体问题还要做具体的分析，在买卖合同中如果约定以验收、质量达到标准为付款条件，或者保留一定的质保金且待条件成就后再行支付的，则属于正常情形，应当尊重。

第二节　赠与合同

【导入案例】

案例 11-2

申请撤销赠与纠纷案②

原告柏某某是 A 公司的股东、董事长，其认为被告邓某某在 A 公司工作多年，公司对其亏欠太多，于是自 2017 年 3 月 19 日至 2017 年 6 月 23 日期间代表公司多次向邓某某共赠与 20 万元。之后，公司内部的股东发生纠纷。原告认为被告伙同公司原法定代表人兼总经理等人严重违反公司制度，以虚列工资、虚设账目等方式将公司的 21 多万元据为己有，甚至在公司免除了其财务负责人的情况下还拒不办理财务移交手续，故意隐瞒占有公司现金 31 万余元的事实。故，原告起诉被告，要求返还公司对其 20 万元之赠与。一、二审法院均认为原告与被告之间就赠与和受赠达成了合意，且赠与行为已经实际发生，原告要求撤销赠与不符合规定，故驳回了原告之诉请。

【简要评述】赠与合同成立且赠与行为已经发生后，非特殊情况不得撤销。

【法条依据】《民法典》第 658 条规定：“赠与人在赠与财产的权利转移之前可以撤销赠与。经过公证的赠与合同或者依法不得撤销的具有救灾、扶贫、助残等公益、道德义务性质的赠与合同，不适用前款规定。”

---

① 2006 年原建设部、国家发展改革委、财政部和中国人民银行曾联合发布《关于严禁政府投资项目使用带资承包方式进行建设的通知》强调，政府投资项目一律不得以建筑业企业带资承包的方式进行建设，不得将建筑业企业带资承包作为招投标条件；严禁将此类内容写入工程承包合同及补充条款，同时要对政府投资项目实行告知性合同备案制度。

② 四川省成都市中级人民法院〔2018〕川 01 民终 10556 号《民事判决书》。

【理论讲授】

一、赠与合同及其属性

（一）赠与合同的界定

赠与合同，是赠与人将自己的财产无偿给予受赠人，受赠人表示接受赠与的合同。

赠与合同与单方赠与行为不同，赠与合同是赠与人与受赠人就赠与所达成的意思一致而形成的协议。单方赠与行为，则是赠与人单方的行为，无须与受赠人达成合意。例如，某青年在地铁通道里拉手提琴，脚下放了一个碗，路人听到这美妙的音乐声，随手将 5 元钱放入该碗中。路人的行为就是单方赠与行为。

（二）赠与合同的基本属性

赠与合同是无偿合同、单务合同、诺成合同。

二、赠与合同的当事人及权利义务

（一）赠与合同的当事人

在赠与合同中将物品赠与他人的人，称之为出赠人；而接受赠与的人称之为受赠人。

（二）赠与合同当事人的权利义务

1. 赠与人的权利义务

赠与人享有撤销权和提前终止权：（1）任意撤销权。赠与人在赠与财产的权利转移之前可以撤销赠与，但具有救灾、扶贫等社会公益、道德义务性质的赠与合同或者经过公证的赠与合同除外。（2）法定撤销权。根据《民法典》第 663 条的规定，受赠人有下列情形之一的，赠与人可以撤销赠与：第一，严重侵害赠与人或者赠与人近亲属的合法权益；第二，对赠与人有扶养义务而不履行扶养义务；第三，不履行赠与合同约定的义务。赠与人的撤销权，自知道或者应当知道撤销事由之日起一年内行使。（3）提前终止权。当赠与人的经济状况显著恶化，严重影响其生产经营或者家庭生活的，可以不再履行赠与义务。

赠与人有以下义务：依约出赠的义务、依法办理财产所有权转移手续的义务、保障赠与物无权属纷争之义务、告知受赠人赠与物存在瑕疵的义务。

2. 受赠人的权利义务

受赠人有无偿取得赠与物的权利，但赠与合同约定有负担义务的，受赠人须按约定履行义务；受赠人不履行其义务时，赠与人有权请求受赠人履行其义务或撤销其赠与。例如，某高校将更新换代淘汰下来的500 台电脑赠与某希望工程小学，明确约定该小学负有将电脑专用于教学用途，并有定期进行检修之义务。对于具有救灾、扶贫等社会公益、道德义务性质的赠与合同，以及经过公证的赠与合同，赠与人不交付赠与物的，受赠人可以请求交付。例如，某年在某地举办的一场“抗洪赈灾义演”活动中，某大型企业的法定代表人上台表示认捐若干万元，并将匾牌式的“中国工商银行支票”交付给了主持人，还在台上发表了激情澎湃的演讲；但该义演结束后3个月，该法定代表人仍未兑现捐款诺言。当主办方联系该法定代表人时，该法定代表人顾左右而言他，甚至声称企业面临困境，已无力支付该款额。当主办方提出要求其在国家级报纸上刊登声明或者由主办方对外发布消息时，该企业才不得不将款额汇入赈灾的公益账户上。1998年11月26日中国青年报刊登了《举了牌子不捐年底一律曝光》一文，就当年抗洪救灾6亿元募捐款有一半没到位的问题进行了报道。①

三、赠与合同的特殊规则

（一）撤销赠与后的返还规则

赠与被依法撤销后，赠与人可依法向受赠人请求返还赠与财产。

（二）贫困抗辩规则

《民法典》第666条规定：“赠与人的经济状况显著恶化，严重影响其生产经营或者家庭生活的，可以不再履行赠与义务。”赠与合同签订后，如果发生了特定的情况，导致赠与不能，应允许赠与人不再履行赠与义务。例如，张三与某山区一家长签订了《定期赠与合同》，约定由张三每年向该家长的一名未成年儿童提供从小学一年级直至大学毕业阶段学习的生活费的资助性赠与。合同签订后张三一直履行合同至该学生中学二年级，但张三不幸发生车祸，其失去了工作且陷入生活的困境，再无能力资助该学生后续的生活费。故，张三遗憾地表示无力再履行赠与义务。

《慈善法》第41条规定：“捐赠人应当按照捐赠协议履行捐赠义务。捐赠人违反捐赠协议逾期未交付捐赠财产，有下列情形之一的，慈善组织或者其他接受捐赠的人可以要求交付；捐赠人拒不交付的，慈善组织和其他接受捐赠的人可以依法向人民法院申请支付令或者提起诉讼：（一）捐赠人通过广播、电视、报刊、互联网等媒体公开承诺捐赠的；（二）捐赠财产用于本法第三条第一项至第三项规定的慈善活动，并签订书面捐赠协议的。捐赠人公开承诺捐赠或者签订书面捐赠协议后经济状况显著恶化，严重影响其生产经营或者家庭生活的，经向公开承诺捐赠地或者书面捐赠协议签订地的民政部门报告并向社会公开说明情况后，可以不再履行捐赠义务。”

---

① 解析中国式救灾：十年频现企业捐赠秀［DB/OL］.［2020-10-04］. 新浪网：http：//news. sina. com. cn/c/2008-05-05/164315480481. shtml.

第三节　借款合同

【导入案例】

案例 11-3

实际贷款人主张债权及享有担保物权纠纷案①

2013 年 7 月 18 日，被告与受公积金中心委托的中国银行某支行签订了《个人住房公积金借款合同》，约定了借款用途、金额、期限、利率、借款发放、还款、双方的权利义务、违约责任等条款，明确约定了"根据委托人成都住房公积金管理中心的委托，向借款人提供的住房公积金贷款；委托人享有本借款合同项下贷款人拥有的全部权利包括合同债权、抵押权等"。合同签订后，公积金中心依约向借款人发放了贷款。2016 年 9 月 28 日，被告向银行支行办理了房屋抵押登记手续，银行支行成为抵押权人。

因被告未依约还款付息，2017 年 7 月 18 日银行支行向被告邮寄了《逾期贷款催收通知书》，要求被告偿还本息及罚息以及承担违约金支付责任。但被告仍未履行。之后，银行支行向被告发出了《终止借款合同通知书》。公积金中心向法院起诉被告，要求判决还本付息以及承担违约责任，还主张对抵押的房产享有优先受偿权。

一审法院判决被告归还原告借款本金325 475. 80元、借款利息13 680. 66元及罚息1 218. 32元、违约金，原告对经过抵押登记房产的折价或者拍卖、变卖所得价款享有优先受偿权。

【简要评述】正常情况下贷款人和借款人是对应的，而且都知道对方，但特殊情况下会出现委托出借款项之情形。只要委托人能举出其与款项出借人之间关系的证据，则委托人可以直接向借款人主张债权。

【法条依据】《民法典》第 667 条规定："借款合同是借款人向贷款人借款，到期返还借款并支付利息的合同。"

【理论讲授】

一、借款合同及其属性

（一）借款合同的界定

借款合同，是指借款人向贷款人借款，贷款人到期返还借款并支付利息的合同。

以出借人为标准，可以划分为作为金融机构的银行为贷款人的借贷合同（信贷合同），以及非金融机构作为出借人的民间借款合同两大类。

① 四川省成都市新都区人民法院〔2018〕川 0114 民初 4909 号《民事判决书》。

尽管在名称上使用的是“借”，但根据合法转移金钱类特定物，占有转移视为所有权转移的规则，实质上就是将款额在一定期限内发生所有权转移的合同。到期依约还本，并非是将所借之“原物”的返还，而是作为一个债务进行清偿。尽管在借款合同中可以约定特定之用途，但并不影响借款人对款项享有占有、使用、收益和处分的全部权能。

（二）借款合同的基本属性

借款合同属于双务合同、有偿合同、诺成合同。

二、借款合同的当事人及权利义务

（一）借款合同的当事人

获得借款的人称之为借款人，出借钱款的一方称之为贷款人或出借人。在借款主债权债务合同之下，通常会有如保证合同、抵押合同、质押合同等从合同，出借人为债权人、借款人为被担保人（即债务人）。

（二）借款合同当事人的权利义务

1. 贷款人的权利义务

贷款人有权请求借款人返还本金和支付利息；对借款使用情况有监督检查权；当借款人违反约定时，可行使提前终止借款合同并收回借款本金和追收应收利息的权利。贷款人须依约按时、按量向借款人提供借款，不得利用优势地位预先在本金中扣除利息。作为专业的金融借贷行为，一般人很难理解银行贷款合同之中的利息、罚息、复利的关系以及计算方式。例如，某公司向银行贷款，未能按期还本付息。银行起诉计算复利的基数包括贷款期内的利息和罚息以及合同履行期外罚息。法院认为，按照中国人民银行《人民币利率管理规定》及《关于人民币贷款利率有关问题的通知》的相关规定，复利的计算基数应仅为正常利息即合同期内的应付利息，不包括逾期罚息。案涉《借款合同》并未明确约定罚息计收复利以及合同履行期外的罚息、复利按季结息，因此对银行的上述主张不予支持。①

2. 借款人的权利义务

借款人有依约获得借款额的权利，其有义务按照贷款人的要求提供与借款有关的业务活动和财务状况的真实情况；有义务按照约定之用途使用借款并接受贷款人对贷款使用情况实施的监督检查；有义务按期归还借款本金和支付利息。

三、借款合同的特殊规则

（一）严格限制营业放贷资格

未依法取得放贷资格的贷款人，以营利为目的向社会不特定对象发放贷款的借款合

① 最高人民法院〔2019〕最高法民终1990号《民事判决书》。

同，应当认定借款合同无效。例如，某信托公司仅有金融同业拆借的经营权限，但其向社会不特定对象提供借贷，并与上千个自然人签订了《借贷合同》，合同约定的利息远远高于银行业贷款利率。该公司对外放贷的行为违反了金融业专营的限制性规定、扰乱了金融市场秩序，根据 2020 年 8 月 20 日新修订的《最高人民法院关于审理民间借贷案件适用法律若干问题的规定》第 14 条第 3 项规定，“未依法取得放贷资格的出借人，以营利为目的向社会不特定对象提供借款的”应当认定无效。如果金融机构工作人员违规发放贷款，严重的可能构成违法发放贷款罪被追究刑事责任。例如，崔某某作为某信用社的主任，违规向他人发放贷款 704 万元，数额特别巨大，构成违法发放贷款罪，被判处有期徒刑三年、并处罚金 5 万元。①

（二）本金实际支付规则

贷款人应当依照合同约定将出借款额交付给借款人，借款人实际收到的款额应当与合同约定所借款额相一致，实际发放的款额作为还本的金额和计算利息的基准。禁止贷款人事先扣除或者收取利息的方式，将不足额的贷款发放给借款人，然后再按约定的借款本金额计算利息。例如，甲向某银行借款 100 万元，约定借款期限为一年，按月付息 2 万元、期满还本。但银行仅向借款人发放款额 98 万元，并声称 2 万元是第一个月的利息已经扣除。发放借款不足额的，按实际发放款额还本和计算利息。

（三）利息支付规则

《民法典》第 680 条规定：“禁止高利放贷，借款的利率不得违反国家有关规定。借款合同对支付利息没有约定的，视为没有利息。借款合同对支付利息约定不明确，当事人不能达成补充协议的，按照当地或者当事人的交易方式、交易习惯、市场利率等因素确定利息；自然人之间借款的，视为没有利息。”金融机构发放贷款，均应依照中国人民银行商业贷款利率标准计算。而民间借贷利息的处理，2015 年 6 月 23 日最高人民法院审判委员会第 1655 次会议通过的《最高人民法院关于审理民间借贷案件适用法律若干问题的规定》第 26 条作出了专门的规定：“借贷双方约定的利率未超过年利率 24%，出借人请求借款人按照约定的利率支付利息的，人民法院应予支持。借贷双方约定的利率超过年利率 36%，超过部分的利息约定无效。借款人请求出借人返还已支付的超过年利率 36%部分的利息的，人民法院应予支持。”而对于通过各种以“利息”“违约金”“服务费”“中介费”“保证金”“延期费”等突破或变相突破法定利率红线的，应当依法不予支持。根据 2020 年 8 月 20 日最高人民法院新闻发布会上的消息，最高人民法院在认真听取社会各界意见并征求金融监管部门意见建议的基础上，经本院审判委员会讨论后决定：以中国人民银行授权全国银行间同业拆借中心每月 20 日发布的一年期的贷款市场报价利率（LPR）的 4 倍（如果依 2020 年 8 月 20 日公布的数字，4 倍的计算结果为年息 15.4%）为标准确定民间借贷利率的司法保护上限，取代了 2015 年发布的规定中“以 24%和 36%为基准的两线三区”的规定，大幅度降低了民间借贷利率的司法保护上限，促进民间借贷利率逐

① 辽宁省大洼县人民法院〔2016〕辽 1121 刑初字 73 号《刑事判决书》。

步与我国经济社会发展的实际水平相适应。① 由于不同时期关于民间借款利率保护的政策不同，对于跨时间段的借款在利息计算上可能会比较麻烦。例如，张三借给李四 100 万元，约定借款期 5 年、年息 40%、按月付息，借款期从 2016 年 1 月 1 日起至 2020 年 12 月 31 日止。如借款人仅依约支付了 2016 年至 2017 年两年的利息，2018 年 1 月 1 日以后未付利息，而贷款人起诉至法院要求判决被告依约付息，则可能按时间段和不同利率标准处理：已经实际支付的两年利息，超过 36%的部分作为后续还本处理；2020 年 8 月 20 日以前应付未付利息按 24%予以支持，而 2020 年 8 月 20 日以后的应付利息依照新的解释标准（即 LPR 的 4 倍）予以支持。

支付利息的时间和方法，如果没有约定的，以还本时一次性支付利息处理。由于银行计算的利息、罚息、复利等具有专业性而且相当复杂，一般人也难以理解，很容易发生纠纷。例如，2013 年 9 月 22 日某银行与某集团签订了《授信协议》，约定授信期间为 12 个月（至 2014 年 9 月 21 日），银行向该集团提供 3 亿元的循环授信额度。之后，集团与银行签订了四份《借款合同》共四笔贷款合计18 044. 76万元，最终欠付本金97 112 828. 39元。被告认为根据借款合同的约定，复利计算基数应当是合同期内利息，不应包括罚息。法院确认应偿还欠付的借款本金为97 112 828. 39元、截至2015年 2 月 10 日的利息为2 651 974. 23元，以及自2015年 2 月 11 日起至实际给付之日止的罚息（以97 112 828. 39元为基数，按照年利率 8. 4%计收）、复利（以应收利息2 651 974. 23元为基数，按照年利率 5. 6%计收）。②

（四）提前还款规则

《民法典》第 677 条规定："借款人提前返还借款的，除当事人另有约定外，应当按照实际借款的期间计算利息。"如果合同中约定提前还款，作为贷款人的银行须收取一定手续费的，依照约定处理。当借款人有违约行为符合提前终止借款合同关系的，贷款人可解除合同而要求借款人提前还款。

（五）逾期支付提前还款规则

《民法典》第 676 条规定："借款人未按照约定的期限返还借款的，应当按照约定或者国家有关规定支付逾期利息。"从严格意义上说，利息是指在借款期限内应支付获得借款本金之对价，借款期满应还本付息，违反约定的不仅要继续履行还款付息之义务，还须承担相应的违约金支付责任。但是，银行业的习惯做法是约定未履行还本付息义务的借款人须支付后续的"罚息"。故，逾期利息，本质上属于违约金，实质上是占用借款本金而带来的正常借款的利息加上违约金的一种惩罚措施。例如，某银行向某个人发放贷款 10 万元，约定期满还本付息，否则在应还本付息的款额基础上按照应付利息标准的 2 倍计算罚息。

---

① 最高法重新定调高利贷，利率红线降至 15. 4%，这些机构很"受伤"［DB/OL］.［2020-08-29］. 中财网：http：//stock. cfi. cn/p20200821000038. html.

② 最高人民法院〔2019〕最高法民终 1990 号《民事判决书》。

【本章小结】

转移所有权的合同尤其是买卖合同、借款合同在日常生产、生活中较为常见。对于一些特殊问题，应结合实际作出具体的分析和依法的处理。

【课后练习】

1. 名词解释

买卖合同；赠与合同；借款合同。

2. 简答题

（1）买卖合同的当事人有哪些权利义务？（可参见本章第一节的内容）

（2）买卖合同能否约定付款条件？（可参见本章第一节的内容）

（3）民间借款合同的利息有何限制？（可参见本章第二节的内容）

（4）赠与合同订立后是否可以撤销？（可参见本章第三节的内容）

3. 案例分析题

2011 年 7 月 18 日，甲（丈夫）、乙（妻子）登记结婚。2014 年年初，甲与女性丙相识，后发展为不正当的异性关系。自 2014 年 4 月 6 日至 2015 年 1 月 26 日期间，甲多次通过其个人银行账户向丙汇款合计 120.7 万元；其间，丙返还甲 27.8 万元。后甲、乙要求丙返还相应款项，沟通无果，遂起诉要求丙返还财产 120.7 万元。案件审理中，甲、乙作为原告认为，夫妻共同财产制属于共同所有，在夫妻关系存续期间，财产没有份额的区分，夫妻对全部共同财产不分份额地享有所有权；甲无权处分，丙应当全额返还。作为被告的丙辩称：汇款中含有甲的婚前个人财产，部分汇款为甲个人举债所得，两原告无权就该部分款项要求返还；且夫妻双方对共同财产享有平等的处理权，甲有权处分属于自己的财产份额即诉争款项的一半，该部分款项归甲所有，两原告亦无权要求返还。原、被告之间为此发生纠纷，原告诉至法院。①

问：请根据相应的法律规定以及合同法理，分析赠与合同的有效条件及案件处理结果和理由。

提示：可参见本章第二节的内容及参考《民法典》第 311 条、第 657 条以及相应的规定。

① 江苏省南京市中级人民法院〔2017〕苏 01 民终 2667 号《民事裁定书》。

第十二章　保证合同

【本章引言】为了保障债务的履行，保证人与债权人达成当主债务人期满不履行债务时，由保证人承担履行责任的保证合同，这是一种较为特殊的合同。除了正常的一次性保证合同外，还有在一定期限内的最高额保证合同。

【本章重点】保证合同的一般表现形式；保证责任；最高额保证的决算期。

第一节　保证合同关系

【导入案例】

案例 12-1

保证及多种担保措施的合同纠纷案①

2013 年 11 月 15 日，A 公司与 B 银行签订一份《人民币流动资金贷款合同》，借款金额1 000万元，借款期限自 2013 年 11 月 5 日起至 2014 年 10 月 4 日止。C 担保公司为该笔借款提供担保，并与 B 银行签订了《保证合同》；2013 年 11 月 17 日，C 担保公司与 A 公司、甲、乙（甲乙系夫妻）签订了《反担保合同》，约定：甲、乙为前述借款向 C 担保公司提供连带责任的反担保；A 公司将其所有的机器设备 98 台（套）、一套房屋所有权，乙将一套房屋抵押给 C 担保公司并办理了抵押登记手续；A 公司将 4560 吨水稻质押给 C 担保公司；甲、乙将其各自持有 A 公司的 50%股权（出质权数额为 200 万元）质押给 C 担保公司且办理了股权质押登记。同日，C 担保公司与 D 公司、E 公司、F 公司和 G 公司（以下简称四保证人）签订一份编号为 2013 年保字第 001 号《保证合同》，四保证人为 A 公司的借款提供连带保证。2013 年 11 月，B 银行向 A 公司发放借款1 000万元。2014 年 6 月 23 日，因 A 公司未能偿还《16 号借款合同》项下借款的当月利息，C 担保公司截至 8 月 27 日代偿本息合计为 102. 16 万元。后各保证人因责任承担问题产生纠纷。

【简要评述】本案存在多个法律关系：主法律关系为 A 公司与 B 银行的借款合同关系；从法律关系是 C 担保公司与 B 银行的保证合同关系。同时，本案还存在反担保合同

① 最高人民法院〔2017〕最高法民申 925 号《民事裁定书》。

关系，即债务人 A 公司以机器设备抵押和 4560 吨水稻质押为 C 担保公司提供反担保，A 公司法定代表人甲及其丈夫乙以房产抵押和股权质押的方式提供反担保，D 公司、E 公司、F 公司、G 公司在1 000万元借款范围内为 C 担保公司提供连带责任保证。在一个主债权债务合同关系上，可以设定人的保证，还可以设定抵押、质押，保证人提供保证时，可以要求债务人提供反担保。当保证人履行了保证责任后，其有权依法要求反担保人承担责任。

【法条依据】《民法典》第 681 条规定："保证合同是为保障债权的实现，保证人和债权人约定，当债务人不履行到期债务或者发生当事人约定的情形时，保证人履行债务或者承担责任的合同。"

第 392 条规定："被担保的债权既有物的担保又有人的担保的，债务人不履行到期债务或者发生当事人约定的实现担保物权的情形，债权人应当按照约定实现债权；没有约定或者约定不明确，债务人自己提供物的担保的，债权人应当先就该物的担保实现债权；第三人提供物的担保的，债权人可以就物的担保实现债权，也可以请求保证人承担保证责任。提供担保的第三人承担担保责任后，有权向债务人追偿。"

【理论讲授】

一、保证合同及其特性

（一）保证合同的界定

保证合同，是指为保障债权的实现，保证人和债权人约定，当债务人不履行到期债务或者发生当事人约定的情形时，保证人履行债务或者承担责任的合同。

（二）保证合同之属性

保证合同属于有名合同、从合同、单务合同、无偿合同、诺成合同、附停止条件的合同。

保证合同的方式除了典型的保证合同外，还有在合同中的保证条款，又或者是以《承诺函》的方式予以体现。

保证人可依法要求被保证人为保证人提供担保，即反担保。保证人在履行保证责任后，可行使追偿权，也可以依照反担保的约定要求被保证人承担相应之责任。例如，2014 年 11 月 13 日，A 公司与 B 外贸信托公司签订《信托贷款合同》，约定 A 向 B 贷款 10 亿元，借款期限 2 年，贷款到期日一次性清偿剩余本金。同日，A、B、C 集团签订《保证合同》，约定 C 为 A 向 B 贷款 10 亿元提供连带责任保证；A 与 C 签订《反担保合同》，约定 A 提供反担保，担保范围为借款合同全部保证范围的 51%，反担保期限为主债务履行期限届满之日起两年。B 向 A 依约支付了贷款，但 A 未依约还款，C 代 A 偿还了借款本息。之后，C 向 A 追偿并主张反担保权。最终，法院支持了 C 之诉请。①

① 最高人民法院〔2019〕最高法民终 1589 号《民事判决书》。

二、保证合同的当事人及内容

（一）保证合同的当事人

保证合同的当事人，是指在保证合同关系中享有权利、承担义务的人。

保证合同，通常有债权人、保证人、被保证人（即债务人）；在反担保合同中，有保证人和反担保人（即债务人）。

（二）保证合同的形式与内容

1. 保证合同的形式

保证合同可以是单独订立的书面合同，也可以是主债权债务合同中的保证条款。例如，在张三向李四出借的《借款合同》中，王五作为保证人在合同上签字，即在王五与张三之间形成了保证合同关系。第三人单方以书面形式向债权人作出保证，债权人接受且未提出异议的，保证合同亦成立。例如，张三向李四出借款项而形成一个主债权债务关系，王五主动提出为李四而向张三提供保证，写下承诺书，承诺当李四到期未依约还款时自己向张三承担保证责任，则王五与张三之间构成保证合同关系。

2. 保证合同的主要条款

通常，保证合同的主要内容包括：保证人、债权人、被保证人的主体；被保证的主债权种类、数额；债务人履行债务的期限；保证的方式、保证范围、保证期间；保证人的义务与权利；纠纷解决方式等。只要能够明确债权人、债务人及债务、保证人，即可构成一个形式意义上的保证合同关系。例如，甲向乙出借款项，丙为乙提供保证，丙与甲双方签订《保证合同》，或者在《借据》上仅记载了“丙为乙向甲借款的 10 万元提供担保”（丙有签名），则构成了一个完整的保证合同。

三、保证合同无效的认定

（一）保证合同无效的原因

根据法律规定，以下保证合同无效。

1. 因主体不适格而无效

（1）无民事行为能力人和限制民事行为能力人。由于他们属于特殊保护的人群，且作为保证人只承担债务不能清偿的责任而没有权利，故其不得以自己的名义为他人的债务提供保证，即使经过其法定监护人的同意亦不可。

（2）国家机关。由于国家机关的特殊身份，其支出列入国家财政预算，故不得为其他的经济活动主体提供保证。例如，2006 年 3 月 9 日，某县人民政府作为出让方，与受让方 A 公司签订《特许合同》，约定将湖南省境内宜章县城关镇至广东省连州市的高速公路工程项目以特许经营方式，授予 A 依法投资、建设与经营、养护管理的权利。2009 年

3月16日，高速公路管理局B向某银行出具《承诺函》，称“宜连公司投资建设宜连高速公路项目……我局承诺：贵行对A提供的项目贷款，若该公司出现没有按时履行其到期债务等违反借款合同约定的行为，或者存在危及银行贷款本息偿付的情形，出于保护投资商利益，保障贵行信贷资金安全的目的，我局承诺按《特许合同》的规定全额回购宜连高速公路经营权，以确保化解银行贷款风险，我局所支付款项均先归还贵行贷款本息。”银行于2009年8月20日与A签订贷款合同后，向A公司发放贷款8.4亿元，至2018年3月20日止，A尚欠银行本息1 532 085 554.6元。银行起诉A和B。法院认为B作为高速公路的建设、管理事业单位，不得作为保证人，其明知不具备保证人资格仍出具《承诺函》，《承诺函》违反了法律强制性规定，应为无效，B存在过错；银行作为专业的金融机构，明知B作为事业单位不能成为保证人，仍要求其出具《承诺函》，亦存在过错。故以A不能清偿的本息为基数按照《人民币资金银团贷款合同》的约定自2018年3月20日起计算至付清之日的利息、罚息、复息，B承担三分之一的赔偿责任。①

（3）公益单位。类似于幼儿园、学校、医院、体育场馆、图书馆、学会、研究会等以公益为目的之事业单位、社会团体不得为保证人。

（4）企业法人的内部机构。企业法人的内部机构，如分公司、供销部，是企业法人的内设机构，其无权独立对外开展经济活动。故除非有法人书面授权，否则不得为保证人。

2. 因主债权债务合同无效而无效

保证合同属于从合同，当主债权债务合同被认定为无效时，保证合同亦无效。

3. 因违反法律禁止性规定而无效

主债权人一方或者债权人与债务人双方采取欺诈、胁迫等手段，或者恶意串通，使保证人在违背真实意思情况下提供保证的保证合同无效。

未经国家有关主管部门批准或者登记为境外机构向境内债权人提供保证的无效；为外商投资企业注册资本、外商投资企业中的外方投资部分的对外债务提供保证的无效；无权经营外汇担保业务的金融机构、无外汇收入的非金融性质的企业法人提供外汇担保的无效。

董事、高级管理人员违反公司章程的规定，未经股东会、股东大会或者董事会同意，以公司财产为他人债务提供保证的无效。

（二）保证合同无效的责任承担

保证合同被确认无效后，保证人不承担保证责任，但并非不承担任何责任。如果对保证合同无效而保证人有过错的，应当根据其过错承担相应的民事责任（缔约过失责任）。例如，保证人明知自己是国家机关单位，不得对外提供保证，但仍然为经济活动主体向外借债提供保证，且最终债务人无力清偿债务导致了债权人的实际损失，保证人与债权人、

① 最高人民法院〔2019〕最高法民终1006号《民事判决书》。

债务人对该损失应当按一定比例承担责任。

第二节　保证人及其责任

【导入案例】

案例 12-2

多个保证人的保证责任纠纷案①

2010 年 9 月 10 日，原告某银行与被告宁波 A 公司、宁波 B 公司、岑某某分别签订了“最高额保证合同”，约定三被告为借款人浙江某 C 电器有限公司一定时期和最高额度内借款，提供连带责任担保。2011 年 10 月 14 日，原告与 C 公司签署了《借款合同》，约定银行向 C 公司发放贷款 500 万元。C 公司从银行借款后，尚有借款本金 250 万元、利息141 509.01元未能清偿，故原告诉请判令被告 C 公司归还原告借款本金 250 万元，支付利息、罚息和律师费用；A 公司、B 公司、岑某某对上述债务承担连带保证责任。

法院审理后认为，保证人有多人而未明确保证金额的，对主债务及利息以及违约金等承担保证责任；最高额保证合同签订在前，借款合同签订在后，只要属于保证期间内发生且未超出最高限额的，应纳入保证合同担保之范围。在有多个保证人提供连带保证的情况下，各保证人均应依法承担连带保证责任。一审法院判决：主债务人的 C 公司对于未清偿的债务（本、息）承担清偿责任，三保证人对上述债务承担连带清偿责任，其承担保证责任后，有权向 C 公司追偿。保证人不服而提起上诉，二审驳回上诉，维持原判。

【简要评述】签订“最高额保证合同”后，只要在决算期限内所有债务款额未超出最高限额范围的，均应纳入保证范围；在有多个保证人且未约定保证份额的，保证人应承担连带责任。

【法条依据】《民法典》第 699 条规定：“同一债务有两个以上保证人的，保证人应当按照保证合同约定的保证份额，承担保证责任；没有约定保证份额的，债权人可以请求任何一个保证人在其保证范围内承担保证责任。”

【理论讲授】

一、保证人

保证人，是指与债权人约定，为主合同债务提供担保，当债务人不能履行债务时，由

① 浙江省宁波市中级人民法院〔2014〕浙甬商终 369 号《民事判决书》（最高人民法院指导案例第 57 号）。

其按照约定履行债务或者承担责任的一方当事人。

保证人是基于主债务存在而在主债权人、主债务人之外的第三人，债权人或者债务人自己不能成为保证人。

为了保证主债务的履行，可以有多个保证人，也可以在同时存在其他担保措施的情况下设置保证人。例如，A银行向B公司发放一笔贷款，B公司提供了一宗国有土地使用权设置抵押，C、D公司均作为B公司的保证人向银行提供担保。保证人提供保证后，还可以要求债务人为其提供反担保。例如，A银行向B公司发放一笔贷款，C公司以自己的授信额度作为B公司的保证人向银行提供保证，B公司以自己的一宗国有土地使用权设置抵押给C公司作为反担保。

二、保证人的责任

（一）债务清偿责任

当主债务届满未清偿时，保证人对主债务的履行承担清偿责任。保证人享有基于主合同产生的抗辩权利。作为一般保证人，其享有先诉抗辩权①。

保证期间，债权人与债务人协议变更主合同的或者债权人许可债务人转让债务的，未取得保证人书面同意，保证人对未经其同意转让的债务，不再承担保证责任。

在合同约定的保证期间和上述规定的保证期间，债权人未对债务人提起诉讼或者申请仲裁的，保证人免除保证责任。有下列情形之一的，保证人不承担民事责任：主合同当事人双方串通，骗取保证人提供保证的；主合同债权人采取欺诈、胁迫等手段，使保证人在违背真实意愿的情况下提供保证的。

（二）过错责任

保证合同无效，保证人无过错的则不承担保证责任；如果保证人有过错的，应当承担过错责任。主合同无效，作为从合同的保证合同当然无效，该过错，并非是其导致了主合同无效的过错（毕竟其并非是主合同的当事人），而是仅指其“明知主合同无效”或“明知保证合同无效还提供保证”的主观过错，实践中更多地表现为“明知保证合同无效”的主观过错。

根据责任大小，在相关的当事人之间确定过错责任的分担。

---

① 先诉抗辩权，又称检索抗辩权或先索抗辩权，是指一般保证的保证人在主债权人向其请求履行保证责任时，有权要求主债权人先就债务人财产诉请强制执行；在主合同债权债务纠纷未经审判或仲裁，并就主债务人财产依法强制执行仍不能履行债务前，保证人可以对主债权人拒绝承担保证责任的特殊抗辩权。

第三节　最高额保证合同

【导入案例】

案例 12-3

附条件之最高额保证合同纠纷案①

债权人中国工商银行股份有限公司某分行作为甲方、某远洋公司作为乙方签订的《最高额保证合同》第 2 条约定“乙方承担保证责任的方式为连带责任保证”；第 13 条约定：“发生下列情形后，乙方以每年度财务净利润的 25%用于本担保协议所涉担保秦皇岛太行贸易有限公司（以下简称债务人）债务的偿还；乙方有权提前偿还上述担保债务：1. 债务人取得处置大连港存放的‘金×’及‘新××’轮项下货物所得全部净收入（含索赔款）后，应先行用于偿还（或部分偿还）所欠在甲方开立的国际信用证实际对外付款金额及远期利息之未付部分，如甲方已代债务人垫付信用证或转为其他形式的流动资金贷款，则为垫款金额或流动资金贷款金额。……”既约定了远洋公司承担连带保证责任，同时还对其承担责任的财产来源作出限定，即当第 13 条约定的情形发生或者条件成就时，远洋公司以每年度财务净利润的 25%承担保证责任。

由于主债务人未依约履行清偿责任，债权人起诉要求保证人承担保证责任。一审法院认为《最高额保证合同》第 13. 1 条约定的条件视为已经成就，判令远洋公司按照其每年度财务净利润的 25%向原告承担连带保证责任。

被告不服而请求最高人民法院再审，最高人民法院驳回其再审请求。

【简要评述】最高额保证可以同时存在抵押担保，也可以在最高额保证之中确定保证范围、附设条件等。

【法条依据】《民法典》第 690 条规定：“保证人与债权人可以协商订立最高额保证的合同，约定在最高债权额限度内就一定期间连续发生的债权提供保证。”

【理论讲授】

一、最高额保证及其特性

（一）最高额保证的界定

最高额保证，是指保证人和债权人签订一个总的保证合同，为一定期限内连续发生的借款合同或同种类其他债权提供保证，只要债权人和债务人在保证合同约定的期限且在债权额限度内进行的交易，保证人则依法承担保证责任的保证行为。

① 最高人民法院〔2019〕最高法民申 2680 号《民事裁定书》。

（二）最高额保证之特性

1. 不特定性

在普通保证中，被担保的主债务是现实存在的债务，且保证合同的成立，须以主债务的存在为前提。而对未来债权为保证则是最高额保证的基本特征之一，对于未来之债务，无须于保证债务发生时即已现实地发生，而是以于将来有发生之可能性为对象，其所担保的是尚未特定化之债权，不仅在保证合同成立之时尚未发生，而且在将来能否发生也不确定，只要其所担保的债权在决算日之前是不确定的即可。例如，A 公司为 B 公司向银行提供5 000万元的最高额保证，保证期为其合同签订后至 2020 年 12 月 31 日止的一年内。实际上，B 公司在该一年的期限内，仅借款 100 万元，则保证人须就实际发生的 100 万元借款承担保证责任。

2. 连续性

在普通保证中，主债务的发生通常是基于一个合同，而最高额保证所担保的是连续发生的一系列债务。最高额保证所担保的主合同债权是由几个连续发生的合同债权组成，各个债权之间既可以具备内在的联系，也可以是相互独立存在的。例如，A 公司为 B 公司向银行提供5 000万元的最高额保证，为其一年至 2020 年 12 月 31 日止。则在一年内 B 公司向银行借款 500 万元、之后再借款1 000万元、再之后又借款3 500万元，后来还款4 000万元；之后又借款1 000万元、还款 500 万元，再借3 500万元。在连续的多个借款、还款行为之中，只要在期限内，借款尚未偿还的本金额在5 000万元之内均属于该最高额保证之范围，而非累计曾经出现的借款额满5 000万元为止。

3. 期间性

每一个具体的债务，都有具体和确定之标的及其质量、数量、履行期限等内容，使之特定化。而最高额保证所担保的主债务是属于未来的、连续性债务，具有不确定性，因此，最高额保证所担保的债权，须为规定期间内发生。例如，A 公司为 B 公司向银行提供5 000万元的最高额保证，保证期间为一年截至 2020 年 12 月 31 日。B 公司向银行于 2021 年 1 月 20 日申请一笔贷款3 000万元，则不属于保证期限内，故 A 公司不承担该3 000万元借款的保证责任。发生在最高额保证合同以前的借款，原则上不纳入最高额保证的范围。但是，如果当事人自愿将以前已经存在的债权债务关系纳入最高额保证范围的，应尊重该意思自治。例如，当事人另行达成协议将最高额抵押权设立前已经存在的债权转入该最高额抵押担保的债权范围，只要转入的债权数额仍在该最高额抵押担保的最高债权额限度之内，即使未对该最高额抵押权办理变更登记手续，该最高额抵押权的效力仍然及于被转入的债权，但不得对第三人产生不利影响。①

4. 同质性

最高额保证担保的债权系列并非多个任意债权的组合，它们必须是同种类债权，产生于同一性质的法律关系，在该法律关系中债务人对债权人承担同一性质的给付义务。例

① 安徽省高级人民法院〔2014〕皖民二终 00395 号《民事判决书》（最高人民法院指导案例 95 号）。

如，A 公司为 B 公司向银行借款提供5 000万元的最高额担保，而 B 公司还有与银行发生其他的非借贷关系形成债务2 000万元，则该债务与借款并非属于同一性质，故该2 000万元的债务不能被列入该最高额保证之范围。

5. 混合性

最高额担保，往往会夹杂着主债权债务关系、担保关系、反担保关系（包含抵押方式的反担保）等。担保人在承担连带保证责任以后，往往会行使追索权并对设置抵押的抵押反担保主张优先受偿权。例如，A 银行向 B 公司发放贷款，C 担保公司为 B 提供6 000万元最高额的连带保证，并要求 B 公司提供抵押物进行反担保。在 B 未能清偿债务的情况下，C 公司承担了保证责任进行了债务清偿，之后行使追索权起诉 B 公司要求其承担还款义务，并主张对经过登记的房产抵押物享有优先受偿权。最终，C 公司的诉请获得了法院的支持。①

三、最高额保证的决算期

决算期，是指确定最高额担保所担保的债权实际数额的时间。

决算期从性质上来说，它是期日（时间点）而非期间（时间段）。由于最高额抵押合同中约定的只是最高限额而非实际担保额，因此必须要在特定的时间将不特定的实际发生之债权额特定化，然后将实际发生的债权额与最高限额相比较，从而决定保证人实际承担担保责任的具体数额。这个特定时间点一般来说就是决算期。也就是说，只有等到决算期，最高额抵押所担保的债权才能固定，抵押权才有可能实现。只要发生在最高额保证期间，则相关的债务应纳入最高额保证之范围。例如，在有数份最高额担保合同之情形下，具体贷款合同中选择性列明部分最高额担保合同，如债务发生在最高额担保合同约定的决算期内，且债权人未明示放弃担保权利，未列明的最高额担保合同的担保人也应当在最高债权限额内承担担保责任。②

确定决算期的，有以下几种情形：第一，当事人在保证合同中明确约定了最高额保证的存续期间，存续期间的终点，即为债权额的决算期。第二，在最高额保证的存续期间内，债权人与保证人协议终止保证合同，保证合同终止之日为债权额的决算期。第三，保证人行使任意解除权。在当事人对最高额保证存续期间没有约定的情况下，保证人可以随时书面通知债权人终止保证合同，保证人的书面通知到达债权人之日，即为债权额的决算期。保证人对于通知到达债权人前所发生的债权，承担保证责任。

【本章小结】

保证合同是一种比较特殊的合同，保证人为债务人向债权人提供保证，保证人在保证合同中只有知情权和抗辩权，其没有相对于债权的其他实质性权利。只有主债务人清偿了债务，或者保证期满，保证人的保证责任才得以摆脱。如果保证人为债务人清偿了债务，

① 最高人民法院〔2019〕最高法民终 1366 号《民事判决书》。

② 浙江省宁波市中级人民法院〔2014〕浙甬商终 369 号《民事判决书》（最高人民法院指导案例 57 号）。

其可依法行使债权的代位权或追偿权。

【课后练习】

1. 名词解释

保证合同；保证人；最高额保证。

2. 简答题

(1) 保证合同关系的当事人都有哪些？(可参见本章第一节的内容)

(2) 保证合同有哪些表现形式？(可参见本章第一节的内容)

(3) 保证人有哪些责任？(可参见本章第二节的内容)

(4) 确定最高额保证的决算期有哪些情形？(可参见本章第三节的内容)

3. 案例分析题

江苏银行某支行 A 向铁路公司 B 出具了一份《保证书》，承诺为铁路公司与另一公司 C 的买卖合同项下的债务承担保证责任，但未明确约定主债权的具体金额，只约定担保人为主合同项下一定期间内发生的全部债务提供保证。①

在《保证书》所规定的一定期间内，B 向 C 交货发生了债权，C 未依约清偿债务。故，B 要求 A 承担连带清偿的保证责任。A 抗辩称，保证的成立首先必须要确定主债权额，主债权额不确定，保证的范围也就无法确定，再加上作为最高额的保证必须要有上限，只有时间的限定，凡此期限内出现的债务都被纳入保证的范围对保证人是不公平的，也不属于最高额保证之范畴。

问： 请根据保证和最高额保证的相应法律规定以及合同法理，给出本案的处理结果并简述理由。

提示： 可参见本章第三节的内容及参考《民法典》第 690 条以及相应的规定。

① 最高人民法院〔2018〕最高法民申 5994 号《民事裁定书》。

第十三章　租赁与融资租赁合同

【本章引言】 常言道，促进社会发展，要做到人尽其才、物尽其用、地尽其利、货尽其通。物资所有权人当然可以将占有、使用、收益、处分的四项权能全部掌控在自己的手里，也可在不改变所有权的情况下将占有、使用的权能让渡出去，使他人对同一物享有他物权（包括担保物权、用益物权）。租赁，就是典型的用益物权之体现。除了传统的租赁之外，随着社会经济的发展，还催生了融资租赁的复合方式。

【本章重点】“抵押不破租赁”规则；欠付租金的处理；融资租赁的特点。

第一节　租 赁 合 同

【导入案例】

案例 13-1

场地租赁纠纷案①

位于上海市某地一至三层房屋的产权人为上海某物业发展有限公司，2012 年 6 月 A 公司（原告）向该物业公司承租了上述房屋。2017 年 11 月 30 日，被告（乙方，承租方）与原告（甲方，出租方）签订一份《曹安公路×××号停车场租赁经营协议书》，约定乙方承租甲方系争场地进行停车收费经营管理工作；租赁期自 2018 年 1 月 1 日起至 2023 年 1 月 1 日暂定五年；年租金 8 万元，每年一付，在到期前 5 个工作日以转账形式一次性支付给甲方；甲方有权在乙方欠租违约、严重违规及违法时解除合同，并依法追缴租金和索赔损失。

签订合同后，原告向被告交付了系争场地。2018 年 12 月 28 日，被告向原告转账支付 8 万元租金。2019 年 4 月 22 日，原告向被告发函，函告因被告截至 2019 年 3 月底未支付租金 8 万元，根据租赁合同约定原告有权单方面解除合同并追究违约责任，故通知被告在 3 日内支付费用并进行清场搬迁，若到期未清场的，原告对停车场将采取停电停水并单方面予以清场。被告回函称未拖欠租金，不同意解除租赁合同。2019 年 5 月 8 日，原告在系争场地处张贴通知，禁止所有货运及大巴车辆自 2019 年 5 月 12 日起入场停放从而引发诉讼。

---

① 上海市第二中级人民法院〔2020〕沪 02 民终 4735 号《民事判决书》。

诉讼中，被告辩称因原告拖欠B公司的工程款8.5万元，该款项已经由被告为原告垫付，该工程款应折抵租金。原告认为该工程款与本案无关联，不存在与停车场的租金相抵扣的问题。

一审法院认为，签订租赁合同后，被告仅支付租金8万元，被告所称代垫工程款与本案无关，不能产生债的抵销之效果，自2019年1月1日起被告拖欠租金未付已构成违约且符合合同约定的解除条件。原告主张解除双方间租赁协议的诉请，于法有据，法院予以支持。法院确认双方的租赁协议于2019年4月22日解除，被告应将系争场地返还原告，并支付2019年1月1日至2019年4月22日的租金24 548元及自2019年4月23日起至实际返还之日参照合同约定的租金标准予以支付场地占用费。

被告不服而提起上诉。二审法院审理后，认为一审判决认定事实清楚，适用法律正确，故驳回上诉，维持原判。

【简要评述】承租人使用承租物，应当依约按时、足额支付租金，否则，依照合同约定出租人有权解除合同并追收租金；作为债的抵销，必须符合相应的条件，不符合抵销条件的不同支付，应当据实进行结算。

【法条依据】《民法典》第721条规定："承租人应当按照约定的期限支付租金。"

【理论讲授】

一、租赁合同及其属性

（一）租赁合同

租赁，是指按照达成的契约协定，出租人将拥有的特定财产（包括动产和不动产）在特定时期内的使用权转让给承租人，承租人按照协定支付租金的交易行为。在所有权人保留处分权的前提下，出租人将物之占有和使用权能让渡给承租人从而获得相应之收益，租赁对于出租人而言能够使物尽所用，减少闲置而带来的浪费。对于承租人而言，也可解决一次性购买的资金不足以及今后物品闲置的风险，同时能够满足一时之需。因此，租赁对于出租人和承租人而言，都是有好处的。

历史上，最初的租赁物主要是土地、建筑物等不动产。1952年，世界上第一家专业租赁公司——美国租赁公司正式成立，其后租赁的范围逐步扩展到以企业生产、加工、包装、运输、管理所需的机器设备等动产领域。租赁业已经成为一个充满生机和活力的产业。例如，广东省的房屋租赁相关企业数量名列全国第一，超10万家，占全国相关企业总量的12.36%。2019年，我国房屋租赁相关企业注册增速达21.25%，新增企业近17.9万家，为近年来增速最高、增量最多的一年。①

租赁合同，是指出租人将租赁物交付给承租人使用、收益，承租人依约支付租金的

---

① 一线城市租房热度普遍回升，我国共有87万余家房屋租赁企业，广东省最多［DB/OL］.［2020-10-10］. 腾讯网：https：//new. qq. com/omn/20200808/20200808A00DAV00. html.

合同。

出租物件的所有者称之为出租人，其拥有租赁物件的所有权，将物品租给他人使用，从而收取租金作为报酬。出租物件的使用者，称之为承租人，其租用出租人的物品，须向出租人支付一定的费用。

（二）租赁合同的属性

租赁合同，属于双务、有偿、诺成、非要式合同。租赁合同的条款一般包括：出租人和承租人的姓名（名称），租赁物的名称、数量、用途、租赁期限、租金及其支付期限和方式；租赁物维修等条款。

二、租赁合同当事人的权利义务

（一）出租人的权利义务

出租人有权依约获得租金，有权检查和了解出租物的使用状况；租赁期满有权收回租赁物。

出租人应当按照约定将租赁物交付承租人，并在租赁期限内保持租赁物符合约定之用途。而且，出租人还须会同有关部门协助承租人解决生活或经营活动中的实际需要和困难。例如，某个体工商户承租某物业管理公司的一处商铺，准备用做餐饮经营，在承租人办理工商营业执照过程中，登记部门要求其提供物业所有权证明资料，在办理消防验收时还需要提供物业的消防验收合格证书等。此时，出租人就应当予以配合提供相关的文件资料。当租赁物要对外出售时，出租人应事先通知承租人并征询其是否行使优先购买权。

除有特殊约定外，一般情况下出租人应当履行租赁物的维修义务；承租人按照约定的方法或者根据租赁物的性质使用租赁物，致使租赁物发生日常损耗的，不承担赔偿责任。

（二）承租人的权利义务

承租人有依约、合法使用承租物的权利。承租人应当依约向出租人交付租金，期满后须及时交还租赁物。例如，2019 年 11 月 13 日，出租方与承租方签订《厂房（仓库）租赁合同》，约定甲方将涉案仓库出租给乙方作为办公、仓储使用；租赁期限从 2019 年 11 月 10 日至 2020 年 11 月 10 日；租金预付 6 个月、另支付押金 1 万元，租金每年合计 16 万元，租金应以 6 个月支付一次，每次支付租金须提前 15 日，先付后用；乙方应向甲方支付13 333元作为租赁保证金，租赁关系终止时，收取的保证金除用以充抵合同约定由乙方承担的费用外，剩余部分无息归还；合同期内，出租方违约，赔偿一个月租金；承租方违约，赔偿一个月租金并没收押金。承租人承租后，于 2019 年 12 月 27 日联系出租人要求退房，出租人表示“你放心，我这几天很忙，钱会尽快给你的”。接着承租人又告知出租人“我 11 月 20 日就搬出来，现在就一个多月了，我急需用钱发工人工资，马上过年了”，出租人回复“好的”。后因租金计算以及退款问题双方协商不成，诉至法院。法院认为，在合同履行过程中，承租人擅自退租，导致租赁合同解除，显属违约，出租人同意解除合同，但承租人应承担相应的违约责任。最终判决：出租人退还租金58 958. 90元；

承租人支付违约金13 333.33元；出租人收取的押金1万元不予退还。①

三、租赁合同的特殊规则

（一）最长租赁期限规则

租赁期限不得超过20年。超过20年的，超过的部分无效。租赁期限届满，当事人可以续订租赁合同；但是，约定的租赁期限自续订之日起不得超过20年。尽管租赁合同为不要式合同，但租赁期限在6个月以上的，应当采用书面形式。当事人未采用书面形式，无法确定租赁期限的，视为不定期租赁。

之所以规定最长的租赁期限，是由于出租人享有物的所有权，其将物的占有、使用的权能让渡出去，在社会情势不断发生变化的情形下，过长的租赁期限对于租金以及其他问题之预设，可能会存在不合理的情况。因此，设定最长租赁期，对保障租赁关系中双方当事人权利义务的公平、合理有一定的作用。

（二）优先购买权规则

当出租人拟将租赁物对外出售时，出租人应当通知承租人并征询其是否要行使优先购买权。如果出租人未征询承租人而直接对外销售从而导致承租人损失的，承租人可依法要求获得赔偿。例如，张三将房屋出租给李四，之后张三找到买家王五以100万元的价格准备出售，李四知道后要求以同等的价格购买。但张三向王五收取了购房款后直接办理了过户交易手续。张三侵犯了李四的优先购买权。如果王五不知道李四已经承租了该物业，且作为善意的第三人已经依约付款并办理了过户手续，最终王五获得该物业的所有权。但李四可以张三违反合同义务为由向其索赔。

（三）所有权变动不破租赁规则

当租赁合同签订在前，之后无论是物权人将该租赁物设置抵押，最终导致该不动产被依法拍卖的，还是所有权人直接向第三人出售，新的物权所有权人不得否定原先设定的租赁合同关系。例如，张三将自己的房屋出租给李四，之后因为向银行贷款而将该房产设置抵押并办理了抵押登记手续，后因张三不能清偿银行贷款，该房屋被依法拍卖，王五通过拍卖购得了该房产。王五要求李四立即搬离，李四可以拒绝，但自从王五获得该房屋所有权之后，李四应将租金交付给王五直至该租赁合同期满。现实中，不能简单地理解只要租赁合同签订在抵押登记之前，就理当适用“抵押不破租赁”② 的规则。如果租赁合同签订的时间在前，但租赁期未开始亦未实际交付，且抵押登记时房产明确为“未出租”的，即使该抵押登记在先，也不适用“抵押不破租赁”的规则。因此，须正确理解《民法典》第405条“抵押权设立前，抵押财产已经出租并转移占有的，原租赁关系不受该抵押权的影响”所规定的两个前提：一是租赁合同订立在抵押登记之前；二是已经转移占有。

① 上海市第二中级人民法院〔2020〕沪02民终4971号《民事判决书》。

② 抵押不破租赁，属于“买卖不破租赁”，本质上是“所有权变动不破租赁”。

《民法典》的规定比《合同法》第 229 条规定的“租赁物在租赁期间发生所有权变动的，不影响租赁合同的效力”更为详细。

（四）租赁物维修规则

除合同有特殊的约定外，一般情况下租赁物的日常损耗和损坏由出租人维修，承租人在租赁物需要维修时可以请求出租人在合理期限内维修；出租人未履行维修义务的，承租人可以自行维修，维修费用由出租人负担。因维修租赁物影响承租人使用的，应当相应减少租金或者延长租期。

经出租人同意，承租人可对房屋等不动产之租赁物进行改善或增设他物，但承租期满应恢复原状或无条件留存现有的设施。例如，某经营者承租一处商铺，经出租人同意进行了装修，期满之后无须恢复原状而仅将空调、风扇等可拆除之设施、设备拆除后交还租赁场地。

（五）默示同意转租规则

合同具有相对性，因此承租人未经出租人同意，不得向第三方转租。承租人未经出租人同意转租的，出租人可以解除合同。现实中，有承租人未经出租人同意而私自转租，但客观上承租人明知又未提出异议的情形。例如，某人承租了一处商铺做餐饮使用，因经营不善，于是将该商铺转租给了第三方做美容、美发经营使用，出租人知道情况后还为新的经营人提供了产权证明文件给其办理了营业执照，且长期向新的经营者收取租金。根据《民法典》第 718 条的规定，出租人知道或者应当知道承租人转租，但是在六个月内未提出异议的，视为出租人同意转租。

（六）依法解除合同规则

承租人无正当理由未支付或者迟延支付租金的，出租人可以请求承租人在合理期限内支付；承租人逾期不支付的，出租人可以解除合同。无论是因欠租而解除合同还是租赁期满自然终止，承租人须向出租人交还承租物。当发生纠纷时，应当寻求正当的法律途经解决。出租人不得以承租人欠付租金自己可行使合同解除权为由而对租赁物采取停水、断电措施，也不得以加锁等方式阻碍承租人对租赁物之正常使用，更不得采取砸锁、撬门等方式将承租人之物品搬离而强行收回出租场地。例如，甲将自己的商铺出租给乙经营使用，乙欠付租金 3 个月，甲要求乙支付租金，乙提出场地不符合要求而希望甲进行修理或者减收租金，双方协商未果。甲以乙欠付租金为由提出解除合同，并要求乙在 3 日内搬离，乙予以拒绝。甲在第 4 天对该商铺实施断水、停电措施，到了第 8 天就砸锁将乙的物品清空。双方发生纠纷，诉至法院。即使乙欠付租金，亦应依照合同及法律规定处理，甲应对其侵权行为所造成对乙之损害承担赔偿责任。常人可能会有一个错误的认识，以为租赁期满且承租人欠租未付，出租人作为物业所有权人理当可以直接行使所有权、单方收回出租物业，只是在没有人见证的情况下砸锁搬离承租人的物品会导致说不清之后果，于是请公证处派员对需搬离的物品进行登记、见证即可避免麻烦。殊不知，这种砸锁、搬离他人物品的行为是非法行为，行为人要承担相应之法律责任。必须指出的是，公证机关不得为违法行为办理公证。例如，曾有公证员为砸锁行为公证而被立案调查。①

第二节　融资租赁合同

【导入案例】

案例 13-2

购买承租人物业再行出租的融资租赁纠纷案②

2014 年 8 月 23 日，某金融租赁有限公司作为出租人（甲方）与某餐饮有限公司作为承租人（乙方）签订了三份《融资租赁合同》，约定：甲方向乙方购买乙方自有的位于北京市某地综合楼 5016.36m^2 房产及对应的土地使用权，同时将该租赁物出租给乙方使用，乙方按本合同的约定向甲方支付租金。双方签订的《商品房买卖合同》项下的标的物就是本合同的租赁物，购买价格 8.2 亿元。办理完毕租赁物产权登记并取得租赁物项下的房屋所有权证及国有土地使用权证即视为甲方取得租赁物所有权。由于租赁物一直由乙方占有、使用，因此乙方根据《商品房买卖合同》向甲方转移租赁物所有权与甲方向乙方交付租赁物同时完成，不再进行租赁物的实际交付，完成产权过户的同时，乙方应向甲方出具所有权转移证书和《租赁物确认验收单》。乙方应在支付日期将当期应付租金、租赁手续费等款项足额划至甲方指定账户。合同生效后，乙方应向甲方支付租赁保证金。另有 A 股份有限公司、B 集团为乙提供全额连带责任保证的担保，同时还有其他的担保方式。租赁的本金为 2 亿元。

签订合同后，甲依约购买了乙的房产并支付了转让价款总计为 8.2 亿元。但乙至起诉时尚有 1.6 亿元租金未付。甲起诉乙要求支付租金，且要求保证人承担保证责任，并行使抵押物的优先受偿权。

一审法院认定，截至 2018 年 4 月 30 日，甲方对于乙方的债权总额为 9.05 亿元，债权总额中的 6.95 亿元债权以及5 000万元债权在甲方、乙方、丙方与债权收购方签署《债权转让协议》中解决，剩余 1.6 亿元在本协议中解决。一审支持了原告的诉请。但被告以其与原告之间名为融资租赁关系实为借贷关系，一审判决错误为由提起上诉。

最高人民法院认为，融资租赁合同由出租人根据承租人对出卖人、租赁物的选择，不排除向承租人购买租赁物后提供给承租人使用的方法。案涉三份《融资租赁合同》约定为融资租赁，双方签订的《商品房买卖合同》项下的标的物就是本合同的租赁物。根据合同约定及双方权利义务情况，一审法院认定案涉《融资租赁合同》应为融资租赁性质，被告与原告间存在融资租赁合同关系，并无不当。最高人民法院认为，一审判决认定事实清楚，适用法律正确。故，驳回上诉，维持原判。

---

① 郑州“撬门公证案”当事人被检察机关立案侦查［DB/OL］．［2020-08-30］．中国法院网：https：//www. chinacourt. org/article/detail/2005/03/id/156085. shtml.

② 最高人民法院〔2019〕最高法民终 1430 号《民事判决书》。

【简要评述】比较典型的融资租赁，是由承租人指定承租物，由出租人筹集资金（包括借款）等融资方式向第三方购买该承租的物品，再提供给承租人使用，由承租人支付租金；租赁期满时双方办理租赁物所有权转移手续，租赁物归承租人所有的特殊租赁方式。本案中承租人自有物业，先由出租人购买，然后再交给原出售人作为承租人租赁使用，尽管比较特殊，但并未触犯法律禁止性的规定，因此应当认定为融资租赁关系而予以保护。

【法条依据】《民法典》第735条规定："融资租赁合同是出租人根据承租人对出卖人、租赁物的选择，向出卖人购买租赁物，提供给承租人使用，承租人支付租金的合同。"

【理论讲授】

一、融资租赁合同及其属性

（一）融资租赁合同

融资租赁合同，是指出租人根据承租人对出卖人、租赁物的选择，向出卖人购买租赁物，提供给承租人使用，承租人支付租金的合同。

融资租赁合同的内容一般包括租赁物的名称、数量、规格、技术性能、检验方法，租赁期限，租金构成及其支付期限和方式、币种，租赁期限届满租赁物的归属等条款。

（二）融资租赁合同的属性

融资租赁合同属于双务合同、有偿合同、要式合同（应当采用书面形式订立）。

融资租赁合同不同于租赁合同，主要区别在以下几个方面：第一，租赁物。租赁合同的租赁物是现成的，由出租人享有所有权或者处分权；融资租赁物在正常情况下并非是出租人现有的物品。第二，获得租赁物的方式。租赁合同的租赁物，一般由出租人通过购买或者合法的方式持有；融资租赁合同的租赁物，根据承租人指定而由出租人付款购买。第三，租金构成。租赁合同的租金，仅为租赁物的使用费作为商业收益；融资租赁的租金由三部分构成：租赁物的价格、融资利息、租金。第四，租赁物的质量保证。租赁合同的租赁物，出租人有质量瑕疵担保责任；融资租赁的租赁物，质量问题由卖方承担责任。第五，租赁期满租赁物的处理。租赁期满，租赁物返还给出租人；融资租赁期满，承租人通常只需象征性付款即可办理租赁物所有权转移手续，之后由承租人获得租赁物之所有权。例如，某果汁饮料厂有确定的原材料供应基地，且有稳定的出口和销售渠道，现因扩大生产急需要购买一条果汁加工生产线，但自有资金严重不足，于是找到了某信托投资公司。经过商谈，最终双方签订了《融资租赁合同》，约定：由饮料厂考察国外生产厂家，选定某厂家的一条生产线后，由信托投资公司融资1 000万元购买。生产线交由饮料厂租赁使用10年，设备质量问题由生产厂家负责提供保障，租金共计1 800万元平摊至各月，由饮料厂按月支付租金给信托投资公司，租赁期满时饮料厂向信托投资公司支付10元，办理所有权转移手续后生产线归饮料厂所有。过去曾有人说“造船不如买船，买船不如租船”。在某种特定的环境下，如果暂不考虑发展民族产业的因素，单纯地考虑经济实力和“借力”，这种思维方式有一定的道理。因为“造船”需要有研发、设计和制造成本，仅仅造一艘船的话相对于“买船”在大多数情况下，花费要更多；而“买船”相对于比“租船”运营的成本也会高出许多。这就不难理解在改革开放初期，广东经济发展得比较快，很大程度上是得益于“三来一补”① 的发展模式。由中国租赁联盟、联合租赁研发中心和天津滨海融资租赁研究院组织编写的《2019 年 1—9 月中国融资租赁业发展报告》显示，截至 2019 年 9 月底，全国融资租赁企业总数约为12 027家，较上年底的11 777家增加了 250 家，增幅为 2.1%；截至 2019 年 12 月底，全国融资租赁合同余额约为66 540亿元人民币，比 2018 年年底的66 500亿元增加约 40 亿元，增长 0.06%。②

二、融资租赁合同当事人的权利义务

（一）出租人的权利义务

出租人的权利主要有：出租人有向生产厂家索赔的权利，但该权利可转让给承租人；出租人享有租赁物的所有权，承租人破产的，租赁物不属于破产财产；向承租人收取租金；承租人在合理的期限内未依约支付租金的，出租人有合同解除权。

出租人的义务有：根据承租人对出卖人租赁物的选择订立买卖合同；保证承租人对租赁物的占有和使用；在承租人行使索赔权时应按照合同约定予以协助。

（二）承租人的权利义务

承租人的权利：确定租赁物；使用租赁物；当出租人违约导致承租人损失时有索赔权；租赁期满依约在支付相应款额后获得租赁物的所有权。

承租人的义务：妥善保管使用租赁物；履行占有租赁物期间的维修义务；按照约定支付租金。

三、融资租赁合同的特殊规则

（一）虚构租赁物合同无效规则

融资租赁与传统的一般租赁相比，多了“融资”的含义，也就表明了承租人所需要的租赁物并非是出租人现有的，其需要通过筹措资金的方式来购买。因此，购买他人的租赁物，首先要通过融资的方式来取得购买融资物的资金。如果合同当事人假借

---

① “三来一补”是来料加工、来件装配、来样加工和补偿贸易的简称。而补偿贸易，则是指买方在信贷的基础上，从国外厂商进口机器、设备、技术，以及某些原材料，约定在一定期限内，用产品或劳务等偿还的一种贸易方式。

② 2018—2019 年中国融资租赁业务总量规模［DB/OL］.［2020-10-10］. 中国投资咨询网：http：//www.ocn.com.cn/touzi/chanye/202003/ebmch16123136.shtml.

融资租赁合同来获得资金，虚构融资物，不但不能实现融资租赁的目的，也会严重扰乱国家的金融秩序。故，《民法典》第 737 条规定，当事人以虚构租赁物方式订立的融资租赁合同无效。

（二）索赔权转移规则

出租人、出卖人、承租人可以约定，出卖人不履行买卖合同义务的，由承租人行使索赔的权利。承租人行使索赔权利的，出租人应当协助。

承租人对出卖人行使索赔权利，不影响其履行支付租金的义务。但是，承租人依赖出租人的技能确定租赁物或者出租人干预选择租赁物的，承租人可以请求减免相应的租金。

出租人有下列情形之一，致使承租人对出卖人行使索赔权利失败的，承租人有权请求出租人承担相应的责任：第一，明知租赁物有质量瑕疵而不告知承租人；第二，承租人行使索赔权利时，未及时提供必要的协助。出租人怠于行使只能由其对出卖人行使的索赔权利，造成承租人损失的，承租人有权要求出租人承担赔偿责任。

（三）租赁物灭失处理规则

承租人占有租赁物期间，租赁物毁损、灭失的，出租人有权请求承租人继续支付租金，但是法律另有规定或者当事人另有约定的除外。

融资租赁合同因租赁物交付承租人后意外毁损、灭失等不可归责于当事人的原因解除的，出租人可以请求承租人按照租赁物折旧情况给予补偿。

（四）租赁物处置规则

如约定的租赁期限届满，租金支付义务履行完毕后租赁物归承租人的，承租人仅需向出租人支付象征性价款（例如 10 元）即可取得租赁物的所有权。对租赁物的归属没有约定或者约定不明确的，租赁物的所有权归出租人。

如果约定租赁期限届满租赁物归承租人所有，承租人已经支付大部分租金，但是无力支付剩余租金，出租人因此解除合同收回租赁物，当收回的租赁物之价值超过了承租人欠付的租金以及其他费用的，承租人可以请求相应返还。

当事人约定租赁期限届满租赁物归出租人所有，因租赁物毁损、灭失或者附合、混合于他物致使承租人不能返还的，出租人有权请求承租人给予合理补偿。

【本章小结】

物尽其用，所有权人可以自己行使所有权，也可以将所有权之中的占有、使用的权能通过租赁的方式让渡给他人从而获得收益。租赁合同在实际履行中，应注意法律的规定，尤其应当注意相应的一些特殊规则。融资租赁在现代逐渐出现了一些变化，自己出售租赁物从而回租的现象不断增多，当事人经过协商一致确定的融资租赁方式，只要不违反法律规定，就应当予以尊重。

【课后练习】

1. 名词解释

租赁；租赁合同；融资租赁合同；“三来一补”。

2. 简答题

（1）如何理解所有权变动不破租赁规则？（可参见本章第一节的内容）

（2）承租人欠租的情况下出租人行使单方解除权可否以砸锁收回物业？（可参见本章第一节的内容）

（3）融资租赁与一般租赁有何区别？（可参见本章第二节的内容）

（4）融资租赁期限届满且已全部付清租金，一般会如何处理租赁物？（可参见本章第二节的内容）

3. 案例分析题

2012 年 10 月 25 日，甲将位于某地的房产出租给乙，双方签订的《房屋租赁合同》约定租赁期从 2013 年 1 月 1 日起至 2032 年 12 月 31 日止，每月租金 3 万元。2012 年 12 月甲向银行贷款 370 万元而将上述房产设置抵押并办理了登记手续（载明“房屋未出租”）。因甲向银行的借款未还，该房产被依法拍卖，丙通过拍卖购得上述房产。丙要求乙搬走，乙认为自己根据“抵押不破租赁”的规则可以继续使用至租赁期满。为此，双方发生纠纷而诉至法院。①

问：请根据相应的法律规定以及租赁合同法理，分析案件的处理结果以及依据。

提示：可参见本章第一节的内容及参考《民法典》第 405 条以及相应的规定。

---

① 四川省成都市锦江区人民法院〔2018〕川 0104 民初 431 号《民事判决书》。

第十四章 保理合同

【本章引言】 保理合同在《民法典》中已经作出了专章的规定，但过去没有专门的法律规定，人们对这个新的规定也还不太了解，且在处理纠纷时各地法院的审理者的认识和做法不完全一致，故有必要在理论上和法律适用上作出必要之解释。

【本章重点】 保理之功能；保理合同的分类；多重保理的清偿顺序。

第一节 保理合同关系

【导入案例】

案例 14-1

保理合同纠纷案①

2012 年 8 月 20 日，某物资公司股东会经研究决定向某银行申请国内贸易融资，并以本公司对 C 公司的 310 万元应收账款作为质押。2012 年 9 月 7 日，物资公司与银行签订了《国内保理业务合同》，约定融资 156 万元，以对 C 公司所享有的 310 万元债权质押并办理了质押登记手续；陶某某为物资公司的保理业务向银行提供连带保证。此后，银行依约向物资公司发放了借款 156 万元。

2013 年 5 月 8 日，C 公司向物资公司发函催促其履行《产品购销合同》的供货义务，由于物资公司未依约交货，C 公司于 2013 年 7 月 8 日发出了解除合同通知书，因此物资公司原希望通过交易而获得的货款债权未能实现。

截至 2017 年 10 月 25 日，物资公司还欠银行贷款本金余额 156 万元、利息 747 901.5元。银行向物资公司主张债权无果，于是向法院起诉物资公司。

一审法院认为双方构成借贷关系，被告未依约还款，故判决支持原告的诉请，但被告不服而提起上诉。二审法院认为，在本案中涉及的关系是保理合同关系（保理商作为债权受让人、债权人、债务人三方所形成的合同关系）而非一审认定的单纯的借贷关系，应将三方主体的保理关系一并审理；但一审结果正确。故，驳回上诉，维持原判。

① 四川省成都市中级人民法院〔2018〕川 01 民终 10556 号《民事判决书》。

【简要评述】 保理合同的关系复杂，既有传统的借贷之内容，又有转让债权的内容，在涉及三方面主体、两个债权债务关系的情况下，保理商的权益依法应当得到保护。

【法条依据】《民法典》第761条规定："保理合同是应收账款债权人将现有的或者将有的应收账款转让给保理人，保理人提供资金融通、应收账款管理或者催收、应收账款债务人付款担保等服务的合同。"

【理论讲授】

一、保理及普遍适用的困难

（一）保理合同的界定

保理（Factoring），详称保付代理，英文的原意为"one who transacts business for another"（为他人完成交易之人）或"he who gets things done"（将事务完成之人）"，是指以购买应收账款为手段，用于资助供货商的金融机构之融资行为。

从整个过程来分析，就是指以延期付款方式交易的卖方（赊销），在货物交货后将发票、汇票、货运单据等有关应收账款债权的单据卖给金融机构（提供保理服务的银行），即可取得交易中的大部分货款；待日后，若一旦发生买方因为经营不善引起的不付款或逾期付款，则由保理银行承担相关的风险与损失（无追索权的保理）。

因此，保理合同，是指应收账款债权人将现有或将有的应收账款转让给保理人，保理人提供资金融通、应收账款管理或者催收、应收账款债务人付款担保等服务的合同。通俗地说，保理合同就是在以融资为目的，银行购买应收账款后，对应收账款进行管理，提供包括办理账款催收（收取与催讨）、信用调查、短期资金的融通、账务管理及咨询等一系列服务的合同。

保理合同属于要式合同，应当采用书面形式。

保理合同的内容一般包括业务类型、服务范围、服务期限、基础交易合同情况、应收账款信息、保理融资款或者服务报酬及其支付方式等条款。

（二）保理普遍性适用困难的原因

尽管保理合同在出口贸易中逐渐出现并被金融行业所接受，但是发生纠纷时过去则难以适用相关规则处理，其主要的原因为：

第一，合同关系性质模糊。对于这种非典型的无名合同，过去在司法实践中对其案由、合同性质的认定各异，理论上有委托代理说、债权质押说、债权让与担保说、债权转让说等不同的观点。不同法院会使用不同的案由，如"金融借款合同纠纷""债权转让合同纠纷""金融衍生品种交易纠纷""合同纠纷""其他合同纠纷"等。

第二，法律空缺。《民法通则》并未设专章对保理合同作出规定，《合同法》和《物权法》也未涉及，仅有的是《中国银行业保理业务规范》和《中国银行业保理业务自律公约》等效力层次较低的规范。从国际公约和惯例来看，相应的规范主要有：由国际统一私法协会制定的《国际保理公约》，这是迄今国际保理领域唯一的专门性公约；国际惯例性质的国际保理商联合会（FCI）制定的《国际保理通则》；由联合国国际贸易法委员会制定的《国际贸易中的应收账款转让公约》（我国并未加入上述两个公约），可以适用的仅有《国际保理通则》。所幸的是，《民法典》作出了专章的规定，使之成为了有名合同，从此有了专门的法律予以规范。

第三，当事人的诉讼地位不明确。保理业务至少涉及三方的法律关系，即保理商与供应商的保理合同关系、供应商与债务人的买卖合同关系、保理商与债务人的债权债务关系。在诉讼过程中，因诉请不同，或涉及保理合同关系，或涉及债权债务关系，三方当事人的诉讼地位也会有所不同。保理商或供应商在开展业务中以权益受到损害起诉到法院，可能将保理合同的另一方当事人作为被告，也可能将债务人作为被告，还有可能将前述两人作为共同被告，又或者将第三方追加为无独立请求权之第三人。

第四，因认识差异而使争议不定。因债务人与供应商的另外一笔交易导致债务人向供应商提出索赔而产生争议，债务人的这种反索赔与抗辩、抵销一样，属于因合同纠纷争议引起的应收账款不能收回的情形，保理商据此可以对供应商行使追索权。因此，一些法院将涉保理合同纠纷的案由确定为合同纠纷而非借贷纠纷，对所涉的多重法律关系一并审理。①

二、保理的功能

（一）促进贸易

保理一词似乎很难理解，简单地说，就是保证支付的代理。例如，A 公司得到了 B 公司一个大订单要向其供货，但 B 提出货到 3 个月才能将货物售出，之后才能付款。在没有其他担保措施的情况下，A 担心货款的收回会有风险而不愿意以这种方式交易，但又不想失去这个好的交易机会。于是，B 找到 C 银行商量，C 银行提出了一个两全其美的方法：A 将债权转让给 C，C 保证 B 付款给 A，但 A 或者 B 须向 C 支付一定的保理费。其实，就是 C 在一定程度上为 B 向 A 提供了保障。可见，在上述事例中，因 B 有销售渠道但没有足够的现金结算，而 A 又有现货可供但缺少销售渠道或者市场，双方在没有其他担保措施的情况下，各自担心影响到自己的债权实现之因素，往往会成为交易的阻碍甚至会丧失交易机会。保理业务为交易双方所提供的信息和数据乃至融资服务，可促进双方的了解和交易，作用是显著的。

（二）提供融资

保理不但有转移债权的功能，还具有融资的功能。例如，A 得到 B 的一个5 000万元的大订单之后，A 因缺乏资金无法安排生产，在转让了5 000万元的债权后且 C 为其提供保理的情况下，A 进一步提出现在就要拿到钱以便安排生产。于是，C 在应收账款的款额内，提前支付4 800万元款额给 A。这样一来，C 就等于把应收账款买走了，而 A 也从 C 这里获取了保理融资、可以安排生产了。

① 四川成都市中级人民法院〔2018〕川 01 民终 12085 号《民事判决书》。

商业保理通过为应收账款的债权方提供包括债务管理、催收、债权转让融资、资信评估和信用担保等一系列服务来换取利息、手续费、佣金等收入，为金融业务的拓展也提供了一个新的空间。自 2012 年商务部在我国部分地区试点商业保理公司模式以来，我国商业保理公司的数量急剧增加。据国家企业信用信息公示平台统计，截至 2019 年 6 月 5 日，全国商业保理公司数量达到了13 338家。①

（三）保理管理

国际保理商联合会（Factoring Chain International，简称 FCI）将保理业务界定为：保理是融合了资金融通、账务管理、应收账款收取和坏账担保四项业务的综合性金融服务。通过保理的方式来解决企业资金流动的问题，可盘活应收账款，减轻应收账款管理和催收的负担，从而集中精力开展研发和生产，增强企业竞争活力，以开拓更大的市场。

商业保理通过为应收账款的债权方提供包括债务管理、催收、债权转让融资、资信评估和信用担保等一系列服务来换取利息、手续费、佣金等收入的金融业务，因此，对解决企业发展融资困局具有重大的意义。

第二节　保理合同的种类

【导入案例】

案例 14-2

有追索权的保理合同纠纷案②

甲、乙公司签订有煤炭买卖合同，甲作为债权人有在今后向乙收取货款的债权，乙向甲提供了一张远期票据。

丙与丁银行双方签订了《授信额度协议》，丙获得了丁的一定额度授信；丙与丁签署《最高额保证合同》，丙愿意就乙与甲的贸易为乙提供担保。

由于乙未能依约向银行清偿债务，且保证人亦未履行保证义务，故丁银行向法院起诉甲、乙、丙。

法院认为，甲与丁签订《保理合同》，将甲对乙的应收债权出让给银行，甲与丁银行签署了《国内商业票据贴现协议》，将该票据的权利转让给银行从而获得了融资。且银行向乙公司出具了《应收账款债权转让通知书》并与乙签订了《应收账款债权转让确认书》。这一系列的行为均为当事人的真实意思，未与法律规定相抵触，应受法律保护。因乙公司系应收账款的付款人，其首先就转让部分应收账款向银行承担偿付责任，以确保甲公司与丁银行《国内商业票据贴现协议》项下融资款的偿付；如相关款项无法清偿，则丙应对乙所负债务向丁承担连带保证责任。

---

① 全国商业保理公司数量增长模式分析（数据截至 2019 年 6 月）［DB/OL］.［2020-10-10］. 天逸服务集团：http：//www. vteamgroup. com. cn/view. php？ aid=492.

② 最高人民法院〔2018〕最高法民再 192 号《民事判决书》。

法院认定本案业务属于以应收账款合法、有效转让为前提的银行保理融资服务，且属于有追索权的保理。对于有追索权的保理，保理商在债权未获清偿的情况下，不仅有权请求基础合同的债务人向其清偿债务，同时有权向基础合同应收账款债权的让与人追索。法院判决：乙系应收账款的付款人，其应首先就转让部分应收账款向丁银行承担偿付责任；如相关款项无法清偿，则甲公司应继续向某行新区支行承担补充清偿责任；丙应对甲公司所负债务承担连带保证责任。

【简要评述】本案属于有追索权的保理。而《民法典》未对保理人的追偿顺序作出限制，保理人有自由选择权，既可以向应收账款的债权人主张返还保理融资款本息或者回购应收账款债权，也可以向应收账款的债务人主张应收账款债权。

【法条依据】《民法典》第 766 条规定："当事人约定有追索权保理的，保理人可以向应收账款债权人主张返还保理融资款本息或者回购应收账款债权，也可以向应收账款债务人主张应收账款债权。保理人向应收账款债务人主张应收账款债权，在扣除保理融资款本息和相关费用后有剩余的，剩余部分应当返还给应收账款债权人。"

【理论讲授】

一、明保理与暗保理

（一）明保理

明保理，是指应收账款转让行为通知买方并由买方确认的保理。保理人受让卖方（债权人）因向买方（债务人）销售商品或提供服务所形成的应收账款，在此基础上为卖方提供应收账款账户管理、应收账款融资、应收账款催收和承担应收账款坏账风险等一系列的综合性金融服务。《民法典》第 764 条规定："保理人向应收账款债务人发出应收账款转让通知的，应当表明保理人身份并附有必要凭证。"

进行通知时应该表明保理人的身份，以区分于其他普通债权让与，为以后的债权的清偿和纠纷解决确定主体。一旦确定保理关系后，未经保理人同意，原债权人与债务人改变基础交易关系的，对保理人不发生效力。《民法典》第 765 条规定："应收账款债务人接到应收账款转让通知后，应收账款债权人和债务人无正当理由协商变更或者终止基础交易合同，对保理人产生不利影响的，对保理人不发生效力。"

（二）暗保理

暗保理，属于出口保理业务的一种，是指供应商虽然与保理商签订保理业务合同将债权让与给保理商，但在转让之时并不立即通知债务人的保理业务。由于债务人不了解暗保理的存在，因而在履行合同付款义务时会面临很大的风险。例如，2012 年 3 月 14 日，某化工公司与某银行（保理商）签订了有追索权的国内保理合同，有效期一年，类型为有追索权的暗保理，约定保理商在向销货方提供预付款之前，暂不向购货方发送应收账款转让通知，但保理商有权利依据自身判断随时向购货方发送上述通知的权利。2012 年 3 月

22日，化工公司与某石油公司（购货方）签订产品供销合同，约定购货方向销货方购买石油制品，货款共计1 776.5万元，合同签订后销售方开具了相应发票。销售方凭应收账款转让通知书回执和交易相关材料在保理商处办理了保理业务，并获得了融资款。2012年8月27日，买卖双方又签订供销合同购买石油制品，价款为1 822.8万元，供销合同约定发票开具后6个月付款。2012年9月3日，销售方开具了相应发票。销售方未向购货方发送应收账款转让通知书。2012年9月7日，保理商向销售方发放新的供销合同项下对应的保理预付款，该笔保理款到期日为2013年2月28日。2013年2月25日，购货方向销售方支付2012年8月27日供销合同项下货款1 822.8万元，但该款项未按账号更改通知书载明的账号支付，而是支付至销售方的其他账户。2013年2月28日，保理商向购货方提示了经购货方签章的、落款日期为2012年9月6日的应收账款转让通知书回执，要求购货方重新向保理商直接付款。该份应收账款转让通知书是2012年3月双方办理第一笔1 776.5万元保理业务所做，而并非为2012年9月办理第二笔1 822.8万元保理业务所做。2013年2月28日，保理商与购货方联系要求其付款，购货方没有仔细核实“应收账款通知书”的真伪，基于错误认识于2013年3月1日向保理商指定账户付款1 822.8万元，其中由保理商收取1 450万元。2013年3月4日，保理商退还购货方370.5万元，销售方以现金方式退还购货方2.3万元。2013年3月7日，购货方认定应收账款通知书回执系伪造，向当地公安局报案并起诉。之后，法院一审判决购货方无法定或者约定义务向保理商付款，支持购货方要求保理商退还1 450万元的请求，二审法院维持了原一审判决。①

二、有追索权与无追索权的保理

（一）有追索权的保理

有追索权的保理，是指保理商不负责为债务人核定信用额度和提供坏账担保的义务，仅提供包括融资在内的其他服务之保理。无论应收账款因何种原因不能收回，保理商都有权向供应商索回已付融资款项并拒付尚未收回的差额款项。例如，某银行与A公司签订了《国内保理业务合同》和《应收账款保理业务确认书》，约定公司将1.5亿元应收债权转让给银行，如果债务人不履行债务时，银行可要求A公司回购该债权。之后，银行向债务人B公司提供了《应收账款保理业务确认书》，债务人在该确认书上加盖公章予以认可。但最终债务人并未履行债务，故保理人将A、B起诉至法院，要求判决其承担连带清偿债务的责任。法院最终认定，保理人与所订立的回购条款，实际上是有追索权的保理。保理人不承担应收账款不能收回的坏账风险。故，银行可以向A行使追索权。②《民法典》第766条规定：“当事人约定有追索权保理的，保理人可以向应收账款债权人主张返还保理融资款本息或者回购应收账款债权，也可以向应收账款债务人主张应收账款债权。保理人向应收账款债务人主张应收账款债权，在扣除保理融资款本息和相关费用后有剩余

① “暗保理”的是与非［DB/OL］.［2020-09-01］. 中华网：http://finance.china.com.cn/roll/20141106/2776073.shtml.

② 最高人民法院〔2014〕最高法民二终271号《民事判决书》。

的，剩余部分应当返还给应收账款债权人。”

（二）无追索权的保理

无追索权的保理，是指保理商凭借债权转让向供应商融通资金后，即放弃对供应商追索的权力，保理商独自承担买方拒绝付款或无力付款的风险之保理。无追索权的保理，保理商将承担债权不能实现的全部风险。值得注意的是，即使当事人签订的是无追索权的保理合同。在实际履行过程中，当事人仍可协议改变之，但改变之后未经协商不得再行恢复原状。例如，A 公司签署了无追索权的《保理合同》和《保理融资申请书》，约定以买断的方式将 A 享有对 C 公司的债权转让给 B 银行。但是在此后，A 公司又签署了《承诺函》，明确当债务人未向银行清偿债务的情况下，A 公司承诺回购该债权。之后，债务人未履行债务，银行起诉 A 公司要求其回购该债权，生效判决支持了银行之诉求。但判决后，A 公司无力偿还债务，银行又转而向债务人 C 公司提起诉讼，要求法院判决 C 公司承担清偿责任。法院认为 C 公司与 A 公司应付之债务为同一债务，按照《保理合同》约定银行本无追偿权。但是，A 公司以《承诺函》的方式明确了回购条款，未违反法律禁止性规定，且银行已经通过向 A 主张回购获得了债权之实现，银行在已丧失向 C 公司主张债权的情况下再向 C 主张债权缺乏依据，故驳回银行对 C 之诉请。① 《民法典》第 767 条规定：“当事人约定无追索权保理的，保理人应当向应收账款债务人主张应收账款债权，保理人取得超过保理融资款本息和相关费用的部分，无需向应收账款债权人返还。”

三、折扣保理与到期保理

（一）折扣保理

折扣保理，又称为融资保理，是指当债权人将代表应收账款的票据交给保理商时，保理商立即以预付款方式向债权人提供不超过应收账款一定比例（如 80%）的融资，剩余的应收账款待保理商向债务人收取全部货款后，再行清算的保理。

（二）到期保理

到期保理，又称非融资保理，是指保理商在收到债权人提交的、代表应收账款的销售发票等单据时并不向其提供融资，而是在单据到期后，向销售商支付货款的保理。无论到时候货款是否能够收到，保理商都必须向债权人支付货款。

四、单保理与双保理

（一）单保理

单保理，又称直接保理，是指进口商在付款义务到期时将全部货款付给进口国保理商，进口保理商再将全部货款扣除相关费用及预付货款后，转入出口商银行账户的保理。

---

① 最高人民法院〔2017〕最高法民申 132 号《民事判决书》。

（二）双保理

双保理，又称间接保理，是指进口保理商收款后将全部款项转给出口保理商，出口保理商在扣除相关费用及预付货款后转入出口商的银行账户的保理。

第三节　多重保理的清偿

【导入案例】

案例 14-3

多重保理清偿纠纷案①

2012 年 11 月 6 日，邓某某与甲公司签订借款协议，约定邓某某向甲公司出借款项、借款期限至 2012 年 12 月 16 日，甲公司将对乙集团相关交易凭证交给邓某某，但借款协议还明确约定将案涉债权质押给邓某某，如甲公司按期还款付息，则邓某某无权处理以上债权；如甲公司不能按期归还借款本金或利息，则将上述质押债权转让给邓某某，由邓某某向债务人主张债权。同日，邓某某与甲公司签署了《债权转让协议》和《债权转让通知》。2013 年 2 月 1 日，邓某某将该两份书面材料向乙集团进行邮寄发送。

2012 年 11 月 20 日，甲公司与银行签订《保理合同》。2013 年 1 月 7 日，甲公司签署《应收账款转让通知书》，明确将其对乙集团的应收账款转让给银行，同日，甲公司将该通知书向乙集团邮寄发送。

由于乙公司未能依约清偿债务，故邓某某、银行向法院对甲公司提起诉讼。

法院认为，甲公司两次转让债权的行为均属有效，案涉债权应归属银行。邓某某与甲公司订立合同时所约定的凭证交付及案涉债权的性质应属于权利质押，只有债务履行期限届满后，甲公司不能按约偿还，邓某某才能主张行使债权转让的权利。而且邓某某的质押未依法办理出质登记，不能享有优先受偿权，只能享受基于合同的普通债权之权利。2013 年 1 月 7 日的银行的债权转让通知，经公证以邮寄方式向乙送达，而邓某某的债权转让通知于 2013 年 2 月 1 日以普通邮寄方式送达，后者晚于前者。故银行的债权转让通知先于邓某某的债权转让通知到达债务人乙集团，因此涉案债权应归属于银行。

【简要评述】多重保理，也可称应收账款的重复转让，是指同一债权人分别向两个或两个以上的受让人让与同一债权的行为，此时会存在多个保理人的权利竞合问题。本案中，甲公司本质上分别向邓某某、银行转移了同一个债权，而银行的债权转移通知先到达债务人乙集团，因此法院认定由银行受让该涉案债权。

【法条依据】《民法典》第 768 条规定：“应收账款债权人就同一应收账款订立多个保

① 江苏省高级人民法院〔2016〕苏民申 780 号《民事裁定书》。

理合同，致使多个保理人主张权利的，已经登记的先于未登记的取得应收账款；均已经登记的，按照登记时间的先后顺序取得应收账款；均未登记的，由最先到达应收账款债务人的转让通知中载明的保理人取得应收账款；既未登记也未通知的，按照保理融资款或者服务报酬的比例取得应收账款。”

【理论讲授】

一、多重保理的界定

多重保理，又称为应收账款的重复转让，是指同一债权人分别向两个或两个以上的保理人让与同一债权的保理行为。

一般情况下，应收账款的债权人就某一特定应收账款订立一个保理合同，即可进行融资，从而满足对自己的需求。但是，现实中就有为了获得更多的融资而将同一应收账款多次转让给多个不同的保理人，就会产生多个保理人的权利竞合问题。

二、多重保理的意义

犹如一个抵押物，如果仅仅设置给一个债权人，就不存在多个债权人获得清偿的冲突或者先后的问题，有的只是抵押物变价后能否足额清偿的问题。同理，一个应收账款只转移给一个保理人而设置一个保理关系，也不会存在多重保理的冲突或先后清偿顺序的问题；但如果一个应收账款的债权设置了多个保理，则会在多个保理人作为债权受让人之间的债权实现之冲突或者顺位的问题。那么，为何在法律上不作出禁止一个应收账款多重保理的规定？首先，多重保理有现实的社会需求。其次，出于私权处分和意思自治的尊重，公权力不宜过分深入地干预私权。而且，一个债权可能大于一个相对的债务，在债权余额范围内再次设置保理在数学计算和实际抵偿债务上没有问题。只要不属于合同无效之情形，不得认定多重保理合同无效。2015 年《最高人民法院关于保理合同纠纷案件审理问题的几点意见》就明确了“在合同效力上，只要不具有《合同法》第五十二条规定的合同无效情形，均应当认定有效”。再次，多重保理可鼓励不同保理人之间的竞争。例如，据全国商业保理专业委员会公布的数据，至 2018 年 6 月 30 日，全国注册商业保理企业数量累计已达 10780 家，而仅 2019 年 1—5 月新成立的商业保理公司就达 712 家。① 最后，现有的规定足以解决多重保理所带来的优先权保护问题。

三、多重保理的清偿顺序

保理合同关系，涉及保理合同、基础合同两个合同关系，牵扯到债权人转让人、债权受让人（保理人）、债务人三方的利益。因此，保理业务会产生三个方面的法律效力：保理合同生效，对保理人和债权人产生法律的约束力；应收账款转让登记，产生了“对抗

---

① 商业保理企业突破 10000 家，上半年注册数量同比增长 144% [DB/OL]. [2020-09-01]. 商业保理专业委员会：http：//www. cfec. org. cn/view. php？ aid = 1771.

善意第三人”的法律效力；债权转让通知债务人，产生对债务人的约束力。但是，如果是暗保理，作为债务人的第三人并不知道债权已经转让，其当然可以继续向原债权人履行债务。

《民法典》第768条规定：“应收账款债权人就同一应收账款订立多个保理合同，致使多个保理人主张权利的，已经登记的先于未登记的取得应收账款；均已经登记的，按照登记时间的先后顺序取得应收账款；均未登记的，由最先到达应收账款债务人的转让通知中载明的保理人取得应收账款；既未登记也未通知的，按照保理融资款或者服务报酬的比例取得应收账款。”该规定，实际上是明确了四个次序：第一次序，登记优先。第二次序，均已登记的，时间优先。第三次序，没有登记的，通知优先。第四次序，既未登记又未通知的，按比例分配。

【本章小结】

保理在国际贸易中的运用比较普遍，而我国过去只有单纯的债权转让、担保、融资等合同种类。保理合同集债权转让、融资、担保于一体，通过商业保理可加强对企业的财务管理，也可在一定程度上盘活应收账款，提高整个供应链的效率与生机。但是，“应收”账款能否收到，客观上存在着很大的风险。因此，借《民法典》颁布实施之东风，可以更好地促进商业保理行业的发展。

【课后练习】

1. 名词解释

保理；保理合同；有追索权的保理；无追索权的保理；多重保理。

2. 简答题

（1）何谓保理合同？（可参见本章第一节的内容）

（2）保理有哪些种类？（可参见本章第二节的内容）

（3）如何区分有追索权与无追索权的保理？（可参见本章第二节的内容）

（4）多重保理如何确定清偿顺序？（可参见本章第三节的内容）

3. 案例分析题

2014年9月12日，某银行与甲公司签订了有追索权的《保理合同》，约定甲公司向银行转让应收账款，银行按约定的每笔应收账款的融资款金额向甲公司支付融资款作为转让对价，附表列明：买方乙公司应付的金额22 502 887.90元，基础交易合同煤炭购销合同书合同编号：QDJY-GX-YM-××××发票号00682××X-00682××X。2014年9月12日，银行向甲公司支付融资款2 000万元，融资期限自2014年9月12日至2015年3月11日，执行年利率6.9%。之后，银行向乙公司送达了相关的文书，乙公司在《应收账款转让通知书》《应收账款债务人签收确认书》上加盖公章予以确认。但是，该融资到期后，银行未能收到款额，于是要求乙公司承担偿付责任。但乙公司主张甲公司与乙公司之间不存在真实的债权，因而不承担对银行的偿付责任。银行为此起诉乙公司，请求法院判决乙公司承担清偿责任。①

问：请根据相应的法律规定以及保理合同法理，给出本案的处理结果并简要说明理由。

提示：可参见本章第一节的内容及参考《民法典》第761条、第764条、第764条以及相应的规定。

① 最高人民法院〔2019〕民申5146号《民事裁定书》。

第十五章　承揽与建设工程合同

【本章引言】事必躬亲是难以做到的，而且效果也未必好，甚至也未必经济。因此，将某些事情交给具有专业知识和拥有专业设备的人来做，效果可能会更好。作为承揽合同，承揽人按照约定向定作人提供合格的劳动成果并收取费用，无论是作为一般的劳务承揽还是特殊的建设工程合同的承揽，都要符合一定的条件，并遵循相应之规则。

【本章重点】承揽合同的特殊规则；建筑工程合同的特殊规则。

第一节　承揽合同

【导入案例】

案例 15-1

承揽合同付款条件成就纠纷案①

2010年原告某公司与被告某某公司签订《工程劳务承包合同》，约定被告将某高速公路的部分之构土、运输工程发包给原告。原告履行合同义务后，双方进行了结算并签订《结算协议》，被告尚欠295 969元工程款，约定在工程验收合格后一年内付清，质保金部分在被告收到业主保留金后支付。

该高速公路于2012年通车，2014年原告起诉主张还款败诉。2016年，原告再次提起诉讼要求支付剩余工程款，被告辩称尚未收到业主保留金，付款条件未成就。而出售完成该工程材料的某营业部向原告主张货款未果，于是以代位债权的形式向被告主张，最终获得了货款的清偿。

法院认为：被告未能举证证明工程尚未验收及业主保留金没到位，在双方没有约定期限时其应当在合理期限内积极促成付款条件。根据本案事实，可以认定付款条件已成就，被告应当支付剩余工程款。由于未取得原告的授权，货款清偿不可抵扣工程款。

【简要评述】本案中争议的焦点在于付款条件是否成就。本案当事人约定条件成就时付款的方式，条件成就的形式是“验收合格、业主保留金到位”。如果没有约定期限，验

---

① 江苏省扬州市中级人民法院〔2016年〕苏10民终2582号《民事判决书》。

收义务人应当在合理期限内验收并积极收取业主保留金。承揽人承揽的高速公路投入使用且无质量问题，定作人也无法举证业主保留金尚未到位，此时可以认为付款条件已经成就。承揽合同中约定附条件付款时，付款方以条件不成就拖延付款且不能举证的，视为故意阻碍条件成就，应当付款。合同中约定的付款条件首先要尊重当事人的意思自治，其次也要基于现实情况，最后还要遵循诚实信用原则来综合判断。合同未明确期限、验收人等要素时，发包人有义务在合理期限内履行相关验收、向第三方收款等义务；债务人被认定为有拖延条件成就之故意时，可以视为付款条件成就。

【法条依据】《民法典》第782条规定："定作人应当按照约定的期限支付报酬。对支付报酬的期限没有约定或者约定不明确，根据本法第五百一十条的规定仍不能确定的，定作人应当在承揽人交付工作成果时支付；工作成果部分交付的，定作人应当相应支付。"

【理论讲授】

一、承揽合同及其属性

（一）承揽合同的界定

承揽合同，是指承揽人按照定作人的要求完成工作，交付工作成果，定作人支付报酬的合同。支付酬金而要求他方完成工作、交付成果的合同一方当事人为定作人；收取酬金而完成工作并向定作方交付成果的合同一方当事人为承揽人。

承揽，包括了加工、定作、修理、复制、测试、检验等工作。因此，凡是涉及上述工作而由双方当事人所签订的合同，均属于承揽合同。

（二）承揽合同之属性

承揽合同，属于双务合同、有偿合同、诺成合同、不要式合同。

承揽合同区别于买卖合同、劳动合同，其以承揽人完成一定工作并提供符合要求的劳动成果为目的，须由承揽人以自己的劳动、设备、技术独立完成，定作物具有特定性。

承揽合同区别于服务合同，最主要的是最终承揽人要完成承揽工作并提供符合要求的承揽成果。例如，将原材料加工后变成最终的合格产品，通过修理工作将损坏的产品或部件修复好，又或者提供检测或检验报告的结果等。

（三）承揽合同之种类

依照承揽的具体内容，可将承揽合同划分为：

1. 加工合同

加工合同，是指定作人向承揽人提供原材料，由承揽人以自己的技能、设备和工作，为定作人进行加工，将符合要求的产品交付给定作人并收取报酬的合同。例如，某渔业公司将其自己捕获的带鱼交给某加工厂进行加工制作成带鱼罐头，然后交给渔业公司的合同。

2. 定作合同

定作合同，是指由承揽人自己准备原材料并以自己的技能、设备和工作，根据定作人的要求，自己采购原材料而生产出产品并提供给定作人、最终收取报酬的合同。例如，某公司作为定作人，委托承揽人生产符合标准的运动鞋之合同。

3. 修理合同

修理合同，是指由承揽人将损坏的物品交给承揽人，承揽人将损坏的物品以自己的技能、设备和工作修理好后归还给定作人并收取报酬的合同。例如，某车主将汽车交给某4S店进行保养、修理的合同。

4. 复制合同

复制合同，是指承揽人依定作人的要求，将定作人所提供的样品重新依样制作成若干份交付给定作人并收取报酬的合同。例如，对文稿的复印，对画稿的临摹，对雕像的模仿塑造，制作电影拷贝，根据客户提供的底稿制作大幅户外广告等。

5. 测试合同

测试合同，是指承揽人依定作人的要求，将定作人所提供的物品进行测试并将测试结果交付给定作人并收取报酬的合同。例如，对定作人收集而提供的样本进行新型冠状病毒感染检测的合同。

6. 检验合同

检验合同，是指承揽人依定作人的要求，完成检查、验证工作并收取报酬的合同。例如，对城市管网的检验，对输油管道的检验，对电梯的安全检验合同等。

二、承揽合同当事人的权利义务

承揽合的内容一般包括承揽的标的、数量、质量、报酬，承揽方式，材料的提供，履行期限，验收标准和方法等条款。

定作人有权依约得到工作成果，有义务依约支付承揽报酬。如果是定作人提供的原材料，定作人不仅应当及时提供，而且应对其质量承担责任；如该原材料意外灭失或者损毁，承揽人不承担责任。

承揽人有权依约收取报酬，有义务依约完成承揽工作并提交合格的工作成果。

三、承揽合同的特殊规则

（一）通知规则

承揽人发现定作人提供的图纸或者技术要求不合理的，应当及时通知定作人。因定作人怠于答复等原因造成承揽人损失的，应当赔偿损失。例如，定作人向承揽人提出某项技术要求，承揽人在准备生产时发现技术指标错误，如果按照该要求生产不但无法达到质量要求，甚至还会导致承揽人的机器设备损坏的，承揽人应立即停止生产并通知定作人改正。

（二）协助规则

尽管承揽合同是由承揽人以自己的专业技能、设备来完成，但毕竟是定作人提出的专业性要求，故在完成承揽工作中需要定作人给予一定的配合。《民法典》第778条规定：“承揽工作需要定作人协助的，定作人有协助的义务。定作人不履行协助义务致使承揽工作不能完成的，承揽人可以催告定作人在合理期限内履行义务，并可以顺延履行期限；定作人逾期不履行的，承揽人可以解除合同。”例如，承揽人在安装广告牌匾工作过程中，需要以定作方或第三方完成一定的工作（外墙装饰完工）为前提的，在未完成前提工作的情况下，承揽方有权要求定作方尽快完成基础性的工作。又例如，广告公司承接了一楼顶广告牌匾制作承揽业务，其需要定作方协调现场施工方提供进出之便利。

（三）监督规则

承揽人在工作期间，应当接受定作人必要的监督检验，以便及时解决可能存在的质量问题。定作人不得因监督检验妨碍承揽人的正常工作。例如，定作人在承揽工作期间，可派员到定作人的工作场所检查工作进度和检验阶段性工作成果的质量是否符合要求。

（四）辅助性工作可转移规则

承揽人应当以自己的设备、技术和劳力，完成主要工作，但是当事人另有约定的除外。未经定作人同意而私自外包的，定作人可以解除合同。承揽人可以将其承揽的辅助工作交由第三人完成，但应当就该第三人完成的工作成果向定作人负责。例如，某汽车修理厂发现被修理的汽车的发动机存在问题，于是将发动机拆卸下来交给另一个专门修理发动机的公司进行修理。今后，该汽车修理厂应当向车主承担发动机修理的质量责任。

（五）定作人的任意变更、解约规则

定作人根据自己的需要，可变更承揽工作的要求，在可以变更的情况下承揽人应当变更并及时通知定作人；如果变更将会导致承揽人损失的，该损失应当由定作人承担。《民法典》第777条规定：“定作人中途变更承揽工作的要求，造成承揽人损失的，应当赔偿损失。”

《民法典》第787条规定：“定作人在承揽人完成工作前可以随时解除合同，造成承揽人损失的，应当赔偿损失。”尽管在理论上可以将合同解除划分为协商解除、约定解除、法定解除三大类，除因承揽事项完成或期限届满合同自然终止外，定作人不但可以承揽人构成根本性违约而解除合同，还可在承揽工作完成之前无理由解除合同，鉴于法律有特殊性规定，这种任意解除可归入法定解除之范畴。例如，定作人委托承揽人加工某种农产品，因市场销售情况变化，在承揽人尚未完成承揽工作时可以解除合同；但是对于由此而造成承揽人损失的（已经完成的部分承揽工作应给付酬金，对于未完成的部分按合同约定应获得之利益）应当由定作人承担责任。

（六）保管、保密规则

承揽人应当妥善保管定作人提供的材料以及完成的工作成果，因保管不善造成毁损、灭失的，应当承担赔偿责任。例如，某汽车4S店将已经修好的客户之汽车停放在户外低洼处，因大雨而导致客户的车辆被水淹。因承揽人未尽到妥善保管之义务，故该4S店应对定作人的车主承担赔偿责任。

承揽人应当按照定作人的要求保守秘密，承揽工作完成应当返还相关的保密资料和物件，未经定作人许可，不得留存复制品或者技术资料，亦不得向第三人披露定作人的相关商业秘密信息。例如，某食品加工厂根据客户的要求，加工了一批黄花鱼罐头，定作方对该加工工艺和配料有特殊要求的，属于商业秘密。承揽工作完成后，承揽方的一名员工辞职自己另外开设了一家小型的黄花鱼加工厂，使用了其接触到的加工工艺和配方。除该员工因构成侵犯商业秘密须承担责任外，承揽人对该工厂员工的行为也要承担相应之责任。

（七）留置规则

承揽人完成承揽工作，定作人应当在承揽人交付工作成果时支付报酬，定作人未依约支付报酬的，承揽人可留置该定作物（承揽工作成果）。《民法典》第783条规定："定作人未向承揽人支付报酬或者材料费等价款的，承揽人对完成的工作成果享有留置权或者有权拒绝交付，但是当事人另有约定的除外。"

第二节　建设工程合同

【导入案例】

案例15-2

多份建设工程合同实质内容不一致的纠纷案①

发包方与承包方于2009年12月1日在招投标程序前签订了一份《备案合同》，约定某项基础施工内容，按固定价格付款；双方于2009年12月28日在未通过招标程序的情况下又签订了《补充协议》，对《备案合同》的施工内容作出了实质性变更并约定依据实际使用的工程材料来认质定价。

结算时，承包方主张《补充协议》为双方真实意思表示且为发包方认可，是对主合同的细化，价款应依据《补充协议》按实际工程量进行结算；发包方则主张《备案合同》为主合同，是双方实际履行的合同，应以《备案合同》约定的价格付款。

法院认为两份合同依据签订时间、履行状况等难以认定哪份为实际履行合同，且两公司在履行投招标程序之前已经进行了基础建设工作，《备案合同》应当无效；《补充协议》亦未通过投招标而签订，且对原合同进行了实质性变更，属于无效的

① 最高人民法院〔2017〕最高法民终175号《民事判决书》。

"黑合同"。法院由此判决：双方应按实际过错4：6比例分担损失；因合同无效而无法确定交付时间的，但工程验收合格且归发包方占有使用，利息应自工程交付之日计算。

【简要评述】 建设工程合同中出现两份不一致的合同，首先要认定合同的效力，之后再考察是否存在实质性的变更。《补充协议》与《备案合同》均未通过招投标程序确定，且两份合同在施工范围、种类、价格等方面都存在不一致的约定内容，故按照当事人实际履行的情况结算工程价款即可。因双方过错导致两份合同均无效，根据相关司法解释，建设施工合同无效但工程验收合格，承包人请求参照合同约定支付价款的应予以支持。①

【法条依据】《民法典》第793条规定："建设工程施工合同无效，但是建设工程经验收合格的，可以参照合同关于工程价款的约定折价补偿承包人。"

《民法典》第803条规定："发包人未按照约定的时间和要求提供原材料、设备、场地、资金、技术资料的，承包人可以顺延工程日期，并有权请求赔偿停工、窝工等损失。"

《最高人民法院关于审理建设工程施工合同纠纷案件适用法律问题的解释（二）》第11条规定："当事人就同一建设工程订立的数份建设工程施工合同均无效，但建设工程质量合格，一方当事人请求参照实际履行的合同结算建设工程价款的，人民法院应予支持。实际履行的合同难以确定，当事人请求参照最后签订的合同结算建设工程价款的，人民法院应予支持。"

一、建设工程合同及其属性

（一）建设工程合同的界定

建设工程合同，是指承包人进行工程建设，发包人支付价款的合同。建设工程合同属于广义上的承揽合同，具体包括工程勘察、设计、施工三大类合同。因此，《民法典》第808条规定："本章没有规定的，适用承揽合同的有关规定。"

因工程施工需要，由发包人与监理人签订的监理合同，属于服务类委托合同。《民法典》第796条规定："建设工程实行监理的，发包人应当与监理人采用书面形式订立委托监理合同。发包人与监理人的权利和义务以及法律责任，应当依照本编委托合同以及其他有关法律、行政法规的规定。"

在建设工程合同中委托他人施工的一方为发包人，完成施工的一方为承包人。

除了一方委托另一方建设工程项目外，还有合作开发建设的情形。由于合作一方以土地出资、另一方以资金出资，在项目未能正常进行甚至一方退出的情况下，一方补偿给另一方的损失有时难以计算。例如，2006年5月3日A公司与B公司签订《关于合作开发房地产项目协议书》，双方约定合作开发A公司所享有使用权的两宗已规划建设用地，总

① 《最高人民法院关于审理建设工程施工合同纠纷案件适用法律问题的解释（二）》（法释〔2018〕20号）第11条。

面积 169948.05 平方米。合作方式为 A 公司以总开发土地面积中的部分土地使用权投入作为出资，B 公司以现金作为出资，以 A 公司名义合作开发，B 公司承担除土地出让金以外的全部费用。并约定：B 公司支付 A 公司土地款4 000万元，2006 年 7 月 1 日施工队伍进驻，2009 年 7 月全部完工。2011 年 5 月 25 日，双方签订了《终止协议》，经协商双方决定终止合作关系，A 公司同意按本协议约定的时间及方式向 B 公司支付 1.7588 亿元。因 A 公司未向 B 公司付款，B 公司诉至法院。法院认为，B 公司已经退场，合作开发行为已经终结，因工程尚未竣工验收，案涉建筑工程施工合同涉及的工程价款尚未结算，对外的融资借款本金利息尚未确定并清偿，被法院查封、拍卖的房屋价值因市场等因素暂不确定，最终的工程造价及成本不确定，销售收入也因查封、拍卖等因素不确定，双方还有部分债权债务与第三方的纠纷正在法院的诉讼中。本案不具备鉴定分配利润的前提条件，部分债权债务对成本与收益的确定与本案不是同一法律关系，超出了本案的审理范围，因双方未能按要求提交证据证明其成本及收益，B 公司的诉讼请求证据不足，不予支持。①

（二）建设工程合同的属性

建设工程合同之标的仅限于基本建设工程，合同的主体只能是法人。

建设工程合同，是双务合同、有偿合同、诺成合同、要式合同，建设工程合同具有较强的国家管理性，因此应当采用书面形式，而且，建设工程的招标投标活动，应当依照有关法律的规定公开、公平、公正地进行。

《民法典》第 792 条规定："国家重大建设工程合同，应当按照国家规定的程序和国家批准的投资计划、可行性研究报告等文件订立。"

二、建设工程合同当事人的权利义务

建设工程合同，区别于劳务合同，主要在于施工方应依约完成建设工程工作并提交符合质量要求的成果。

《民法典》第 794 条规定："勘察、设计合同的内容一般包括提交有关基础资料和概预算等文件的期限、质量要求、费用以及其他协作条件等条款。"

《民法典》第 795 条规定："施工合同的内容一般包括工程范围、建设工期、中间交工工程的开工和竣工时间、工程质量、工程造价、技术资料交付时间、材料和设备供应责任、拨款和结算、竣工验收、质量保修范围和质量保证期、相互协作等条款。"

发包人在不妨碍承包人正常作业的情况下，有权随时对作业进度、质量进行检查；有权受领完成建设的项目成果。发包人有及时提供资料、原材料的义务，有及时检查和结算并支付工程款之义务。例如，2013 年 6 月 2 日，发包方与承包人签订《施工合同》，约定由承包人承建发包方的宁夏回族自治区银川市永宁县"杨和康城"住宅小区项目Ⅱ标段住宅楼的土建、给排水、采暖、强电及弱电安装工程；承包方式为包工包料；开工日期为

---

① 最高人民法院〔2019〕最高法民终 1426 号《民事判决书》。

2013 年 6 月 2 日，竣工日期为 2014 年 7 月 30 日；合同总价为183 611 643. 99元。案涉工程于 2015 年 8 月 30 日验收合格并交付，经双方结算，确认工程定案造价为183 462 390 元。扣减已付工程款162 827 103. 98元、屋面防水工程质量保修金 5 万元，剩余20 585 286. 02元应由被告向原告予以支付。①

承包方有权获得工程款。建设工程合同的纠纷比较多地产生于工程量、窝工损失的计算等方面。而且，计算工程量以及损失是一个非常专业的问题。例如，2007 年 9 月 18 日，发包人与承包人签订了《某小区施工总承包合同》载明：由发包人投资的位于山西省临汾市某小区建设工程，建筑面积约 21 万平方米，工程承包范围为所有土建、安装工程和室外附属配套工程。案涉工程合同价款为 4 亿元，最终采用可调价格方式确定。由于发包方的原因，案涉工程停工了一段时间。2009 年 5 月 26 日双方签订了《复工框架协议》，约定：复工的启动资金为人民币1 000万元，发包人于 2009 年 6 月 1 日前一次性支付给承包人；拖欠工程款累计达24 350 228元，两周内完成该欠款的核对工作，甲方须在 2009 年 7 月底前支付至该欠款和相应利息的 50%，剩余 50%的欠款于 2009 年 8 月底前付清。停工损失费由双方协商后根据实际发生额在复工后两周内共同确认，确认后 2 个月内分两次付清。2009 年 4 月，承包人向发包人提交《停工补偿明细表》，数额为7 489 882 元，发包人未予答复。2009 年 8 月 1 日及以后，承包人曾三次向发包人就履行《复工框架协议》及支付复工后已完节点工程款去函，要求全面履行《复工框架协议》。2010 年 4 月 30 日，承包人向发包人提交了工程结算书，送审总造价为315 013 919. 58元。案涉工程已完成施工。承包人起诉要求请求判令发包人支付工程欠款69 257 683. 44元、支付总包管理费3 822 594. 20元、支付停工损失费7 489 882元。而被告则反诉要求判令承包人赔偿因违约行为给其造成的经济损失 2. 17 亿元、因违约行为给其商业信誉造成的负面影响精神损害赔偿金 1 亿元。最终，法院认定了工程应付款额以及应补偿的窝工损失费并据实支持了原告之诉请、驳回了被告之反诉。②

承包人有接受检查的义务，有依约按时完成工程的义务，有保证工程质量的义务。工程完工且双方经过结算，则发包方应当依约付款。例如，2014 年 2 月 12 日，作为总承包方的 A 公司与作为分包建设方的 B 公司签订《建设工程施工合同》，约定原告将某社区集中安置房建设工程发包给被告建设，后签订补充协议，确定工程总造价 1. 75 亿元。签订合同后被告向原告支付了履约保证金 600 万元，之后进场施工，完成了临时设施的修建。后因业主方面的原因一直未能开工。2015 年 7 月 18 日，B 公司向原告发出律师函，要求 A 公司支付临时设施建造价及支付违约金、退还保证金 600 万元。2015 年 7 月 30 日，A 公司作出承诺，同意退还保证金 600 万元，其余事项协商解决。9 月 6 日，双方签订《协议书》：A 公司构成违约，B 公司同意解除合同并进行结算，A 公司向 B 公司退还保证金 600 万元、支付临建费用 420 万元、支付项目管理费 100 万元、支付违约解约金 180 万元，

① 最高人民法院〔2020〕最高法民终 236 号《民事判决书》。

② 最高人民法院〔2019〕最高法民终 1533 号《民事判决书》。

并对支付期限作出了约定。A公司作为原告向法院起诉要求判决变更《协议书》的内容，变更临建费为160余万元。B公司提起反诉，要求法院判决A公司严格依照《协议书》的内容履行支付义务并支付违约金。法院审理后认为，所达成的《协议书》是真实的意思，应当履行，原告构成违约。法院判决驳回A公司的诉请，支持了B公司之反诉请求。①

三、建设工程合同的特殊规则

（一）特殊工程招投标规则

《民法典》第792条规定："国家重大建设工程合同，应当按照国家规定的程序和国家批准的投资计划、可行性研究报告等文件订立。"

《建筑法》第20条规定："建筑工程实行公开招标的，发包单位应当依照法定程序和方式，发布招标公告，提供载有招标工程的主要技术要求、主要的合同条款、评标的标准和方法以及开标、评标、定标的程序等内容的招标文件。开标应当在招标文件规定的时间、地点公开进行。开标后应当按照招标文件规定的评标标准和程序对标书进行评价、比较，在具备相应资质条件的投标者中，择优选定中标者。"

《招投标法》第3条规定："在中华人民共和国境内进行下列工程建设项目包括项目的勘察、设计、施工、监理以及与工程建设有关的重要设备、材料等的采购，必须进行招标：（一）大型基础设施、公用事业等关系社会公共利益、公众安全的项目；（二）全部或者部分使用国有资金投资或者国家融资的项目；（三）使用国际组织或者外国政府贷款、援助资金的项目。前款所列项目的具体范围和规模标准，由国务院发展计划部门会同国务院有关部门制订，报国务院批准。法律或者国务院对必须进行招标的其他项目的范围有规定的，依照其规定。"

根据上述的规定，必须经过招投标的工程项目，须严格依照招投标程序由发包人与承包人签订建设工程合同；未经招投标程序直接签订的建设工程合同，无效。

（二）承包人具有合法资质规则

除了合同主体的一般要求以外，作为发包人通常是业主或者总承包商，而作为承包人的必须是具有相应资质的企业法人。

《建筑法》第12条规定："从事建筑活动的建筑施工企业、勘察单位、设计单位和工程监理单位，应当具备下列条件：（一）有符合国家规定的注册资本；（二）有与其从事的建筑活动相适应的具有法定执业资格的专业技术人员；（三）有从事相关建筑活动所应有的技术装备；（四）法律、行政法规规定的其他条件。"第13条规定："从事建筑活动的建筑施工企业、勘察单位、设计单位和工程监理单位，按照其拥有的注册资本、专业技术人员、技术装备和已完成的建筑工程业绩等资质条件，划分为不同的资质等级，经资质审查合格，取得相应等级的资质证书后，方可在其资质等级许可的范围内从事建筑活

① 四川省成都市中级人民法院〔2016〕川01民终10218号《民事判决书》。

动。”第 14 条规定：“从事建筑活动的专业技术人员，应当依法取得相应的执业资格证书，并在执业资格证书许可的范围内从事建筑活动。”第 26 条规定：“承包建筑工程的单位应当持有依法取得的资质证书，并在其资质等级许可的业务范围内承揽工程。禁止建筑施工企业超越本企业资质等级许可的业务范围或者以任何形式用其他建筑施工企业的名义承揽工程。禁止建筑施工企业以任何形式允许其他单位或者个人使用本企业的资质证书、营业执照，以本企业的名义承揽工程。”例如，发包人将一个经过招投标程序的建设工程项目发包给承包人，但实际的建筑者没有建筑资质，而是利用投标者的资质进行投标并与发包方签订了《建筑工程建设合同》，投标者向实际的建设者收取管理费。该合同是无效的。

（三）禁止支解分包规则

《民法典》第 791 条规定：“发包人可以与总承包人订立建设工程合同，也可以分别与勘察人、设计人、施工人订立勘察、设计、施工承包合同。发包人不得将应当由一个承包人完成的建设工程支解成若干部分发包给数个承包人。总承包人或者勘察、设计、施工承包人经发包人同意，可以将自己承包的部分工作交由第三人完成。第三人就其完成的工作成果与总承包人或者勘察、设计、施工承包人向发包人承担连带责任。承包人不得将其承包的全部建设工程转包给第三人或者将其承包的全部建设工程支解以后以分包的名义分别转包给第三人。禁止承包人将工程分包给不具备相应资质条件的单位。禁止分包单位将其承包的工程再分包。建设工程主体结构的施工必须由承包人自行完成。”

《招投标法》第 4 条规定：“任何单位和个人不得将依法必须进行招标的项目化整为零或者以其他任何方式规避招标。”

《建筑法》第 24 条规定：“提倡对建筑工程实行总承包，禁止将建筑工程肢解发包。建筑工程的发包单位可以将建筑工程的勘察、设计、施工、设备采购一并发包给一个工程总承包单位，也可以将建筑工程勘察、设计、施工、设备采购的一项或者多项发包给一个工程总承包单位；但是，不得将应当由一个承包单位完成的建筑工程肢解成若干部分发包给几个承包单位。”

基于承包人须有建筑资质的要求，未经发包人的同意承包人不得私下转承包，也不得将承包的项目肢解后分包。例如，甲将某项建筑工程（20 幢楼房的建设）通过招投标的方式发包给乙建筑工程公司承包，承包人则将其中的一幢楼房的建设工程分包给了另一具有建筑资质的公司，则该分包合同无效。

（四）窝工损失补偿规则

建设工程应当依照规划和财政计划安排进行。为了防止盲目上新的建设项目、人为地助长和扩大建设规模、进行不正当竞争、转嫁投资缺口、造成拖欠工程款数额急剧增加，1996 年原建设部、国家计委、财政部就联合发出了《关于严格禁止在工程建设中带资承包的通知》。2006 年，原建设部、国家发展和改革委员会、财政部、中国人民银行联合发出了《关于严禁政府投资项目使用带资承包方式进行建设的通知》，严禁政府投资项目使用带资承包方式进行建设。但是，实践中仍有一些带资建设项目在进行。例如，2009 年 7

月28日、2010年2月1日，甲公司与乙公司签订了《工程承包协议书》《建设工程施工合同》。合同履行过程中，因甲没有依约付款，乙两次停工、复工。因案涉工程的严重滞后，引发众多商户上访。2013年4月10日，甲与乙签订《借款合同》，约定甲向乙借款不超过5 000万元，以完成案涉工程的后续建设。2014年6—7月份，案涉各分项工程出具审计结论：案涉工程总价款为1.31亿余元。甲已付乙工程款合计9 632余万元。乙起诉请求：甲支付工程欠款3 936余万元及利息、赔偿停工损失2 828余万元、乙对涉案建设工程价款依法享有优先受偿权。①

正常情况下，建设项目应当依照合同约定在施工方进场前支付一定的预付款，然后按照工程建设进度予以付款，结算后在预扣一定质保金外付清工程款额。按进度付款，有利于施工单位及时结清原材料货款和支付工人工资，否则会形成债务链。

尽管按进度付款不完全等同于“给多少钱办多少事”，但有利于建设方开展建设施工工程。当因发包方的原因导致建设工程窝（停）工②的，建设单位很难作暂时撤场、之后再进场恢复施工的安排。因此，对于窝（停）工的损失，应由发包方承担。《民法典》第803条规定：“发包人未按照约定的时间和要求提供原材料、设备、场地、资金、技术资料的，承包人可以顺延工程日期，并有权请求赔偿停工、窝工等损失。”第804条规定：“因发包人的原因致使工程中途停建、缓建的，发包人应当采取措施弥补或者减少损失，赔偿承包人因此造成的停工、窝工、倒运、机械设备调迁、材料和构件积压等损失和实际费用。”第805条规定：“因发包人变更计划，提供的资料不准确，或者未按照期限提供必需的勘察、设计工作条件而造成勘察、设计的返工、停工或者修改设计，发包人应当按照勘察人、设计人实际消耗的工作量增付费用。”客观情况在变化，原来预设的计划可能也会发生改变，这就需要合同双方当事人重新协商一致，否则很容易发生纠纷。例如，某施工方进场开始施工后，由于业主方的原因变更了设计方案，导致停工一个月，新的施工图纸经过了设计方、业主方、施工方、监理方的四方会审后，业主要求施工方恢复施工，而施工方则要求重新核定工作量和建设费用，并对窝（停）工损失进行确定。但业主方要求施工方先行恢复施工，之后再进行停工的理赔。施工方予以拒绝，业主将施工方诉至法院；施工方要求解除合同并对前期施工进行结算、赔偿停工损失。法院最终认定已完工的建设费用以及停工损失赔偿额，且因新设计工程未达成一致意见，判决解除合同、业主支付相关费用和赔偿损失。

（五）工程验收和使用规则

《民法典》第799条规定：“建设工程竣工后，发包人应当根据施工图纸及说明书、国家颁发的施工验收规范和质量检验标准及时进行验收。验收合格的，发包人应当按照约定支付价款，并接收该建设工程。建设工程竣工经验收合格后，方可交付使用；未经验收或者验收不合格的，不得交付使用。”《建筑法》第61条也明确规定，交付竣工验收的建

① 最高人民法院〔2017〕最高法民终655号《民事判决书》（最高人民法院公布的典型案例）。

② 建设工程窝（停）工，是指承包商在进入施工现场后，无法按照合同约定的开工指令或设计安排进行施工，使得施工进度慢于计划进度或者合同约定进度的现象。

筑工程，必须符合规定的建筑工程质量标准，有完整的工程技术经济资料和经签署的工程保修书，并具备国家规定的其他竣工条件。建筑工程竣工经验收合格后，方可交付使用；未经验收或者验收不合格的，不得交付使用。

但是，实践中通常会有发包方未及时对已经完工的建设工程进行验收，或者未经验收就直接使用，最终导致了工程款支付的纠纷，而发包方以工程质量不合格为由拒绝付款的事情时有发生。因此，建设工程未经竣工验收，发包人擅自使用后，又以使用部分质量不符合约定为由主张权利的，人民法院不予支持；但是承包人应当在建设工程的合理使用周期内对地基性基础工程和主体结构质量承担民事责任。例如，甲将某项建筑工程发包给乙建筑工程公司承包，工程结束后承包方依约编制出《工程结算书》并交付给发包方且要求进行竣工验收，但发包方一直未组织相关的设计、施工、监理、建设单位进行综合验收，却实际使用了该工程。承包方按合同“发包方收到《工程结算书》之日起15天内进行复核，如无异议则按《工程结算书》的结算额进行结算支付”之约定要求发包方支付工程款，但发包方以工程未验收合格为由拒绝支付工程款。最终，承包方将发包方诉至法院，要求支付工程款，法院支持了原告之诉请。

（六）工程质量保证规则

双方可以在合同中约定一定的工程质量保证期限，在质保期内出现的质量问题由施工方进行修复，并保留一定的工程结算款额（一般占工程款额的5%左右）作为质保金，质保期届满后才由发包方向施工方支付。

《民法典》第800条规定：“勘察、设计的质量不符合要求或者未按照期限提交勘察、设计文件拖延工期，造成发包人损失的，勘察人、设计人应当继续完善勘察、设计，减收或者免收勘察、设计费并赔偿损失。”

第801条规定：“因施工人的原因致使建设工程质量不符合约定的，发包人有权请求施工人在合理期限内无偿修理或者返工、改建。经过修理或者返工、改建后，造成逾期交付的，施工人应当承担违约责任。”

如果工程质量导致他人损害的，施工方应当承担责任。《民法典》第802条规定：“因承包人的原因致使建设工程在合理使用期限内造成人身损害和财产损失的，承包人应当承担赔偿责任。”值得注意的是，质保期与质保金、工程质量担保，是三个不同层次的问题。在质保期内，质保金作为工程质量的保证金，起到促进建设工程单位承担质量担保责任之作用，如果在质保期限内发现工程质量问题，首先由建设单位承担返修等责任，如其拒绝承担相应的责任，则发包方可聘请第三人进行修理，所需费用首先从质保金之中扣除，不足的部分由建设单位承担。质保期限届满，没有出现质量问题的，则质保金作为应支付的工程款余额，由发包方支付给承包人。即使质保期限届满，但是出现了因建筑工程质量不合格导致他人损害，建设单位仍需承担相应之法律责任。在国内曾经发生了多起桥梁坍塌事件，例如，在使用了2年零322天后，1999年1月4日晚6时50分，重庆綦江县的綦江彩虹桥发生了整体垮塌，造成40人死亡、轻重伤14人，直接经济损失631万元。而在建设时就有人对未经专业培训的农民工错误的电焊工艺和方法提出了批评，并到相关部门反映情况，但未引起应有之重视；1996年6月19日端午节，綦江县在綦河上举办龙舟经贸会，“虹桥”自然成了观看龙舟竞赛的“观礼台”，因承载过重期间还发出了“咔嚓”的一声巨响，桥身随之颤动，亦未引起有关部门的重视；事后，人们发现虹桥东头处出现重大裂痕，然而有关部门还是毫无反应。就在距垮桥 7 天前，有关部门提出了对虹桥停止使用、立即抢修的建议，并递交了报告，但未得到回音，最终酿成了祸事。尽管已经超过了工程施工质保金的期限，但是工程设计、施工、管理方都有不可推卸的责任。发生在世纪之交的“重庆綦江彩虹桥垮塌案”，开创了三个第一：对重大安全事故责任人追责受审，央视第一次进行电视直播；自“设计终身负责制”实施以来，赵某某成为被追责的第一人；此案过后，第一次开始实施了强制监理制度。距原虹桥上游 40 米处建设的新虹桥，桥头那座以半圆弧命名为“托”的金属雕塑前，红褐色大理石基座上的“綦江虹桥警示碑”碑文：“盖主事者徇私渎职，施工者贪利粗制……腐之为患，国祸民伤”尤为醒目。①

（七）建筑工程管优先受偿规则

《民法典》第 807 条规定：“发包人未按照约定支付价款的，承包人可以催告发包人在合理期限内支付价款。发包人逾期不支付的，除根据建设工程的性质不宜折价、拍卖外，承包人可以与发包人协议将该工程折价，也可以请求人民法院将该工程依法拍卖。建设工程的价款就该工程折价或者拍卖的价款优先受偿。”

【本章小结】

受人之托，忠人之事。接受别人的委托就应依照规定和约定尽心尽力地完成工作并提交合格的成果。建设工程，讲究的是百年大计、质量第一。凡无资质的单位或者个人，不得利用他人的建筑资质进行承包建筑工程项目。

【课后练习】

1. 名词解释

承揽合同；加工合同；定作合同；修理合同；建设工程合同；窝（停）工。

2. 简答题

（1）定作方有哪些权利义务？（可参见本章第一节的内容）

（2）定作方为何可随时解除合同？（可参见本章第一节的内容）

（3）我国相关法律对于建设工程的承包人有哪些资格准入的规定？（可参见本章第二节的内容）

（4）为何不允许带资建设工程项目？（可参见本章第二节的内容）

3. 案例分析题

2011 年 8 月 10 日，某房地产公司与某建设公司签订《建设工程施工承包合同》，约定建设公司为房地产公司某小区的一期工程进行基础和主体以及屋面、室内外的装修及室

① 40 人死亡！重庆綦江彩虹桥垮塌事件始末［DB/OL］．［2020-09-13］．搜狐网：https：//www.sohu.com/a/231957417_305341.

内水电工程施工。2014年4月29日工程竣工，8月12日双方结算，房地产公司确认应向建设公司支付工程款1.596亿余元，但房地产公司未付款。之后，房地产公司将该项目之中的12套商品房出售给李某并进行了备案登记。2014年10月24日，建设公司起诉房地产公司，在审理期间双方达成了协议，约定建设公司对包含李某购买房产范围内的建设工程享有优先受偿权，法院出具了调解书予以确认。李某以该调解书确认建设公司享有优先受偿权的内容违反了法律规定、侵犯他人权益为由，要求撤销。再审法院认为，该建设工程在尚未实行折价、拍卖的情况下，债务人与建设方约定享有优先受偿权，与法律规定不符，且自工程竣工之日起已经超过了6个月，债权人不再享有优先受偿权。法院判决撤销调解协议中关于建设公司对案涉建筑物享有优先受偿权的调解内容。①

问：请根据相应的法律规定以及合同法理，分析建设工程款额的优先受偿权行使的条件。

提示：可参见本章第二节的内容及参考《民法典》第807条以及《民事诉讼法》的相关规定。

① 四川省成都市中级人民法院〔2016〕川民再541号《民事裁定书》（四川省高级人民法院示范性案例第90期）。

第十六章　技术合同与服务合同

【本章引言】每个人都有自己相对熟悉的领域，正所谓“隔行如隔山”，对于特殊的专业领域之事务处理，就需要专业人士的帮助。人们生活在社会里，除了需要有形的物质外，也需要特定之服务。2020 年中国国际服务贸易交易会，突出展示了数字贸易、5G 通信、工业互联网、智慧办公、区块链创新等新业态新模式，组委会评选产生了本届交易会优秀展区、优秀论坛和会议活动、优秀服务模式案例 263 项，共签订协定协议类成果 240 项，充分交流新理念、展示新服务、发布新成果。①

因此，货品、服务与知识产权三大贸易，就构成了世界贸易组织的全部贸易活动。可见，技术合同与服务合同也是人们生产、生活之中必不可少的合同之一。

【本章重点】技术合同的分类；技术合同的特殊规则；服务合同的种类；服务合同的特殊规则。

第一节　技 术 合 同

【导入案例】

案例 16-1

产品合格标准与适销标准纠纷案②

从事技术开发的某研究所与研发生产农副产品的某公司于 2006 年签订《专利实施许可合同》，约定研究所将其涉案专利许可给公司实施以及生产合格产品等条款。2006 年 12 月，研究所定制的非标设备抵达公司车间后出现技术问题，双方至 2012 年 8 月仍在交涉退还设备问题。2007 年 6 月，公司方代理人王某在《合同技术验收合格协议书》上签字。2007 年 7 月，生产厂家将试生产出的产品向社会免费发放品尝以征询意见，但因意见反馈存在着口感等问题而最终没有上市。

公司主张依研究所的专利技术生产出来之产品无法上市，导致其签订合同目的落空、研究所构成根本违约，要求撤销合同并由研究所赔偿损失。研究所主张已生产出

---

① 2020 年中国国际服务贸易交易会发布相关成果 200 余项［DB/OL］.［2020-09-14］. 新华网：http：//www. xinhuanet. com/world/2020-09/09/c_1126473339. htm.

② 最高人民法院〔2016〕最高法民再 251 号《民事判决书》。

符合合同约定标准的产品，不构成违约。

一审法院认为有证据证明公司履行了其合同义务，但研究所未履行义务，故判决：解除合同，研究所向公司返还专利许可使用费、赔偿研发损失。二审法院改判研究所承担80%的责任、公司承担20%。最高人民法院再审认为，产品商业化不能认定为技术合同目的，能否生产出符合合同约定的产品与产品能否上市销售、适销对路等不是同一问题，不能因此认定研究所使公司合同目的落空。故判决撤销一、二审判决，驳回公司的诉讼请求。

【简要评述】技术合同所涉及的技术标准问题远比买卖货物的合格与否要复杂得多。专利技术许可之目的在于技术的工业化运用，而非产品能否实现商品化。只要运用专利技术能够生产出合格的专利产品，则满足了专利实施许可合同之要求；至于作为饮料的产品之口感、是否适销对路、销量等方面问题，属于产品商业化方面的问题。因此，不能以市场销售不畅为由认定专利技术不达标，从而解除合同。

【法条依据】《民法典》第563条规定："有下列情形之一的，当事人可以解除合同：……（四）当事人一方迟延履行债务或者有其他违约行为致使不能实现合同目的的；……"

【理论讲授】

一、技术合同及其属性

（一）技术合同的界定

技术合同，是指当事人就技术开发、转让、许可、咨询或者服务订立的确立相互之间权利、义务的合同。

订立技术合同，应当有利于知识产权的保护和科学技术的进步，促进科学技术成果之研发、转化、应用和推广。

技术合同属于双务合同、有偿合同、诺成合同、要式合同。由于技术合同涉及无形的智力成果，故区别于提供劳务成果的承揽合同。

（二）技术合同的分类

技术合同一般可以分为技术开发合同、技术咨询合同、技术服务合同三大类。

技术开发合同包括技术开发、技术转让、技术许可合同。

技术开发合同，是指当事人之间就新技术、新产品、新工艺、新品种或者新材料及其系统的研究开发所订立的合同。技术开发合同包括委托开发合同和合作开发合同。例如，2017年4月9日，谢某某与A公司签订《手机游戏软件开发合同》，约定由A进行十三水、麻将、软件测试和项目部署棋游开发项目（包括安卓、苹果版本），服务类别为开发、测试，输出物为安装包。项目软件开发完成试运行正常后安排验收。项目开发时间预估需要30个工作日（十三水需要20个工作日，麻将需要10个工作日，此为实际工作时间，不包括各阶段确认验收时间）。合同总金额 14 万元。谢某某预付了 7 万元，A 公司于 2017 年 7 月 10 日第一次提交阶段性成果给谢某某；2017 年 8 月 9 日提供的软件版本已经可以进入部署上服务器的阶段，但双方未最终进行验收。谢某某起诉要求：解除双方签订的《手机游戏软件开发合同》，判令被告返还已收取的 7 万元、判令被告支付违约金 2. 8 万元。被告反诉：判令原告支付合同尾款 7 万元及违约金 2. 8 万元。法院认为，审理期间双方同意解除合同，而对于游戏软件最终未验收，双方均有责任。对于已经支付的款额不予退还，未支付的不再支付，被告支付给原告违约金2 209元；驳回双方的其他诉请。①

技术转让合同，是指合法拥有技术的权利人，将现有特定的专利、专利申请、技术秘密的相关权利让与他人所订立的合同。

技术许可合同，是指合法拥有技术的权利人，将现有特定的专利、技术秘密的相关权利许可他人实施、使用所订立的合同。

技术咨询合同，是指当事人一方以技术知识为对方就特定技术项目提供可行性论证、技术预测、专题技术调查、分析评价报告等所订立的合同。

技术服务合同，是当事人一方以技术知识为对方解决特定技术问题所订立的合同。技术服务一般包括技术指导、技术中介、技术培训等，但不包括承揽合同和建设工程合同。

二、技术合同当事人的权利义务

技术合同的内容一般包括：项目的名称，标的之内容、范围和要求，履行的计划、地点和方式，技术信息和资料的保密，技术成果的归属和收益的分配办法，验收标准和方法，名词和术语的解释等条款。

与履行合同有关的技术背景资料、可行性论证和技术评价报告、项目任务书和计划书、技术标准、技术规范、原始设计和工艺文件，以及其他技术文档，按照当事人的约定可以作为合同的组成部分。技术合同涉及专利的，应当注明发明创造的名称、专利申请人和专利权人、申请日期、申请号、专利号以及专利权的有效期限。

技术合同当事人的权利义务，依照合同约定。服务提供者可收取客户的费用，客户依约可享有相关的权利，但须遵守相关的规则。如果因客户自身的原因，导致无法享受到相应之服务，则费用不能退还。例如，2017 年 11 月 13 日，陈某某（甲方）与某公司（乙方）签订《小程序技术服务合同》，约定：公司为陈某某开发名称为“南宁配送网”的商城版小程序并提供后期技术维护服务，服务年限为一年，价格为19 000元。合同签订后，陈某某分别于 2017 年 11 月 13 日、12 月 18 日向公司支付服务费共计19 000元，公司于 2017 年 12 月 18 日出具了《收据》。庭审中，经当庭搜索名称为“南宁配送网”的微信小程序，点击进入后发现该小程序的“商城首页”“分类”等栏目均无内容显示。法院认为，陈某某与公司签订的《小程序技术服务合同》系双方当事人的真实意思表示，内容未违反法律强制性规定，属合法有效的合同，对双方当事人均具有法律约束力。公司交付的小程序不符合合同约定，构成违约。法院判决被告返还原告陈某某小程序开发和服务费

① 最高人民法院〔2019〕最高法知民终 698 号《民事判决书》。

19 000元。①

三、技术合同的特殊规则

（一）定价规则

《民法典》第846条规定："技术合同价款、报酬或者使用费的支付方式由当事人约定，可以采取一次总算、一次总付或者一次总算、分期支付，也可以采取提成支付或者提成支付附加预付入门费的方式。约定提成支付的，可以按照产品价格、实施专利和使用技术秘密后新增的产值、利润或者产品销售额的一定比例提成，也可以按照约定的其他方式计算。提成支付的比例可以采取固定比例、逐年递增比例或者逐年递减比例。约定提成支付的，当事人可以约定查阅有关会计账目的办法。"

实践中，价款的确定有确定价、浮动价、基础加比例提成等的计算方式。例如，某科研所将其某项专利技术许可给某公司使用十年，其约定的每年支付固定的专利许可使用费为100万元，公司的专利产品销售额在5 000万元之内无须另行付费，5 000万元至1亿元部分须按5%支付提成费，1亿元至10亿元部分须按4%支付提成费，10亿元至50亿元部分须按3%支付提成费，超过50亿元的部分须按2%支付提成费。当事人可通过合同约定确定的款额，也可以约定比例提成。例如，某节能科技投资有限公司甲与某某煤焦化集团有限公司乙签订《干熄焦项目节能服务合同》《发电项目节能服务合同》约定，甲公司负责资金筹集、工程设计、设备采购、土建施工、设备安装及调试，为乙公司建设一套干熄焦系统，以及汽轮发电站和配套循环水站，并在合同期结束后无偿转让建设项目所有权；乙公司依约支付节能效益分享款。由于乙公司未履行合同付款义务，故甲公司向法院起诉。法院最后判决乙公司向甲公司支付《发电项目节能服务合同》项下节能效益分享款3 046.40万元及相应违约金。②

（二）职务技术成果分类规则

按照单位与技术成果的关系，可将技术成果划分为职务技术成果、非职务技术成果。职务技术成果，是基于职务或利用单位的主要物质、技术、资料等条件所完成的技术成果。职务技术成果的使用权、转让权属于法人或者非法人组织的，法人或者非法人组织可以就该项职务技术成果订立技术合同。法人或者非法人组织订立技术合同转让职务技术成果时，职务技术成果的完成人享有以同等条件优先受让的权利。职务技术成果是执行法人或者非法人组织的工作任务，或者主要是利用法人或者非法人组织的物质技术条件所完成的技术成果。例如，林某在某公司工作期间的工作职责为技术研发。林某在离职一年内，向国家知识产权局提交发明人为林某等人的名称为"一种用于内窥镜检测仪的初始远点定位机构"的实用新型专利申请，于2019年4月26日予以授权公告，专利权人为信某公司。林某原所在的公司提起诉讼，要求判决案涉专利归属于原告。法院认为，涉案专利技

① 广西壮族自治区南宁市中级人民法院〔2018〕桂01民初348号《民事判决书》。

② 四川省内江市中级人民法院〔2015〕内民初字第142号《民事判决书》。

术方案的主要内容在林某前述研发工作中已提出或实质涉及。根据《专利法》第 6 条第 1 款“执行本单位的任务或者主要是利用本单位的物质技术条件所完成的发明创造为职务发明创造。职务发明创造申请专利的权利属于该单位；申请被批准后，该单位为专利权人”的规定，支持了原告之诉请。① 非职务技术成果的使用权、转让权属于完成技术成果的个人，完成技术成果的个人可以就该项非职务技术成果订立技术合同。例如，某科研所的研究员根据单位的工作安排所完成的科研成果，就是属于职务技术成果。而某个人对某领域有业余爱好，其自己筹集资金所研发的成果，就属于非职务技术成果。

（三）合作开发成果归属规则

委托开发完成的发明创造，除法律另有规定或者当事人另有约定外，申请专利的权利属于研究开发人。研究开发人取得专利权的，委托人可以依法实施该专利。合作开发完成的发明创造，技术成果的归属由当事人约定，没有约定或约定不明的，申请专利的权利属于合作开发的当事人共有；当事人一方转让其共有的专利申请权的，其他各方享有以同等条件优先受让的权利。

当事人可以按照互利的原则，在合同中约定实施专利、使用技术秘密后续改进的技术成果的分享办法；没有约定或者约定不明确的，一方后续改进的技术成果，其他各方无权分享。除专利技术许可外，商标许可使用也存在着许可期满或者合同被认定无效而对商品外观装潢增益的分配问题。例如，2012 年 7 月 6 日，甲公司与乙公司分别向法院起诉，均主张享有“红罐×××凉茶”知名商品特有包装装潢之权益，并据此指控对方生产和销售的红罐凉茶商品的包装装潢构成侵权。一审法院认为，“红罐×××凉茶”包装装潢的权益享有者应为甲公司，乙公司生产的红罐凉茶构成侵权，故判决停止侵权、赔偿 1.5 亿元及合理维权费 26 万元。乙公司不服而提起上诉，最高人民法院认为，结合红罐×××凉茶的历史发展过程、双方的合作背景、消费者的认知及公平原则的考量，原告、被告双方对涉案特有包装装潢权益的形成、发展和商誉建树，各自发挥了积极的作用，判归一方所有均会导致显失公平的结果，并可能损及社会公众利益。故，改判该红罐包装装潢可由双方共同享有。②

（四）风险负担规则

在技术开发合同履行过程中，因出现无法克服的技术困难，致使研究开发失败或者部分失败的，该风险由当事人约定；没有约定或者约定不明确，依据相关法律的规定仍不能确定的，风险由当事人合理分担。当事人一方发现可能致使研究开发失败或者部分失败的情形时，应当及时通知另一方并采取适当措施减少损失；没有及时通知并采取适当措施，致使损失扩大的，应当就扩大的损失承担责任。如果是开发方的原因，导致不能交付技术成果的，应当承担违约责任。例如，2017 年 11 月 15 日，A 公司（甲方）与 B 软件设计

① 最高人民法院〔2020〕最高法知民终 441 号《民事判决书》。

② 最高人民法院〔2015〕最高法民三终 2、3 号《民事判决书》（最高人民法院公布的典型案例）。

公司（乙方）签订《软件外包开发合同》，委托软件设计公司开发菜场商城 App。乙方有义务根据甲乙双方确认的需求，完成软件的开发工作；若因乙方自身原因，没有按合同日期交付甲方要求项目开发所包含的相关资源，每延期一天，甲方将扣除乙方全款的 3‰违约金，上限为全款的 10%，若乙方逾期交付超过 30 日，甲方有权单方免责解除本协议，乙方退回甲方已付的所有费用并要求乙方赔偿合同总金额的 10%；项目总开发费用为 10 万元。签订合同后甲方支付了 9.5 万元，但乙方涉及的软件无法实现合同附件二中约定的订单及库存管理、活动设置等功能的问题，而双方在附件一中对交付标准约定为“完成附件二中双方所确认的功能需求”。甲公司以乙公司在履行过程中存在未按合同约定实现约定软件功能的违约行为提出指控，要求解除合同并退还款额。法院认为，被告未依约提供合格的软件已构成违约，且原告已另行委托他人设计软件，故判决解除合同、退还 9.5 万元。①

（五）禁止滥用权利规则

技术转让合同和技术许可合同可以约定实施专利或者使用技术秘密的范围，但是不得限制技术竞争和技术发展。例如，甲单位将自己的专利技术许可乙单位使用，合同约定生产专利产品必须购买甲的原材料、使用甲指定的生产设备，且乙的技术改进所产生的新技术，必须无条件与甲分享；而甲的后续研发成果，乙无权获得。这就是典型的不公平的限制性条款，为无效条款。

（六）保密规则

技术秘密转让合同的受让人和技术秘密使用许可合同的被许可人应当按照约定使用技术，支付转让费、使用费，并承担保密义务。

第二节 服务合同

【导入案例】

案例 16-2

保管合同损失赔偿纠纷案②

某物流公司（丙方）与某银行（甲方）、能源公司（乙方）签订《商品融资质押监管协议》，约定“丙方同意接受甲方的委托并按照甲方的指示占有乙方提供的质物、成立质权并依据本协议的约定监管质物”，且质物的规格型号、数量、重量等以丙方向甲方出具的《动产质押专用仓单》记载为准，丙方应当确保其接受的质物符合《动产质押专用仓单》所记载的内容。丙方按照《出质通知书》的内容核查乙方交付的货物及现有的库存，如经核对，交付的货物或实际库存与《出质通知书》记

① 最高人民法院〔2019〕最高法知民终 642 号《民事判决书》。

② 最高人民法院〔2020〕最高法民申 1712 号《民事裁定书》。

载相符，丙方应当及时向甲方签发《动产质押专用仓单》及《出质通知书（回执）》；如交付的货物或实际库存与《出质通知书》记载不符，丙方应当及时向甲方发出《出质通知书（回执）》说明情况。

由于乙方向油罐中注水虚增油品吨数，根据丙方于2014年2月10日出具的《突发事件通知函》记载，有3个油罐不同程度存在以水代油情况，油罐内储存物质最高位面除少量浮油外均为冰状物质。丙作为质物监管人未审慎核查实际质物与质物清单中的质物是否一致，就出具《动产质押专用仓单》，且在监管期间导致质物丢失，在核查和监管过程中未依照《商品融资质押监管协议》的约定履行义务。故，甲向法院起诉，要求判决丙承担831万余元损失赔偿责任，法院作出支持原告诉请之判决。

【简要评述】提供仓储保管服务的一方，应当依照合同履行自己的义务。丙方负有两个主要的义务：一是核查质押物与《出质通知书》是否相符，根据核查情况签发《动产质押专用仓单》，代甲方占有质押财产；二是在监管期内对质物进行监管，定期向甲方提交质押状况报告。丙方未尽到应尽之义务，导致甲方的损失，在甲方向乙方要求赔偿不足的情况下，丙方理应承担相应的责任。

【法条依据】《民法典》第907条规定："保管人应当按照约定对入库仓储物进行验收。保管人验收时发现入库仓储物与约定不符合的，应当及时通知存货人。保管人验收后，发现仓储物的品种、数量、质量不符合约定的，保管人应当承担赔偿责任。"

【理论讲授】

一、服务合同及其属性

（一）服务合同的界定

服务合同，是指双方约定由一方向另一方提供服务，对方支付相关费用的合同。

服务合同区别于承揽合同，承揽合同着重于劳务成果；服务合同着重于服务提供（当然也可以约定一定之目标实现为收取费用的条件）。例如，加工厂接收到某水果批发商加工水果的订单，加工厂必须要完成约定的任务，向定作人提供符合质量要求的成果（将水果进行清洗、分类、选择、保鲜、罐装）。而服务合同，则仅仅是提供相应的劳务服务工作。如果水果批发商将100吨荔枝存放在物流仓库，则物流公司依约提供适用于荔枝存放的冷库保存即可。

（二）服务合同的种类

1. 保管合同

保管合同，又称寄托合同、寄存合同，是指双方当事人约定一方将物交付他方保管的合同，可分为一般保管合同、仓储保管合同。例如，乘客在机场将一行李箱交付机场客服中心保管3小时，顾客领取了取件牌，就意味着按照保管规则双方订立了保管合同。又如，某公司与某物流公司签订了仓储保管合同，约定将某批货物交由物流公司仓储保管，公司将货物交到物流仓库、物流公司查验后开出仓储单，即构成了仓储合同关系。

2. 运输合同

运输合同，又称运送合同，是指承运人将旅客或者货物从起运地点运输到约定地点，旅客、托运人或者收货人支付票款或者运输费用的合同。例如，乘客购买了车票并依规则乘车，或者公司将某批货物交付给物流公司运输，都属于运输合同之范畴。

3. 保险合同

保险合同，是指投保人与保险人约定保险权利义务关系的协议。无论是投保人购买人身意外保险还是财产保险，又或者是购买机动车交通事故责任强制保险，都属于保险合同的范畴。随着社会的发展，保险业务也在不断扩大，新出现了一些职业责任险，如律师执业责任险①等。

4. 委托合同

委托合同，又称为委任合同，是指委托人和受托人约定，由受托人处理委托人事务的合同。常见的是当事人委托律师办理某宗民商事案件所签订的《民事委托代理合同》。海上事故救助委托合同也属于委托合同之范畴。

5. 物业服务合同

物业服务合同，是指物业服务人在物业服务区域内，为业主提供建筑物及其附属设施的维修养护、环境卫生和相关秩序的管理维护等物业服务，业主支付物业服务费的合同。小业主在与发展商签订《商品房买卖合同》时，发展商都会要求小业主在《前期物业管理合同》上签字，以确保在小区业主委员会成立之前能够正常地进行物业管理。

6. 行纪合同

行纪合同，是指行纪人以自己的名义为委托人从事贸易活动，委托人支付报酬的合同。事实上，行纪合同是销售者与商家之间内部的合同关系，行纪人以自己的名义对外从事贸易活动，相对人并不一定知道、亦无须知道与其交易者背后的委托人才是真正的交易者之真相。例如，某集邮爱好者因经济原因，需要将某本邮册出售，于是委托集邮公司将该邮册摆放在销售柜台上，注明“代售”并标注了销售价格。出售后，集邮公司根据与委托人的约定扣除手续费用后，将剩余的成交款额交给委托人。

7. 中介服务合同

中介服务合同，又称居间合同，是指居间人根据委托人的要求为委托人与第三人订立合同提供机会或进行介绍，而委托人须向居间人给付约定报酬的协议。有供需要求，但鉴于信息不对称，双方也不可能发生贸易关系，如果有中介将相关的信息汇合，经过整理、分类、有针对性地为交易方提供服务，将会促进双方的交易。例如，某人希望在某地区承租一套住宅房，但却苦于不知道相关的信息，而某业主有多套房屋空置希望出租，但却不了解承租人的相关信息。于是，承租人、出租人到房产中介处提供相关信息，经过房产中

① 律师执业责任保险条款［DB/OL］.［20200914］. 中国保险行业协会：http：//wap.iachina.cn/col/col3027/index.html.

介的撮合，最终双方签订了《房屋租赁合同》。只要居间方完成了居间服务，则接受服务者就应依约支付费用。例如，2012 年 5 月 8 日，某电力工程公司 B 公司与 A 公司就伊拉克萨拉哈丁电厂项目中的土建、安装工程签订《技术咨询及委托（代理）销售协议》约定，A 为 B 提供服务，如果 B 公司中标，须向 A 支付所签合同的技术咨询及委托（代理）销售佣金，B 公司每次收到对方付款应按总额 2%支付 A 技术咨询及委托（代理）销售佣金费。2012 年 10 月 28 日，B 公司中标承担相应的项目。2013 年 2 月 8 日，B 向 A 支付 50 万元。因 2014 年 6 月伊拉克项目现场周边局势恶化，无法继续施工，已撤离项目现场。B 公司确认已收到发包方支付萨拉哈丁电厂项目款项59 919 436元。A 公司要求 B 公司按比例给付佣金，法院最终予以确认和支持。①

值得注意的是，房产中介为买卖双方或租赁双方提供信息，最终促成了房屋买卖或租赁合同关系，则房产中介服务人就有权依中介服务合同享有权利、收取中介服务费；当买卖双方因买卖发生违约纠纷时，其不涉及中介服务方，即使解除买卖合同关系，也不会影响到中介服务合同的继续履行。例如，某房屋买卖合同是经过房产中介促成的，在《房屋买卖合同》中既有买卖双方的权利义务之内容，也有买卖各方向中介公司支付中介费的约定内容。买方指责卖方违约而要求解除合同并追究卖方的违约责任，法院或仲裁机构作出判（裁）决中，通常表述为“解除买卖双方于某年某月某日签订的《房屋买卖合同》”。该裁项的表述是不够准确的，解除的是一个合同关系，而非一份合同书。正确的表述应该是“解除买卖双方于某年某月某日签订的《房屋买卖合同》之中的房屋买卖合同关系”，毕竟该合同中的中介服务合同关系并未解除。

房屋买卖居间合同中关于禁止买方利用中介公司提供的房源信息却绕开该中介公司与卖方签订房屋买卖合同的约定合法有效。但是，当卖方将同一房屋通过多个中介公司挂牌出售时，买方通过其他公众可以获知的正当途径获得相同房源信息的，买方有权选择报价低、服务好的中介公司促成房屋买卖合同成立，其行为并没有利用先前与之签约中介公司的房源信息，故不构成违约。例如，某物业顾问有限公司诉陶某某中介纠纷案中，卖方在多家中介公司放盘，而买方通过比较选择了价格低的一家中介公司并最终成交，是属于正常的选择和交易行为。②

8. 旅游服务合同

旅游服务合同，是指旅游经营者与旅游者约定旅游活动过程中旅行社和旅游者之间权利义务关系的协议。《旅游法》第 70 条规定：“旅行社不履行包价旅游合同义务或者履行合同义务不符合约定的，应当依法承担继续履行、采取补救措施或者赔偿损失等违约责任；造成旅游者人身损害、财产损失的，应当依法承担赔偿责任。”签订出境旅游合同时，应当为旅客办理出国签证留有足够的时间，如因签证耽搁或者不能成功办理签证取消行程的，旅游公司应当退款。例如，王某报名参加某旅行社的出境游活动，与旅行社签订了《旅游服务合同》，约定旅行社的服务范围不仅包含行程的制定、交通和住宿酒店的预

---

① 上海市第二中级人民法院〔2020〕沪 02 民终 3511 号《民事判决书》。

② 上海市第二中级人民法院〔2009〕沪二中民二（民）终 1508 号《民事判决书》（最高人民法院指导案例第 1 号）。

定，亦包含签证的代办服务。王某将其护照及签证申请材料按照旅行社的要求按时提交，但法国驻广州总领事馆未要求旅行者补充提交签证申请材料，也未因旅行者原因而拒签，王某到出行时仍未获得签证。王某要求退还预交的旅游费用，但旅行社认为未能及时获得签证与旅行社无关，王某无法跟团出游的款额不能退还，于是王某起诉至法院。法院认为，旅行者在履行合同履行过程中无任何瑕疵，旅行社作为专业机构应当预留合理时间办理签证手续，虽然通常办理短期旅游签证所需时间为一至两个工作日，但是法国驻沈阳/上海/成都/武汉/广州总领事馆的签证审理周期有可能因不同领事区签证申请总量、是否需要补充其他材料或申请者的国籍而有所不同。因此，旅行社因为预留时间不足导致签证未按时办理的责任应当由旅行社承担。①

二、服务合同当事人的权利义务

服务合同的当事人，应依照合同约定及法律规定行使权利、履行义务。提供服务的一方当事人有权获得报酬、有义务提供合格的服务；接受服务的一方当事人有权获得合格的服务、有义务支付服务费。

三、服务合同的特殊规则

（一）内外区别对待规则

服务合同的权利义务只产生于服务提供者与服务接受者之间，如果因服务合同而涉及外部第三人的关系，应依法另行处理。例如，房屋买卖双方经过房产中介的促成最终签订了《房屋买卖合同》，而在该合同中约定了买卖双方的权利义务内容，又约定了买方向中介公司支付中介费、卖方向中介公司支付中介费的内容。则该《房屋买卖合同》之中包含两类不同性质的合同关系：一类是中介服务合同关系，另一类是买卖合同关系；该合同书中存在着三个具体的合同关系：中介公司与卖方的中介服务关系、中介公司与买方的中介服务关系、买方与卖方的房屋买卖合同关系。无论是因买方或者买方的根本性违约而导致买卖合同关系的解除，也不影响中介公司分别与买方、卖方所建立的中介服务合同关系。

（二）各自履行义务规则

无论是委托方还是服务提供方，均应依法、依照合同约定履行自己的义务。除非符合合同履行抗辩权的行使条件和要求，服务接收方不得以服务方的服务存在质量问题而拒绝支付服务费。根据《民法典》第 944 条“业主应当按照约定向物业服务人支付物业费”“业主违反约定逾期不支付物业费的，物业服务人可以催告其在合理期限内支付；合理期限届满仍不支付的，物业服务人可以提起诉讼或者申请仲裁”的规定，以及《物业管理条例》第 41 条“业主应当根据物业服务合同的约定交纳物业服务费用。业主与物业使用人约定由物业使用人交纳物业服务费用的，从其约定，业主负连带交纳责任”以及第 35

① 北京市西城区人民法院〔2017〕京 0102 民初 26106 号《民事判决书》。

条“物业服务企业应当按照物业服务合同的约定，提供相应的服务。物业服务企业未能履行物业服务合同的约定，导致业主人身、财产安全受到损害的，应当依法承担相应的法律责任”的规定，物业使用人应当依法支付物业管理费。可见，物业服务提供者未依约提供合格的物业服务导致业主人身、财产安全受到损害的，应当依法承担相应的法律责任，与物业使用人应缴纳物业服务费，是两个不同主体不同的责任。

（三）保险合同中的最大诚信规则

最大诚信原则，是指民法中的诚信原则在保险法中的体现，其要求保险活动当事人向对方充分而准确地告知与保险相关的重要事实。这一原则更多地体现为对投保人或被保险人的一种法律约束，当保险人或投保人违反该原则时，相对方可解除合同或请求确认合同无效。我国于2002年修改《保险法》时特别增加了第5条：“保险活动当事人行使权利、履行义务应当遵循诚实信用原则。”最大诚信原则的本质要求是保险合同当事人订立合同及在合同有效期内，应依法向对方提供足以影响对方作出订约与履约决定的全部实质性重要事实，同时绝对信守合同订立的约定与承诺。保险合同中涉及格式条款的解释时，应当依照法律规定加以认定和处理。而且，最大诚信原则要结合不利解释规则一起运用。例如，2017年1月15日，非车主的驾驶员驾驶“川AU×××××”的重型半挂牵引车（牵引“川Z××××挂”牌号重型自卸半挂车）在某公路与一辆轿车发生碰撞导致2死2伤的交通事故，货车驾驶员承担全部责任。主车的车主购买了交强险和商业第三者责任险（限额150万元），而挂车的另一车主则投保了商业第三者责任险（限额50万元）。事故发生后，保险公司以主车保险限额为限承担责任，而投保人和受害者则认为应当将两车的保险限额相加为限。法院认为，主车、挂车分别投保，保险人收取了保险，但保险条款中关于赔偿金额综合以主车的责任选择为限的约定是格式条款，加重了投保人的投保负担、减轻了保险人的保险责任义务，显失公平，为无效条款。因此，保险公司应在主车、挂车合计的保险限额200万元内承担赔偿责任。①

（四）服务标准认定规则

服务合同以服务方向委托方提供服务为手段，实现委托方合同目的才是最终之目标。而服务的标准，往往是引发纷争之焦点所在。

服务标准，是指规定服务应满足的需求以确保其适用性的标志和准则。

任何行业和企业所生产的产品或提供之服务，凡是有国家强制性标准的，应当符合国家标准；没有国家标准，也没有行业标准的，应当依照合同约定来判断，如果合同没有约定或者约定不明确时，则依人们一般的生活、生产习惯来判定。企业提供的服务应当符合其公开标准的技术要求，该标准一旦公开，就要受到社会甚至司法部门的监督，即使未纳入合同条款，提供服务的企业也应依照其向社会公开的标准来履行义务。例如，某银行柜台立了一个牌匾，上书限时服务承诺“超时一分钟，赔偿两元钱”。由于柜台工作人员的操作失误，将存款人的存折做挂失处理，导致存款人无法按时取得款额，于是起诉至法院

① 四川省都江堰市人民法院〔2016〕川0181民初933号《民事判决书》。

要求银行赔偿5 664元。①

（五）随时解约并承担赔偿规则

委托人在服务提供方完成服务工作之前，可解除委托合同。但为此造成服务方损失的，委托方应予以赔偿。如果服务方已经开展服务且无法改变或者停止的，依据合同提供了服务，就有权依约取得相应之报酬。例如，2014 年 6 月，A 公司与 B 公司签订了《货运合同》，约定 A 公司委托 B 公司将一批不锈钢无缝产品运至斯里兰卡科伦坡港，货物的报关价值为366 918. 97美元。案涉货物于 2014 年 6 月 28 日装载于 4 个集装箱内装船出运。2014 年 7 月 9 日，A 公司向 B 公司发出邮件称：发现货物目的地写错，要求改变到达目的港或者退运。B 公司当日回复邮件称：因货物距抵达港不足 2 天，无法安排改港，如退运则需与目的港确认后办理。次日，A 公司询问货物是否可以原船带回。B 公司回复称，原船退回不具有可操作性，货物在目的港卸货之后，需要收货人办理清关手续，再向当地海关申请退运，获得海关批准后方可安排退运。A 公司坚持要直接退运并原船退回。B 公司未予以回复。2014 年 7 月 12 日，货到目的地港口，B 公司应 A 公司要求于 2015 年 1 月 29 日签发了全套正本提单。2015 年 5 月后，B 公司已经将案涉货物拍卖。A 公司向宁波海事法院起诉，要求判决 B 公司承担货物损失的赔偿责任。一审法院驳回了 A 公司的诉请，A 公司不服而提起二审，二审改判 B 公司赔偿 A 公司货损183 459. 49元。B 公司向最高人民法院申请再审，最高人民法院审理后认为，B 公司以航程已过半无法改港，且原船退运不具有可操作性抗辩事由成立，符合案件时机情况。因货物到港后在长达 8 个月的时间内 A 公司未采取适当措施处理案涉货物，最终海关将货物拍卖，B 公司没有过错。故，最高人民法院撤销二审判决，维持一审判决。②

【本章小结】

随着社会的发展，产品的竞争、企业的竞争归根到底就是技术的竞争。因此，技术的运用以及不同主体之间的技术合作、技术转让尤为重要。一项关键的技术的获得，可使一个企业起死回生；一项技术秘密被泄露也足以让一个企业倒闭。而服务贸易的发展，也逐渐与货品贸易并驾齐驱，发展服务贸易成为当下须重点关注的问题。

【课后练习】

1. 名词解释

技术合同；技术开发合同；技术转让合同；技术许可合同；服务合同；保管合同；保险合同；中介服务合同。

2. 简答题

（1）专利技术许可使用合同的计价通常有哪几种？（可参见本章第一节的内容）

（2）技术合作合同中约定不明时，合作的科技成果应归属于哪一方？（可参见本章第

① 张黎. 对“承诺纠纷”案的法理分析［J］. 新金融，2000（11）.

② 最高人民法院〔2017〕最高法民再 412 号《民事判决书》（最高人民法院指导案例 108 号）。

一节的内容）

（3）如何理解保险合同中的最大诚信原则？（可参见本章第二节的内容）

（4）业主能否以物业管理公司的管理存在问题而拒付管理费？（可参见本章第二节的内容）

3. 案例分析题

2011 年 8 月 12 日早 5 时左右，投资公司所属的“加百利”号载有原油54 580吨的希腊籍油轮，在琼州海峡北水道附件搁浅，船舶及船载货物处于危险状态，严重威胁着海域环境安全。事故发生后，投资公司立即授权其上海代表处就该油轮搁浅事宜向南海救助局发出紧急邮件，请南海救助局安排两艘拖轮进行救助，并表示同意南海救助局的报价。8 月 12 日，办事处承诺无论能否成功救助出浅，均同意按每马力小时 3. 2 元的费率付费，计费周期为拖轮自其各自的值班待命点备车开始计算至代表处通知任务结束、拖轮回到原值班待命点为止。8 月 18 日，经湛江海事局组织安排，该轮利用高潮乘潮成功脱浅，之后安全到达目的港广西钦州港。船舶获救价值为30 531 856美元、货物获救价值为48 053 870美元，船舶获救价值占全部获救价值的比例为 38. 85%。

南海救助局认为其根据投资公司的要求已经做好了救助的准备，投资公司应依约付费。但投资公司认为货轮是趁涨潮自己成功脱浅，与南海救助局的救助准备行为无关，且实际上南海救助局并无实质的救助行为，故不应付费。为此，南海救助局将投资公司起诉至广州海事法院。一审法院判决应全额付费，二审法院改判按获救的财产比例付费。原告不服而向最高人民法院提起再审申请。①

问：请根据相应的法律规定以及合同法理，分析该海事救助服务合同应如何付费。

提示：可参见本章第二节的内容及参考《民法典》第 884 条和《海商法》第 179 条以及相应的规定。

① 最高人民法院〔2016〕最高法民再 61 号《民事判决书》（最高人民法院指导案例 110 号）。

第十七章 合伙合同

【本章引言】合伙合同作为一种典型的合同在《民法典》中作出了规定，其与《合伙企业法》关于合伙企业规定的侧重点略有不同。《民法典》所规定的合伙，着眼于自然人的合伙。合伙不同于单一投资者的对外活动，也区别于有限责任公司，无论是合伙体的构成和对外债务的承担，还是新投资者的加入或者原有投资者的退出，以及终止后的清算均有其特殊性。

【本章重点】合伙的要求；入伙的条件及效力；退伙的原因及后果；合伙终止的清算。

第一节 合伙合同关系

【导入案例】

案例 17-1

合伙合同关系成立纠纷案[1]

甲与乙曾经在某单位是同事。后乙以邀请甲加入合伙及购买设备为由，让甲给他汇款 16.5 万元，甲即于 2015 年 1 月 25 日将款项汇入乙指定的网银账号（有银行汇凭证为证）。此后，乙一直未与甲签订合伙协议，甲认为乙根本没有合伙的诚意，遂要求甲返还所收取的 16.5 万元。乙于 2016 年 2 月返还给原告6 000元，仍欠 15.9 万元，后一拖再拖不予返还。甲起诉乙伪造“合伙合同”且未约定合伙名称、经营管理、盈利分配和亏损承担等事宜，主张与被告乙形成的是资金借用关系，未形成实质性的合伙合同关系，要求判决乙返还 15.9 万元。

法院认为，当事人之间没有书面合伙协议，又未经工商行政管理部门核准登记，但却具备了合伙的其他条件，又有两个以上无利害关系人证明有口头合伙协议的，可以认定为合伙关系。法院依据甲在其微信的朋友圈发表过“我们合伙办的厂”“今天正式生产”的内容，还曾向乙发送“真的吗？明天去算账，卖机器吧”的手机短信，且甲在起诉状中仍然称其向乙汇款是由于乙邀请其加入合伙等事实，认定为甲、乙合伙办厂期间甲有实际的出资行为，故对原告要求被告返还 15.9 万元的诉讼请求不予支持。

---

① 河南省新郑市人民法院〔2020〕豫 0184 民初 497 号《民事判决书》。

【简要评述】本案的争议焦点是合伙协议是否成立。按照《民法典》的有关规定，当事人订立合同，可以采用书面、口头或者其他形式，只要内容不违反法律法规的强制性规定即可。甲乙双方订立合伙合同时采取了口头的方式，且双方自愿达成了合意，此外有其他证据表明其订立合同的性质属于合伙合同，故法院对其合伙合同的效力予以认可。在未对合伙体进行清算的情况下，不能简单地退还合伙出资。

【法条依据】《民法典》第 143 条规定："具备下列条件的民事法律行为有效：（一）行为人具有相应的民事行为能力；（二）意思表示真实；（三）不违反法律、行政法规的强制性规定，不违背公序良俗。"

第 967 条规定："合伙合同是两个以上合伙人为了共同的事业目的，订立的共享利益、共担风险的协议。"

第 968 条规定："合伙人应当按照约定的出资方式、数额和缴付期限，履行出资义务。"

【理论讲授】

一、合伙合同及其分类

（一）合伙合同的界定

合伙合同，是指两个以上的合伙人为了共同的事业目的，订立的共享利益、共担风险之协议。

合伙所形成的内部合伙关系以及合伙人对外所要承担的债务责任，既不同于作为自然人的独立民事个体，也区别于多个民事主体投资设立的有限责任公司。

合伙合同应当载明下列事项：合伙体（企业）的名称和主要经营场所的地点；合伙目的和合伙经营范围；合伙人的姓名或者名称、住所；合伙人的出资方式、数额和缴付期限；利润分配、亏损分担方式；合伙事务的执行；入伙与退伙；争议解决办法；合伙体（企业）的解散与清算；违约责任。

合伙，不同于共同投资设立的有限责任公司。如果共同投资设立的公司最终未能设立，则应当按照协议分担相关之费用。例如，2015 年 12 月 27 日，甲、乙、丙、丁、戊五方共同签订《股东合作投资协议》，约定：各方拟共同出资设立某公司，公司投资总额 5 000万元，其中注册资本2 000万元；甲以货币2 600万元出资（占股 52%），乙以货币 1 500万元出资（占股 30%），丙以货币 400 万元出资（占股 8%），丁以货币 250 万元出资（占股 5%），戊以货币 250 万元出资（占股 5%）。2016 年 6 月 5 日，因公司未完成设立登记，五方就终止《股东合作投资协议》的事宜共同签订《终止协议》，协议确认：甲实际出资 225 万元、乙实际出资 50 万元、丙实际出资 40 万元、丁未实际出资、戊实际出资 25 万元，合计实际出资 340 万元，已缴纳至甲的个人账户。各方协商一致终止《股东合作投资协议》的履行，不再设立公司；甲确认《股东合作投资协议》终止后，因设立公司所产生的费用和为开展《股东合作投资协议》约定的酒店项目经营事项，包括已经以公司名义签订的全部合同等，均由甲一人承继，已经产生的或将来可能产生的一切费用均由甲一人承担，他人实际出资金额于 2016 年 7 月 15 日前分两次由甲归还给各方。签订

《终止协议》后，甲未依约向乙履行还款义务。乙起诉要求返还投资款，法院认为《股东合作投资协议》《终止协议》《还款协议书》三份协议均为各方真实意思表示，不违反法律的强制性规定，故依法成立且生效，对各方均有约束力，故判决甲按《还款协议书》约定的期限向乙退还投资款。①

（二）合伙的要求

1. 以合伙协议为合伙成立的前提

合伙，既不同于一个独立主体对外的行为，也区别于两个或以上主体出资建立具有法人资格的经营主体。从某种意义上说，合伙就是一种协议，即合伙人为达到共同目的而在协商、自愿基础上达成之协议。因此，合伙的首要特征便是单个民事主体的简单联合，即人合②。合伙协议不仅是合伙成立的前提和基础，也是合伙人权利义务和处理合伙债务纠纷之依据。

无论合伙协议是书面还是口头的形式，只要形成了事实上的合伙关系，相互都有出资，且参与了合伙经营事务，在发生纠纷时就应据实予以认定为合伙。《最高人民法院关于贯彻执行〈中华人民共和国民法通则〉若干问题的意见（试行）》第 50 条规定："当事人之间没有书面合伙协议，又未经工商行政管理部门核准登记，但具备合伙的其他条件，又有两个以上无利害关系人证明有口头合伙协议的，人民法院可以认定合伙关系。"

2. 合伙人须依约出资

合伙人须共同出资，出资作为合伙组织的价值形态表现，是合伙得以进行合伙经营事务的物质前提。只要合伙人同意，合伙出资可以货币、实物、知识产权、土地使用权或者其他财产权利或者劳务，乃至信誉等生产要素形式体现，且出资数额可以是不均等的。例如，甲有一个产品生产的项目正在运行，但缺乏资金，于是找到乙、丙，三人经过协商达成一致的合伙意见：甲的项目作价 50 万元，乙出资 50 万元，丙以自己现有的销售渠道和客户资源作价 50 万元。合伙出资构成合伙财产，各合伙人对合伙财产享有平等使用权，且合伙人的经营权利不因出资多少而有所区别。

3. 合伙人共同管理和经营

合伙是一种共同经营、共同劳动的关系，在共同出资的前提下，各合伙人均应直接以自己的行为参与合伙经营，这是合伙在经营方式上的重要特征。例如，甲、乙、丙三人合伙经营一个餐馆，甲出资 10 万元、乙以自己的厨艺为出资、丙则提供自有房屋作为经营使用，约定各占三分之一的合伙比例，三人均参加合伙经营。如果投资者只是出资，而不参加经营管理活动的，则不是合伙。例如，甲、乙、丙分别以资金、技术、房产使用权出资，成立一家有限责任公司，对外招聘员工开展经营，投资者并不参加公司的管理和运行，则只是有限责任公司的股东，而非合伙。如果一方只是将场地提供给他人经营使用，

① 上海市第二中级人民法院〔2020〕沪 02 民终 4711 号《民事判决书》。

② 人合，强调的是人与人之间的相互信任。而相对的资合，则是注重资金的投入，而不过多地关注投资者之间的信任关系。

自己单纯收取租金的，则属于租赁而非合伙。例如，甲将自己的房屋出租给乙做经营使用而收取租金，则甲、乙之间并不属于合伙关系。

4. 分享利益及连带责任

合伙人可分享合伙利益，并对合伙债务负连带责任。合伙的利益分配方式依合伙协议执行，一般按出资比例确定，合伙期间如出现意外事故等风险，其所受损失由合伙人共同负担。合伙的对外债务由合伙人连带承担，对外承担责任之后可依合伙协议向其他合伙人追偿。例如，甲、乙、丙三人合伙，约定各占三分之一的合伙份额。第一年合伙经营有盈利各得分配盈余 2 万元，从第二年开始亏损，到了第三年对外欠下债务 5 万元，于是债权人向合伙人主张债权，法院判决全体合伙人对此债务承担连带清偿责任。在执行阶段，甲最终进行了清偿。之后，甲要求乙、丙按 5 万元的债务各承担三分之一。

（三）合伙的分类

《民法典》所规定的合伙为自然人个人的合伙。

《合伙企业法》所规定的合伙企业，是指自然人、法人和其他组织依照该法在中国境内设立的普通合伙企业和有限合伙企业。例如，甲饼干厂与乙糖烟酒批发公司确定将特定品牌的饼干生产和销售项目，通过双方建立合伙企业的方式进行联合经营，双方签订了《企业联营合同》，成立一联营企业、互派管理人员共同经营管理，经营获利以及责任承担按各占 50%的比例分配和处理。

合伙企业分为普通合伙企业、有限合伙企业。普通合伙企业，是指由普通合伙人组成，合伙人对合伙企业债务承担无限连带责任的合伙企业。有限合伙企业，则是指由普通合伙人和有限合伙人组成，普通合伙人对合伙企业债务承担无限连带责任，有限合伙人以其认缴的出资额为限对合伙企业债务承担责任的合伙企业。例如，甲、乙、丙、丁四人签订《合伙协议》，明确每人出资 30 万元成立合伙企业，甲、乙、丙为普通合伙人，丁则为有限合伙人。后经工商登记成立合伙企业。经营一段时间后合伙企业发生亏损，对外有 20 万元的债务到期不能偿还，债权人对合伙人提起清偿债务之诉，法院查明，合伙人均依约出资且丁没有抽逃资金的行为。故，判决甲、乙、丙承担连带清偿责任。丁则与有限责任公司的股东一样，以其出资额对外承担责任。

二、合伙合同当事人的权利义务

（一）合伙人的权利

1. 合伙事务管理权

合伙人就合伙事务作出决定的，除合伙合同另有约定外，应当经全体合伙人一致同意；合伙事务由全体合伙人共同执行。按照合伙合同的约定或者全体合伙人的决定，可以委托一个或者数个合伙人执掌合伙事务；其他合伙人不再执行合伙事务，但是有权监督执行情况。合伙人分别执行合伙事务的，执行事务合伙人可以对其他合伙人执行的事务提出异议；提出异议后，其他合伙人应当暂停该项事务的执行。只要合伙人对外代表合伙组织处理合伙事务，则由合伙组织承担责任。例如，甲公司声称受乙公司委托而对外融资

4 000余万元，清偿期限届满，乙公司要求甲公司承担债务。经查，刘某、张某、余某三位合伙人在处理合伙事务过程中，以合伙人刘某所控制的甲公司名义委托乙对外融资而已，并不存在代为融资的客观事实。由此，本案纠纷应通过三位合伙人内部清算解决。①

2. 利润分配权

合伙的利润分配，按照合伙合同的约定处理；合伙合同没有约定或者约定不明确的，由合伙人协商决定；协商不成的，由合伙人按照实缴出资的比例分配；无法确定出资比例的，按照公平原则处理。

3. 剩余财产分配权

合伙合同终止后，合伙财产在支付因终止而产生的费用以及清偿合伙债务后仍有剩余的，依约定或法律规定进行分配。

（二）合伙人的义务

1. 出资

合伙人应当按照约定的出资方式、数额和缴付期限，履行出资义务。一旦向合伙组织出资，则该出资就成为合伙财产，合伙人未经退伙不得抽逃出资。

2. 参加合伙事务

参加合伙事务既是合伙人的权利，也是合伙人的义务；除合同有特别约定外，合伙人不得因执行合伙事务而请求支付报酬。

3. 竞业禁止

合伙人不得自营或者同他人合作经营与本合伙组织具有竞争性质之业务。除合伙协议另有约定或者经全体合伙人一致同意外，合伙人不得同本合伙组织进行交易；合伙人不得从事损害本合伙组织利益的活动。例如，甲、乙、丙、丁四人合伙开设一家酒店，而甲认为在该地开设酒店经营有利可图，于是又与他人合伙在该地开设了另一家酒店。甲就违反了竞业禁止的规定。

4. 连带清偿对外债务

合伙体不能清偿到期债务的，合伙人承担无限连带责任。清偿合伙债务超过自己应当承担份额的合伙人，在对外清偿之后，有权向其他合伙人追偿。

第二节　入　伙

【导入案例】

案例 17-2

入伙纠纷案②

2016 年 4 月 15 日，陈某作为甲方（普通合伙人）、刘某作为乙方（投资人）签

① 最高人民法院〔2020〕最高法民终 246 号《民事判决书》。

② 上海市崇明区人民法院〔2017〕沪 0151 民初 10553 号《民事判决书》。

订《入伙投资协议》一份，约定乙方采取有限合伙的形式加入某投资企业，该合伙企业的主要目的是对丙公司进行投资。甲、乙签订《入伙投资协议》时，某投资企业工商登记的合伙人为陈某、余某。后乙方认为丙公司具有巨大潜力，要求与某投资公司签订的协议作废，直接将个人的投资款转入丙公司名下，否则将要求合伙企业退还投资款。陈某认为刘某违约在先，同意在刘某承担了违约造成的损失后退还余款。

法院认为，新合伙人入伙，除合伙协议另有约定外，应当经全体合伙人一致同意，并依法订立书面入伙协议。本案中，原告、被告签订《入伙投资协议》时，投资企业工商登记的合伙人为陈某、余某，然而《入伙投资协议》上仅有合伙人陈某签字，企业未提供证据证明另一合伙人余某同意原告刘某入伙，因此，刘某签订的《入伙投资协议》尚不能使其成为投资企业的有限合伙人。根据法律规定，因合同未成立而停止继续履行合同的，一方应将因接受履行而取得的财产返还给对方。故被告应将原告因履行《入伙投资协议》支付给其的款项全额返还给原告。

【简要评述】本案的争议虽然是投资款该退多少的问题，但实际上属于合伙合同是否有效的问题，在合伙合同无效的情况下，双方不存在依照合伙协议可行使的任何权利义务，至于甲方收受乙方财物的行为作为不当得利按照法律规定应当返还。本案中，某投资企业合伙人不只有甲一人，但在签订合同时，工商登记的另一合伙人并未表示同意乙加入，应当认定甲和乙之间签署的协议无效。

【法条依据】《民法典》第970条规定："合伙人就合伙事务作出决定的，除合伙合同另有约定外，应当经全体合伙人一致同意。"

【理论讲授】

一、入伙的概念

入伙，是指在合伙成立之后经全体合伙人同意，依法订立书面入伙协议，使合伙人以外的人依法受让合伙企业财产份额或增加出资，成为新合伙人的合伙状态。

新入伙人加入合伙体后，就成为了合伙人，依法得享有合伙人的权利并承担合伙人之义务。

二、入伙的条件

订立入伙协议时，原合伙人应当向新合伙人告知合伙组织的经营状况和财务状况。如果新合伙人未经了解合伙组织的经营状况和债权债务情况，入伙后以此为抗辩理由而不承担责任的，则该抗辩理由不能成立。因此，在入伙之前应当对合伙组织的经营情况和债权债务情况了解清楚。例如，某合伙组织原有合伙人三人，其中一合伙人向新合伙人吹嘘该合伙项目如何有发展前景，只是现在由于资金短缺而难以大展宏图。新入伙人在未经了解合伙组织经营状况下，匆忙签订了《入伙协议》并向合伙组织出资100万元，之后债权人找上门来，新入伙人才发觉自己成为原合伙人清偿债务的"替死鬼"。只要新合伙人签订了《入伙协议》，无论是其是否了解清楚合伙组织的经营状况和财务状况，还是因原合伙人伪造财务账册骗取其进入合伙组织，新合伙人均须对合伙组织原有的债务承担连带责任。债务清偿之后，新合伙人可另寻法律途径追究原合伙人的相关法律责任。

新合伙人入伙时，应当经全体合伙人同意，并依法订立书面的入伙协议。

三、入伙的效果

入伙的新合伙人与原合伙人享有同等权利，承担同等责任。

值得注意的是，新合伙人不但要从入伙后对和合伙组织所形成的债务承担责任，而且必须要对入伙前合伙组织的债务承担连带责任。例如，某合伙体有甲、乙、丙三个合伙人，由于缺乏资金，于是邀请丁入伙，丁的入伙征得了甲、乙、丙之同意，四方共同签订了《入伙协议》，明确了各合伙人的权利和义务，丁出资 50 万元后成为了新的合伙人。但丁入伙之后，债权人向合伙人主张债权 20 万元（丁入伙前已经形成的债务），但合伙组织除了丁的 50 万元出资外已经没有了其他的资产，最终法院判决合伙人对该 20 万元债务进行清偿。合伙人会议决定用丁的出资部分偿还了该债务。

新入伙的合伙人与原合伙人具有同样的权利义务，不得约定新入伙人对入伙前合伙组织的债务不承担责任；也不得作出保底获利之约定。即使有该约定，亦因违反合伙的本质特性而无效，或者被认定为名为合伙实为借贷。例如，某合伙体有甲、乙、丙三个合伙人，由于缺乏资金，于是邀请丁入伙，四人最终签订《入伙协议》，约定丁出资 100 万元但不参加合伙事务管理、不承担亏损，该出资一年，年底由甲、乙、丙向丁连带承担还本付息（年息 24%）的责任。可见，四人签订的名为《入伙协议》，实质上就是民间借贷。

第三节 退 伙

【导入案例】

案例 17-3

退伙纠纷案①

2016 年 11 月 8 日，甲与乙公司签订合伙协议，但并未约定合伙期限，事后，原告甲将 57 万元入股到被告乙公司，后原告因身体不适无法继续工作，现要求退出该企业经营活动，原告甲于 2018 年 6 月 29 日向所有股东发出了退股通知，但由于无人回复，遂提起诉讼。被告乙公司根据工商登记信息和营业执照，认为合伙企业的经营期限是 30 年，在有效期内，不存在退伙的情形，不同意原告的诉讼请求。

法院认为原告、被告根据《合伙协议》的约定成立了乙公司，系当事人的真实意思表示，合法有效，合伙人均应依合同约定或法律规定履行合同义务。《合伙协议》第 14 条约定，协议未约定合伙企业经营期限的，合伙人在未给合伙企业事务执行造成不利影响的情况下，可以退伙，但应当提前 30 日通知其他合伙人；擅自退伙的，应当赔偿由此给其他合伙人造成的损失。故支持了甲退伙的请求。至于被告提出

① 北京市昌平区人民法院〔2018〕京 0114 民初 14790 号《民事判决书》。

的根据工商登记信息和营业执照，可以体现出合伙企业的经营期限是30年的答辩意见，乙公司营业执照上显示合伙期限并非《合伙协议》中约定的合伙企业经营期限，两个概念不能混同。

【简要评述】 合伙人退伙可以分为法定退伙和约定退伙，在双方签订的合伙协议没有约定的情况下，可以适用法定退伙，即在对其他合伙人未造成不利影响的情况下提前通知退伙。法定退伙不影响其权利义务之承担。

【法条依据】《民法典》第976条规定："合伙人对合伙期限没有约定或者约定不明确，依据本法第五百一十条的规定仍不能确定的，视为不定期合伙。……合伙人可以随时解除不定期合伙合同，但是应当在合理期限之前通知其他合伙人。"

【理论讲授】

一、退伙的概念

退伙，是指在合伙组织存续期间，合伙人基于一定的法律事实而退出合伙组织，从而消灭合伙人资格的法律行为。

退伙可分为自愿退伙、法定退伙两大类。

自愿退伙，又称声明退伙，是指基于合伙人单方的退伙意愿而终止与其他合伙人之间的合伙协议，退出合伙组织的单方法律行为。其中又分为协议退伙和通知退伙。

法定退伙，又称为强制退伙，是指非基于合伙人的意思表示，而是基于法律规定或者法定事由发生的当然退伙。例如，合伙人死亡或者被依法宣告死亡、被依法宣告为无民事行为能力的人等（其中还包括当然退伙和除名）。

二、退伙的条件

（一）自愿退伙的情形

以下情形导致的退伙，属于自愿退伙：第一，合伙协议约定的退伙事由出现；第二，经过全体合伙人的一致同意；第三，发生合伙人难以继续参加合伙的事由；第四，其他合伙人严重违反协议约定的义务。

（二）法定退伙的情形

以下情形导致的退伙，属于法定退伙：第一，除名退伙。由于特定的事由，被其他合伙人一致决议除名而退出合伙：例如，因合伙人未履行出资义务；因合伙人故意或者重大过失给合伙企业造成损失；执行合伙事务有不正当行为；发生合伙协议约定的其他事由。除名退伙的，须遵循一定程序并书面通知被除名的合伙人。第二，当然退伙。当发生了某种客观情况而导致的退伙：例如，作为合伙人的自然人死亡或者被依法宣告死亡；个人丧失偿债能力；作为合伙人的法人或者其他组织依法被吊销营业执照、责令关闭、撤销，或者被宣告破产；法律规定或者合伙协议约定合伙人必须具有相关资格而丧失该资格；合伙人在合伙企业中的全部财产份额被人民法院强制执行。合伙人因违约而被除名，可根据约定处理。例如，《合伙协议》明确约定各合伙人出资的时间和金额，并明确如果未在限定的期限内出资，则视为不参加合伙；未在期限内全额出资的，丧失合伙人资格，而且已经支付的合伙资金不予退还。基于私权处分和意思自治，应当尊重该约定。

三、退伙的效力

（一）退伙人丧失合伙人资格

无论是哪种退伙形式，退伙将发生合伙人资格丧失之效果。合伙人死亡或者依法被宣告死亡的，对该合伙人在合伙组织中的财产份额享有合法继承权的继承人，按照合伙协议的约定或者经全体合伙人一致同意，从继承开始之日起，取得该合伙企业的合伙人资格。但是，继承人不愿意成为合伙人；或者法律规定或合伙协议约定合伙人须具备特定资格，而该继承人未取得该资格；合伙协议约定不能成为合伙人的其他情形的，合伙组织应当向合伙人的继承人退还被继承合伙人的财产份额。如果合伙人的继承人为无民事行为能力人或者限制民事行为能力人，经全体合伙人一致同意，可以依法成为有限合伙人，普通合伙企业依法转为有限合伙企业；全体合伙人未能一致同意的，合伙企业应当将被继承合伙人的财产份额退还给继承人。

除了退伙，经全体合伙人同意，合伙人也可以将自己的合伙份额全部或者部分地转让给合伙人或者合伙人以外的人承受。

（二）退伙人财产份额的退还

合伙人一旦出资，无论该资产是用于合伙还是由合伙事务管理人出借给他人，合伙人均无权要求返还。例如，甲合伙人出资后，合伙事务管理人乙将该款项根据《合伙协议》的安排通过委托贷款借给了丙公司。丙未能依约还款付息，甲于是要求乙退还该款额。其他合伙人实际占有并控制合伙企业的财产，是以合伙事务执行人的身份代表合伙企业占有和控制合伙资产，合伙人无权要求其他合伙人返还出资款。法院认为合伙人的出资对象是合伙而非其他合伙人，根据《合伙企业法》第 20 条“合伙人的出资、以合伙企业名义取得的收益和依法取得的其他财产，均为合伙企业的财产”的规定，驳回了原告甲对被告乙之诉请。① 退伙人在合伙企业中的财产份额的退还办法，由合伙协议约定或者由全体合伙人决定，可以退还货币，也可以退还实物。

（三）退伙人对合伙亏损的分担

合伙人退伙后，对合伙组织新形成的债务不承担责任。

退伙人应对基于退伙前发生的合伙组织债务，承担无限连带责任。合伙人退伙时，合伙组织财产少于合伙企业对外负债的，退伙人应当依照其应分担的比例分担亏损。例如，甲、乙、丙三人合伙，2020 年 10 月 26 日丙退出合伙，则对于退伙以后形成的债务不承

① 最高人民法院〔2018〕最高法民终 539 号《民事判决书》。

担责任。退伙清算时，发现合伙组织的财产少于合伙对外债务，丙根据合伙出资比例承担了2万元亏损。

第四节　合伙合同关系的终止

【导入案例】

案例17-4

合伙关系终止清算纠纷案①

2017年2月13日，自然人甲就合作兴办生产某产品的合伙与自然人乙签订了一份《合伙协议书》，约定：双方就某特定事项进行合伙，合伙终止后应进行清算，之后如有盈余则按收取债权、清偿债务、返还出资、按比例分配剩余财产的顺序进行分配。

后因经营管理不善，合伙体负债100余万元。2018年2月4日，甲与乙达成一致意见：甲退出合伙关系、解除合伙协议，乙向甲支付50万元。因乙暂无支付能力，经甲同意，乙向甲出具了一张借条，载明："今借甲现金合计人民币伍拾万元（500 000）于2018年年底全部付清。"2018年3月至7月期间，乙向甲支付了189 380元，但此后未再向甲支付任何款项，并明确表示再无能力支付剩余款项。甲起诉乙要求偿还剩余款项。乙认为该借条并不是双方对合伙期间债权债务的结算协议，只是普通的民间借贷合同关系，要求撤销该借条并要甲对合伙企业的债务承担连带责任。

一审、二审、再审法院均认为甲与乙签订的合伙协议系双方真实意思表示，且不违反法律、行政法规的强制性规定，合法有效。依据《最高人民法院关于贯彻执行〈中华人民共和国民法通则〉若干问题的意见（试行）》第52条、第54条规定的解除合伙协议、终止合伙关系、对合伙期间的债权债务进行清理结算等均属于合伙关系当事人意思自治的范畴，法律对具体的清算方式、程序并未作出强制性的规定，属非要式民事法律行为。结合各方证据，足以确认甲、乙于2018年2月4日所达成的一致意见，终止了合伙协议，清算后乙向甲出具了《借条》，应视为双方就甲退出合伙以及合伙期间债权债务的结算协议是其真实意思表示，并不存在重大误解、显失公平之情形。乙应当根据《借条》按期、足额向甲支付确定的款项、履行自己的诺言。法院最终支持了甲之诉请。

【简要评述】本案的争议焦点是双方签订的"借条"到底属于民间借贷还是合伙企业终止后的结算协议。不难看出，乙出具借条，是甲、乙经协商后出于真实意思表示达成的协议，前提是甲退出合伙关系、解除合伙协议，其实质是对合伙企业之前债权债务以及其他权利义务的一种结算安排，因此具有约束性，应当认为此借条已经对合伙企业终止之后

① 四川省高级人民法院〔2019〕川民申2304号《民事裁定书》。

的各项事务作出了安排，乙要求甲继续承担合伙体债务之连带责任的要求不能成立。

【法条依据】《民法典》第 978 条规定：“合伙合同终止后，合伙财产在支付因终止而产生的费用以及清偿合伙债务后有剩余的，依据本法第九百七十二条的规定进行分配。”

第 972 条规定：“合伙的利润分配和亏损分担，按照合伙合同的约定办理；合伙合同没有约定或者约定不明确的，由合伙人协商决定；协商不成的，由合伙人按照实缴出资比例分配、分担；无法确定出资比例的，由合伙人平均分配、分担。”

【理论讲授】

一、合伙关系终止的界定

合伙关系的终止，简称合伙的终止，是指由于法律规定的原因而使合伙事业终结，合伙关系归于消灭的客观状况。合伙关系消灭，则合伙人之间不再对合伙体享有权利、不再对合伙体承担责任。

二、合伙关系终止的原因

（一）合伙存续期限届满

合伙合同定有存续期间，且约定的经营期限届满，合伙人不愿继续经营的，则于该期间届满时合伙即归解散。但若合伙合同所定的期限届满后，合伙人仍继续其事务的，视为以不定期限继续履行合伙合同。例如，合伙期限届满后，曹某某仍在实际经营，双方也在一直分配合伙利润。由此，曹某某与卢某某的合伙法律关系在签订合同中所约定的期限届满后仍继续存在。而且，曹某某于 2009 年 8 月 27 日向卢某某发出的《关于终止合作经营关系的函》记载，案涉承包经营期限届满后，曹某某与卢某某的经营合作关系依法属于不定期合作关系。法院认定作为合伙人的曹某某已认可案涉承包经营期限届满后，其与卢某某之间的合伙法律关系并未终止，而是属于合作期限不固定的合伙法律关系。①

（二）合伙人全体一致同意终止合伙合同

合伙系基于全体合伙人的意思而成立，当然也得基于全体合伙人的意思而解散。不论合伙合同是否定有存续期间，亦无论是合伙协议中约定的合伙关系终止事由是否出现，只要是经过全体合伙人一致决议，均可终止合伙合同关系。

（三）合伙事业已经完成或无法完成

合伙合同所约定的合伙目的无法实现，包括自始不能完成及中途不能完成。合伙皆有其存续目的，若其目的已达到或确定不能达到，合伙也就失去了存在的依据，理应解散。

---

① 最高人民法院〔2016〕最高法民再 138 号《民事判决书》。

(四) 合伙事业违反法律而被撤销

合伙组织如果是企业，其营业执照被依法吊销，或者出现了法律、行政法规规定符合合伙组织解散的其他原因，合伙组织理应解散。

三、合伙关系终止的程序及后果

(一) 清算

法律尽管未对个人合伙规定清算程序，也没有规定一方不履行义务导致清算不能的救济途径。但是，为了明确合伙人的责任和保障债权人的权益，增强合伙组织终止后分配财产的合法性和有效性，合伙关系终止时，原则上应由合伙人对合伙组织进行清算。

合伙企业清算程序可分为以下四个步骤：第一步，变卖企业资产；第二步，确认清算损益、支付清算费用；第三步，收回债权、清偿债务；第四步，分配剩余资产。合伙企业在终止经营的情况下，无非有三种结果：第一种结果是清偿债务后有盈余；第二种结果是清偿债务后没有盈余；第三种结果是现有资产不足以清偿债务。清算后，合伙企业经过注销登记，合伙主体消灭。但是，对于合伙期间形成的债务未清偿的，债权人得依法主张债权，合伙人不得以经过清算而不承担责任。经过债权人同意，合伙组织的债务可以转为合伙人个人债务。例如，原告郭某某与被告周某某、杜某、杜某某签订的工程施工合伙合同，2014 年 7 月 25 日，三被告协议将应付剩余工程款 31 万元由其中一人即周某某承担，并征得原告的同意。后周某某未履行债务清偿义务，原告诉至法院，法院认定协议系各方当事人真实意思表示，符合法律规定，被告应就此应付款承担给付义务。①

(二) 盈余分配

清偿债务后有盈余的，则根据合伙协议对盈余进行分配；没有约定的依照合伙出资比例分配；如果没有约定且无法确定合伙出资的，则依照公平原则进行分配。正常情况下，可将现有的财产进行折价处理，最终实行金钱的盈余分配是最为便利的。但是，只要合伙人达成合意，亦可将金钱以及其他财物进行直接的分配，还可以对应收债权作出分配和处理。例如，某合伙经过清算，确认尚有 30 万元的款额盈余，此外还有三辆汽车、三个各 10 万元的应收账款的债权；三合伙人约定各分得 10 万元、一辆汽车，各自分别享有一个 10 万元的应收债权。

(三) 债务清偿

合伙组织现有资产不足以清偿债务的，先以合伙组织现有的资产清偿，不足部分可根据合伙协议由合伙人出资集中后对外清偿；如果合伙人不能达成一致的意见且无法清偿债

---

① 内蒙古自治区商都县人民法院〔2015〕内商民初第 371 号《民事判决书》。

务时，债权人可要求合伙人承担连带清偿责任，任一合伙人对外负责清偿后，可向其他合伙人追偿。无论是否经过清算程序，也无论清算结果如何，只要存在合伙期间所形成的对外债务，债权人均有权要求合伙人承担连带清偿责任。例如，张三、李四、王五三人签订《合伙协议》，约定每人出资 50 万元共同经营餐饮店。由于经营不善，合伙人一致决定终止合伙，经过清算，还剩余 12 万元，三合伙人各分得 4 万元。之后，债权人出现，要求甲承担合伙存续期间留下的 10 万元债务的清偿责任。甲提出抗辩称，自己只是其中的一个合伙人而已，而且已经对合伙体进行了清算，清算之后的债务不应承担。依照法律规定，合伙体无论清算与否，只要是在合伙期间所形成的债务未清偿的，债权人均可依法向合伙人主张债权。

【本章小结】

合伙作为一种特殊的出资管理和运营模式，无论是合伙人的内部关系还是对外债务责任的承担，都有别于有限责任公司的诸多方面内容和要求。在强调人合的情况下，并非是简单的资合，因此选择有共同目标和相互理解、配合且能够讲诚信、有实力的合伙人尤为重要。

【课后练习】

1. 名词解释

合伙；入伙；退伙；合伙关系的终止。

2. 简答题

（1）合伙人有哪些权利和义务？（可参见本章第一节的内容）

（2）新入伙人对入伙前的合伙债务是否需要承担责任？（可参见本章第二节的内容）

（3）退伙后是否需要对退伙前的债务承担责任？（可参见本章第三节的内容）

（4）合伙经过清算后是否合伙人就无须承担未了结的合伙期间的债务？（可参见本章第三节的内容）

3. 案例分析题

2017 年 11 月 1 日，许某某与何某签订《购车协议》，约定合伙购买和运营一辆大型普通客车挂靠在汽运公司进行运营，收益、风险及其他开支由两人共同承担。合同签订后，何某依约向许某某支付 10.5 万元购车款，之后购买了一辆大客车挂靠在汽运公司名下开展运营。2018 年 3 月 24 日，司机驾驶该大客车发生交通事故。交通事故发生后，何某要求许某某与其共同出资对车辆进行维修，许某某不同意，双方最终就车辆维修事宜未达成一致意见。2018 年 5 月 8 日，许某某向汽运公司出具报废申请，汽运公司同意后该车报废，当地公安局交警支队车管所于 2018 年 5 月 31 日为该车办理注销登记并出具机动车注销证明书。何某向所在地的县人民法院提起诉讼，请求判令许某某及其丈夫、汽运公司连带赔偿 10.5 万元。一审法院认为双方未就合伙账务进行结算，何某无权请求赔偿损失，故驳回其诉讼请求。何某不服，上诉至绵阳市中级人民法院被驳回。何某仍不服，向四川省高级人民法院提起再审申请，也被驳回。①

问：请根据相应的法律规定以及合同法理，分析法院判决的依据是否充分。

提示：可参见本章第三节的内容及参考《民法典》第970条、第978条以及相应的规定。

① 四川省高级人民法院〔2019〕川民申5797号《民事裁定书》。

第十八章　准　合　同

【本章引言】基于民事行为、法律规定，都可能产生债；而合同是因民事行为发生债的最常见之原因；根据法律规定，侵权行为、无因管理和不当得利也都是债发生的原因。因此，理论上将无因管理和不当得利纳入准合同的范畴，《民法典》在合同编中也做了相应之规定。准合同，是指带有决定合同要件成立先决条件的合同。准合同，实际上是准许其适用合同法来认定债的一种形式，因为它们都体现了当事人的意思，并且均需在一定程度上尊重当事人的私权处分。所以，准合同与合同是相类似的一种债的关系，但也有相应的一些特殊规则。

【本章重点】无因管理的构成要件；不当得利的认定条件。

第一节　无因管理

【导入案例】

案例 18-1

灾后锯道路树木的无因管理纠纷案①

2015 年 8 月 5 日 16:30 左右位于江苏省如皋县城下起了大雨且刮起了八级大风，如皋县某村六组某公路旁边的一棵大杨树被刮倒在钱某某承包种植的树田里，将其承包田里的树木压倒了好几棵，同时还压倒了电话通信线。事发后，钱某某的亲属到现场查看了实际情况，并向县公路管理站的工作人员进行了反映，但管理站未及时安排人员进行处理。2015 年 8 月 6 日上午 9 时左右，钱某某和家属用电锯在锯倾倒的杨树时因树木反弹，致使站在树上的钱某某摔落到树坑里受伤。钱某某经医院抢救无效死亡。

死者家属认为公路管理站对县道旁的树木有管理、养护的法定职责，公路管理站并未及时处置。而死者没有法定或约定之义务，为避免他人利益受损，主动清理有隐患树木的行为，符合无因管理之法定要件，其受伤在主观上无过错。死者家属作为原告请求法院判决作为被告的公路管理站赔偿因钱某某受伤死亡的各项损失共计 826 851.61元。被告辩称：被告作为管理人，在自然灾害的台风发生按照先抢通后修

① 江苏省如皋市人民法院〔2016〕苏 0682 民初 4896 号《民事判决书》。

复的原则，安排人员对道旁不能及时清理倾倒的树木周围做了警示，已经勤勉地完成了公路管理和维护的义务，本案不符合无因管理的法律要件。因此，请求法院驳回原告的全部诉讼请求。

法院认为，案涉树木属于被告管理的范围，其灾后清理需要支出费用，钱某某没有法定和约定的义务，为避免他人利益受损而进行管理或者服务之行为应认定为无因管理，有权要求受益人偿付由此而支付的必要费用及损害。但钱某某在锯树过程中，未采取任何的安全防范保护措施，其方法也明显不妥，其对自身安全疏于防范，是该起事件发生的主要原因。法院判决酌情由被告补偿原告因钱某某死亡的各项损失8万元。

【简要评述】暴风大雨造成树木倾倒、泥石流冲断道路等后果，有管理职责的单位应当及时组织人员修复和保障道路畅通。没有法定或约定的义务，积极参与到灾后的恢复工作之中者，诚然值得肯定。但是，在做好事的时候一定不能忘记安全措施。

【法条依据】《民法典》第979条规定："管理人没有法定的或者约定的义务，为避免他人利益受损失而管理他人事务的，可以请求受益人偿还因管理事务而支出的必要费用；管理人因管理事务受到损失的，可以请求受益人给予适当补偿。"

【理论讲授】

一、无因管理及其特性

无因管理，是指没有法定或约定的义务，为避免他人利益受损，自愿管理他人事务或为他人提供服务的行为。

管理他人事务的人为管理人，事务被他人管理者为本人。因管理行为而产生管理者与本人之间的债，为无因管理之债。

无因管理作为一个专门的法律术语，属于债法的领域，其区别于以下的概念。

第一，无因管理区别于见义勇为。见义勇为，是指个人不顾自身安危而通过同违法犯罪行为做斗争或者以抢险、救灾、救人等方式保护国家、集体的利益或他人的人身、财产安全的一种行为。见义勇为，在通常情况下如果未导致行为人的损害，则限于道德领域予以褒奖和鼓励；如果见义勇为之行为导致对行为人损害的，则按无因管理之债处理。亦即，见义勇为不一定会发生无因管理之债。例如，某武警战士在复员回家的路上，见到一歹徒拦路抢劫某位女士，于是挺身而出，徒手制服该歹徒并将之扭送到公安机关。如果该战士毫发无损，尽管也属于无因管理的范畴，但却不存在需要适用无因管理的规定要求本人（被害者）补偿的问题。

第二，无因管理区别于正当防卫。正当防卫，是指对正在进行不法侵害行为的人，而采取的制止不法侵害的行为。正当防卫对不法侵害人造成损害的，不但不负刑事责任，而且也不负民事赔偿责任。因此，对正当防卫的认定，主要是从行为人所造成不法加害人损害而是否需要承担法律责任的角度来规定的。无因管理，则是从管理人自身受到损害的补偿角度来规定的。如果在实施正当防卫中受损害，依法亦应当得到赔偿。例如，2002年3

月6日《法制日报》第六版报道了一起发生在湖南省的真实案件：一天凌晨，在长沙市某镇的刘先生发现有人行窃，便大喊“抓贼喽!”睡在刘先生隔壁的该饭店老板薛某某闻声并了解情况后，跑到楼下一边大喊“抓贼”一边追赶。喊声引起周围许多人的注意，来自浏阳市某镇的潘绍某、潘登某两兄弟惊醒后，也一起跑出来追赶窃贼，但潘登某不幸被歹徒持刀刺中胸部在送往医院时去世，薛某某也被刺伤。凶手最终被众人擒获。后来法院以故意伤害罪判处该行凶者有期徒刑6年、赔偿死者父母60 850元。然而，死者父母却将薛某某告上法庭，理由是虽然法院判决凶手赔偿，但却没有拿到赔偿金；儿子的死与薛某某的行为有直接的因果关系。薛某某认为，自己是见义勇为，又是第一个受伤者，自己也没有得到任何的经济赔偿，原告要求自己赔偿是没有根据的。① 薛某某既非加害者，亦非本人，其本身也属于无因管理者。故，薛某某对死者不应承担赔偿或者补偿责任，而薛某某的损害还应当得到赔偿。

第三，无因管理区别于不当得利。尽管无因管理和不当得利都以没有法定、约定的依据为前提，但不当得利着重于所得利益结果之返还。例如，原告知道被告曾向某信用社借款4.6万元一直未予偿还，原告于2014年12月将被告所欠借款的本息共计56 997.8元全部还清，嗣后原告向被告催要，但被告一直未还，故原告以无因管理为由向法院提起诉讼。最终，法院认定原告和被告之间未就代还款额达成意思一致，但原告主动替被告还款的行为免去了被告继续偿还原信用社的借款本息，可以认定被告获得了利益，且原告还款行为也对其本人造成了一定经济上的损失，被告的得利与原告的损失具有因果关系，且被告获得此种利益并无法律上原因，符合不当得利的构成要件，应认定成立不当得利法律关系。法院将本案的案由从无因管理变更为不当得利纠纷，判决被告将取得的不当利益返还受损失的原告。②

值得注意的是，不同的法律制度对于同一问题可能有不同的侧重点和规定，有些方面形成交叉是正常的。但是，并不等于在某一领域作出的规定就必然性地排除了其他领域的相关规定。例如，某小偷行窃得到了5 000元，该款项在刑法上被称为“赃款”，在民法上被称为不当得利，无论是警察在办案过程中将赃款直接发还给受害者，还是受害人附带提起民事诉讼要求按不当得利返还，都是为了保护受害者的财产权利。

二、无因管理的构成要件

（一）为他人管理事务

为他人管理事务，就是为了他人进行管理或者提供服务，可以是涉及财产的事项，也可以是不涉及财产的事项；既可以是一时性的还可以是继续性的。

被管理的事务，必须是他人的事务，如果是本人的事务或者作为一个家庭共有的事务，则不属于无因管理。例如，某人路过楼下，见到一件衣服从楼上飘落到了树杈上，为

---

① 见义勇为纠纷案件的法律分析［DB/OL］.［2020-08-31］.北京医疗事故律师网：http：//www.jdlawyer.net/ShowArticle.shtml？ID=2011103121295343968.htm.

② 安徽省颍上县人民法院〔2015〕颍民一初01285号《民事判决书》。

了防止风将衣服刮往别处，其出于好心爬上树去取，却不慎摔下来扭伤了脚。最终，发现衣物原来是自己家的。这就不属于无因管理。

（二）有管理意思

有管理意思，就是指有为他人谋利益的意思表示，或者说是出于保护他人利益的想法。值得注意的是，谋利，不仅包括增加利益，也包括防止利益减损。例如，2012 年 6 月 3 日，广州天河区 3 岁女童失足后悬挂于 4 楼阳台，周某徒手爬上 3 楼防盗窗，将女童托举了 10 余分钟。后在众人的帮助下女童成功获救。周某被新闻界赞誉为“托举哥”①。周某的行为就表明了其为女童家长管理事务（防止女童坠落）的意思表示。如果是出于非法占有为目的之行为，最后被发现了而返还，则不构成无因管理。例如，某人在路上拾获了一条项链，其本想据为己有，并到首饰店进行了检验，还花了 200 元钱进行了清洗。后来失主报案，警察通过查看路边的录像发现了拾获者，最终找到拾获者并要求其返还。拾获者以无因管理为由，要求失主支付清洗费 200 元，最终被拒绝。

（三）没有法定或约定义务

“无因”并不等于没有客观上的原因。按照哲学和逻辑学的原理，任何果都有因。法律上的无因，并非是指没有客观上的原因，而是指没有法律规定的义务或者合同约定之义务这个原因（前提）。从法律的角度上分析，即行为人可做可不做，其不作为不构成任何法律责任。例如，某路人见到一棵大树被风刮倒在地，其不管不顾自行离开，后面的路人不小心被绊倒。由于前人没有管理的职责，也没有合同约定之义务，其对后者被绊倒受伤不负法律责任。但是，如果作为合同的当事人，尽管一方的履行行为不符合合同的约定，但合同另一方仍有相应之义务时，则不构成无因管理。例如，当卖方将产品交付给买方后，买方清点货物，发现多出了 10 件货物，买方有义务通知卖方并对该货物进行妥善的保管。因此，保管该 10 件货物，尽管有为管理他人的管理行为和保管意思，但其有合同的前因，故而其有通知和保管的义务，如有相应支出时可要求卖方补偿，却不纳入无因管理范畴来处理。

如果有管理职责的工作人员，依照规则做事，则不能列入无因管理的范围。例如，某地铁站的工作人员在地铁站内拾获一乘客的钱包，最终通过钱包中电影院的会员卡联系上了失主而返还钱包，② 该行为属于职务行为，不构成无因管理。

三、无因管理的处理规则

（一）适当补偿规则

由于无因管理而导致管理人有合理支出的，管理人有权要求受益人支付必要的费用；

---

① “托举哥”周冲的华丽转身：从道德模范到劳动模范［DB/OL］．［2020-08-31］．搜狐网：https：//www. sohu. com/a/286450716_120024305.

② 爱心地铁：“马大哈”将钱包遗落车站，工作人员通过电影院会员卡找到失主［DB/OL］．［2020-08-31］．搜狐网：https：//www. sohu. com/a/225248635_391252.

管理人因管理而受到损失的，可请求受益人给予适当补偿（而非赔偿）。例如，张三见到自己的承包地里有一头挣断绳索的牛在吃自己的庄稼，于是将其牵到一边并寻找其主人，在寻找主人的期间购买了 200 元饲料喂食，期间还因牛顶烂了自己搭建的窝棚造成损失 300 元。最终，牛的主人找到了张三，张三可要求受益人支付 200 元的饲料费和适当补偿自己的损失 300 元。

（二）延续管理规则

《民法典》第 981 条规定："管理人管理他人事务，应当采取有利于受益人的方法。中断管理对受益人不利的，无正当理由不得中断。"这是因为一旦管理人介入管理，则打断了他人介入管理之可能，如果管理人中途放弃管理，将可能会造成无可挽回之损失。因此，有了无因管理这一先前行为，则管理人就应当承担其连续管理之义务。无论是有意损坏被管理之物品还是放弃管理而导致他人损失的，均应依法赔偿。例如，徐小姐不慎丢失的手机被一位大妈拾获，经联系后见面，大妈索要2 000元好处费未果而当面将手机摔坏。① 摔手机者应承担损害赔偿的责任。

（三）及时通知规则

《民法典》第 982 条规定："管理人管理他人事务，能够通知受益人的，应当及时通知受益人。管理的事务不需要紧急处理的，应当等待受益人的指示。"例如，某地一位 3 岁的小朋友和大人走失，好心人在看管好小朋友的情况下通过微信的"朋友圈"发布了消息，最终联系上其父母并由父母将小孩带回家。②

（四）报告、交付规则

为他人管理事务之目的是防止本人受损或者损失进一步扩大，而并非是为了管理人有所获利。因此，除非紧急情况，管理人原则上不得动用被管理的财物；当管理人结束管理事务时，应当及时、全面地向本人报告；报告之后应办理交接手续。《民法典》第 983 条规定："管理结束后，管理人应当向受益人报告管理事务的情况。管理人管理事务取得的财产，应当及时转交给受益人。"

（五）转换委托规则

《民法典》第 984 条规定："管理人管理事务经受益人事后追认的，从管理事务开始时起，适用委托合同的有关规定，但是管理人另有意思表示的除外。"一开始是无因管理，得到本人的追认则转为委托管理。例如，某人在路上见到一只流浪狗，好心收留，之后见到了失主张贴的《悬赏广告》。管理人联系上了失主，失主适逢出差在外，其请求管

① 大妈捡到手机索要 2000 元报酬不成，当场将手机摔烂［DB/OL］.［2020-10-03］. 搜狐网：https：//www. sohu. com/a/237724911_349112.

② 好心人"捡"到 3 岁小女孩，万能的朋友圈帮她找到家人［DB/OL］.［2020-08-31］. 新浪网：http：//news. sina. com. cn/o/2017-11-20/doc-ifynwnty5948975. shtml.

理人继续帮忙照看该宠物至其出差回来，可约定相关的费用由失主承担。此时，双方就产生了委托合同关系。

第二节　不当得利

【导入案例】

案例 18-2

误划款项被法院执行的不当得利返还纠纷案①

A公司欠有一笔债务被生效的判决确定且进入法院强制执行阶段，该公司的账户已经被依法冻结，债权人为刘某某。B、C公司的外聘财务人员为同一人。B公司欠付A公司工程款124 981.23元；而C公司欠付A公司372 379.65元补充耕地储备项目费用。财务人员在转款时，由C公司误向A公司转款4 369 651.29元，注明四笔款项是“某项目第X标段”。因A公司被债权人刘某某申请法院强制执行，法院对A公司的账号已经冻结，C公司向A公司的款项转入后立即被冻结，并最终由法院强制划入到了债权人刘某某的账号上。C公司发现错误之后立即提出执行异议之诉，法院在扣除应付工程款后，将剩余的4 244 670.06元认定为误转账，认定属于不当得利而予以退还。刘某某不服，要求最高人民法院再审，最高人民法院驳回了其再审申请。

【简要评述】 A欠付刘某某的款额应当支付，且在法院的强制执行过程中，但并非是所有进入该被冻结账号上的款额都应无条件地转为被执行款。C公司向A公司的转账款额，除去应付未付款部分，剩余的为错误转账，对于A公司而言属于不当得利，应当退还。通常，不当得利者都会说“这又不是我的错”。的确，在误转账的情况下，所获利益者对于得到这一笔“不义之财”本身没有主观上的过错，但是如果不退还的话则会侵害到合法财产权利人的权利。故，为了维护正常的社会秩序，不当得利返还是必需的。

【法条依据】《民法典》第985条规定：“得利人没有法律根据取得不当利益的，受损失的人可以请求得利人返还取得的利益，……”

【理论讲授】

一、不当得利及其特性

（一）不当得利的界定

不当得利，是指没有合法依据，有损于他人而取得之利益。

① 最高人民法院〔2017〕最高法民申322号《民事裁定书》。

取得利益的人为受益人，遭受损害的人为受害人。受害人与受益人之间因此不当得利之行为而形成了债的关系，受益人为债务人，受害人为债权人。在现代社会，柜员机提供银行转账服务，在电脑上甚至是通过手机都可方便地转账。正常情况下，银行汇款需要账号和户名对得上才给解付，但错误转账的事情却时有发生。如果出现错误转账而银行不愿提供对方的个人信息，汇款人则应向公安机关报案要求公安机关出面介入调查，汇款人也可凭借汇款单到法院提起民事诉讼，请求法院认定为不当得利而判决返还。例如，2016年8月25日，原告A公司财务人员在网上转账时误将应转给B公司的货款15万元转到被告C公司的账上，A与C公司没有任何的经济往来关系。A当日即与C公司联系要求还款，但C公司称因该公司向某银行D借款，该账户属于还款账户，该款已经被银行直接划走，无法返还，要求A公司走法律程序。A公司于是将C、D起诉至法院。一审法院认定C之所得为不当得利，但D银行划走属于C账上的款额有合同依据，故仅支持A对C不当得利返还之请求，驳回了A对D的请求。A不服而提起上诉，二审法院认为，C授权D直接划扣款额用于还贷其前提必须是C的合法财产；该15万元属于C的不当得利，故不能作为偿还D银行的款额进行直接划扣。二审改判：C、D返还该15万元。①

不当得利的认定，应当是不存在着合法的基础法律关系。例如，2011年3月4日，赖某某以银行卡转款的方式支付给陈某10万元，因陈某未返还该款，赖某某于2014年向法院起诉陈某以借款到期未还为由要求偿还10万元及支付利息。一审、二审以及再审法院均认为，原告不能举出借款协议、借条等证据，又无法排除存在其他转款原因，故因缺乏证据而驳回其诉请。之后，赖某某以不当得利向法院起诉陈某，要求判决返还10万元。法院一审以原告未举证证明属于不当得利而判决驳回原告的诉请，原告不服提出上诉。二审法院审理后认为，原告与被告不存在借贷关系已经为生效的判决所认定，被告称10万元为往来款，但却未举证加以证明，因此其获得该10万元没有合法的依据，故判决撤销一审判决，改判被告返还原告10万元并依照银行贷款利率支付利息。② 可见，证明存在借款关系的举证责任在原告，证明所得不属于不当得利的举证责任在被告。

（二）不当得利的类型

1. 给付型不当得利

给付型不当得利，是指受益人受领他人基于给付行为而移转的财产或利益，因欠缺给付目的而发生的不当得利。这种欠缺给付目的既可以是自始欠缺给付目的（例如，错误转账），也可以是给付目的嗣后不存在（例如，合同被认定无效），或者是给付目的不达（如预期条件的成就而为附条件债务的履行，结果条件不成就，那么预先的给付所得即属于不当得利）。

2. 非给付型不当得利

非给付型不当得利，是指基于给付以外的，如人的行为、自然事件以及法律规定之事由而发生的不当得利。第一，基于行为产生不得当得利。无论是受损人、受益人还是第三

① 广东省广州市中级人民法院〔2017〕粤01民终22720号《民事判决书》。

② 四川省成都市中级人民法院〔2016〕川01民终16053号《民事判决书》。

人的行为导致，只要是属于“无法律上的原因”即为受益者无权利而受有利益。一般人比较容易理解因受损人自己的错误认识，作出错误行为而导致自己受损。例如转账错误即属此类，或者误将他人的家畜当作自己的家畜饲养，误以他人事务为自己的事务而管理，即属此类。受益人的错误行为也会导致受损人的损失。例如，偷盗所得即属于受益者行为所致。又如，无权处分他人财产之所得；无权使用或消费他人之物等，均可构成不当得利。第三人行为也可能会产生不当得利，如债务人对债权的准占有人（债权凭证持有人）清偿，使债权消灭，致使真正的债权人受到损失。第二，基于某种特定的事件发生不当得利。例如，因发大水，将甲鱼塘的鱼冲入下游乙的池塘之中，或者甲饲养的家禽吃掉乙喂养自家家畜之饲料等。第三，基于法律规定的不当得利。当一定事实发生时，可不问当事人的意思，法律直接规定发生一定不当得利之效果。例如，在因附合、混合、加工而获取被添附物所有权时，允许被添附物原所有人向受益者依据不当得利请求权主张与被添附物价值相当的利益返还。

二、不当得利的认定要件

（一）一方取得财产利益

一方取得财产利益，是指因一定的事实结果而获得或增加了财产或利益上的积累。受益人获得的利益限于财产利益，即可以用金钱价值衡量之利益，精神利益不属于此范畴。例如，由于认识错误，某单位领导人在大会上表扬了甲，但事实上乙才是真正应该获得表彰的人。该精神利益，不被纳入不当得利研究之范畴。

受益人的受益形态主要表现在两个方面：一是不应增加而增加，例如，账号上莫名其妙地收到了他人错转入的10 000元。二是应减少而未减少，例如某消费者到商场购买商品，收银台服务员在未收妥款额的情况下在发货小票上加盖“现金收讫”印章，消费者凭该小票领取了商品离开。是否受有财产利益，以其拥有的财产或利益和如无与他人之间发生利益变动所应有的财产或利益总额相比较而定。因此，无论是财产或利益的消极增加还是积极增加，均被认定为受有利益。

（二）一方有损失

财产和利益是现存的，在总量不变的情况下发生了主体之间的转移，一方有增加即必然会产生另一方有减少之结果。如果仅出现一方新增利益，而未给他人带来任何损失，则不存在不当得利的情况。例如，甲自己种植的果树开花、结果，甲将摘下来的水果拿到农贸市场上销售，从而获益。其获益是事实，但并未造成他人之利益减损。因此，有一方受有财产上的利益，且造成他人损失的才能构成不当得利。

（三）获利与损失有因果关系

获益与损失有因果关系，是指受损人的损失是由于受益人受益所造成的。值得注意的是，在某种特定关系里，两个不同的主体之盈余、亏损可能不完全相同，一方获利未必另一方就有损失，即使有损失亦无必然性之因果关系。例如，基于合作关系，一方最终有获益而他方可能有损失，但获益与损失之间没有必然之因果关系，则合作关系之中一方的获益结果不属于不当得利。获利与损失有因果关系，只能放在一个逻辑关系之中判断，而且在法律逻辑上只能是考察直接的因果关系。例如，甲将某批货物以100元的单价出售给乙，乙购买后由于市场价格之变动最后不得不以每件80元的价格抛售，每件亏损了20元。甲和乙是一个购销关系，乙取得甲之货物需要有对价；而乙向第三人出售，属于另一个法律关系，盈亏另行结算。乙不得与甲向其出售货物导致其最终销售的损失扯上关系，从而要求甲返还每件货物20元。简单地说，“没有不当利益之获取，他人就不会造成财产的损失”的逻辑推论只要成立，则可认定受益与损失间有因果关系。例如，误收到他人的转账款额，款额转出方就遭受了损失；如果是正常的应付款之转账，应付款之人就没有损失。

（四）没有法律上的根据

取得利益而致他人损失，之所以成立不当得利，原因在于利益的取得无法律上的根据，即缺乏受利益之法律支持的原因。直白地说，法律不保护这种不应当获得之利益。那么，法律保护哪些应当获得之利益？一是法律直接规定之情形，例如合法之赠与。二是基于私权处分和意思自治所受法律保护的关系，例如双方签订买卖合同而获得价款、货物。三是法律承认的某种客观事实，例如自己种植的果树上结满了果实等。必须注意的是，获益有法律上的根据，但是获益是否公平以及合同义务是否履行和违约责任之承担，则属于另一个问题。例如，某商家将一批货物以某种价格出售给买方，买方收货后发现质量存在问题，要求退货、退款，则该纠纷属于产品质量纠纷，而非不当得利之返还。一方不履行合同或者履行合同不符合约定，应承担违约责任。支付货款一方以不当得利要求退还货款的，不能成立。例如，2017年7月10日，A公司与吴某达成口头协议，约定由吴某为A公司寻找货源，之后根据A确定的所需货物的数量、规格、价款后，由吴某通知向B公司付款。之后，根据吴某的指令，A向B公司账号转入110 768.36元，转账摘要为“货款”。但此后A公司并未收到B公司提供的货物。于是，A公司负责人找到吴某要求交付货物，协商未果；A公司要求B公司交货或者退款，但B公司称未获得吴某的指令，故不能向A公司发货或者退款。A即以不当得利向法院起诉B公司要求返还货款。一审判决B公司以不当得利返还A公司货款，被告不服提出上诉。二审法院认为，A公司根据与吴某的口头约定向B公司支付货款，并非没有法律根据，无论是A、B公司直接发生买卖关系，还是A公司通过吴某而向B公司购买货物，都构成了买卖法律关系，B公司收取货款存在基础的法律关系，不存在不当得利的问题，故二审法院撤销一审判决，驳回了原告要求被告返还不当得利之诉请。①

三、不当得利的处理规则

（一）不当得利除外规则

《民法典》第985条规定：“得利人没有法律根据取得不当利益的，受损失的人可以

---

① 四川省成都市中级人民法院〔2018〕川01民终1119号《民事判决书》。

请求得利人返还取得的利益，但是有下列情形之一的除外：(一) 为履行道德义务进行的给付；(二) 债务到期之前的清偿；(三) 明知无给付义务而进行的债务清偿。”亦即，上述的三种情形，不列入不当得利的范围。例如，张三向李四赠与 1 万元，嗣后张三以与李四没有合同、法律依据为由，要求不当得利返还，则不会支持。

(二) 豁免规则

《民法典》第 986 条规定：“得利人不知道且不应当知道取得的利益没有法律根据，取得的利益已经不存在的，不承担返还该利益的义务。”值得注意的是，得利人不知道且不应当知道须在其所取得利益已经不存在之前，如果已经知道了之后才发生因保管不慎的丢失或者损坏的，则须承担相应之法律责任。例如，张三在某大学读书，其间父母称因出国做生意，将该学期的生活费3 000元委托生意上的朋友转入其银行账号上。某日，张三发现自己的银行账号上转入了3 000元，当日还收到了学校门卫的通知，称有人留下一包食品给张三。张三以为是父母委托的朋友顺便带给自己的食品，于是收件后放在了床头柜里，但当晚发生了洪水，该食品被水淹后损毁。几天过后，门卫称错误地通知了收件学生，请求以不当得利返还。由于张三不知道且不应当知道其所获得利益没有法律根据，且食品已毁，故不承担不能返还之赔偿责任。

(三) 返还或赔偿规则

《民法典》第 987 条规定：“得利人知道或者应当知道取得的利益没有法律根据的，受损失的人可以请求得利人返还其取得的利益并依法赔偿损失。”例如，王女士的订婚钻戒在停车场不慎丢失。在警方帮助下，王女士找到了拾获者张某，张某承认捡到了钻戒，但自称当时以为戒指是假的就随手扔掉了。无奈，王女士只好向法院起诉。法院认为，拾得人应当及时通知权利人领取，或者送交公安等有关部门。在此之前，拾得人应当妥善保管遗失物，因故意或者重大过失致使遗失物毁损、灭失的，应当承担民事责任。故判决张某向王女士赔偿 4.6 万余元。①

(四) 返还延伸规则

《民法典》第 988 条规定：“得利人已经将取得的利益无偿转让给第三人的，受损失的人可以请求第三人在相应范围内承担返还义务。”如果第三人是善意的且支付正常的对价所获得的财产，则善意第三人的利益应当受到法律的保护；转让该财产的不当得利之人应当将所得之利益返还给受损者。拾获他人遗失的物品，应当归还，拒不归还的可能会构成侵占罪而承担刑事法律责任。例如，某机场的清洁工拾获乘客遗留的价值 300 余万元的金首饰而带回家且拒绝归还，就构成了侵占罪。② 尽管《民法典》有无因管理的规定，

---

① 拾获者扔掉真钻戒，被判赔失主 4.6 万元 [DB/OL]. [2020-09-01]. 网易网：http://news.163.com/10/0729/01/6CNNO3JC00014AED.html.

② 梁丽拾金案回访：从清洁工到囚徒的 10 小时 [DB/OL]. [2020-10-10]. 新浪网：http://news.sina.com.cn/s/2009-05-16/134017827753.shtml.